한국 전통 민속주

이 효 지 (李孝枝)

숙명여대 졸업
숙명여대 대학원 수료
중앙대학교 대학원 수료(이학박사)
한양대학교 생활과학대학 식품영양학과 교수
생활과학대학장 역임
한국조리과학회회장 역임
한국식생활문화학회부회장 역임
대한가정학회부회장 역임

한국 전통 민속주

이효지 지음

초판 1쇄 인쇄 2009년 8월 28일 | 초판 1쇄 발행 2009년 9월 4일
발행인 김종량 | 발행처 한양대학교 출판부
주소 133-791 서울 성동구 행당동 17번지
전화 02)2220-1432~4 | 팩스 02)2220-1435
홈페이지 www.press.hanyang.ac.kr | 전자우편 presshy@hanyang.ac.kr
출판등록 제4-7호(1972년 2월 29일) | 인쇄처 미르P&P

ISBN 978-89-7218-363-1 03380

한국 전통 민속주

이효지

한양대학교 출판부

책머리에

세계의 모든 민족들은 오랜 세월을 두고 그들이 살고 있는 나라의 기후와 풍토에 맞추어 민족 고유의 식품 재료와 조리 가공법을 개발해 왔으며, 그 전통은 쉽사리 바뀌지 않고 꾸준히 이어지고 있다. 따라서 전통적인 식생활 양식 속에는 조상 전래의 슬기가 담겨져 있을 뿐만 아니라 각 민족의 정서도 어려 있는 것이다.

음식 문화 중에서도 술 문화는 국적과 민족성이 뚜렷한 기호 음료 문화이다. 각 민족의 전통주들은 나라마다 특색 있는 술 문화로 정착 발전되었으며, 그 민족 나름대로의 멋과 맛을 이루고 있다.

저자는 식품학을 전공하고 우리의 음식 문화를 40여년 간 대학에서 강의하면서 우리의 음식문화에 대한 기록이 부족함에 항상 안타깝게 생각하고 있었다. 그러던 중 1985년 문화재 관리국에서 무형문화재 지정조사 보고서 제 163호로 전통 민속주를 선정하게 되었다. 그때 조사위원으로 참여하게 되면서부터 민속주에 눈을 뜨게 되었다.

이렇게 민속주에 관심이 생기게 되니, 재미가 있어서 자료를 수집하고 있던 중 아산재단으로부터 연구비를 받아 민속주의 연구를 시작하였으나 일부에 그치고 있던 중 한국식품개발원의 민속주 개발에 참여하게 됨으로써 다시 보충하게 되었다.

그러나 책으로 엮지 못하고 있던 중에 한양대학교의 우수저술상 응모에서 수상하게되어 한양대학교 출판부에서 이 책자를 출판하게 됨을 감사하게 생각한다. 10년 가까이 고민하던 원고가 단행본으로 출판되어 기쁘고 한편으로는 걱정이 앞선다.

이 책이 출간된 후 7년이 지나서 재판을 하게 되었다. 그동안 술에 관심있는 독자들의 많은 충고와 격려에 감사드린다.

요즘은 손쉽게 구할 수 있는 재료에 소주와 설탕을 넣고 숙성시킨 술이 많아짐에 따라 그 술을 보충해 달라는 요구에 의해서 이번에 보충하였다.

이 책을 출판할 수 있도록 해 주신 한양대학교 총장님께 감사드리며, 출판부 부장님과 편집 담당 여러분의 노고에도 감사드린다.

이 효 지

차 례

제1장
서 론

세계의 여러 민족은 오랜 세월을 두고 그들이 살고 있는 기후 풍토에 맞추어 고유한 음식문화를 형성하였으며, 그것은 그들이 살고 있는 자연 환경과 사회 환경에 깊이 연유된 것이다. 그러므로 음식문화는 민족문화의 중추적인 부분을 차지한다. 시대적으로는 고대부터 현대까지, 계층별로는 궁중음식부터 서민의 토속음식에 이르기까지, 음식은 그것을 즐기는 사람들의 문화를 그대로 반영하고 있다.

음식문화 중에서 특히 음주문화에는 그 나라의 풍토와 민속이라는 문화적 배경이 담겨 있다. 아마 술처럼 국적과 민족성이 뚜렷한 기호품도 드물 것이다.

술은 인류가 만든 가공 음료 중에서 가장 역사가 오래된 것으로, 술의 기원에 대해서는 지역마다 신화의 형태로 전해 내려오고 있다.

오랜 옛날부터 자연발생적으로 생긴 술을 인간이 이용하게 되면서 술의 역사가 시작된 것으로 보인다. 즉 과일이나 곡류와 같은 당질 원료에서 야생의 미생물이 자연적으로 생육하여 알코올이 생성되었고, 이러한 발효 산물을 우연한 기회에 사람들이 마신 결과 우리의 기호에 적합하다는 것을 알게 되었다. 따라서 점차적으로 이러한 발효 현상을 터득하고 자기가 원하는 술을 빚어서 마시게 되었을 것이다(이서래 1986).

당분을 이용한 효모의 번식으로 알코올이 생성되므로 원시시대부터 자연적으로 술이 발효될 조건은 충분히 갖추어져 있었다. 술은 인류의 역사와 함께 이루어진 가공 발효식품의 하나이다.

초기의 술은 주로 당분이 많이 포함되어 있는 과실이나 꿀에서 만들어졌다고 추정된다. 세계 여러 지역에서 각기 주변의 자연환경에 맞추어 독특한 술들을 다양하게 빚어 왔고, 이렇게 형성된 전통주들이 나라마다 특색있는 술 문화로 정착, 발전되어 그 민족 나름대로의 멋과 맛을 이루고 있다.

술이란 받아 알코올을 비롯한 여러 가지 성분이 생긴 일종의 발효 음료이다. 발효 원료로서는 전분질을 주성분으로 하는 곡류, 감자류와 당분을 주성분으로 하는 과일, 당밀이 이용될 수 있다(이서래 1986). 보통 술이라고 하는 주류(酒類)는 알코올 성분을 함유한 음료를 통칭하며, 우리 나라 주세법 상으로는 주정 또는 알코올분 1도 이상의 음료로 정의되어 있다(백운화 1988).

술의 종류는 다양하나 술이 만들어지는 원리는 주정(酒精)을 원료로 한다는 점에서 모두 같다. 다시 말하면 술의 주성분은 주정인 것이다. 주정은 화학명으로는 에틸 알코올 또는 에탄올이라고 하나 흔히 알코올이라 부른다.

주정이 만들어지기 위해서는 반드시 효모균(酵母菌: 이스트)이라는 작은 미생물이 있어야 한다. 이 효모균이 당분을 분해해서 주정을 만드는데, 이때 탄산가스가 방출되므로 거품이 나오는 발효 현상이 일어나게 된다. 이 현상을 우리말 표현으로는 '괴어 오른다'고 한다.

과일은 당분을 가지고 있기 때문에 쉽게 술을 만들 수 있다. 그러나 쌀이나 수수와 같은 곡식에는 당분이 없고 녹말이 들어 있기 때문에 자연 상태 그대로는 술이 될 수 없다. 그래서 누룩이나 엿기름 등을 이용하여 녹말을 분해한 다음 당분을 만들어내는 과정을 거쳐야만 한다.

전분질은 미생물(주로 곰팡이)이나 맥아에 의하여 생성되는 당화 효소에 의하여 혐기적 상태에서 알코올과 탄산가스로 분해된다. 알코올 생성에는 당화작용과 발효작용이 필요한 것인데, 전분질 원료는 두 과정이 모두 필요하고 당분 원료에는 알코올 발효 과정만이 요구된다(이서래 1986).

일반적으로 유럽 문화를 목축형, 중근동 문화를 사막형, 아시아 문화를 몬순형이라고 분류한다. 유럽의 목축문화는 포도주, 맥주, 벌꿀주, 위스키, 브랜디 같은 누룩을 사용하지 않은 술을 낳았고, 아시아의 몬순문화는 곰팡이를 이용해 술을 만들어 인상적인 대조를 이룬다. 곰팡이는 습도가 높은 동양에서 자연발생적으로 그 이용이 가능했던 것이다. 즉 계절풍의 영향으로 여름에는 고온다습한 동양에서 발달한 주조법(酒造法)이라고 말할 수 있다(유태종 1982).

우리 나라는 상고시대(上古時代)에 이미 농업의 기틀이 마련되었으므로 그 당시 술의 재료도 곡류였을 것이다. 곡류로 어떻게 술을 빚었는지는 알 수 없으나 누룩이 사용되기 전까지는 곡류가 스스로 상하여 술이 만들어지거나, 곡식을 씹어서 침으로 당화시켜 빚었거나, 곡식을 물에 담갔다 싹을 틔워 그것을 으깨서 당화한 뒤에 발효시키는 방법을 썼을 것이다.

삼한시대(三韓時代)에는 이미 전통곡주(傳統穀酒)가 정착되어 영고(迎鼓), 동맹(東盟) 등 여러 행사에 "晝夜飮食歌舞(밤낮으로 먹고 마시며 노래하고 춤춘다)"하였다는 기록이 남아 있을 정도로 우리 생활에 술이 보편화되어 있었음을 알 수 있나. 고려 전까지는 탁주(濁酒)와 청주(淸酒)가 정착을 보았고, 이에 귀속되는 대부분의 주품들이 이 시기 이전에 토대가 마련되어 오늘날까지 전해지고 있는 것이다. 그 후 고려와 몽고(蒙古), 원(元) 등과의 교섭이 활발하여지면서 외래주(外來酒)의 유입이 시작되었고, 증류주(蒸溜酒)는 충렬왕대에 유입되자마자 급속도로 상류 사회에서 받아들여 정착시키게 되었다. 고려 후기에 들어서 전래의 탁주, 청주에 이어 증류주가 추가된 전통 술의 3대 종류가 완성된 것이다(장지현 1989).

이렇게 발달한 민속주(民俗酒)가 조선시대에는 그 전성기(全盛期)를 이루었다. 그러나 일제시대를 거치면서 급속한 몰락의 길을 걸었고, 해방 후에도 서양 술들의 급속한 유입과 함께 식량 부족, 정부의 소극적인 주세 정책 등에 의해 점점 그 자취를 감추게 되었다.

한편 개화기 이래로 서구 문화에 압도되어 우리 것을 경시하는 풍조까지 생기면서 우리 음식문화의 변질과 상실이 가속화하였다. 전통민속주는 70여 년에 걸친 단절의 역사 속에서 자료의 소멸과 기술 전수자의 사멸로 복원이 거의 불

가능하게 되었다. 그런 중 다행히도 1980년대 후반부터 쌀의 과잉 생산과 경제적 여유에 힘입어 전통민속주를 복원하려는 노력이 시도되고 있다(문화재 관리국 1985, 한국식품개발원 1992).

본서에서는 우리의 음식문화 중 중추적인 위치를 차지하고 있는 술 문화를 체계적으로 연구하기 위하여 고문헌에 기록된 술의 종류와 빈도, 그 술에 사용된 누룩, 곡물, 곡물의 처리 방법, 밑술, 덧술 하는 방법과 횟수, 술 빚는 법, 숙성 기간, 여과법, 술 빚는 데 사용한 계량 단위, 기구, 용어 등을 분석 고찰하여 전통민속주의 변천 과정을 밝힘으로써 우리 것의 우수함과 소중함을 재인식시키고 전통민속주를 이해할 수 있는 자료로 제시하고자 한다.

제 2 장
술의 유래

1. 술의 어원

어느 지방 각설이타령에 이런 구절이 있다.

"… 밥은 바빠서 못먹겠고, 죽(粥)은 죽어도 못먹겠고, 술만 수울술 넘어 간다 …"

술이란 호칭이 이 타령에서처럼 목구멍으로 술술 잘 넘어간다 하여 생긴 이름일까?

천소영에 의하면, 술의 본래말은 '수블/수ᄫᅳᆯ'이었다. 고려시대의 말을 기록한 〈계림유사〉에서는 酥孛(uə-puət)고 〈조선관역어〉에는 數本(su-pun)으로 기서되었다. 조선시대의 문헌에는 '수울' 혹은 '수을'로 기록되어 있어, 이 수블은 '수블 > 수울 > 수을 > 술'로 변해 왔음을 알 수 있다.

'수블'의 의미에 대해서는 명확히 밝혀진 바는 없으나, 술을 빚는 과정을 살펴보면 다음과 같은 추측이 가능해진다.

즉 술은 찹쌀을 쪄서 식히고, 여기에 누룩과 주모(酒母)를 버무려 넣고 일정량의 물을 부어 빚는다. 이어 진공상태에서 얼마간의 시간이 지나면 발효가 이루어져 열을 가하지 않더라도 부글부글 끓어오르며 거품이 괴어오르는 화학 변화가 일어난다. 이러한 발효 현상은 옛사람의 눈에는 참으로 신비스럽게 보였을 것이다. 물에서 난데없이 불이 붙는다는 뜻으로 '수불'이라 하지 않았을까 싶다. 정확히는 '물불'이라야 옳겠지만, 물은 한자의 '水'를 취한 것으로 보인다.

술이 발효하는 이 오묘한 현상과 관련하여 옛 사람들은 여기에 주술적인 의미를 부여하여, 양조만은 자기 암시에 걸리기 쉬운 부녀자들이 맡았는지도 모르겠다. 〈주례(周禮)〉에 의하면 궁중요리는 원래 남자들이 맡고 있었으나 유독 주인(酒人), 장인(漿人), 해인(醢人) 등의 발효와 관계되는 일은 여자들이 담당하고 있음이 주목된다. 또한 술 중에서 불과 관계 깊은 것이 소주이다. 알코올 성분이 강한 이 술은 화주(火酒)라고도 하며, 불이 붙는다는 의미의 소(燒)를 술 이름으로 하고 있는 것이다.

술은 좋은 음식임에는 틀림이 없다. 한서 〈식화지(食貨志)〉에 술은 백약(百藥)의 으뜸이라 하였으니, 적당히만 마시면 이보다 더한 양약(良藥)이 없을 것이다. 지나친 과음으로 술에 감기거나 술에 먹히지만 않는다면 우리의 체내에서 이상적인 불(에너지)의 역할을 담당하게 될 것이다.

2. 주(酒) 자(字)의 기원

이춘영(주정공업 1976/9월)과 이성우(1984)에 의하면, 주(酒)자의 고자(古字)는 유(酉: 닭, 서쪽, 익을)자이다. 유(酉)자는 밑이 뾰족한 항아리 모양의 상형 문자에서 변천된 것으로, 술의 침전물을 모으기 위하여 끝이 뾰족한 항아리 속에서 발효시켰던 것에서 유래되었을 것이다.

그 후 유자가 다른 뜻으로 쓰이게 되어 삼수변이 붙게 된 것인데, 고자(古字)에서는 삼수변이 오른쪽에 붙어 있었다. 보통 삼수변의 글자는 옥편에서 찾을 때 수지부(水之部)를 보게 되지만, 주자(酒字)는 수지부에 속하지 않고 유지부(酉之部)에 들어 있다. 유는 지지 유, 익을 유로 훈(訓)이 되는데 원래 술항아리를 상형(象形)한 것으로 술을 뜻하는 것이다. 물 수(水)와 술을 뜻하는 술항아리가 합쳐 술 주(酒)가 된 것은 술항아리 안의 익은 곡주에 막걸리처럼 물을 첨가하여 거름으

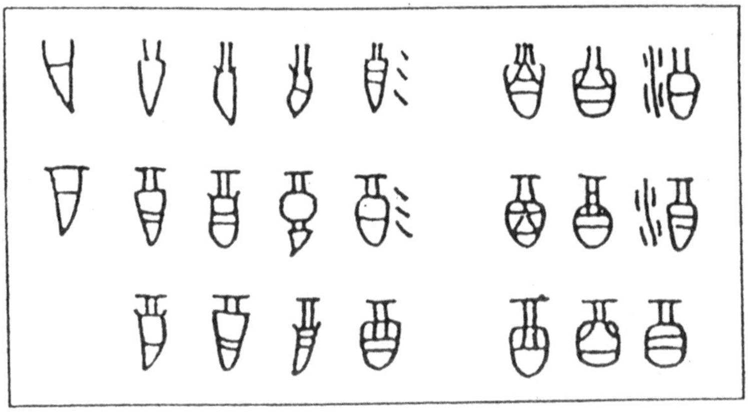

그림 1 주(酒) 자(字)의 변천(이성우: 한국식생활사 연구. 향문사)

로써 유래한 글자로 추론할 수 있지 않을까 생각된다.

오늘날 술과 관계가 없는 것처럼 보이는 글자 가운데서도, 유(酉)자가 들어 있는 글자들 중에는 애초에 술과 관련되었던 글자가 많이 있다. 술을 뜻하는 유(酉)가 변으로 들어간 모든 한자는 발효(醱酵)에 관한 광범위한 식품명이다.

주류명으로는 酎(세번 빚은 술 주), 醪(막걸리 료)가 있고, 술을 빚을 때 일어나는 현상을 말하는 글자로는 醱(술괼 발), 酵(술괼 효), 釀(술 빚을 양)이 있다. 추상어로는 醉(술 취할 취), 酩(술 취할 명), 酊(술 취할 정), 酬(잔돌릴 수), 酌(잔질할 작) 등이 있다. 친구들이 술을 먹기 위해 추렴하는 데서 醵(술 추렴할 갹)이라는 글자가 나왔는데, 지금은 기부금 거두는 것을 갹출(醵出)이라 하고 있다.

술 주(酒)를 쓰기도 하는 소주(燒酎)의 '酎'자는 세번 고아서 증류한 술이라는 것이 본뜻인데, 음훈(音訓)이 혼돈되어 '酎'자를 흔히 쓰게 되었다고 한다. 소주란 말은 원래 한자어이다. 만주어에서는 증류주를 아이키〔亞兒吉〕라고 하고, 몽고어에서는 아락(arag)이라고 하며, 범어(梵語)로는 아물타(amrta)라고 한다. 우리나라의 평북 지방에서는 산삼을 캐는 사람들의 은어로 술 또는 소주를 아랑주라고 하며, 개성에서는 소주를 아락(arag)주라고 한다. 또 어원이 밝혀지지 않았으나 〈우리말대사전〉에는 아랑주의 뜻풀이가 질이 낮은 소주라고 씌여 있다. 따라서 우리말에서 아랑주니 아락주니 하는 것은 고유어가 아니라 외래어라고 보아야 타당할 것이다.

3. 신화(神話), 전설(傳說)에 나타난 술의 유래

'물은 신(神)이, 술은 인간(人間)이 만들었다'라는 말이 있다. '우리인간 사회에 언제부터 술이 있었을까?'라고 누가 묻는다면 어느 누구도 정확하게 답변하지 못할 것이다. 다만 술의 기원을 확실하게 찾을 길은 없으나 인류의 역사와 함께 술이 있었으리라고 추측된다.

술이란 음료의 기원이 인류 사회에 있어서 민족의 형성과 더불어 원시 생활이 시작된 이래 자연발생적으로 출현하였다고 보는 견해가 오늘날의 지배적인 생각이다. 동서양의 전설이나 신화에 으레 술이 등장하는 것은 그만큼 인간과 술의 관계가 오래되었음을 말한다. 서양에서는 신화로, 동양에서는 전설적인 이야기의 형태로 술의 역사가 전해 내려오고 있다.

1) 신화에 담겨진 서양 술의 유래(由來) (조정형 1991)

(1) 이집트 신화(神話)

천지의 신이며 최고의 여신이라는 이시스(Isis)의 남편인 오시리스(Osiris)가 곡물신에게 보리로 맥주를 만드는 방법을 가르쳤다 한다.

(2) 그리스 신화

디오니소스(Dionysos)가 술의 시조라고 한다. 술의 별칭은 바커스(Bacchus)의 선술 또는 바커스라고 하는데, 이것은 후세에 붙여진 디오니소스를 이르는 말이다.

디오니소스의 출생 6개월에 어머니 세멜레(Cemele)가 죽자 요정들이 그를 양육하였고, 그는 늙은 실제소스틀의 교육을 받으며 성장하였다.

디오니소스가 어느 날 뉘사 산에서 뛰어 놀다가 포도주를 발견하고, 이것을 가지고 그리스로 돌아와 이카리오스(Ikarios)란 사람에게 포도주를 주고 담그는 법도 가르쳐 주었다. 이카리오스는 기뻐하면서 신기한 포도주를 근처의 목동들에게 한잔씩 권했다. 포도주의 달콤한 맛에 목동들은 취하도록 잔뜩 마셨다. 술에 취하여 아찔해지자 독약을 타 먹인 줄 알고 목동들은 이카리오스를 죽이고 말았다. 이렇게 하여 이카리오스는 최초의 술 순교자가 된 셈이다. 지금도 그리스 아타카주에서는 '디오니 소스제' 혹은 '시골제'라 하여 신에게 포도주를 바치는 포도주제가 거행되고 있다. 그리스의 고전극이 발달된 것도 이 행사의 덕분이라 한다.

(3) 로마 신화

바카스가 처음으로 술을 빚었다 하여 바커스를 술의 신이라 한다.

(4) 구약성서

노아(Noah)가 세계에서 최초로 술을 빚었다 하는데, 그 술은 포도주였다고 한다. 성서에 의하면 아브라함의 10대 손인 노아의 시대에 대홍수가 일어나 전 세계가 물 속에 잠기게 되었는데, 노아는 방주를 만들어 자기의 일족과 동식물의 원종을 실어 홍수를 무사히 넘기고 아라랏산에 도착하여 재출발을 하였다. 거기에는 포도의 종자도 있었으며, 신이 노아에게 포도의 재배법과 포도주 만드는 법을 가르쳐 주었다고 한다.

또 예수 그리스도가 십자가에 못 박히기 전, 최후의 만찬에서 포도주를 제자들에게 나누어주었다는 기록도 전해 온다.

2) 전설에 기록된 동양 술의 유래

(1) 중국의 전설

중국의 고서 〈전국책(戰國策)〉(주(周)나라 안왕(安王)부터 진시황(秦始凰)까지의 240여

년간의 사실(史實)을 기록한 책)의 여씨춘추(呂氏春秋)에는 술에 대한 첫기록이 있다.

> 昔者帝女儀狄作酒而美進而禹 禹飮而甘之 逐疏儀狄絶旨酒 曰後世必有以酒亡其國者
>
> 옛날 황제의 딸 의적이 술을 맛있게 빚어 우왕(禹王: 夏나라 왕)에게 올렸더니 우왕이 이를 맛보고서 그 감칠맛에 놀라, 후세에 반드시 이 술로 나라를 망치는 자가 있을 것이라 말하고 술을 끊고 의적(儀狄)을 멀리하였다.

위 기록은 하(夏)나라 때인 기원전 2000년경에도 이미 중국에 술이 있었다는 것을 말해 준다.

고서에 기재된 술의 연유(緣由)에는 다섯 가지가 있다고 보아진다.

1) 의적(儀狄)이 처음으로 술을 빚었다는 우왕 때의 기록
2) 〈요주천종(堯酒千鍾)〉에는 술을 요제(堯帝: 전설상의 황제) 때에 만들었다고 하는 기록
3) 〈신농본초(神農本草)〉에는 황제(黃帝: 전설상의 황제)가 이 술을 다스렸다는 기록
4) 〈내경(內徑)〉에 하늘에는 주성(酒星)이 있으니 술을 빚는 것은 천상계나 지상계가 다 같다는 기록
5) 두강(杜康)이 빚었다고 해서 두강주(杜康酒)라는 기록

이상과 같은 여러 기록 들이 있으나 모두 믿을 것은 못된다.

의적(儀狄)의 이름은 경서(經書)에는 보이지 않고 오직 세본(世本: 巷間의 雜書)에만 있으며, 세본은 믿을 것이 못된다. 〈요주천종〉은 본래 공총자(孔叢子)에서 나온 말이며 이는 항설에 불과하다. 또 〈本草〉는 염제(炎帝: 전설상의 황제) 때부터 전해진 것이라고 하지만 근세에 쓴 것이란 설도 있어 염제가 다 쓴 것은 아닌 것 같다. 〈內徑〉은 三墳의 書(伏羲, 神農, 黃帝의 書)라고 하지만, 이 책을 다 읽어본 사람은 그 문장이 육국(六國) 시절 진한(秦韓)의 것이라고 한다. 두강(杜康)은 위무제(魏武帝) 때의 사람으로 두(杜)씨는 본래 유(劉)씨 계통이었으나 주무왕(周武王)이 두(杜)라는 벼슬을 주어 두백(杜伯)에서 지방관으로 있었으나, 선왕(宣王)에게 목이 잘려 죽었다. 그 후 그의 자손들은 진(晉)나라로 도망쳐 두를 성(姓)으

로 삼았다. 두강은 술 빚기가 능했다는 것뿐이고, 두강이 술의 시조라는 것은 잘못된 견해이다.

대체적으로 모든 일이란 지혜로운 사람이 먼저 시작한 것을 후세의 사람들이 흉내내어 계승하는 것이므로, 술도 또한 어느 누구로부터 시작되었다는 것은 알 수가 없는 것이다. 옛 풍습에 음식을 먹을 때는 먼저 술로 제사를 지내왔지만, 도대체 누구에게 제사를 지내는 것인지조차 전해지지 않은 것으로 보아도 그 기원을 알 수 없음은 명백한 일이다.

이상과 같은 사정으로 보아 중국에서의 술의 기원은 결국 애매한 것이어서, 태고 적에 술이 만들어지고 그것이 점차 개량되어 왔다고 밖에는 생각되지 않는다

(2) 한국의 전설

우리 나라 술의 기원에 대한 것으로 알려져 있는 것은 별로 없다. 우리의 문화가 중국문화의 영향을 크게 받았으므로 우리 나라 술의 기원은 중국으로부터 전해졌으리라 믿어진다(이서래 1986, 조재선 1978, 이춘녕 1969, 진로 1975).

신에게 제사를 드릴 때 술잔을 드리는 우리의 풍습은 그대로 손님 접대에도 이용되는데, 이는 손님을 신처럼 귀하게 모셔 왔던 우리 풍속의 아름다움을 말해 주는 것이다. 술은 개인의 우울증을 푸는 일로부터 약으로, 또는 손님 접대로, 그리고 신에 대한 제사에 이르기까지 폭넓게 이용되어 오고 있다. 즐거우면 즐거워서 한 잔, 슬프면 슬퍼서 한 잔하며 살아가는 생(生)의 고락이 술과 어울려 전개되어 왔으며, 또 앞으로도 그러할 것이다. 이것이 차(茶)를 상용하는 중국이나 일본 민족과 구별되는 우리 음식 문화의 한 특징이기도 하다.

우리 나라 문헌으로 술 이야기가 최초로 등장하는 것은 〈제왕운기(帝王韻記)〉에서 찾을 수 있다. 동명성왕 건국담에 술에 얽힌 다음과 같은 이야기가 〈고삼국사(古三國史)〉에서 인용되어 있다.

"하백의 세 딸 유화, 선화, 위화가 더위를 피해 청하(지금의 압록강)의 웅심연에서

> 놀고 있었다. 이때 천제(天帝)의 아들 해모수가 세 처녀를 보고 그 아름다움에 도취되어 신하를 시켜 가까이하려고 하였으나 그들은 응하지 않았다. 그 뒤 해모수가 신하의 말에 따라 새로 웅장한 궁실을 지어 그들을 초청하였는데, 초대에 응한 세 처녀가 술 대접을 받고 만취한 후 돌아가려 하자 해모수는 앞을 가로막고 하소연하였으나 세 처녀는 달아났다. 그 중 유화가 해모수에게 잡혀 궁전에서 잠을 자게 되었는데 정이 들고 말았다. 그 뒤 주몽(朱蒙)을 낳으니, 이 사람이 동명성왕(東明聖王)으로 후일 고구려를 세웠다."

우리 나라 술의 기원 또한 신화 속에서 뒷받침되고 있다고 볼 수 있는 것이다.

〈조선주조사〉에는 우왕(禹王) 시절에 제후(諸候)를 모아다 도산회(塗山會)를 개최하였는데, 이때 단군(檀君)의 자손들이 열석(列席)했다는 기록이 있다. 이 기록으로 신화시대부터 술에 관한 역사가 있었음을 알 수 있다. 〈위지(魏志)〉의 고구려전이나 〈태평어람(권46)〉 등에는 고구려 술의 솜씨와 곡아주(曲阿酒)와 연관된 고구려 여인의 전설이 실려 전하고 있다. 또 〈지봉유설〉에 인용된 신라주(新羅酒)에 대한 중국인의 칭찬은 우리의 고대가 모두 술의 명산지였음을 알게 한다.

〈태종실록(권9)〉 乙酉五年五月戊日에 '議政府指闕進藥酒'라는 기록으로 보아 약주가 손님 접대에까지 일반화되었던 한 풍습을 엿볼 수 있다. 〈삼국사기〉〈삼국유사〉 등에도 술에 관한 기록이 있는 것으로 보아 삼국시대의 술이 매우 다채로왔을 것으로 짐작되며, 청주와 탁주의 구별이 시작되었다고 믿어진다.

〈삼국지〉 부여전에는 정월에 하늘에 제사지내는 큰 행사가 있었으니, 이때에는 여러 사람들이 모여서 술을 마시고 먹고 노래부르고 춤추었으며 이름을 영고(迎鼓)라고 하였다〔以殷正月祭天國中大會蓮日飮食歌舞名曰迎鼓於是時斷刑獄解囚徒〕고 전한다. 〈삼국지〉 한전(韓傳)에는 마한에서는 5월에 씨앗을 뿌리고는 큰 모임이 있어 춤과 노래와 술로써 즐기었고, 10월에 추수를 끝내면 역시 이러한 모임이 있었다〔常以五月下種訖祭鬼神群聚無飮酒晝夜無休基無數十人俱起相髓踏地低昻足相應範奏有似鐸舞十月農功畢亦復加之〕고 기록되어 있다. 〈삼국지〉 고구려전에는 고구려에서도 역시 10월에 하늘에 제사 지내는 행사가 있어 동맹(東盟)이라고 하였다〔以十月祭天國中大會名曰東盟〕고 한다. 이로 미루어 보아 농사를 시작하였을 때부터 술을 빚어 마셨으며, 모든 의례에서 술이 이용된 것을 알 수 있다.

이러한 우리 나라 고대의 술들이 어떠한 종류의 것이었는지 알기가 어려우나, 막걸리와 비슷한 것이 아니었나 짐작된다. 우리 나라에서도 부족국가의 형성이 이루어졌던 상고시대에 이미 농업의 기틀이 마련되었으므로 건국담에 나오는 술의 재료도 곡류였을 것이 분명하고, 따라서 곡주(穀酒)였을 것이라 믿어진다.

곡류를 가지고 어떻게 술을 빚었는지 그 제조법에 대해서는 알 길이 없으나, 누룩이 사용되기 전까지는 곡류가 스스로 상하여 술이 만들어지거나 곡식을 씹어서 침으로 당화(糖化)시켜 빚었거나 곡식을 물에 담갔다 싹을 틔워 그것을 으깨어 당화시킨 뒤에 발효시키지 않았나 생각된다.

한편 문학 작품 등의 기록에서도 옛 사람들의 생활을 생생하게 우리들에게 시사해 주고 있다. 〈해동가요〉에는 "술 있으면 벗이 없고 / 벗이 오면 술이 없더니 / 오늘은 무슨 날로 술이 있자 벗이 왔네 / 두어라 하루종일 취하리라"고 하였다.

옛 정치가나 시인들의 대화에 있어서 가장 중요한 것은 술이었다. 신라의 유적으로 남아 있는 포석정(鮑石亭)의 터를 보면 그 전형(典刑)을 볼 수 있다. 통일신라 이후에 역대 왕공(王公)들이 전복 모양으로 생긴 돌 홈의 유복곡수(流鰒曲水)에 잔을 띄우고 시를 읊으며 놀이를 했다는 이곳은 귀족들의 생활과 술의 관계를 잘 보여 준다.

〈고사통〉에는 소주(燒酒)도 원(元)나라 때 생긴 술인데 오직 약으로만 쓰이다가 후세에 와서 술로 마시게 된 것 같다고 하였다. 어쨌든 고려와 원과의 접촉이 있은 뒤에 소주가 차차 유행하여 드디어 몹시 좋아하는 무리가 있었던 듯하니 〈고려사〉 최영전(崔榮傳)에 보면 경상도 원수(元帥)김진이 주지(住地)에서 소주 먹기에 탐닉하여 소주도(燒酒徒)의 별명을 들었다고 한다.

〈조선상식〉에는 술이란 말은 범어(梵語)의 率羅(sura=末酒)에 연결이 되는 듯하니 이것이 달어의 Sra를 거쳐 조선어에 와서 술로 되고, 다시 일본으로 건너갔을 가능성도 배제할 수 없으니 일본에서 국을 나타내는 シル(汁)가 옛날에는 술의 뜻을 가지고 있었다고 생각 된다.

〈규합총서〉와 〈부인필지〉에 기록된 음식총론(飮食總論)에는 음식과 술의 관계에 대하여 "밥 먹기는 봄같이 하고 국 먹기는 여름같이 하며, 장(醬) 먹기는 가을같이 하고, 술 마시기는 겨울같이 하라."고 하였으니 이것은 음식의 사시(四時)와 그 특색을 말한 것이다. 밥은 따뜻한 것이 좋고, 국은 뜨거운 것이 좋으며, 장은 서늘한 것, 술은 찬 것이 좋다는 것을 뜻하는 말이다.

술은 그 술을 빚은 고장의 기후 풍토와 생활에 알맞도록 제조되었으니 우리 나라에서도 기후 풍토에 따라서 남북이 그 기호가 달랐다. 즉 북쪽 추운 지방에서는 소주류(燒酒類)를 상음(常飮)하였고 남쪽에서는 막걸리를 더 애음(愛飮)하였다.

〈지봉유설〉에는 "한 고을의 정치는 술에서 보고, 한 집안의 일은 양념 맛에서 본다."고 하였으니, 이 두 가지가 좋으면 그 밖의 일은 자연 알 수가 있다는 말이다. 또한 그만큼 술과 음식이 나라의 정치에서부터 집안의 제반사(諸般事)에 이르기까지를 측정할 수 있는 문화 척도이기도 했던 것이다.

술은 신(神), 조상(祖上), 임금에게 바치고 손님에게 드리기도 하였지만, 한편 임금이 신하에게 내리기도 하여 작(爵)으로서 벼슬이 되기도 하였다. 작은 본래 술잔이었지만 공, 후, 백, 자, 남 등 5등작의 벼슬이 여기서 나왔다고도 한다. 임금은 명절이나 축일에 술을 내려 신하들에게 상을 주었고, 정초에는 모든 신하에게 주과(酒果)를 내렸으며, 이를 받은 신하들은 임금에게 충성을 맹세하였다.

그림 2 혜원 신윤복의 〈주막풍경〉

또 남주북병(南酒北餠)이라는 말이 있으니 북촌(北村)의 부귀한 집안에서는 경제적인 여유가 있는 편이라고 하여 떡 만드는 솜씨가 발달하고,

남산(南山) 밑 구차한 샌님들과 시세없는 호반(虎班)들은 술 솜씨가 늘었다고 한다.

술은 특히 서민들과 가장 가까운 음식이 되었고 마침내는 주점(酒店)으로까지 발달하게 되었다. 〈고사통〉에 의하면 우리나라에 주점이 처음으로 설치된 것은 고려 성종 2년으로, 국로의 요소에 처음으로 주점 6개를 두어 지숙음식(止宿飮食)의 편의에 이바지하게 하였고, 이것이 후세에 주막(酒幕)이 되었다 하니, 주막이 여행하는 손님을 대접하기 위해 생긴 것이 흥미롭다. 손님 접대를 위해 사용되는 술은 대개 자기 집에서 손수 담궈 내는 것을 예절로 삼았기 때문에 술의 제조법에 수 없이 많은 종류를 낳게 했다.

그림 3 단원 김홍도의 〈주막〉

술의 전래와 중앙아시아로부터의 이동의 역사를 추측할 때 술은 민족의 역사와 문화 그리고 생활의 가장 중요한 일부를 차지하면서 지금에 이르렀음을 알 수 있다.

3) 일본의 전설

(1) 새에 관한 전설

일본의 천지천황(天智天皇) 때 국부토군에 사는 죽유(竹臾)라는 사람(전설적인 인물)이 대나무를 많이 가꾸고 있었는데, 어느 날 대를 벤그루터기에서 이상한 향기가 나서 자세히 살펴보니 새들이 쌀을 물어다가 그곳에 넣으니 쌀이 발효되어 술이 되었다. 이것이 술의 시초라 하였다고 전해지고 있다.

(2) 未盞鳴尊의 전설

일본의 〈대화사시(大和事時)〉에 의하면 신화 시대의 인물인 未盞鳴尊이 신라국으로 가서 술 빚는 방법을 배워 왔다고 한다. 그 곳은 춘성군 신북면(지금의 춘천시)에 있는 우두리(지금의 우두동)였다는 설이 있다.

(3) 木花咲比賣의 전설

〈고사기(古事記)〉(712년에 쓰여진 책으로 우리 나라 왕조 실록과 같은 책)에 木花咲比賣가 쌀을 입으로 씹어서 술을 만들었다는 기록이 있는데, 이것은 최초의 원시적인 술 빚는 방법이었던 것 같다. 이 방법은 지금부터 80년 전, 대만의 동서안 비남사(卑南社)의 마을에도 있었고 한다.

크고 평평한 항아리에 4~5인의 소녀가 모여 앉아 조금 찐 쌀을 세 손 가락으로 집어 잠시 입 속에 넣었다 토해 내면, 하루 반이 지나 감주가 된다. 바로 마시기도 하고 그대로 두어 술맛이 익으면 마시기도 한다.

이 술은 제주로 쓰였으며 별도의 곡주가 있었다고 전한다.

(4) 수수보리의 전설

지금도 일본에서 주신(酒神)으로 모시는 백제인 수수보리(須須保理)가 일본으로 건너가 술다운 술 빚는 법을 가르친 것이 술의 시초로 보이며, 이는 전설이 아닌 실제 역사의 기록인 듯하다.

〈고사기〉의 중권 〈응신천황조〉편을 살펴보면, 베 짜는 기술자인 궁월군(弓月君)의 증손인 수수보리란 기술자가 일본에 가서 술을 빚어 응신천황(應神天皇)에게 바쳤더니 왕이 술을 마시고 기분이 좋아 다음과 같은 노래를 불렀다 한다.

“수수보리가 빚은 술에 / 나도야 취했도다 / 태평술 즐거운 술에 / 나도야 취했도다.”

양조 기술자인 수수보리는 이름의 뜻이 '술 거르는 이'로 이 때에는 비교적 발전된 양조법으로 술이 빚어진 듯하다. 또 가정에서 술 내리던 증류 장치를 '고리'라고 하는데, 이것은 주신인 수수보리의 이름과 관련 이 있는 이름인지도 모른다.

4. 사실적(事實的)으로 본 술의 유래

술이 언제부터 시작되었는지는 확실히 알 수 없으나, 술이란 인류의 형성과 더불어 원시시대부터 자연발생적으로 출현되었으며 글자가 생기기 훨씬 이전부터 존속되었다는 것은 은(殷)대의 유적에서 술 빚는 항아리가 발견된 사실로도 충분히 증명된다. 고서 중에 술의 유래와 역사에 대해 기술된 것이 있으나 전설적, 신화적인 내용이 많아 그 진위의 판단은 어려우나 사실적으로 기술한 내용도 있다.

1) 과실주(果實酒)

저절로 만들어진 과일술이 모든 술의 기원이 된다고 짐작한다. 인류가 짐승을 잡아먹거나 나무의 열매를 따먹고 살던 시대, 즉 농경, 목축이 시작되기 전에 이미 술이 있었다는 것이다.

인류가 살 곳을 찾아 이동을 한 것은 기후가 온화하고 자연의 식량이 많이 있는 곳을 찾기 위한 것이었다. 그들은 산이나 들에서 나무열매나 과일을 따다 마음껏 먹었을 것이다. 그리고는 남은 과일을 비축할 줄 몰라 아무 곳에나 버려두었을 것이다. 며칠이 지나 그들은 배가 고파 다시 열매나 과일을 찾았으나 모조리 따먹어 버렸기 때문에 먹을 것을 구 할 도리가 없었을 것이다. 그러다가 얼마 전에 먹다가 남긴 과일 생각이 났으며, 그것을 찾아보니 원형은 없어지고 자연발효가 된 것을 보게 되었을 것이다. 향긋한 냄새가 코를 자극했으므로 처음 먹어보는 것이지만 맛있게 먹었을 것이다. 그러자 취기가 온몸에 돌아 춤추고 노래부르고 싶은 충동을 느꼈을 것이다. 흥분해서 날뛰고 아우성을 치다가 피로에 지쳐 그만 잠이 들었을 것이다. 잠에서 깨어나 보니 전날 흥분했던 것이 썩은 과일 때문이란 것을 알게 되었을 것이다.

이 술은 과실주라 이름붙일 수 있는 것이며, 움푹 들어간 바위나 나무가 썩어서 푹 팬 곳 등에서도 발견되었으며 원시시대나 수렵시대에 있었던 술이었을 것이다.

원시시대에 제일 먼저 과실주가 만들어진 데는 그만한 이유가 있다.

즉 발효가 일어날 수 있는 모든 조건을 갖추고 있었기 때문이다. 과일은 대개 수분이 90% 가량, 당분이 10% 이상 들어있는데다가 그 껍질 부분에 는 효모균이 많이 살고 있다. 이 세 가지, 즉 물, 당분, 효모가 존재하는 경우, 온도만 20~30℃로 유지되면 알코올 발효는 잘 일어나게 되는 것이다. 술의 역사 중에서 과실주가 가장 오래되었다고 추정되는 이유가 바로 여기에 있다.

일본의 신화에서는 야마따(八岐)의 큰 구렁이를 퇴치할 때, 먼저 구렁이에게 여덟 항아리의 술(후세에 이를 팔온주라고 함)을 먹여 취하게 한 후, 칼로 퇴치했다고 한다. 그때의 술이 최초의 술이며 그것은 과실주였을 것이다.

아프리카 탐험기에는 나무 밑에 떨어진 과일이 발효한 알코올을 먹고 있던 코끼리가 폭주하는 불도저처럼 휘청거리며 달아나고, 멧돼지가 몹시 취하여 아무데나 몸을 부딪치고 있었다고 한다. 또 보름달 아래 원숭이들이 바위나 나무 둥지의 오목한 곳에 잘 익은 산포도를 넣어 두고, 다음 달 보름날 찾아와서 술을 마신다는 전설이 기록되어 있다.

특히 유럽에서는 포도주가 크게 발전되어 왔다. 포도는 자체적으로 쉽게 술이 되는 성질이 있어 기원전 6000년 전부터 포도주를 빚었던 흔적이 발견된다.

성서에는 이미 노아시대에 포도주가 등장하고, 그리스 신화나 이집트 신화에도 포도주, 맥주 등에 관한 이야기가 나오는 것으로 보아 상당히 오래 전부터 지구상에 술이 존재하였음은 틀림없는 사실이다. 기록이나 유물 등을 통하여 대략 기원전 6000년~4000년경 소아시아(지금의 중동 지방)에서 술이 탄생하였을 것으로 추측하고 있으며, 술의 제조 방법 중의 일대 혁신인 증류법도 동방에서 탄생하여 중세기의 십자군 전쟁을 거쳐 서양에 전달된 것으로 보인다.

2) 벌꿀주

벌꿀을 물에 풀어서 마시고 남은 것을 그대로 두었더니 발효되어 술이 되는 우연한 발견에 의하여 벌꿀술이 등장하였을 것이다.

스칸디나비아에서는 신혼 부부가 한달 동안 벌꿀술을 마시는 풍습이 있는데, 이 신혼 한달 동안을 허니문(honey moon)이라고 한다.

3) 유주(乳酒)

유목 민족은 양유(羊乳)나 마유(馬乳)를 저어서 그대로 며칠 두었다가 걸러서 마시는데, 이것은 유당을 알코올 발효시켜 유주를 만든 것이다.

유목 민족은 이 유주를 음료수처럼 만들어 마셨으며 벌꿀과 섞어 자연적으로 도수가 높은 술을 만들기도 하였다.

4) 곡물주(穀物酒)

유목 시대와 농경 시대 사이에 곡물류에 의한 술이 만들어짐으로서 술이 더욱 다양화된 것으로 보여진다.

5) 미인주(美人酒)

〈위서〉의 물길국(勿吉國), 숙신 읍루전에 의하면 "곡물을 씹어서 술을 빚는데 이것을 마시면 능히 취한다"고 하였다. 능히 취할 수 있다는 표현으로 보아 알코올 농도가 높지는 않았을 것이라고 추측된다.

〈지봉유설〉에서는 처녀들이 만든다고 하여 미인주라고 하였다고 한다. 곡식을 씹어서 술을 빚는 모습은 우리 나라뿐 아니라 중국, 유구국(琉球國: 지금의 일본

오키나와)에서도 찾아볼 수 있다. 처녀들이 모여서 사탕수수 줄기로 이를 닦고 바닷물로 입 속을 가셔내고는 쌀을 씹어 술을 빚었던 것이다. 그 후 누룩이나 맥아를 이용하여 당화 발효시켜 술을 빚는 방법이 아시아 문화권에서 차차 발전하게 되었다.

미인주는 가장 원시적인 곡물주로 조상의 제사에 쓰이며 지금도 일부 부족들이 만들고 있다고 한다.

제 3 장
민속주의 역사

장지현(1989)은 우리 나라 술의 역사를
1) 한국 전래주의 형성기
2) 한국 전래주의 정립기
3) 전래 곡주의 붕화기
4) 전래 곡주의 개발기
5) 전래 주류의 정착기
6) 전래 주류의 전성기
7) 전개 주류의 침몰기
8) 전래 주류의 표류기 등 8단계로 구분하였으나, 이 책에서는 시대별로 구분하고자 한다.

1. 삼국 형성기

삼국 형성기에는 이미 전래 곡주가 그 바탕을 이어서 예, 부여, 진한, 마한 사회를 비롯하여 고구려 등에서 제천(祭天), 영고(迎鼓), 동맹(東盟) 등 여러 행사가 각각 이루어지면서 '晝夜飮食歌舞(밤낮으로 먹고 마시고 노래하고 춤췄다)' 한 바 있었고, 특히 고구려에서는 건국 초기(A.D 28년)에는 지주(旨酒)를 빚어 한나라의 요동태수(遼凍太守)를 물리치는 등 주조 기술이 뛰어나, 중국인들 사이에 고구려는 '自喜善藏釀(스스로 술빚기를 잘 하였다)'하는 나라(삼국지 고구려전)로 주목을 받은 바도 있었다.

이 때에 이미 우리 나라 주조 기술은 곡물을 바탕으로 술누룩(酒麴)과 곡아(穀芽)로 술을 빚는 방법을 익히고 있었고, 술누룩을 이용한 곡주 양조 기술은 일본 응신천황(應神天皇)때 백제의 인번(須須保利) 등을 통하여 우리 나라의 주조 기술이 일본으로 이전되었던 까닭에 후세에 이르러 주신으로 추앙을 받았다는 사실이 일본의 〈고사기〉를 통하여 확인되고 있다.

1) 낙랑주(樂浪酒)

〈유양잡조(酉陽雜粗)〉의 주식편(酒食篇)에 낙랑주법(樂浪酒法)이 나온다. 재료와 술빚기는 기록되어 있지 않으나 술빚기의 체계가 잡혔음을 알 수 있다.

2) 미온(美醞), 지주(旨酒), 요례(醪醴)

〈삼국사기〉와 〈삼국유사〉에는 미온, 지주, 요례, 등이 나오는데, 미온과 지주는 좋은 술이고 요례는 막걸리나 예주를 가리키는 것이겠으나 술의 원료나 제법은 기록되어 있지 않다.

3) 일본에 건너간 주조법

일본의 〈고사기〉에는 응신천황(應神天皇 270~312) 때 백제에서 인번(仁番: 수수보리 또는 수수코리)이라는 사람이 와서 누룩을 써서 술을 빚는 새로운 법을 가르치고서 일본의 주신(酒神)이 되었다고 한다.

응신천황은 수수코리가 빚은 술에 취해서 "수수보리가 빚어 준 술에 내가 취했네 / 마음을 달래 주는 술 /웃음을 주는 술에 내가 취했네"하고 노래를 불렀다고 한다.

2. 삼국시대 후기

삼국시대 후기에 이르러서는 백제 사회의 주조 기술이 중국과 대등할 정도로 그 틀이 갖추어져 〈주서〉 등을 통하여 주류 문화, 예(醴: 甘酒) 문화가 정착되고 있었던 사실이 확인되었고, 이에 따라 주국을 이용한 양조 곡주가 빚어졌었을 뿐 아니라 주국 또는 맥아를 이용한 감주 발효법이 정착되고 있었다는 것이 뒷받침되고 있다.

그뿐 아니라 이 시기에는 고구려의 양조 기술이 중국으로 건너가 〈곡아주〉를 중국 현지에 하치(荷置)하였다는 사실이 밝혀졌으며, 고구려의 양조 기술을 이어받은 낙랑주법(樂浪酒法)이 신라 사회에 그 뿌리를 내려 신라주가 당대(唐代)의 운사(韻士)들에게까지 애상(愛賞)의 대상으로 전수되고 있었다.

1) 곡아주(曲阿酒)와 고구려 여인

〈태평어람〉 권46 지부 패선산조(覇船山條)에 "단주(丹徒)에 고려산(高驪山)이 있다. 고구려 여인이 이곳에 왔을 때 동해신(東海神)이 술을 가지고 와서 그 여인을 맞이하고자 하나 이에 응하지 않자 노한 동해신이 술동이를 뒤엎어 버리니 술이 곡아호(曲阿湖)에 흘러 들어가서 곡아주는 맛이 좋다"고 하였다. 곡아(曲阿)는 강소성(江蘇省)의 단양현(丹陽縣)으로 남경(南京)의 동쪽에 있다.

이처럼 중국에서 유명한 곡아주에 고구려 여인의 사연이 얽혀 있기도 하다.

2) 신라주(新羅酒)

〈해동역사〉와 〈지봉유설〉에는 당대 시인 이상은(李商隱)의 시가 기록되어 있다. 즉 "한 잔 신라주(新羅酒)의 기운이 새벽바람에 쉽게 사라질 것이 두렵구나" 고 하였으니, 당대의 상류 사회에서는 신라주의 인기가 높았음을 알 수 있다 〈해동역사〉에 있는 고려주(高麗酒)는 바로 신라주라고 하였다.

〈삼국유사〉 태종춘추공조(太宗春秋公條)에 의하면, 신라 무열왕(武烈王)은 식량으로 하루에 쌀3말, 꿩 9마리가 필요했는데 통일 후에는 점심이 없어지고 하루 두 끼니가 되었으나 하루에 쌀은 6말, 술 6말, 꿩 10마리가 소요되었다(王膳一日飯飯光三斗雄椎九首庚甲年 滅百劑後除書膳但朝募而己烈計一日飯光六斗酒六斗椎十首)고 한다.

3) 술에 얽힌 여화(餘話)

〈해동역사〉에는 "朝鮮酒巖有酒流出其下(조선에는 바위아래로 술이 흘러내리는 술바위가 있다)"라고 기록되었는데, 〈조선주조사〉에는 "평양 대동강 우안절벽(右岸絶壁) 암석(巖石)에 주암(酒巖)이라는 두 자가 새겨져 있고, 그 밑의 돌출한 거암(巨巖)에 조대(槽坮)라는 두 자가 새겨져 있다. 이것은 고구려시대 주암 가까이에 병든 아버지를 봉양하는 아들이 살고 있었는데, 아버지의 쾌유를 신불(神佛)에게 빌었으나 그 효험이 없던 중 누군가가 술을 마시면 병이 낫는다고 가르쳐 주었다. 그러자 술값을 구하기 위해 나무를 하던 중 잘못하여 낭떠러지에 떨어져 기절하였다. 물 떨어지는 소리에 정신을 차려보니 물이 아니라 술이 흐르고 있었다. 이 술을 아버지에게 가지고 가서 마시도록 했더니 아버지의 병이 치료되었다." 는 효자의 미담이 기록되어 있다.

삼국시대는 발효원인 주국(酒麴)과 맥아(麥芽)로 빚어지는 주(酒: 주국으로 빚는 것)와 예(醴: 맥아로 빚은 것, 甘酒)가 이미 정착되어 있었고, 주국으로 빚은 술 가운데서 내외에 알려졌던 대표적인 주품(酒品)으로는 고려주와 신라주가 있었고, 각기 그 솜씨가 두드러져 전자는 송대(宋代)의 〈태평어람〉에 후자는 당대(唐代) 시인 이상은(李商隱)의 〈公子詩〉에서 찬사의 대상에 오르기도 하였다. 아마도 이들 삼국시대의 술들이 중국에까지 그 명성이 미치고 있었던 것으로 미루어 청주류(清酒類)로 믿어진다.

이와 같이 삼국시대에는 나라 이름을 앞세운 술만이 술이름(酒品名)으로 찾아볼 수 있었다고 하겠다(조선주조협회 1935).

3. 통일신라시대

통일신라시대로 내려오면 양조 곡주들이 다양하게 개발되기 시작하였다. 상류 사회에서는 청주류의 음용이 성행되고 있었으며 삼국시대 후기에 마련된 주류 문화. 예(醴) 문화가 그 뿌리를 그대로 이어받아 신문왕 3년(683)의 폐백 음식 속에 장, 시, 해 등과 함께 주, 예류(醴類)가 포함되고 있었던 사실이 전해지고 있었을 뿐 아니라 그밖에 발효 음식들과 함께 음식의 약념(藥廉)으로 이용되고 있었다는 사실이 뒷받침되고 있다.

4. 고려 전기

고려시대로 내려오면 전래의 곡주류 양조법은 정착, 붕화 차원을 넘어서 고려시대 전기 중에 청주류, 중양주류(重釀酒類), 탁주류(濁酒類), 재주류(滓酒類), 감주류(甘酒類) 등의 전통적인 주류의 양조 기술과 종류가 심화되었다. 과실류의 혼양양조법(混釀釀造法)을 비롯하여 약재를 혼양한 채용혼양조법(菜用混釀造法) 등도 아울러 자리잡고 있었고, 곡주를 이용한 재제주류(再製酒類)에 속하는 자주류(煮酒類) 양조 기술 또한 정착되고 있었다.

고려시대에는 송나라와 빈번한 교류가 있었고 사원(寺院)은 오늘날의 여관업을 겸하고 있었으므로 사원에서 술을 빚어 팔기도 하였다. 한편 궁중의 양온서(良醞署: 궁중에서 술을 빚던 부서로 후에 장예서(掌禮署), 사온서(司醞署)로 명칭이 바뀜)에서는 국가의 의식용 술을 빚기도 하였다(이성우 1984).

송나라 서긍(徐兢)이 개성에 머무르면서 우리 나라 풍물을 적은 〈고려도경〉을 통해서도 주류문화와 예(醴)문화가 보편화되고 있었다는 것이 재확인되었다. 〈고려도경〉에서는 "고려에는 찹쌀이 없어서 멥쌀과 누룩으로 술을 빚는다."고 하였으니 송(宋), 원대(元代)를 통하여 중국에서는 찹쌀술을 빚었으나 고려에서는 멥쌀로 술을 빚는 것이 서긍의 눈에는 특이하게 비친 것 같다. "술의 맛이 독하여 쉽게 취하고 빨리 깬다"고 하였으니 고려의 술에 대한 문헌은 없으나, 중국의 덧술법을 배워서 도수가 높았다고 생각된다. 또 "일반적으로 고려 사람들은 술을 즐긴다. 그러나 서민들은 양온서에서 빚는 그러한 좋은 술을 얻기 어려워서 맛이 박(薄)하고 빛깔이 짙은 것을 마신다"고 하였다.

〈고려사〉에는 고려 문종(文宗: 1046～1082) 때 비로소 양온서를 두고 "왕이 마시는 술은 양온서에서 다스리는데 청주와 법주의 두 가지가 있고, 질항아리에 넣어 명주로 봉해서 저장해 둔다"고 하였으며, 국가의 의식용 술을 빚었다고 하였다. 〈고려사〉 태묘조(太廟條)에는 "호준(壺尊)들은 모두 제사의 법주를 채운다"고 하였으니 법주는 종묘 제사에 쓰는 관용(官用)의 농후주였던 것 같다.

〈동국이상국집〉의 시(詩) 속에서 "발효된 밑술을 압착하여 맑은 청주를 얻는데 겨우 4～5병을 얻을 뿐이다"라고 하였으니, 밑술을 압착하여 청주를 얻었음을 알 수 있다. 그러나 용수를 박아서 떠내는 방법이었는지 주머니에 넣어 압착하였는지는 알 수 없다.

〈동문선〉에 실려 있는 김극기(金克己)의 시(詩) 속에는 "들합〔野盒〕에는 막걸리(濁酒) 채워 있네"라고 하였고, 윤소종(尹紹宗)의 시(詩)에는 '박주(薄酒)'라는 말이 있고, 이규보(李奎報)의 시(詩)에는 "나그네 창자를 박주로 푸니"라 하였고, 자신이 가난할 때는 백주(白酒: 濁酒)를 마셨다고 하였다.

〈白酒侍一首〉라는 시 속에 "젊을 때는 백주(白酒)를 즐겨 마셨으나 벼슬길에 오르고는 청주(淸酒)를 마시게 되었다. 청주가 없을 때는 부득이 백주를 마시는데 위(胃)에 차서 배가 부르니 불쾌하다"고 하였다. 이로 미루어 보아 백주는 탁주임을 알 수 있다. 이달충(李達衷)의 시에는 "질뚝배기에 들고 오는 허연 막걸리"라고 하였으니 서민들이 평소 마시거나 잔치 때 마시는 술은 탁주였음을 알 수 있고, 탁주를 백주 또는 박주라 했음도 알 수 있다.

1) 원숭이가 가져다 준 술

강화도의 전등사(傳燈寺)는 고구려 소수림왕 때 아도대사(阿道大師)가 지은 오래된 절이다. 전등사를 짓는 동안 오랜 공사에 인부들이 지쳐 있던 중 어디에서인지 4마리의 원숭이가 날마다 술항아리를 날라다 주었다고 한다.

이 술을 마신 인부들은 힘을 얻어 무사히 법당을 준공하게 되니 아도대사는 법당 4기둥에 원숭이 상(像)을 새겨서 원숭이의 공을 기리고 이들을 가람신(加藍神)으로 삼았다고 한다.

그림 4 강화도 전등사 대웅전의 귀포 위에 있는 원숭이상(나무조각)

2) 고려의 소주

고려를 지배하게 된 몽고는 일본 침략을 위한 병력의 일부와 군선 및 군량 등의 담당을 고려에 강요하였다. 전초기지(前哨基地)를 제주도에, 병참기지(兵站基地)를 안동과 개성에 둔 몽고군은 소주를 술병에 넣어 옆구리에 차고 다니며 마셨다. 이 고장에서는 소주를 만들어 몽고군에게 보급하게 되어서 그 전통으로 안동소주, 개성소주가 유래하게 되었다.

소주류에는 1차 증류주인 소주, 2차 증류주인 감홍로(甘紅露) 등이 있다. 〈고려사〉의 기록에는 사람들이 검소할 줄 모르고 사치하는 악습이 있고 가재(家財)를 탕진하는 관습이 성행함에 따라 사치성 물품의 사용을 금지하는 법령 중에 소주의 음주를 금한 것도 있다.

이규보 자신이 생존시에 직접, 간접으로 음용하였던 주품(酒品)을 해설한 술의 전기(傳記)인 〈국선생전(麴先生傳)〉에 '酒中淸者爲聖人'이라고 기록된 것으로 보아 청주(淸酒)임을 알 수 있다. 즉 이규보(1168~1241) 시대에 음용되었던 주품들은 청주, 탁주, 재주류를 비롯하여 화향인주(花香人酒), 과실인주(果實人酒) 등 혼양주(混釀酒)가 주축을 이루고, 양조주(釀造酒)가 바탕이 되었으며, 증류주인 소주는 전연 포함되지 않았다.

〈동의보감〉과 〈본초강목〉에서는 소주 창시의 배경이 원나라 때로 합치되고 있다. 〈본초강목〉에는 "소주는 예로부터 있었던 것이 아니고 원대(元代)에 비로소 만들어지게 된 것이다"고 하였다. 또 소주를 화주(火酒) 아라길주(阿喇吉酒)라고 한다고도 하였다. 소주를 만주어로 '아래기(araki)'라 하고, 개성에서는 '아락주' 아라비아어로는 'arag'라고 하였다. 명칭으로 보면 아라비아에서 출발하여 원(元), 만주, 고려의 순으로 전해진 것이라고 할 수 있다(이성우 1984). 〈재물보(1807)〉에 소주는 홍로(紅露), 기주(氣酒), 화주(火酒), 아라길주 등으로 불리우고 있다.

소주 유입 시한은 충렬왕(忠烈王) 3년(1277) 사이가 되고, 소주 음용 기원 시기는 충숙왕대(忠肅王代 1314~1339)에서 충혜왕대(忠惠王代 1340~1344) 사이라고 본다(장지현 1987). 〈고려사〉 열전(列傳)에는 왜적을 막겠다고 원수(元帥)가 되어 경상도에 와 있던 김진(金縝)은 명기(名技)를 모아 막료(幕僚)와 더불어 소주를 마시고 밤낮으로 취해 있었고, 부하들이 조금만 그의 뜻을 거슬려도 심하게 매질하고 욕보게 하였기 때문에 부하들은 김진의 무리를 소주도(燒酒徒)라고 불렀다는 기록이 있다.

3) 고려의 특수주(特殊酒)

(1) 포도주(葡萄酒)

포도는 본디 아시아 서부 이란 고원의 특산으로서 서양의 포도는 여 기서 이식하였다고 하며, 동양에는 한대(漢代)에 장건(張騫)이 중국에 전하였는데 특히 서역 교통의 길목에 달하는 양주(凉州) 지방에 포도의 재배와 포도주 빚기가 성행하여 서양(西凉) 포도주의 이름이 중원(中原)에까지 알려 지게 되어 당태종(唐太

宗 627～649)은 고창국(高昌國: 新疆省)을 정복하였을 때 그 양조법을 익혀 와서 8종의 술을 빚어 군신들과 같이 마셨다고 전해진다.

고려의 시문(詩文) 속에도 포도주가 나오지만 어떤 방법으로 빚은 포도주인지 알 수는 없다. 〈고려사〉 충렬왕 11년(1285)조에 원제(元帝)가 고려의 왕에게 포도주를 보내 왔다고 한다. 이것은 과실 양조법에 의한 술이었을 것이다.

원대(元代)의 시인 원호문(元好問)의 작품인 〈포도주부〉에는 "고향인 안읍(山西省 西南部)에는 포도가 생산되나 포도주 빚는 방법을 몰라서 일반 주조법에 따라 미주에 포도즙을 섞어서 빚으므로 맛이 좋지 않았다. 정우년간(貞祐年間 1213～1217)에 이웃 마을의 어느 종가에서 포도를 거둬들였는데 때마침 유적(流賊)이 쳐들어와 산속으로 달아났다가 1개월쯤 후에 돌아와 보니 포도즙이 소쿠리 밑에 있던 병에 떨어져 고이게 되니 훌륭한 포도주가 되어 있었다"는 내용이 있다. 이 집에서 한동안 비법으로 하고 있었으나 그 후에 세상에 알려져서 과즙(果汁)으로 빚는 과실주가 퍼지게 되었다고 한다.

(2) 도소주(屠燒酒)

〈근제집(謹齊集)〉에는 원단(元旦)에 도소주를 마시고 읊은 시(詩)가 있다. 〈동의보감〉의 도소주에 대한 설명은 백출(白朮), 대황(大黃), 길경(桔梗), 천초(川椒), 방풍(防風), 호상근(虎杖根)을 썰어서 주머니에 넣어 12월 해일(亥日)에 우물 속에 넣어 두었다가 정월 초하루 이른 새벽에 꺼내어서 청주 2병 속에 넣어 두어번 끓여서 남녀노소 모두 동쪽으로 향하여 한 잔씩 마신다고 하였다.

도소주는 중국 후한(後漢)의 화타(華陀)가 만들었다고도 하며 당대의 손사막(孫思邈)이 만들었다고도 한다. 정월 초하루 이른 새벽에 도소주를 마시는 풍습은 중국의 〈형초세시기(荊楚歲時記)〉에 기록되어 있는데 이 풍습이 고려에 전해진 것이라고 한다(이성우 1978).

(3) 계향어주(桂香御酒)

계향어주는 송나라 때 궁중에서 사용하던 술로써 계실(繼室)을 넣어 만든 감미롭고 향기가 있는 술이다. 고려 예종(睿宗) 때 이자겸(李資謙)이 송에서 계향어주를 가져오니 왕이 신하 10명을 불러모아 청연각(淸宴閣)에서 연회를 베풀었다고 한다. 또 이자겸이 송나라에 사신으로 가서 계항어주를 내놓은 연회석에서 시를 읊었다고도 한다. 그 내용은 다음과 같다.

"황하(黃河)의 물은 천년의 상서로움을 보이고 계향주(桂香酒) 만수상(萬壽觴(술잔))에 떠 있네, 오늘 외국 손이 여기 참여하였는데 하늘이 보우하여 길이 잊지 말자."

(4) 유주(乳酒)

〈고려사〉 충렬왕 22년(1296)조에 의하면 중국에 간 세자(충선왕)에게 원나라 태후는 양 700마리와 술 500항아리를 내리고 잔치를 베풀게 하였다고 한다. 이때의 술은 몽고의 술로서 양유(羊乳)를 발효시켜 만든 양주(羊酒)나 마유(馬乳)로 만든 마유주(馬乳酒)라고 한다. 또 충렬왕의 왕비 제국공주(齊國公主)가 고려의 궁중으로 들어와 잔치를 베풀 때 몽고식 양주(羊酒)와 마유주(馬乳酒)를 사용하였다고 한다.

〈고려사〉 열전 김이(金怡)조에 의하면 의희(懿姬)가 원나라에서 죽게 되어 상구(喪具)가 미비한지라 이(怡)가 뼈를 불태워 함관(函琯)에 납골하여 몸소 묻어 주고, 매달 삭망을 당하면 양주(洋酒)를 갖추고 친히 전제(奠祭)하여 3년을 마쳤다고 한다.

이것으로 보아 양주(羊酒)나 마유주(馬乳酒)가 원나라에 간 고려 사람에게 알려지고, 음용되었음을 알 수 있다.

4) 고려(高麗)의 주점(酒店)

고려 성종은 개성에다 처음으로 주점을 여러 곳 두었다. 그 주점의 이름은 성례(成禮), 악빈(樂賓), 연령(延齡), 영액(靈液), 옥장(玉漿), 희빈(喜賓) 등이었다. 아취(雅趣) 있는 이름을 붙인 것으로 미루어 문인이나 선비들이 드나드는 고급 주점으로서 기녀(妓女)도 두고 술을 마셨으리라고 추측하나 구체적으로 어떤 주점인지는 알 수 없고 북송의 고급 주점의 영향을 받은 것 같다(이성우 1984).

고려 숙종은 개성에 주점을 관설(官設)하고 각 주현(州縣)에 주식점(酒食店)을 내어 숙식(宿食)에 편리를 줌으로써 화폐 통용의 이익을 깨닫게 하려고 애썼고, 해동통보(海東通寶), 동국통보(東國通寶) 등의 화폐를 만들고 또 우리 나라 지형을 본딴 은병(銀甁)을 만들어 화폐로 사용하게 하였다. 그러나 화폐의 유통은 불과 몇 해 가지 못하고 화폐가 국가 창고에서 잠자게 되고, 서민들은 다시 술을 자기 집에서 빚어 마셨다(이성우 1984).

5) 사원(寺院) 속의 고려(高麗) 술

사원 내에서는 술, 누룩의 제조 판매, 음주, 훈채 사용 등이 금지되어 있었다. 그러나 왕실 귀족에 밀착되어 있던 고려의 사원은 전답(田畓)과 노비를 가지고 있었으며 면세(免稅), 면역(免役)의 특혜를 입고 있었을 뿐 아니라 사채놀이까지 하였다. 더욱이 곡물을 가공하는 조주업(造酒業)과 조면업(造麵業)을 경영하고, 차(茶) 재배와 제다업(製茶業)을 하며, 밀, 파, 마늘, 술, 소금, 기름, 꿀 등의 판매까지 하여 경제적으로 비대해졌고 이에 따른 행패도 극심하였다. 내외사사(內外寺社)의 승도(僧徒)가 술과 파를 팔며 병기를 가지고 포악한 짓을 하니 금지시켜 달라는 상소(上疏)가 있었다고 한다.

한편, 승려들은 사원에서 숙박업(宿泊業)을 하고 술도 만들어 팔았다. 또 연등회(煙燈會), 팔관회(八關會) 때는 사원에 많은 사람들이 모여들었으나 이 사람들이 마실 술이 떨어지는 일이 없었다고 하니 사원에 내린 양주금지령(釀酒禁止令)도 아랑곳없이 사원은 맛 좋은 술을 항상 팔고 있는 주점(酒店)이기도 하였다.

〈고려사〉 형법에는 "현종(顯宗) 원년(1010)에 승니(僧尼)가 술을 빚는 것을 금(禁)하였다"고 하니 사원에서 조주업(造酒業)이 성행하였음을 알 수 있다.

6) 시문(詩文) 속의 고려 술

〈청산별곡(青山別曲)〉에는 다음과 같은 내용의 노래가 있다.

"지향없이 가다가 우연히 배가 불룩한 술독에서 기적을 보았다. 술독에는 술이 한창 익어서 밑술의 윗부분이 서리가 져서 괴고 있다. 조랑박 꽂향내 나는 누룩의 향취가 내 코를 거슬리고 내 발길을 꽉 붙잡으니 낸들 어찌할까 보냐."

그 밖의 시문 속의 술은 다음과 같다.

표 1 시문속의 술이름

시 집	술 이 름
한 림 별 곡 (翰林別曲)	황금주(黃金酒), 백자주(柏子酒), 송주(松酒), 예주(醴酒), 죽엽주(竹葉酒), 이화주(梨花酒), 오가피주(五加皮酒)
이 규 보(李奎報)의 시	이화주(梨花酒), 화주(花酒), 백주(百酒), 춘주(春酒), 천일주(千日酒), 천금주(千金酒), 자주(煮酒), 초화주(椒花酒), 파파주(波把酒), 방문주(方文酒), 녹파주(綠波酒)
파 한 집(破閑集)	녹주(綠酒), 청주(淸酒), 국화주(菊花酒)
목 은 집(牧隱集)	부의주(浮蟻酒), 창포주(菖蒲酒)
포 은 집(圃隱集)	창포주(菖蒲酒)
동 문 선(東文選)	유하주(流霞酒)
성 사 달(成士達)의 시	신풍주(新豊酒: 중국의 이름난 美酒)
삼 도 부(三都賦)	구하주(九霞酒)
근 제 집(謹齊集)	포도주(葡萄酒), 도소주(屠蘇酒)
도 은 집(陶隱集)	도소주(屠蘇酒), 탁주(濁酒), 황봉주(黃封酒)
이 자 량(李資諒)의 시	계향어주(桂香御酒)
고 려 사(高麗史)	죽엽주(竹葉酒), 오가피주(五加皮酒), 이화주(梨花酒), 예주(醴酒), 황금주(黃金酒), 백자주(柏子酒), 송주(松酒)

이와 같이 고려시대에 전래주의 성숙기를 맞이하게 되었던 것은 고려조 이전에 마련되었던 양조 기술의 축적 결과라 할 수 있겠다. 그밖에도 국내적으로 안정세가 유지되고 있었던 반면에 국력의 신장과 더불어 대외적인 교섭이 활발해졌던 데서 그 중요한 원인을 찾아볼 수 있을 것 같다.

공식연회석상에서는 감주(甘酒), 점감주(點甘酒) 등이 지배하고 있었고, 양주(釀酒)의 원료면에서는 주로 멥쌀과 주국(酒麴)으로 이루어진 전형적인 곡주 양조법이 그 바탕을 이루고 있었다.

감주(甘酒)는 특별한 양조법으로 달게 빚어진 술이다. 그 종류에는 다음과 같은 것들이 있었다.

감향주(甘香酒) 밀술에 찹쌀가루로 구멍떡을 만들어 삶은 다음 누룩 가루를 섞어 빚으며, 3일 후에 찹쌀을 쪄서 누룩가루를 더 넣어 덧술하고 14일만에 마시는 여름 술이다.

향감주(香甘酒) 멥쌀가루로 구멍떡을 만들어 이화국 가루를 넣어 빚어 7일만에 마시는 단양주이다.

우리 나라에서 술의 이름이 구체화된 것은 고려 사회에 내려와서 시작되었다는 것을 짐작케 한다. 고려 사회에서 드러난 주품명(酒品名)은 조선조 말기까지 거의 그대로 이어지고 있다.

특별히 인상적인 주품 중에는 이화주(梨花酒: 막걸리형의 술)가 보편화되었다고 기록되어 있다. 따라서 고려 사회에서는 주국의 종류도 소맥국(小麥麴)과 미국(米麴)으로 이루어지고 있었을 뿐 아니라 미국(米麴)을 이용한 특별한 술로는 이화주가 정착되고 있었다는 것을 알 수 있다.

우리 나라의 술은 고려 전기까지는 탁주 청주류가 정착을 보았고, 소주 음용 계기로 미루어 중국과의 교섭이 활발해지면서 외래주의 유입이 시작되었다는 것을 알 수 있으며, 유입 시기는 원나라와의 교섭 이후 원나라로부터 직접 유입되었다는 것을 시사하는 것이다.

고려 전기에 유입된 외래주는 북방계 민족으로부터 유주(乳酒) 문화가 흘러 들어왔고, 중국으로부터는 중산주(中山酒)를 비롯한 행인자법주(杏人煮法酒), 계향어주(桂香御酒) 등 유명청주(有名淸酒) 및 약용자주류(藥用煮酒類)가 유입되었으며, 멀리 남만(南蠻) 사회로부터는 화주(花酒)란 과실주 문화가 대식상인(大食商人) 혹은 중국을 경유하여 흘러 들어오고 있었다.

아라길주(阿剌吉酒) 문화는 충렬왕 초기 이전에, 소주 문화는 충숙왕대에 유입되면서 급속도로 상류 사회에서 흡수되었다.

5. 고려 후기

고려 후기에는 원나라의 사위 나라가 되었으므로 송・원의 양주법이 거의 도입되었으며, 또 중국 술도 특수층에서는 음용하고 있었을 것이다. 대외 주류와의 교류가 더욱 활발해지면서 몽고와의 접촉을 통하여 마유주(馬乳酒) 문화를 접수하였고, 원나라를 거쳐 서방 사회의 포도주 문화를 수용하게 되었고, 중국으로부터는 계속 특급 곡주류인 상존주(上尊酒), 백주(白酒) 등이 유입되고 있었다.

이와 같은 흐름 속에서 우리 나라 주조사상 중대한 계기가 마련된 것은 증류주 문화가 유입되었다는 사실이다. 고려 말엽에 이르러 유입되었던 증류주 문화의 유입 경로는 이원적으로 전개되었다. 먼저 중동 혹은 인도를 출발한 증류주 즉, 아라길주 문화가 세계적으로 확산 일로를 거듭하면서 그 여파를 타고 몽고 또는 대식상인들을 거쳐 충렬왕 초기 경에 유입되었고, 뒤이어 몽고인들이 원나라를 건국하면서 그들이 가지고 있었던 증류주 기법의 소주 문화가 중국과의 외교 교섭이 활발해지는 와중(渦中)에서 흘러 들어왔다.

고려 사회에서는 이들 증류주 문화가 유입되기 무섭게 곧바로 증류주 문화를 개화시켰고, 증류주 문화가 정착되자마자 급속도로 발전하여 전래 곡주에 증류법을 접목시켜 노주(露酒) 문화를 정립시켰고, 이 노주 문화를 바탕으로 단순 증류주인 노주뿐 아니라 고차 증류법을 익혀 환로주(還露酒: 2차, 3차 증류주)를 만들었다. 그뿐 아니라 고려 사회가 급속도로 증류주 문화로 급회전하면서 노주 기법을 바탕으로 한 재제주(再製酒) 문화마저 개발하였다. 이때에 개발을 본 주품 중에는 1차 증류법을 거쳐 홍로(紅露)가 나왔고, 고차 증류법을 거쳐 감홍로(甘紅露)가 탄생하였다.

마침내 고려 사회에서는 전래의 곡주 양조 문화에 증류주 문화를 추가하게 되었고, 이를 계기로 고려 사회는 곡주 문화를 바탕으로 한 양조 곡주 문화와 증류주 문화란 양대 주류 문화권을 완성함으로써 전래주의 틀을 이루어 놓았으며, 고려 후기에 들어서는 청주, 탁주, 증류주의 3대 주종이 완성된 것이다. 그러므로 고려 시대를 우리 나라 전래주의 정착기라고 할 수 있다.

6. 조선시대(朝鮮時代)

조선 시대는 고려 시대까지의 주품들이 그대로 이어지는 가운데 조선조 전기에는 양조 곡주류가 양조 기술면에서 점차 고급화 추세를 보여 주었다. 이를테면 상류 사회에서는 점차 중양주류(重釀酒類)를 존중하는 경향이 뚜렷해짐에 따라, 양조 원료에서도 멥쌀 위주에서 찹쌀로의 전환이 두드러졌고, 양조 기법에서도 부본 또는 주효(酒酵)를 이용하는 중양법(重釀法)이 단순중양법(單純重釀法)보다 많아지기 시작하였다. 이 때에 우량주로 손꼽던 주품으로는 삼야주(三夜酒), 백로주(白露酒; 또는 方文酒), 이화주(梨花酒), 청감주(淸甘酒), 유의주(乳蟻酒), 향온주(香醞酒), 백자주(柏子酒), 호도주(胡挑酒), 하향주(荷香酒), 춘주(春酒), 청감주(淸甘酒), 국화주(菊花酒) 등이 유명하였다.

특히 고려 말엽에 정착되었던 증류주들이 조선조에는 급속도로 신장되었으며, 세종대를 전후하여 노주(露酒) 문화는 점차 국제화 단계로 발전하였다. 조선조 후기는 지방주(地方酒)의 전성기로 이어졌으며, 지방마다 비전(秘傳)되고 있던 양조 곡주류들이 노출되기 시작하였다. 이때의 손꼽던 주품들 중에는 서울의 약산춘(藥山春), 전라 여산의 호산춘(壺山春), 충청의 노산춘(魯山春), 평안의 벽향주(碧香酒), 금천의 청명주(淸明酒) 등이 유명하였다.

청명주(淸明酒) 청명 날 밑술을 담그고 보름이 지나 곡우 날 덧술을 한다. 21일이 되어야 술이 되는데, 술을 잘 못 마시는 사람들도 즐겼다고 한다.

한편 조선조 전기까지 국제화 단계로 치닫고 있던 증류주는 고급 양조주의 덧술까지 소주로 전용되는 기현상마저 나타났다. 서을 공덕동에 자리잡고 있었던 삼해주(三亥酒) 술도가에서는 소주의 수급을 충당하기 위하여 삼해주를 모조리 소주의 덧술로 전용하였다 하니, 증류주에 대한 욕구가 대단하였다는 것을 알 수 있다. 다산(茶山)은 소주의 유행으로 인한 양곡의 소비를 한탄한 나머지 전국에 흩어져 있는 소주 고리(古里)를 거두어 들일 것을 조정에 청원하기도 하였다.

고려 시대에 개발되었던 홍로(紅露; 또는 홍소주)에 뒤이어 황로(黃露), 갈로류(褐露類)들이 나왔고 고려 시대까지 양조 곡주를 이용하였던 자주류(煮酒類)가 소주를 바탕으로 각종 물료(物料)를 곁들인 주품인 전라의 죽력고(竹曆膏), 전라 황해의 이강고(梨薑膏) 등이 새롭게 개발되었다.

감홍로(甘紅露) 소주를 한두번 다시 고아서 마지막 소줏고리의 바닥에 꿀과 자초(紫草)를 깔고 이슬을 받아낸 것인데 빛깔이 연지와 같이 곱고 맛은 달며 독하다고 한다.

죽력고(竹瀝膏) 소주에 왕대를 쪼개서 불에 구워 스며나오는 즙과 꿀을 알맞게 넣어 그 그릇을 끓는 물 속에 넣고 중탕한다. 또는 소주에다 생지황, 꿀, 계심(桂心), 석창포(石菖浦), 생강 등을 넣기도 한다. 죽력고는 아이들이 중풍으로 갑자기 말을 못할 때 구급약으로 사용하였다. 죽력은 푸른 대쪽을 불에 구워서 받은 진액이다. 이 술은 대나무 산지인 전라도에서 유명하다.

이강고(梨薑膏) 배 껍질을 벗기고 기왓장 위에서 갈아 즙을 내어 고운 헝겊으로 받쳐 찌꺼기는 버리고, 생강도 즙을 내어 받친다. 배즙, 생강 즙, 꿀을 소주병에 넣고 중탕한다.

재제주류(再製酒類)에 속하는 주품 역시 고려 시대까지만 하여도 양조 곡주가 그 바탕이었던 주조 기법이 이 때에 와서는 노주(露酒)로 바뀌었다. 그리하여 각색, 각향이 어우러진 주품들은 우리 나라 전래의 유명 풍미물료(風味物料)가 총동원되고 있었다는 것 이외에도, 우리 선조들이 서구 사회의 재제주류를 무색케 하는 지혜를 간직하고 있었음을 보여 준다.

그밖에 이 때에 이르러 새로 개발된 주품 중에는 양조 곡주와 증류주의 흐름을 조화시킨 혼양주류(混釀酒類), 이를테면 합주류(合酒類)란 양조 기법의 등장이 기록할 만하다. 이들 혼양주류 중에서 뛰어났던 술은 과하주(過夏酒)와 송순주(松荀酒)가 있는데, 특히 서울의 과하주는 유명하였다고 한다.

조선조 후기 말엽으로 접어들 때까지도 증류주류의 음용이 성행되는 가운데 구한말까지 양조 곡주류의 뿌리는 계속 이어졌고, 서민 사회에서는 속성 곡주류쪽으로 계속 보편화되고 있었다.

그러나 구한말에는 개항과 함께 국제화 시대로 접어들면서 서구 사회와의 교섭이 이어지고 강대국과의 통상 협정이 체결되기가 무섭게 외래주의 물결이 물밀듯이 상륙하기 시작하였다. 이로 인하여 구한 말 사회는 마치 다국적주(多國籍酒)가 공존하는 계기를 맞게 된 것이다. 이와 같은 상황 변화 속에서도 전래주의 맥은 이어졌고 외래주는 상류 사회의 독점물로 변신하였다.

7. 일제하

국제화 시대로 변신하는 과정 속에서 비운의 대한제국이 종말을 고함과 더불어 조선총독부에 의한 정치로 대체되면서 일제의 수탈 작업이 시작되었다.

조선총독부는 1907년 7월에 조선총독부령에 의한 주세령(酒稅令) 공포로 제일 먼저 주세를 세금원의 대상으로 삼았고, 같은 해 8월에는 주세령시행규칙 공포가 있었고, 같은 해 9월에는 주세령의 강제 집행이 시작되는 동시에 전래주는 잠적되기 시작하였다. 그래도 밀주가 성행되자 1916년 1월에는 주류 단속이 강화되는 가운데 전래 주류는 약주, 탁주(막걸리), 소주로 획일화시켰다. 이로 인하여 전래의 고급주는 몰살당하고 드디어 1917년부터는 주류 제조업의 정비가 시작되면서 자가 양조는 전면적으로 금지되고, 각 고을마다 주류 제조업자를 새로 선정 배정하였다.

한말에 일본과 강화도조약이 체결(1876년)된 이후 일본인과 함께 이 땅에 들어온 일본 청주의 상품명인 정종이 청주의 통칭명이 되었고, 일본의 맥주도 1900년대 초에 소개되었다. 일제하에서는 주세 제도가 실시되었고 술의 면허 제도를 도입하여 1930년대에는 집에서 담그는 술 제조는 완전히 사라지고 주조업이 본격적인 산업의 한 분야로 시작되었다.

자가 제주는 금지되고 양조장 제조로 바뀐 것이다. 이에 따라 각 가정에서의 비법도 사라지게 되었고, 주세 징수에만 주안을 두어 품질 개량을 위한 노력은 소홀하였다. 더욱이 일본 청주의 범람으로 탁주나 약주는 전혀 개량되지 못하였다.

이로써 광복되기까지 우리 나라 전래 주류 문화는 침몰되는 비운의 주조사(酒造史)를 기록하기에 이르렀다.

8. 해방 후

1945년 광복 이후에도 조선총독부 치하에서의 주세 행정이 거의 그대로 이어져 각양각색이었던 유명 전래 주류는 잠적을 거듭하였다.

근대화된 주정 생산은 1937년부터 시작되었다. 주정의 발효 원료로 초기에는 곡류가 사용되었으나 1952년부터 당밀이 사용되기 시작하였고, 1962년부터는 고구마를 이용하였다. 1965년 1월부터는 양곡관리법의 발효와 함께 이른바 증류식 소주마저 금지되고 희석식 소주로 전환되었다.

한편 1974년부터는 타피오가(Tapioca)를 수입해 사용하고 있었다. 1970년대에 들어오면서 외래주가 많이 소개되어 포도주, 위스키, 브랜디, 진, 보드카, 럼 등이 국내에서 기업적으로 생산되기 시작하였다.

이어서 일제의 정책에 따라 주세 징수를 위한 주류의 규격화가 심화되었고 이에 따라 우리 고유의 명주(銘酒)가 사라지고 풍류가 깃든 우리 조상의 술 빚기는 밀주라는 이름 아래 그 자취를 감추게 되었다. 이 무렵부터 일본식 청주, 기계 소주, 고구마 알코올, 포도주, 합성 청주 등의 여러 가지 술이 등장하였다. 1934년에는 동양맥주의 전신인 기린맥주와 삿뽀로맥주 회사가 설립되어 국내에서 맥주를 생산하기 시작하였다.

그 후 해방과 6.25를 거치며 계속된 만성 식량 부족시에는 주류의 원료로 비곡류만의 사용을 강요하는 상황이었으며, 이로 인하여 주질의 저하가 초래되었다.

1970년 초부터 쌀 생산량이 늘어남에 따라 막걸리를 재등장시켰으나 제조법의 규제 때문에 옛것과는 맛이 다르고 인기가 하락되었다. 대중주인 막걸리는 수입된 밀가루를 원료로 하고 있었지만 1990년부터는 쌀 막걸리도 다시 생산되기 시작하였다.

따라서 광복 이후 오늘날까지는 주조사적 흐름의 맥락으로 미루어 우리 나라 주류 문화는 표류를 거듭하고 있는 무국적주(無國籍酒) 시대라고 보기도 한다.

제 4 장
누　　룩

술 제조에 관여하는 미생물은 누룩을 만들어 자연계에서 생육시켰다. 누룩의 품질은 술 제조에 있어서 일차적으로 영향을 미치는 요인이 된다.

누룩이란 술을 빚을 때 사용하는 발효제로서, 효소를 가진 곰팡이를 곡류에 번식시킨 것이다. 누룩곰팡이는 그 빛깔에 따라 황국균(黃麴菌), 흑국균(黑鞠菌), 홍국균(紅鞠菌) 등이 있다. 우리의 막걸리나 약주에 쓰이는 것은 주로 황국균이다.

누룩은 한문으로 국(麴), 또는 국(麯)으로 표기한다. 국(麴)은 살균한 배지에 원하는 미생물을 인공적으로 접종한 경우에 사용되고, 국(麯)은 미생물을 자연 접종한 경우에 사용되나 문헌에는 이 두 자를 혼동해서 사용한 경우가 많고 고지(koji)를 개량 국자라 부르기도 한다. 누룩을 한방에서는 신국(神麴)이라고 하는데 소화제의 구실도 해 왔다. 누룩곰팡이는 녹말 분해 효소, 단백질 분해 효소 등을 생산하므로 그만한 근거가 있는 것이다.

누룩은 밟은 시기에 따라 춘국(春麴: 1~3월), 하국(夏麴: 4~6월), 추국(秋麴: 8~10월), 동국(冬麴: 11~12월)으로 구별하기도 한다. 누룩이 처음에 만들어진 것은 중국의 춘추전국시대로 알려져 있다. 우리 나라에서는 삼국시대 이전으로 보고 있다. 〈삼국사기〉〈삼국유사〉에 미온(美瑥), 지주(旨酒), 요례(醪醴) 등의 말이 나오나, 재료나 제법에 관한 기록은 없어 상세한 내용은 알 수 없다.

그림 5 밟아서 누룩을 만드는 모습
(이성우: 한국식생활사 연구 향문사)

1. 문헌에 기록된 누룩의 종류(이성우 외 1991)

① 국(麴)

음식디미방, 치생요람, 산림경제, 고사12집, 민천집설, 증보산림경제, 감자종식법, 고사신서, 온주법, 해동농서, 임원십육지, 농정회요, 농정촬요, 오주연문장전산고, 본초강목, 조선주조요제, 조선주조사, 학음잡록, 군학회등, 산림경제제요, 조선무쌍신식요리제법, 조선주개량독본

② 내부비전국(內府秘傳麴)

임원십육지, 농정회요, 조선무쌍신식요리제법

③ 녹두국(錄豆麴)

증보산림경제, 온주법, 농정회요, 군학회등

④ 동양주국(東陽酒麴)

농정회요, 오주연문장전산고

⑤ **요국(蓼麴)**

산림경제, 고사12집, 증보산림경제, 감자종식법, 고사신서, 임원16지, 농정회요, 학음잡록, 군학회등

⑥ **미국(米麴)**

본초강목, 증보산림경제, 임원16지, 농정회요, 조선주조요제, 군학회등, 산림경제제요, 조선무쌍신식요리제법

⑦ **백국(白麴)**

본초강목, 임원16지, 농정회요, 조선무쌍신식요리제법

⑧ **모국(眸麴)**

증보산림경제, 본초강목, 임원16지, 농정회요, 조선무쌍신식요리제법

⑨ **신국(神麴)**

본초강목, 동의보감, 색경, 산림경제, 민천집설, 농정회요

⑩ **이화주국(梨花酒麴)**

음식디미방, 주방문, 산림경제, 고사12집, 증보산림경제, 감자종식법, 고산신서, 온주법, 해동농서, 규합총서, 주방, 주찬, 임원16지, 농정회요, 양주방, 김승지댁주방문, 음식방문, 역주방문, 조선무쌍신식요리제법

⑪ **면국(麵麴)**

본초강목, 증보산림경제, 임원16지

⑫ **홍국(紅麴)**

본초강목, 임원16지, 농정회요, 오주연문장전산고, 조선무쌍신식요리제법

⑬ **향온국(香瑥麴)**

음식디미방, 산림경제, 임원16지

2. 누룩 디디기

누룩의 원료는 주로 밀이며, 이외로 보리, 옥수수, 콩, 팥, 귀리 등을 섞어 만들기도 한다. 지방에 따라 그 형상, 크기, 품질 등이 각각 다르다.

전통누룩의 발효에 관계되는 미생물은 *Rhizopus sp., Mucor sp., Absidia sp., Monascus sp.* 등의 곰팡이이며, 미생물의 분류학적으로 *Phycomycetes*가 주요 균이며, 이 밖에 *Ascomycetes* 속에 속하는 *Aspergillus sp., Penicillium sp., Rhizopus sp.* 등의 곰팡이에 의하여 호화 된 쌀녹말의 액화와 당화과정이 주로 이루어지며, 여러 종류의 *Saccharomyces sp.* 효모가 알코올 발효에 관여한다.

누룩은 자연발효 상태에서 미생물을 증식시킨 것이므로 경우에 따라 당화력이 낮고 발효력이 조금 떨어지는 단점이 있다. 누룩의 단점을 보완하기 위하여 저온담금법(2~3단 담금)이 이루어졌으며, 각종 가향(加香)약용재료 또는 식용재료를 부원료로 첨가하여 다양한 풍미를 갖는 술을 양조하였다.

누룩 디디기에는 재래식 방법과 개량식 방법이 있다.

〈재래식 방법〉

빻은 밀을 물과 반죽하여 보자기에 싸서 누룩틀에 넣고 성형한 다음 쑥으로 싸서 부엌의 시렁이나 온돌방의 벽에 매달아 놓고 띄운다. 누룩 제조 중에 3~4회

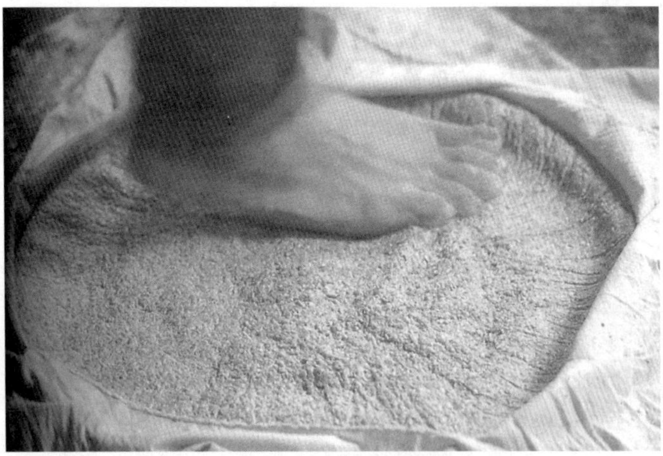

그림 6 누룩 디디기

의 헤치기(적환)를 하여 미생물의 성장을 균일하게 한다. 출국까지의 시간은 누룩의 크기에 따라 다르기는 하지만 20～30일 걸린다.

〈개량식 방법〉

1940년대에 들어와서 전국적으로 보급되었다. 개량식은 밀가루1되에 물을 섞어 원판형으로 덩어리를 만든 것을 약 10일간 40℃에서 발효시킨 후 건조실에 옮겨서 서서히 건조시키면 9일～13일 정도 걸린다. 그 후 누룩회사가 생긴 후부터는 국자실을 이용하여 온도와 습도를 조절할 수 있게됨에 따라 어느 계절이나 같은 품질의 누룩을 만들 수 있게 되었다.

1) 누룩의 종류에 따른 누룩 디디기

(1) 국

〈음식디미방〉

6월에 밀기울 5되에 물 1되로 반죽하여 누룩틀에 베 보자기를 깔고 누룩감을 넣고 싸서 발뒤꿈치로 단단히 밟는다. 자주 뒤슬러서 썩지 않게 고루 띄운다. 띄운 후에 볕에 말려 재운 뒤 다시 뜨거든 여러 날 이슬 맞힌다 특히 비 올 때는 물을 끓여 쓴다.

〈산림 경제〉

여뀌를 따서 녹두즙과 밀 10근, 밀가루 2근을 섞어 반죽한다. 누룩을 단단히 디뎌서 한 덩이마다 연잎이나 도꼬마리잎으로 꼭 싼다. 서늘한 곳에 매달았다가 10월에 갈무리해 둔다. 초복 후, 중복 후, 또는 말복전에 디딘다.

〈온주법(蘊酒法)〉

초복과 중복의 경우에 재료를 물에 넣고 갈아 기울을 섞어서 틀에 넣어 디딘다. 말복에는 녹두만 거피하여 여뀌잎 두섬과 섞어 맷돌에 갈아 그 즙에 기울을 섞어 디딘다. 초복, 중복, 말복에 디딘 누룩은 닥잎으로 잘 싼 후 다시 잣잎을 덮어서 바람 없는 음지에서 여러 날 뜨게 한 후, 햇살 드는 곳에 둔다. 술 빚을 때에 누룩을 밤낮으로 볕에 5～6일간 바래어 깨끗이 한 후 가루를 내어 쓴다. 녹두가 적거든 날씨에 따라 1되씩 더 넣는다. 초복에는 기울 1근, 녹두 1되, 중복에는 기울 1근, 녹두 2되, 말복에는 기울 1근, 녹두 3되이고 여뀌잎은 2섬이다.

〈임원16지〉

〈증보산림경제〉를 인용하여 나무로 작은 되 크기만하게 만든 우물 정 자의 틀에 베 보자기를 편 후 피마자잎을 깔고 반죽한 밀기울을 가득 다져 넣은 뒤 피마자잎으로 다시 덮고 보자기로 싸서 凹凸 모양으로 단단히 밟는다. 누룩의 가운데가 우묵하지 않으면 물기가 모여 썩을 염려가 있다.

〈옹회잡지〉를 인용하여 8~9월에 짚을 이어 겨를 담고 한 덩이에 한 냥쯤의 누룩을 담아 따뜻한 곳에 둔 지 5～6일 만에 바람 부는 곳에 내었다가 곧 도로 덮어놓은 지 21일만에 띄워진다. 50~60일이면 쓸 수 있다.

(2) 내부비전국

밀가루, 녹두에다 황미(黃米)를 가루 내어 함께 섞어 빚는데, 둥글게빚지 않고 네모난 모양〔방국(方麴)〕으로 빚는다.

〈임원16지〉

〈준생팔전〉을 인용하여 삼복 안에 녹두 3말을 먼저 갈아 까불러 껍질을 물에 담가놓고 누런쌀 4말을 갈아서 밀가루 100근과 녹두가루를 녹두껍질물을 쳐가며 반죽을 되게 하여 밟아서 네모진 모양으로 만든다. 대광주리에 넣어 햇빛에 바랜 지 60일이면 완성된다.

(3) 녹두국

쌀과 녹두를 각 1말씩 갈아서 얇게 디딘다 〈온주법〉에는 녹미주국(綠米酒麴), 〈양주방〉에는 백수환동주누룩으로 표기되었다.

〈증보산림경제〉

쌀과 녹두를 물에 담궈 하룻밤 지난 후 녹두를 멍석 위에서 반정도 건조시킨 다음 물 머금은 쌀과 찐 녹두를 돌절구에 넣고 찧어 누룩 덩어리를 작고 얇은 모양으로 단단히 디딘다. 만약 습기가 있으면 좀이 살아서 오래 두고 쓰기 곤란하므로 물을 적게 넣는다.

- 여름 양조용으로는 쌀 1말에 누룩 2되를 넣어 빚으면 청량하지만, 쌀을 5되만 사용해도 된다. 밀가루를 사용할 때는 소량을 쓰고, 찹쌀을 사용할 수도 있다.

〈온주법〉

찹쌀 5되를 하룻밤 물에 담갔다가 가루낸 것과 거피하여 찐 녹두 1말을 섞은 후, 다시 찧어 오리알 크기로 쥐어서 솔잎으로 싼 것을 띄운다. 바람 부는 곳에 가끔 내놓았다가 21일만에 볕에 말려 술 빚는 데 사용한다.

- 봄 양조용으로 사용된다.

〈양주방〉

정월초 열흘 전에 녹두 1말을 맷돌에 타서 껍질을 벗겨 겨우 익을만큼 쪄서 찧은 것과 가루 낸 찹쌀 5되를 켜켜로 넣어 한데 섞이거든 이화주국만한 크기로 쥐어서 솔잎에 재워 두었다가 7일만에 뒤적이고, 14일만에 바람 쐬어 21일만에 말려 둔다.

- 여름 양조용으로 사용된다.

(4) **동양주국**

중국 누룩으로서 여러 가지 생약 성분을 함유하여 빚은 후 동양주 제조할 때 사용한다.

〈농정회요〉

밀가루 100근, 복숭아씨 3근, 살구씨 3근, 바곳뿌리 1근, 녹두 5되, 목향 4냥, 육계(肉桂) 8냥, 여뀌 10근, 매화 10근, 도꼬마리 10근을 사용한다.

밀가루, 복숭아씨, 살구씨, 바곳뿌리는 껍질 벗겨 준비하고 목향, 육계, 여뀌는 물에 7일 동안 담갔다가, 매화에 물이 스미게 하고, 창이잎을 준비한다. 목향, 육계, 여뀌 담근 물에 녹두를 삶아내어 3가지 맛이 함유되도록 빚는다.

▪ 1섬의 쌀에 누룩 10되를 넣어 술을 빚으면 술이 많이 나오고 독하지 않다.

(5) 요국

찹쌀, 밀가루, 달인 여뀌즙을 사용하여 디디지 않고 만드는 흩임누룩(산국(散麴))으로 주머니 속에서 균사가 생겨 약간 단단한 덩어리 형태가 되는 누룩이다.

〈산림 경제〉

〈신은(新隱)〉을 인용하여 찹쌀을 달인 여뀌즙에 하룻밤 담갔다가 건져내어 밀가루와 고루 섞어 종이 봉지에 담는다. 한 여름에 만들어 바람드는 곳에 저장한다.

▪ 두달이면 쓸 수 있다. 이 누룩으로 술을 빚으면 진한 술이 된다.

(6) 미국

쌀가루를 쪄서 여뀌즙으로 반죽하여 누룩을 디디고, 닥나무잎, 솔잎에 묻어서 띄운 것이다. 특별히 찹쌀가루로 디더서 눈같이 흰 누룩을 설향국(雪香麴)이라 한다.

〈본초강목〉

찹쌀가루 1말을 천연 여뀌즙과 반죽하여 둥글게 만든 것을 닥나무 잎으로 싸서 바람드는 곳에 매달아 두면 49일 후에는 쓸 수 있다.

〈증보산림경제〉

정월 초하루에 쌀이나 찹쌀을 물에 담갔다가 가루 내어 찐 후 단단히 디딘 것을 솔잎에 싸서 띄운다.

▪ 술을 빚을 때 쌀 1말에 누룩가루 2되를 넣으면 맛이 독하다.

(7) 백국

밀가루에 찹쌀가루를 더 넣어 빚은 누룩이다.

〈본초강목〉

밀가루 5근, 찹쌀가루 1말을 우물물로 반죽하여 체에 친 후 누룩을 디딘다. 닥나무 잎으로 싸서 바람드는 곳에 매달아 둔다. 50일 후면 쓴다.

〈임원16지〉

〈준생팔전〉을 인용하여 밀가루 1상(相), 찹쌀가루 1말을 축축히 버무려 냉건습을 고루 조절하여 체에 받힌 가루를 단단히 디디고 종이로 싸서 바람부는 곳에 50일 동안 걸어 두었다가 낮에는 볕에 말리고, 밤에는 이슬을 맞혀 바랜다.

(8) 모국

보리를 이용하여 디딘 누룩이다. 〈증보산림경제〉에 추모국(秋麰麴)이라하고 봄보리보다는 가을보리를 이용하여 디딘 누룩이 술맛이 독하지 않다고 하였다 〈임원16지〉는 〈증보산림경제〉를 인용하여 춘모국, 추모국, 〈본초강목〉을 인용하여 맥국(麥麴)이라 하고 맥국은 6월 6일에 디딘다고 하였다.

(9) 신국

중국 누룩으로 여섯 신의 색과 비슷한 6가지 식물이나 곡물을 넣어 신들이 모여 회의하는 날인 6월 6일에 디디는 누룩이다.

- 육신(六神)의 누룩

백호(白虎)-백출(白朮)	청룡(靑龍)-청호(菁蒿)
구진(句陳)-창이(蒼耳)	현무(玄武)-행인(杏仁)
등사(螣蛇)-야요(野蓼)	주작(朱雀)-적두(赤豆)

〈본초강목〉

재료: 밀가루 100근, 청호 자연즙 3되, 붉은 팥 3되, 행인 3되, 창이즙, 들여뀌즙 〈제민요술〉을 인용하여 신들이 모여서 회의하는 날인 5월 5일, 6월 6일 혹은 삼복일에 재료를 배합하는데, 이는 육신인 백호(西), 구진(中央), 등사(中央), 청룡(東), 현무(北), 주작(南)의 배합이다. 이 즙과 밀가루, 콩, 행인을 섞어 떡을 만들어 닥잎이나 마잎으로 싼다. 생황이 입히기를 기다리며 자주 들여다본다.

〈동의보감〉

6월 6일에 기울 섞인 메밀가루 25근, 창이즙 1되, 여뀌잎즙 1되 3홉, 청호(제비쑥)즙 1되, 행인 1되 3홉, 붉은팥(삶아 찧어 연한 것) 1되를 삼복 안의 상인일(上寅日)

에 단단히 딛는다.

(10) **이화주국**

쌀가루를 알 크기만큼씩 쥐어서 짚이나 솔잎으로 싸서 가마니로 덮어놓았다가 7일마다 뒤적거리고 잘 띄워지면 꺼내어 볕에 말렸다가 거풍하며, 양조할 때에 고운 가루를 내어 사용한다.

〈음식디미방〉

쌀 3말을 가루로 하여 크기는 주먹크기로 뭉쳐서 짚으로 싸 빈 가마니에 담아 더운 구들에 두고 자주 뒤슬러서 누렇게 띄운다.

〈산림경제〉

〈신은〉을 인용하여 1월 1일 3일전에 찹쌀을 여뀌즙에 하룻밤 담갔다가 건져내어 마른 밀가루와 고루 섞어 뜨는 것은 체로 건져버리고, 종이 봉지에 담아 바람맞이에 저장하여 한여름에 만든다. 두달이면 쓸 수 있으니 술을 빚으면 아주 진국 술이 된다고 하였다.

(11) **면국**

밀가루를 반죽하여 누룩틀에 넣고 밟은 것으로 밀가루로만 만든 것을 분국(粉麴)이라 하고, 밀가루와 밀기울을 섞어서 만든 것을 조국(粗麴)이라고 한다.

〈증보산림경제〉

5~6월 상인일(上寅日)에 밀가루를 원형으로 작고 얇게 단단하게 디딘다.

〈임원16지〉

밀을 깨끗이 씻어 맷돌에 갈아 놓고 또 녹두를 맷돌에 갈아 두부같이 물을 짜고 여뀌잎을 짓이겨 녹두물에 비비면 쑥물같이 물빛이 맑고 또 맵다. 이것을 밀가루와 합해서 한덩어리에 5되씩 틀에 넣고 단단히 밟는다. 시렁 위에 짚을 깔고 짚 위에 마른 쑥을 두껍게 깔아 누룩 디딘 것을 동여매어 쑥 위에 놓고 쑥을 다시 두껍게 펴고 또 짚을 덮어 삼칠일(21일) 동안 띄운 후에 말려서 바람 통하는 곳에 달아둔다.

〈조선무쌍신식요리제법〉

6월 6일에 밀누룩은 보리누룩과 같이 만드는데 껍질째 물에 씻어서 볕에 바짝 말린 후 6월 6일에 맷돌에 갈아서 밀뜨물에 반죽하여 덩어리를 만들어 닥나무 잎으로 싸서 바람 통하는 곳에 달아 두었다가 70일이면 쓴다. 칠일주(七日酒)에 누룩을 가루내어 쓴다.

(12) 홍국

중국 누룩인 홍국의 제법은 그 시대의 다른 누룩 제법에 비하여 방법을 과학적으로 표현하였으며, 특이한 사항은 우선 국모(麴母: 찹쌀과 홍국에 물을 넣어 풀처럼 만든 것)를 찐 멥쌀에 섞어서 띄운다는 것이며, 그 이후의 제조 과정은 일본식 청주용 누룩 제법과 비슷한 형식의 흩임 누룩 제조법이었다. 이렇게 빚은 누룩에는 주로 붉거나 노란 곰팡이가 생기기 때문에 홍국(紅麴)이라 불리웠으며, 주로 술 이외에도 초나 젓 담그는 데도 사용되었다. 천대홍주(天台紅酒)에는 홍국이 사용되지만, 관서감홍로(關西甘紅露)에는 지초를 사용해서 붉은 기를 낸다고 쓰여 있으며, 현재도 지초는 전통주인 진도 홍주를 양조할 때에 사용되고 있다.

〈본초강목〉

멥쌀 1석 5말을 물에 하룻밤 담갔다가 밥을 지어 15덩이로 나누어서 국모 3근을 넣고 한곳에 모은 후 위를 덮어 둔다. 열이 많이 나면 덮은 보자기를 젖히고 온도가 내려가도록 고루 섞어 주고 다시 보자기로 덮어 둔다. 제 2일째 낮에 3덩이로 만든 후 1시간당 5덩이→1덩이→5덩이→1덩이로 만드는 일을 여러 차례 반복하여 제 3일째 만들어진 국을 대광주리에 담아 새로 길어온 물에 50~60% 정도 담는다. 제 4일째에도 똑같은 일을 반복하여 햇빛 있는 날 말리고 쌀 깊숙이까지 생황(生黃)이 생기도록 한다.

〈**임원십육지**〉

〈본초강목〉과 〈거가필용〉을 각각 인용하여 홍국을 만들 때 긴요한것은 처음에 헝겊을 덮을 때 차고 더운 정도에 따라 겨울에 만드는 것은 헝겊으로 덮고 그 위에 두꺼운 빈 가마니 같은 것으로 다시 덮고 아래는 풀로 싼다. 만일 더우면 곧 덮었던 것을 벗겨 항상 들여다보면서 온도에 유의한다. 붉은색은 자초(紫草), 향온주국(香醞酒麴)이 쓰이고 향온주, 관서감홍로 등은 이 홍국을 이용하여 만든 술이다.

(13) **향온국**

향온국은 보리가루와 녹두가루를 섞어 누룩을 만드는 방법으로 녹두국 만드는 법대로 빚으면서 쌀 대신에 보리를 이용한 것이다. 이 누룩은 향온주와 내국홍로방에 사용된다.

〈**음식디미방**〉

한 두레당 갈은 밀을 1말씩 넣고, 물을 더 넣지 말고 녹두 빻은 것을 1홉씩 섞어 만든다.

〈**임원** 16지〉

〈고사촬요〉를 인용하여 보리를 갈아서 체에 거르지 않은 가루 1말에 녹두 간 것 1홉을 섞어서 디딘 국이다.

이상과 같이 누룩의 원료는 본래 밀인데, 밀을 갈아서 사용하거나 밀기울, 밀가루로 사용하고 그밖에 녹두, 콩, 황미(黃米), 쌀가루, 찹쌀가루, 보리가루, 메밀가루, 붉은팥 등으로 누룩을 디딘다.

누룩의 재료로 밀가루를 사용하거나 또는 술을 빚을 때 밀가루를 넣으면 유기산 생성이 빠르며 쌀로만 빚은 술보다 산도가 높다(성기욱 1989). 유기산은 술맛과 산성도를 조정하여 주는 역할을 하여 부패균 등의 잡균의 살균 및 발육을 억제하는 작용이 있다(이서래 1986).

곡식 가루에 물을 넣어 반죽하거나, 녹두즙, 여뀌즙, 쑥물을 넣어 반죽하기도 하였다. 또 복숭아씨, 살구씨, 바곳뿌리, 목향, 육계, 여뀌, 청호, 창이, 연화, 백출, 천초, 당밀, 당귀, 축사, 방향, 복령, 관계, 단향, 백지, 오수유, 감초, 행인, 백단, 감과 등을 넣기도 하였다. 특히 홍국을 만들 때 붉은색을 내기 위해서는 자초를 넣었다.

누룩의 모양은 네모, 둥근 모양, 달걀 크기, 주먹 크기로 빚어서 띄울 때는 여뀌잎, 연잎, 도꼬마리잎, 닥나무잎, 잣나무잎, 피마자잎, 짚, 솔잎, 창이잎, 쑥, 가마니, 풀 등을 덮어서 21일, 49일, 50일, 70일간 띄웠다. 누룩을 디디는 시기는 정월 초하루, 정월초 열흘 전, 여름, 삼복 안, 초복, 중복, 말복, 5~6월 상인일, 6월 6일 등이었다.

이밖에 국자, 분국, 조국, 흑국이라고 부르는 누룩이 있으나 일제하에 발간된 책 속에 기록된 것이다.

국자(麴子) 조선주조요제(1935), 조선주양조법개요(1936), 주조독본(1938), 한국주류조사서(1908), 조선산업지(1910), 조선주의 양조법(1912), 조선소주양조법(1925), 조선주 제조 방법(1933)

분국(粉麴) 조선주조요제, 주조대요, 조선주 제조법

조국(粗麴) 조선주조요제, 주조대요

흑국(黑麴) 조선주조요제, 조선주조사, 조선주 개량독본

(14) 중국식 누룩

금경로국, 연화국, 양능국, 백주국, 만전향주국, 여국 등이 있으나 중국식 누룩이다.

금경로국(金莖露麴)	임원십육지, 농정회요
연화국(蓮花麴)	임원십육지, 농정회요
양능국(襄陵麴)	임원십육지, 농정회요
백주국(白酒麴)	임원십육지, 오주연문장전산고
만전향주국(滿殿香酒麴)	임원십육지, 오주연문장전산고
여국(女麴)	본초강목, 임원십육지

① 금경로국

밀가루, 녹두, 찹쌀을 가루내어 반죽하여 디디는 제법으로 내부비전국의 재료와 비교해서 황미(黃米) 대신에 찹쌀을 사용하는 것만 다르다.

〈임원16지〉에는 〈준생팔전〉을 인용하여 밀가루 15근, 녹두 3말, 찹쌀 3말을 가루내어 디딘다. 〈농정회요〉에도 〈임원16지〉와 같다.

② 연화국

주재료는 흰밀가루, 녹두, 찹쌀가루 등으로 금경로국의 재료와 같으며, 부재료로 연꽃과 천초를 넣어 일반 누룩 제법으로 제조하였다. 〈역주방문〉의 연화주는 누룩을 사용하지 않고 밥을 지은 후 도꼬마리에 싸서 야생 곰팡이와 야생 효모를 생성시켜 만든 주본(酒本)에 덧술하여 양조한다고 하였으므로 연화국이 반드시 연화주에 사용된 것은 아닌 듯하다.

〈임원16지〉에는 〈준생팔전〉을 인용하여 재료는 연화 3근, 백출 150냥, 녹두 3말, 찹쌀가루 3말 8냥, 천초 8냥으로 일반 제법으로 디더서 만든다. 연화주는 보통 누룩가루를 사용하고 연잎을 항아리 밑에 깐다 〈농정회요〉에도 〈임원16지〉와 같다.

③ 양능국

주재료로 밀가루, 찹쌀가루를 사용하고, 부재료로 당밀, 천초를 넣어 일반 제법으로 빚는다.

〈임원16지〉에는 〈준생팔전〉을 인용하여 밀가루 150근, 찹쌀 3말, 당밀 5근, 천초 8냥으로 일반 제법으로 디딘다. 〈농정회요〉에도 〈임원16지〉와 같다.

④ 백주국

찹쌀에 부재료로 여러 가지 생약 성분을 첨가하여 디더서 띄운 중국 누룩이다.

〈임원16지〉에는 〈거가필용〉을 인용하여 재료는 당귀 1냥, 축사 1냥, 목향 1냥, 방향 1냥, 복령향 1냥, 천초 1냥, 백출 1냥, 관계 3냥, 단향 1냥, 백지 1냥, 오수유 1냥, 감초 1냥, 행인 1냥, 찹쌀 1말로 띄운다고 하였다.

봄에 찹쌀을 곱게 가루내어 푸른 여뀌 자연즙과 섞어 고운 가루를 낸 약들과 섞어 반죽한 후 건습을 맞추어 찧어서 600~700개의 덩어리를 이화주국만큼의 크기로 빚어서 중심을 오목하게 만든다. 짚으로 싸서 날씨가 추운지 더운지를 보아 대자리에 펴서 4일 후 청백색으로 누룩이 띄워지면 새로운 풀로 바꾸어 덮고 전체가 다 띄워졌으면 풀을 제거하고 거두어 들인다. 7일만에 거두어 들인 것을 광주리에 담아서 매달아 두었다가 습기 많은 밤에 이슬 맞혀서 21일간 건조시킨다.

⑤ 만전향주국

밀가루와 찹쌀가루에 여러 가지 생약 성분을 첨가하여 디더서 띄운 중국 누룩이다.

〈임원16지〉에는 〈거가필용〉을 인용하여 재료는 밀가루 100근, 찹쌀 가루 5근, 연화 200타, 백지, 정향, 광복령향 각 2냥반, 목향 반냥, 백단, 축사, 감초, 단향 5냥, 백출 10냥, 감과 100개를 모두 갈아서 분말 낸 것 에 밀가루와 연화즙을 고루 섞어서 디딘다. 덩어리마다 종이로 싸서 봉하여 매달아 49일 후에 사용한다.

⑥ 여국

〈본초강목〉에는 밀가루, 〈임원16지〉에는 찹쌀을 사용하였다.

〈임원16지〉에는 〈제민요술〉을 인용하여 찹쌀 3말을 푹 쪄서 식힌 후 누룩 만들듯이 떡 모양으로 만들어 제비쑥으로 위아래를 싸서 매단다. 맥국법(麥麴法)과 같이 21일간 놓아 두면 노랗게 포자가 생기는데, 다 띄워 지면 건조시킨다.

(15) 〈제민요술〉에 수록되어 있는 누룩의 종류와 만드는 법

① 삼곡맥국(三斛麥麴)

7월 갑인일(甲寅日)에 보리 3섬을 준비하여 1섬은 찌고, 1섬은 볶고, 1섬은 날것대로 각각 곱게 갈은 것을 반죽하여 지름 2치 5푼, 두께 9푼의 원형으로 만들어서 21일간 초가에서 숙성시켜서 조주법1, 나미주, 출서 미주에 이용한다.

② **신국1(神麴)**

7월 상인일(上寅日)에 보리 3섬을 준비하여 1섬은 찌고, 1섬은 볶고, 1섬은 날것대로 갈아서 되게 반죽하여 지름 5치, 두께 1치 5푼의 구멍 뚫은 원형으로 만들어 문이 동향으로 열리는 집에서 21일간 숙성시켜 신국서미주에 이용한다.

③ **신국2**

7월 상인일에 보리 3섬을 준비하여 1섬은 찌고, 1섬은 볶고, 1섬에 1말 반을 더한 날것으로 각각 곱게 갈아서 되게 반죽하여 지름 3치, 두께2치로 원형을 만들어 서쪽에 동향문이 있는 집에서 21일간 숙성시켜 조주법2, 신국갱미주에 이용한다.

④ **신국3**

7월 중순 전에 소맥을 3등분하여 1/3은 찌고, 1/3은 볶고, 1/3은 날것으로 도꼬마리즙을 넣어 되게 반죽하여 원형으로 빚어 26일간 숙성시켜 신국주와 청국주에 이용한다.

⑤ **하동신국**

7월 7일에 보리 1섬 중 3말은 찌고, 6말은 볶고, 1말은 날것으로 곱게 갈아 뽕잎, 창이, 쑥, 수유 끓인 즙을 넣어 구멍 뚫은 방형으로 만들어 실내에서 28일간 숙성시켜 조주법3에 이용한다.

⑥ **백료국(白醪麴)**

7월에 보리 3섬을 1섬은 찌고, 1섬은 볶고, 1섬은 날것으로 도꼬마리 즙으로 반죽하여 지름 5치, 두께 1치의 원형으로 만들어 실내에서 21일간 숙성시켜 백료주에 이용한다.

⑦ **진주춘주국(秦州春酒麴)**

7월에 소맥을 볶아서 되게 반죽하여 4변이 각 1자, 두께 2치로 구멍뚫은 방형으로 만들어 실내에서 21일간 숙성시켜 춘주와 법주를 만드는 데 이용한다.

⑧ **이국**(頤麴)

7월이나 9월에 소맥을 볶아서 되게 반죽하여 4변 각 1자, 두께 2치의 구멍 뚫은 방형으로 만들어 실내에서 21일간 숙성시켜 이주, 하동이백주, 상락주 등에 이용한다.

⑨ **대주백타국**(大州白墮麴)

곡 3섬 중 2섬은 찌고, 1섬은 날것으로 각각 갈아서 뽕잎, 호시잎, 쑥즙과 냉수를 섞어 반죽하여 실내에서 28일간 숙성시켜 상락주에 이용한다.

2) 누룩의 성형(成型)과 모양

곡물의 가루나 알갱이에 물을 넣고 반죽한 것을 헝겊, 짚, 풀잎 등으로 싸서 발로 밟거나 헝겊, 짚, 풀잎을 깐 누룩틀에 넣어서 밟는다. 누룩의 모양은 지방에 따라 다르며 크기와 품질도 다르다. 대개 원형(圓型), 원판형(圓板型), 네모형 또는 원판형이나 네모형에 가운데 구멍이 뚫린 모양이다. 그런데 일제시대에 누룩 회사의 전매 제도가 시행되면서 통일되어 일반적으로 원료 1되로 만든 원판형의 것이 보급되었다(김호직 1965).

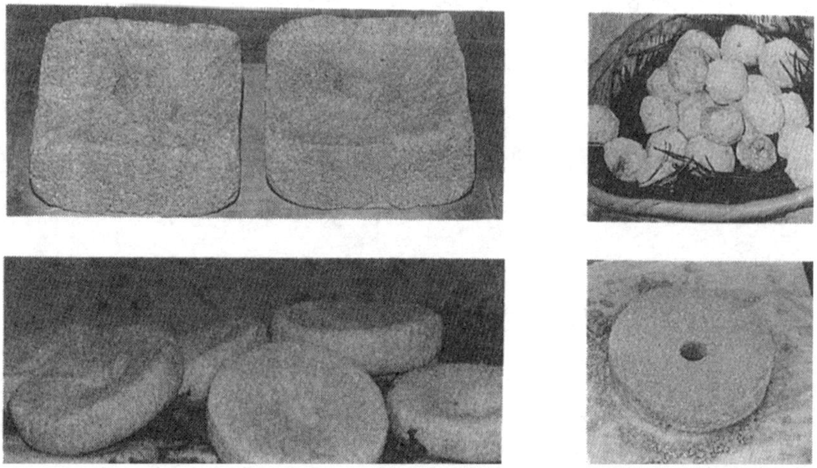

그림 7 누룩의 여러 가지 모양

표 2 권장된 누룩의 크기

원료 및 수량	형태	크기
조국 2되	원반형	직경 1자 5푼, 두께 1치 2푼
조국 1되	원반형	직경 8치, 두께 1치 1푼
분국 1.5되	원반형	직경 7치, 두께 1치 3푼

누룩의 직경이 너무 작으면 수분이 쉽게 발산되어 균의 침투가 좋지않아 숙성이 잘 안되고, 너무 얇으면 단시일에 숙성되어 빛깔은 좋지만 향미가 좋지 않을뿐만 아니라 술지게미가 많아 주량이 적어진다. 반대로 너무 두꺼우면 내부의 수분 발산이 곤란하여 품온이 높아질 가능성이 있고 제조 후 건조가 어렵다. 그래서 〈표 2〉와 같은 크기로 만들것을 권장(左傳生 1926)하였다.

3) 누룩고리(박록담 1994)

누룩고리는 술의 주원료인 누룩을 성형하기 위한 용기로 누룩틀이라고도 한다. 우리 조상들은 대부분의 생활 용기를 직접 만들어서 사용해왔는데 누룩고리도 예외는 아니었다. 또한 만드는 사람의 개성이나 재주, 환경에 따라 달랐으므로 그 형태나 재질상의 종류도 다양하다. 누룩고리는 나무와 짚을 이용하여 만든 것이 주류를 이루는데, 대리석을 깎아 만든 석물과 쇠를 녹여 만든 주물 형태의 것도 눈에 띈다. 흔히 얇게 켠 송판을 이용, '체'를 만들 때와 같이 하여 칡덩쿨이나 삼끈으로 묶고, 새끼줄을 감아 만든 누룩고리가 있는가 하면, 괴목 등의 통나무에 한두개의 구멍을 파서 만든 것도 있고, 송판을 짜맞춘 정방형의 누룩고리도 있다.

서민층과 일반에서 짚과 나무로 만든 것을 주로 사용했던데 반해, 사찰이나 반가, 궁궐 등 특수 계층에서는 대리석이나 주물 등 고급 재질의 누룩고리를 사용하였던 것으로 추측된다.

사진 전면의 누룩고리는 사대부 계층에서 사용했던 것으로 짐작되는데, 일반 누룩고리와 같은 전형에서 크게 벗어난 특이한 형태를 이루고있다. 직사각형 형태를 띠면서도 안쪽 배가 완만하게 들어간 타원을 이루고 있으며, 중심부를 가로지르는 막대기를 꽂도록 되어 있다. 외형상 성형된 누룩이 빠지지 않을 것으로 여겨지는데, 중심을 가로지른 막대기를 빼면 두 곳의 구멍을 통해 공기가

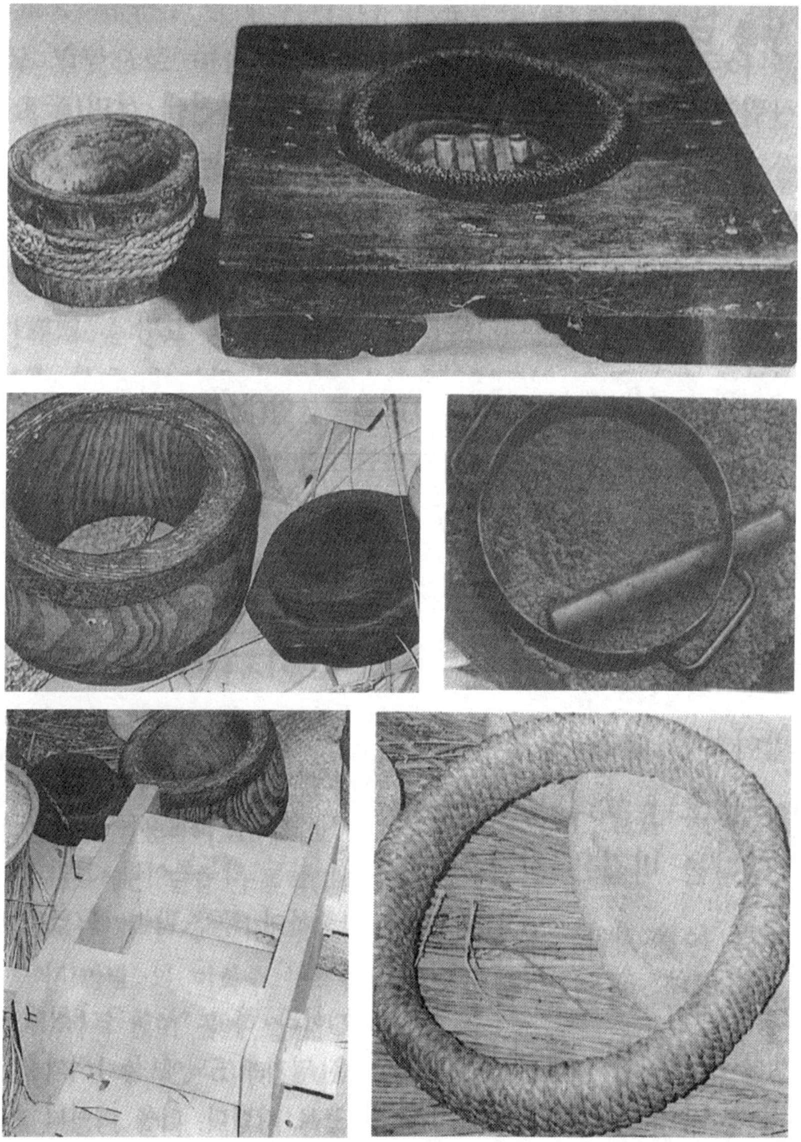

그림 8 여러 가지 모양의 누룩고리

유입되어 쉽게 빠지며, 막대기자리의 구멍은 누룩의 발효를 촉진시킴과 동시에 고루 잘 뜨게 하는 역할을 한다.

이처럼 과학적이면서도 예술성이 뛰어난 누룩고리 하나에서 옛 선인들의 지혜와 자취를 다시금 엿보게 된다.

4) 〈제민요술〉의 누룩 빚을 때 주술적 관습(가사협 1993)

삼곡맥국을 빚을 때 반드시 동자(童子)가 물을 긷고 당일 해가 있을때 끝내야 한다. 국실(麴室)에는 벽을 따라 사방에 길을 내고 중앙에는 십자로를 낸다. 이 길의 교차점에 인형으로 국왕(麴王) 5개를 만들어 세우고 국왕의 손에 술(酒), 포(脯), 탕병(湯餠)과 제수(祭需)를 얹어 놓고 제를 지낸다. 주인이 축문(祝文)을 3번 읽고, 절을 2번 한다. 신국을 만들 때는 중앙의 국왕은 남쪽을 향하고 사방의 국왕은 중앙의 국왕을 향한다. 국실의 문은 동쪽으로 한다. 개나 닭에게 보이거나 먹여서도 안된다. 그 당시에는 발효 과정에서 생기는 미생물 활성의 원리가 선명하게 밝혀지기 어려웠으므로 이에 대한 어려움에서 이러한 주술 행위가 있었다고 생각한다.

5) 누룩 디디는 좋은 날

〈증보산림경제〉에는 누룩 만드는 좋은 날은 일진에 신미(辛未), 을미(乙未), 경자(庚子)일이며 또 제(除), 만(滿), 개(開)의 성일(成日)도 좋다고 하였다. 성일(成日)은 12성문이라 하여 위(違), 제(除), 만(滿), 평(平), 정(定), 집(執), 파(破), 위(危), 성(成), 수(收), 개(開), 폐(閉)가 있는데 지지수(地支數)와 같이 일진(日辰)에 배열하여 행하고 있다.

여름 삼복중에 누룩을 만들면 벌레가 생기지 않는데 초복 후에서 말복 전 사이가 그 다음으로 좋다. 매달 초하룻날은 누룩 만드는 좋은 날이라고 하였다. 또 목일 －일진(日辰)에 육갑(六甲)에 납갑(納甲)을 붙여 갑자일(甲子日), 을축일(乙丑日), 해중금일(海中金日)은 금일(金日)－ 에 누룩을 만들면 술맛이 시다고 하였다.

〈고려대규곤요람〉에는 대체로 술에는 누룩이 으뜸이요, 음식에는 장이 으뜸이다. 누룩과 장을 부디 제때에 만들어 두고 써야 한다고 하였다. 문헌에 기록된 누룩만들기는 다음과 같다.

〈사시촨요초〉에는 "복중에 누룩을 만든다. 누룩이 좋지 않으면 술의 맛이 박(薄)하다. 보리 10말, 밀가루 2말로 누룩을 만든다. 녹두즙에 여뀌와 더불어 반죽하여 밟아서 떡처럼 만들어 연잎, 도꼬마리잎으로 싸서 바람이 잘 통하는 곳에 걸어서 말린다. 누룩은 반죽을 단단하게 하고 강하게 밟아야만 좋은 누룩이 된다. 그렇지 않으면 좋은 술이 되지 않는다."고 하였으니 보리와 밀가루를 섞어서 만든 막누룩이다. 그리고 누룩을 잘 디디는 비결은 되게 반죽하여 꽉꽉 밟는 데 있다고 하였다.

〈음식디미방〉에는 주국방문(酒麴方文)이라 하고 "누룩은 6월에 디디면 좋고 7월 초생도 좋다. 누룩의 분량은 밀가루 5되에 물 1되씩을 섞어 꽉꽉 밟아 디디고 비오는 날이면 더운 물로 디딘다. 더울 때이니 마룻방에 2두레씩 매달아 자주 뒤적이고 썩을 우려가 있을 때는 한두 차례씩 바람벽에 세운다. 날씨가 서늘하면 고석을 깔고 서너 두레씩 늘어 놓고 또 고석을 덮어 놓고 썩지 않게 자주 골고루 뒤집어가며 띄운다. 거의 다 뜬 것을 하루쯤 볕에 쬐여 다시 거두어 더 뜨게 한다. 이것을 여러 날 두고 밤낮으로 이슬을 맞히는데, 비가 올듯하면 거두어 들인다."고 하였으니 이것도 막누룩이다. 그리고 꽉꽉 밟으라고 하였다.

고려말의 문신인 조운흘(趙云仡)은 조선조 초에 강릉태수(江陵太守)가 되었다. 태수로 있으니 손님이 끊일 사이가 없고 그때마다 술 대접을 해야 한다. 술이 좋으면 손이 더욱 찾게 되니 하인들에게 "누룩은 잘 밟으면 단단해져 술맛이 좋다. 술맛이 좋으면 손님이 더 모여들게 되니 슬슬 밟아서 술맛이 나쁘도록 하라."고 지시했다고 한다. 그 후 슬슬 밟은 누룩으로 술을 빚으니 술맛이 약하고 산미가 많았다. 손님이 오면 이 술을 두어잔 권하고는 술맛이 나빠서 권할 수 없다면서 술상을 물리곤 하였다는 것이다.

〈증보산림경제〉에서는 밀가루를 원판상(圓板狀)으로 반죽하여 베 보자기를 누룩틀에 깔고 여기에 피마자잎을 깔고는 베 보자기로 싸서 발로 밟는다고 하였다.

〈증보산림경제〉의 누룩 만들기는 〈음식디미방〉과 거의 같고 국(麴)을 국(麯)이라고 표기하였으니 국과 국은 같은 뜻이다. 그리고 술맛의 좋고 나쁨은 오직 누룩의 좋고 나쁨에 있다고 하였다.

〈태상지〉의 조국법은 "밀 15석에 녹두 6말 6되 5홉을 반죽하여 잘 디딘다."고 하였다.

〈임원16지〉에는 막국법, 면국법, 홍국, 황의, 여국 등의 제법이 주로 중국 문헌을 인용하여 소개되고 있다.

〈주방문〉에는 단술 누룩법(감주국조법)이라 하여 밀을 가루 내어 누룩을 만드는 법이 기록되었다.

〈음식디미방〉의 이화주 누룩법은 "백미 3말을 희게 씻어 물에 하룻밤 재워 다시 씻어 곱게 빻아 주먹만큼 만들어 짚으로 싸고 공석에 담아 더운 구들에 두고 자주 뒤쳐서 누렇게 뜨면 좋다. 쓸 때 껍질 벗기고 가루로 만들어 쓴다. 처음에 만들 때 물을 많이 하면 썩어서 좋지 않다"고 하였다.

〈수운잡방〉의 이화주조국법은 "배꽃이 필 때 백미를 희게 씻어 밤재워 담갔다가 가루로 만들어 체로 쳐서 물을 약간 뿌려 오리알 크기로 단단하게 만들어 공석에 볏짚을 깔고 두었다가, 7일 후에 뒤집어서 21일 후에 빛깔을 보아 황백색의 곰팡이가 서로 섞여 있으면 바로 내어 잠깐 바람에 쏘였다가 저장해 두고 쓴다"고 하였다.

〈임원16지〉와 〈김승지댁주방문〉에는 이화주국법이라고 하여 누룩 만드는 법이 기록되어 있다.

〈음식디미방〉의 이화주 누룩법은 "백미 3말을 희게 씻어 물에 하룻밤 재워 다시 씻어 곱게 빻아 주먹만큼 만들어 짚으로 싸고 공석에 담아 더운 구들에 두고 자주 뒤쳐서 누렇게 뜨면 껍질 벗기고 가루로 만든다"고 하였다. 이들은 모두 병국이고 산국에 관한 기록은 1400년대의 문헌에 여국이라 하여 쌀낟알을 여뀌즙에 하룻밤 담갔다가 밀가루를 묻혀 종이 주머니에 넣어 곰팡이를 번식시킨 것이다(이성우 1988). 〈조선 주조협회지〉에는 우리 나라 북부 지방에서는 소주를 많이 마시므로 흑국균에 의한 소주 만들기를 도입하였다고 한다

(이성우 1988).

조선시대의 궁중용 누룩 만들기와 술 빚기는 내자사(內資寺)에서 맡아 다스렸다.

3. 누룩의 분류

- 누룩
  - 떡누룩〔餠麴〕
    - 분국(粉麴) : 곡물을 가루 내어 덩어리로 만든 누룩
      이화국, 미국, 백국, 녹미주국
    - 조국(粗麴) : 곡물을 거칠게 갈아서 덩어리로 만든 누룩
      소맥국, 분국
    - 초국(草麴) : 여뀌잎, 닥나무잎 등 약초를 넣거나 그 즙에 반죽하여 덩어리로 만든 누룩
      만전향면국
  - 흩임누룩〔散麴〕 : 곡물의 낱알이 흩어져 있는 상태의 누룩
    홍국, 요국

떡누룩에 번식하는 곰팡이는 내부까지 기어드는 발효형(醱酵型)이고 거미줄곰팡이(rhizopus), 효모, 털곰팡이도 많다. 흩임누룩에 번식하는 곰팡이는 표면에만 번식하는 호흡형(呼吸型)이고 누룩곰팡이(Aspergillus)가 많다. 분국은 약주용, 조국은 탁주용, 소주용으로 쓰인다.

누룩은 떡누룩이 98%로 대부분이고, 흩임누룩은 10% 정도이다. 떡누룩은 가루로 하여 디디는 경우가 80%로 많고, 물이나 즙액에 우려내는 물누룩의 경우는 20%이다. 또 누룩에 맥아를 섞기도 한다.

분국은 약주, 합주, 과하주 등을 제조하는 데 사용하는 것으로서 밀을 가루로

표 3 〈제민요술〉에 수록된 누룩의 분류

누룩의 분류		누룩의 이름
병국(餠麴)	분국(粉麴)	삼곡맥국, 신국1, 2, 3, 하동신국
	조국(粗麴)	진주춘주국, 이국, 대주백타국, 백료국
산국(散麴)		황의, 황증, 얼, 여국

빻아 만든다. 밀기울이 섞이지 않도록 순밀가루로 만든 백국(白麴)도 있다.

조국은 탁주, 약주의 제조에 사용하는 것으로서 약간 거칠게 부순 밀로 만들며, 소주용에는 증류관계로 밀을 굵게 부순 다음 제조함으로써 탁주용 조국과 구분된다. 또한, 탁주용 조국은 분쇄한 밀에서 밀가루를 분리하여 녹말질을 줄이거나 밀기울을 혼합하여 제조하였다. 소주용 누룩은 밀 이외에 옥수수, 콩, 팥, 보리 등을 혼합하여 제조하기도 하였다.

제 5 장

전통 민속주

1. 전통 민속주의 분류

〈임원16지〉에는 술을 11종류로 분류하였는데, 이 분류법을 현대적 어휘로 재구성하여 〈한국식품문화사〉에서는 다음과 같이 10종류로 분류하였다.

표 4 전통주의 분류

임 원 십 육 지	한 국 식 품 문 화 사
이류(酏類)	상용약주(常用藥酒)
주류(酎類)	특용약주(特用藥酒)
시양류(時釀類)	
향양류(香釀類)	가향주(加香酒)
과나양류(菓蓏釀類)	과실주(果實酒)
순내양류(旬內釀類)	속성 발효주(速成 醱酵酒)
제차류(醍醝類)	홍주(紅酒)와 백주(白酒)
앙료류(醠醪類)	탁주(濁酒)
예류(醴類)	감주(甘酒)
소로류(燒露類)	소주(燒酒)
의주(醫酒)	약용소주(藥用燒酒), 약용약주(藥用藥酒)

우리 나라 주세법상의 주정 구분은 양조주, 증류주, 재제주로 분류한다. 재제주라는 것은 한 종류의 술에 다른 술 또는 기타 물료를 혼합하여 제성한 것이다.

이 책에서는 우리 나라 전통주를 서유구(1827), 이성우(1984), 이철호, 김기명(1994) 등의 분류를 참고하여 다음과 같이 분류하고자 한다.

1) 양조곡주(釀造穀酒)

(1) 양조곡주(釀造穀酒)

1) 순곡주류(純穀酒類)
- 거르는 법에 따라
  - 탁주(濁酒)
    - 일반탁주(밀누룩 사용)
    - 특별탁주(쌀누룩 사용)
  - 청주(清酒) — 약주(藥酒)
- 빚는 방법에 따라
  - 일반주
    - 단양주(單釀酒)
    - 이양주(二釀酒)
    - 삼양주(三釀酒)
    - 사양주(四釀酒)
    - 오양주(五釀酒)
  - 이양주(異釀酒)

2) 혼양곡주류(混釀穀酒類)
- 약용곡주류(藥用穀酒類)
  - 약재를 넣은 약용주
  - 곡물과 약재로 빚은 약용주
    - 단양 약용주
    - 이양 약용주
- 가향곡주류(加香穀酒類)
  - 단양 가향주
  - 이양 가향주
  - 삼양 가향주
  - 사양 가향주
- 과실주(果實酒)
  - 술에 과일을 넣은 과일주
  - 곡물과 과일로 빚은 과일주
    - 단양 과일주
    - 이양 과일주
- 혼성주(混成酒) 곡물에 소주를 넣어 빚은 술

(2) 증류주(蒸類酒)

1) 순곡증류주(純穀蒸類酒)
- 단양 증류주
- 이양 증류주
- 삼양 증류주

2) 약용증류주(藥用蒸類酒)
- 소주에 약재를 넣은 약용증류주
- 곡물과 약재를 넣은 약용증류주
  - 단양약용 증류주
  - 이양약용 증류주

(3) 외래주(外來酒)

2. 양조곡주(釀造穀酒)

1) 순곡주류

빚는 방법에 따라 순곡주류를 분류하면 다음과 같다.

(1) 단양주

덧술을 하지 않고 밑술로만 빚은 술이다.

감저주, 급시주, 급주, 급청주, 납주, 내국향온법, 무국주, 백수환농주, 백화춘빙, 벼락술, 보경가주, 부렵주, 부의주, 사절칠일주, 삼구주, 삼일주, 소서주, 시급주, 여름디주, 왜례주, 왜미림주, 왜백주, 유학주, 이화주, 일야주, 일일주, 점감주, 점감청주, 주부본법, 지황주, 찹쌀청주, 천대홍주, 청감주, 청서주, 청주, 추모주, 춘주, 칠석주, 탁주, 편주, 하삼청, 하일점주, 하일청주, 하절주, 하절삼일주, 합주, 황화주, 향설주

(2) 이양주

밑술에 1번 덧술하여 빚은 술이다.

감주, 감향주, 건조항주, 녹자주, 녹파주, 경면 녹파주, 경액춘, 경장주, 광제주,

급수청방, 남성주, 남경주, 내주, 노산춘, 댓잎술, 동양주(冬陽酒), 동양주(東陽酒), 동정춘, 동하주, 두강주, 두광주, 당백화주, 목욕주, 모주(보리주), 무시주, 백로주, 백료주, 백하주, 벽향주, 벽매주, 백환주, 별향주, 부의주, 분국백료주, 사시주, 사시통음주, 사오주, 삼칠일주, 삼월주, 성탄향, 세신주, 소곡주, 사절소곡주, 삼칠소곡주, 신상주, 석탄주, 십일주, 아황주, 약산춘, 어전향주, 유하주, 오두주, 오병주, 오호주, 유화주, 육병주, 인유향방, 일두사병주, 일해주, 저주, 절주, 점주, 정향주, 죽엽춘, 진상주, 진장주, 집성향, 천대홍주, 천일주, 청강주, 청명향, 층층지주, 칠두주, 칠일주, 하동이백주, 하양주, 하일락법, 하일약주, 하향주, 행화춘주, 햅쌀술, 향교방, 향로주, 향온주, 혼돈주, 홍나주, 화국주, 황감주, 황금주, 회산춘

(3) 삼양주

밑술에 1차, 2차 덧술하여 빚은 술이다.

건창홍주, 갱미주, 구기오가피삼두주, 당양주, 동미명주, 두강춘, 무릉도원주, 벽향주, 별주, 법주, 백일주, 사절주, 삼선주, 삼오주, 석술, 삼해주, 소곡주, 속미주, 순향주, 아황주, 일년주, 잡곡주, 청명주, 칠두오승주, 향훈주, 호산춘, 해일주

(4) 사양주

밑술에 1차, 2차, 3차 덧술하여 빚은 술이다.

도화주, 삼오주

(5) 오양주

밑술에 1차, 2차, 3차, 4차 덧술하여 빚은 술이다.

동파주

같은 종류의 술이라도 문헌에 따라 단양주, 중양주가 달랐다.

부의주는 〈음식디미방〉에는 단양주, 〈양주방〉에는 이양주이고, 벽향주는 〈음식디미방〉에는 이양주, 〈수운잡방〉에는 삼양주이고, 소곡주는 〈산림경제〉 〈규합총서〉에는 이양주, 〈수운잡방〉에는 삼양주이고, 아황주는 〈역주방문〉에는 이

양주, 〈수운잡방〉에는 삼양주, 도화주는 〈임원16지〉에는 이양주 〈수운잡방〉에는 사양주였다. 특히 〈수운잡방〉에는 다른 문헌보다 덧술을 하는 횟수가 더 많은 중양법으로 술을 빚었음을 알 수 있다.

(6) 이양주(異釀酒)

술항아리에 담아 빚은 술이 아니고 비스듬히 누운 소나무, 죽통, 술항아리를 땅에 묻어 익힌 술, 동과에 담은 술, 소나무 속을 파서 항아리 모양으로 만들어서 빚은 술이다.

와송주, 죽통주, 지주, 동과주, 신선벽도춘(松腹釀)

2) 혼양곡주류

(1) 약용곡주류

술에 약재를 넣은 약용주

강주, 거승주, 계피주, 고본주, 과라양, 괴지주, 구기주, 남등주, 녹용주, 당귀주, 도소주, 도인주, 마인주, 무술주, 무회주, 미골주, 백부주, 백엽주, 복령주, 복분주, 봉래춘, 사근주, 생강주, 서여주, 선령비주, 선묘주, 선장주, 섬라소주, 소병주, 소자주, 송액주, 신선주, 양고주, 어아주, 엽감주, 오미자술, 온눌제주, 요주, 우방주, 우슬주, 인삼주, 의이인주, 자소주, 장송주, 장춘주, 정향주, 준순주, 중산주, 차조기술, 차주법, 천문동주, 청고주, 초백주, 축사주, 출주, 치산박주작호주, 해조주, 홍국주, 황정주, 회향주

〈곡물과 약재를 넣어 빚은 약용주〉

단양약용주 - 건주 계명주, 노주, 녹두주, 만전향주, 문동주, 밀주, 백령등주, 백주, 백출주, 산사주, 신선고본주, 오가피주, 오종주, 인동주, 인진주, 창출주, 창포주, 척근주, 천금주, 천리주, 치황주, 통초주, 한산춘, 호골주, 화사주

이양약용주 - 문장주, 상실주, 오정주, 옥지주

(2) 가향곡주류

단양가향주 - 국화주, 두견주, 매화주, 민괴주, 송국주, 송령주, 송엽주, 송자주, 연엽주, 하엽청

이양가향주 - 경향옥액주, 닥주, 도로양방, 도화주, 송절주, 송지주, 송순주(松笋酒), 송순주(松荀酒), 복사꽃술, 연화주, 죽엽주, 송화주, 방문주

삼양가향주 - 백화주

사양가향주 - 도화주

(3) 과일주

〈술에 과일을 넣어 빚은 과일주〉

유자주, 임금주

〈곡물과 과일을 넣어 빚은 과일주〉

단양과일주 - 포도주, 백자주

이양과일주 - 포도주, 핵도주(호도주)

(4) 혼성주

〈곡물에 소주를 넣어 빚은 술〉

과하주

3. 증류주

1) 이름만 기록된 증류주

왜소주, 홍주, 홍소주, 황소주

2) 곡물로만 빚어서 증류한 소주

단양증류주 - 교맥노주, 국미주, 모미소주, 삼오노주, 소맥노주(밀소주), 수수소주, 옥수수소주, 이모로주, 진맥소주

이양증류주 - 노주이두방, 모소주, 사철소주, 찹쌀소주, 소주특방

삼양증류주 - 모소주

모소주는 이양증류주, 삼양증류주 등 두 가지였다.

3) 약용증류주

(1) 소주에 약재를 넣은 약용증류주

감홍로, 관서감홍로, 관서계랑주, 내국홍로주, 노주소독방, 우담소주, 이강주, 진라주, 포도소주, 상심주

(2) 곡물과 약재를 넣은 약용 증류주

단양약용증류주 - 삼합주, 소주, 오향소주, 삼오노주

이양약용증류주 - 자주, 적선소주방

4. 외래주(外來酒)(장지현 1987)

1) 고려시대의 외래주

행인자법주(杏仁煮法酒), 양주(羊酒), 계향어주(桂香御酒), 화주(花酒), 동락(湩酪), 마유주(馬乳酒), 포도주(葡萄酒), 상존주(上尊酒), 백주(白酒), 중산주(中山酒)

2) 고려시대의 증류주

소주(燒酒), 아자길주(阿剌吉酒), 노주(露酒: 화주(火酒)), 홍로(紅露: 홍노), 홍소주(紅露酒, 紅燒酒), 감홍로(甘紅露)

3) 조선시대의 외래주

(1) 15~16세기의 외래주

천축주(天竺酒), 미인주(美人酒), 황주(黃酒), 섬라주(暹羅酒), 홍국주(紅麴酒), 홍주(紅酒), 동양주(東陽酒), 금분로(金盆露), 추로백(秋露白), 소병주(小瓶酒), 금화주(金華酒), 녹두주(綠豆酒), 구기자주(枸杞子酒), 무술주(戊戌酒), 밀주(蜜酒), 계명주(鷄鳴酒), 지황주(地黃酒), 천문동주(天門冬酒), 마고주(麻姑酒)

(2) 17~18세기의 외래주

선장주(仙漿酒), 정향주(程鄕酒), 서역포도주(西域葡萄酒), 준순주(浚巡酒), 야자주(椰子酒), 청전핵주(靑田核酒), 육즙주(肉汁酒), 빈랑주(檳榔酒), 안석류주(安石榴酒), 감자주(甘蔗酒), 구기주(枸杞酒), 제백주(諸白酒), 인동주(忍冬酒), 복분주(覆盆酒), 연주(練酒), 서구산적포도주(西歐產赤葡萄酒), 포성주(泡盛酒), 화향입주(花香入酒), 계주주(薊州酒), 오일주(五日酒), 노주(老酒), 임안주(臨安酒), 황봉주(黃封酒)

(3) 19세기-한말의 외래주

소흥주(紹興酒), 청국재제주류(清國再製酒類), 장춘법주(長春法酒), 만전향주(滿殿香酒), 왜백주(倭白酒), 왜례주(倭醴酒), 왜미림주(倭美淋酒), 무릉도원주(武陵桃源酒), 분국주류(苯麴酒類), 당량주(當梁酒), 산사주(山査酒), 향설주(香雪酒), 동파주(東坡酒), 오향소주(五香燒酒), 칠석주(七夕酒), 독일 적포도주(獨逸赤葡萄酒), 앵실재제주(櫻實再製酒), 앵실증류주(櫻實蒸溜酒), 백포도주(白葡萄酒, sherry), 발포성포도주(發泡性葡萄酒, champagener), 복이탈(卜爾脫, Bordeaux), 발란덕(撥蘭德, Brandy), 유사길(惟斯吉, whislky), 두송자주(杜松子酒, Gln), 이구이(哩九爾, Liguor), 당주(糖酒, Rum), 일본맥주(日本麥酒), 서구맥주(西歐麥酒, Beer), 일본임금주(日本林禽酒, Cider), 서구산 빈과주(西歐產瀕果酒, Cider), 박덕(博德, Port), 왜이목특주(歪爾木特酒, Vermouth), 사피이덕사(斯彼利德斯, spirits)

5. 재료와 술 빚는 법이 없이 술 이름만 기록된 술

강주, 건초주, 계당주, 계피주, 과라양, 관서계당주방, 괴지주, 구온주, 구육주, 구황주, 귤주, 기주, 남만주, 도원주, 마동주, 미주, 민괴주, 복령주, 빈랑주, 사마주, 상락주, 서로주, 서여주, 석류주, 선장주, 섬라소주, 십년주, 야자주, 엽감주, 온눌제주, 인삼주, 장송주, 정향주, 중산주, 천문동주, 천주주, 청천핵주, 초백주, 총시주, 총이주, 추로백주, 축사주, 향양주, 혼주, 홍국주, 홍로주, 홍주, 홍소주, 후주, 황소주, 황정주, 회향주

6. 문헌에 기록된 전통주의 종류

식생활에 관하여 기술한 고문헌은 조선시대 전기까지는 거의 없는 상태이다(이성우 1981). 의서(醫書)나 농서(農書)는 국왕 자신이나 국가 재정을 위해 정부에서 간행하였으나, 요리법은 개인 또는 각 가정의 것이므로 요리서는 도외시하였다. 한국의 요리서는 사대부가(士大夫家)에서 자기 집의 전통 요리 비법을 적어 두고 대대로 며느리에게 계승시켰던 것이 대부분이다.

술에 대한 첫기록은 〈도문대작(屠門大嚼 1611)〉인데, 술 이름은 기록이 없고 나라의 제수를 맡은 곳에서 담근 술인 태상주(太常酒)가 가장 좋으며 자주(煮酒)는 더욱 좋다. 그 다음은 삭주(朔酒: 평안도) 것이 좋다고만 기록되어 술 이름이나 술 빚는 법은 언급되지도 않았다. 그 외에 시집, 산문, 역사서 등에 술 이름만 나오므로 여러 가지 술의 특수한 용도나 품질 특성을 알 수 없다.

1670년경에 비로소 한글로 된 전문 요리서인 〈규곤시의방(閨壼是議方)〉 즉 〈음식디미방〉에 저자가 스스로 개발한 요리법을 기록하였다.

이 책은 모두 132 종류의 음식 가운데 51 종류의 술 빚기가 기록되어 있어서 그 시대 가정 주부의 집안일 중에서 술 빚는 일의 중요함을 입증해 주고 있다. 그리고 〈주방문(酒方文)〉에는 27 종류, 〈음식보(飮食譜)〉에는 12종류, 〈산림경제〉

에는 61종류, 〈역주방문〉에는 19종류, 〈시의전서〉에는 17종류, 〈수운잡방〉에는 49종류 등으로 술의 기록을 찾아볼 수 있다.

각 문헌에 기록된 술의 이름, 재료, 술 빚는 법과 변화를 수집하여 술이름을 가나다 순으로 정리하였다. 편의상 각 술 이름의 앞에는 일련 번호를 붙였다.

1. 가래약주

가래나무는 낙엽 활엽 교목으로 경북, 충북지방의 산기슭과 산골짜기에 자생한다. 열매를 가을에 채취한다. 뿌리는 추목피(楸木皮)라고 하며 소염, 수렴작용이 있다고 한다. 싱싱하고 깨끗한 가래 열매 600g을 채집하여 물에 씻어 물기를 뺀 뒤 항아리에 담아 소주 1.8ℓ을 붓고 밀봉하여 냉암소에서 3～4개월간 보존한 후 건더기는 건져 버리고 술만 따로 담아놓고 마신다. 〈우리술사전〉

2. 가막살술

가막살나무는 잎이 서로 마주나고 초여름에 우산 모양의 흰꽃이 가지 끝에 열린다. 열매는 알 모양, 크기는 지름이 5cm 정도이다.

가막살나무의 열매 200～250g을 낱알로 따거나 여러 개가 붙은 채로 따서 잘 씻어 물기를 완전히 뺀다. 용기에 재료를 넣고 소주1ℓ와 설탕 5～10g을 넣는다. 밀봉하여 시원한 곳에 10개월 이상 보관한다. 피로회복, 미용, 식욕 증진에 효능이 있다. 〈우리술사전〉

3. 갈근주(葛根酒) 칡술

칡은 콩과에 속하는 다년생으로 산이나 들에 자생한다. 잎은 크고 계란형이며 나비모양의 자주색 꽃이 핀다.

굵고 두꺼운 칡뿌리 300g을 깨끗이 물로 씻은 후 5cm 정도로 썬다. 칡뿌리와 소주1.8ℓ를 용기에 넣고 밀봉한다. 칡뿌리가 소주를 빨아들이므로 중간에 소주를 더 붓는다. 2개월 정도 지나면 숙성이 완료되어 마실 수 있다. 칡꽃을 함께 넣어 숙성 시키기도 한다. 〈우리술사전〉

4. 감귤주(柑橘酒) 밀감주, 귤술

감귤 500g을 물에 깨끗이 씻어 쓴맛을 없애기 위하여 반은 껍질을 벗긴다. 껍질을 벗긴 것과 껍질채인 것을 반반씩 설탕 100g, 소주 1.8ℓ 넣어 담근다. 1개월이 지나면 음용이 가능하고 과실의 건지기는 3개월 후에 건져낸다. 건진 후에도 밀봉 저장해서 숙성시킨다. 건위, 정장, 피부미용에 효능이 있다. 〈우리술사전〉

5. 감술

감의 어린 잎은 용기 가득히 넣고 땡감이나 곶감은 용기의 1/3 정도 넣는다. 소주 1ℓ를 가득히 붓고 설탕 10～15g을 넣는다. 밀봉하여 시원한 곳에서 6개월 이상 숙성시킨다. 혈압 강하, 진해(鎭海)작용이 있다. 〈우리술사전〉

6. 감자술(강원도 평창)

강원도의 대표적 특산물은 감자와 옥수수이다. 또 유명한 토속주라 하면 감자술, 옥수수술, 율무주, 동동주 등을 들 수 있다. 감자는 조선 전기에 전래되어 화전민의 구황 식품으로서 주식으로 권장되다 보니 감자를 이용한 음식이 다양하게 개발되었고, 식량으로 먹다 남은 감자를 술로 빚어 마시게 되었는데 이것이 감자술이다.

밑술은 백미 3kg을 깨끗이 씻어 물에 15시간 정도 불린 다음 물기를 빼고 1시간 정도 증기로써 고두밥을 찐다. 고두밥을 식혀 누룩 0.6kg을 4.5ℓ의 물에 30분 정도 불린 후 고두밥과 섞어 72시간 발효시킨다. 발효가 끝나면 백미 27kg을 씻어 15시간 물에 불리고 고두밥을 만들어 식힌 다음 누룩 4.5kg에 물 41ℓ와 혼합하여 발효시킨 밑술에 혼합하여 독에 넣는다. 덧술은 밑술 발효가 진행되는 동안 감자를 씻어 껍질을 벗겨 푹 찐 후에 푸슬푸슬해질 정도로 으깨어서 식힌다. 으깬 감자 71kg과 누룩 14kg, 물 107ℓ를 섞어 38시간 동안 발효시켜 밑술과 혼합한다. 덧술 후 6~8일간 숙성시킨 다음 압축기로 압축 여과하여 술 지게미를 제거하고 여과된 술에 물 78ℓ를 가하여 300ℓ의 술이 빚어지는데 이것이 감자술이다. 〈우리술사전〉

7. 감저주방(甘藷酒方), 감저주(甘藷酒), 감자주(甘蔗酒)

재료 수는 3~5가지였다. 즉 고구마, 누룩, 물, 술, 약물, 감자 등이었다. 그런데 이 명칭은 〈임원16지〉에는 감저주방(甘藷酒方), 〈조선무쌍신식요리제법〉에는 감저주(甘藷酒), 〈지봉유설〉에는 감자주(甘蔗酒)로 기록되어 있다. 〈임원16지〉에서는 고구마, 〈조선무쌍신식요리제법〉에서는 감자를 사용하였기 때문이다. 약물은 생약(生藥)과 방향(芳香)을 넣었다.

〈지봉유설〉에서는 부남안(扶南安)에 있는 술이라 하고 재료와 만드는 법에 관한 기록은 없었다. 〈임원16지〉에는 고구마를 1치 크기로 썰어 햇볕에 널어 반쯤 마를 때, 시루에 넣고 찐다. 익은 고구마를 짓이겨 항아리에 넣고 중앙 부분을 파서 누룩 가루가 밑에까지 닿게 하여 물을 붓는다. 생약과 방향료 등을 넣는 것은 미주(米酒)와 같다고 하였다.

〈조선무쌍신식요리제법〉의 감저주는 감자 뿌리를 한치씩 잘라 볕에 말려 시루에 쪄 내어, 물러지면 항아리에 넣고, 술에 약 넣은 것을 곱게 갈아 함께 반죽하되 가운데를 조금 오목하게 만들어 띄워 작말하여 물은 붓고 헝겊에 싸서 날 것대로 삶거나 익히거나 임의로 하고, 항아리에 넣을 때 차고 더운 것이나 술에 약을 두번에 나누어 넣고 물을 붓는다.

혹 누룩을 쓰거나 약물을 더하는 것은 다 쌀물과 같이 한다. 약이라 하는 것은 무엇인지 모호하다고 하였다.

8. 감저소주방(甘藷燒酒方)

〈임원16지〉에 기록되어 있다. 저조(藷糟)로도 만들 수 있다고 하였다. 감저소주방은 고구마술로 소주를 내린 것이나 재료와 만드는 법의 기록은 없다.

9. 감주(甘酒)

〈주문방〉〈조선무쌍신식요리제법〉〈조선고유색사전〉에는 감주(甘酒), 〈술 만드는 법〉에는 감주법(甘酒法), 〈임원16지〉에는 감주방(甘酒方)이라고 기록되어 있다.

〈임원16지〉에는 찹쌀 2되를 여러번 씻어 가루로 빻아 구멍떡을 만들어 시루에 쪄서, 누룩 가루 2되와 함께 항아리에 담는다. 5일 후(봄, 가을이면 1주일) 찹쌀 2말을 씻어 시루에 쪄서 식힌 후 밑술에 첨가한다고 하였다. 〈주방문〉에는 찹쌀과 멥쌀을 사용하였고 봄, 가을, 겨울에는 물을 미지근하게 데우고 여름에는 찬물을 사용한다고 하였다. 〈조선무쌍신식요리제법〉에는 감주는 찹쌀 2되를 백번 씻어 가루를 만든 다음 구멍떡을 지어 삶아서, 식거든 누룩 가루 2되를 함께 주물러 밑술을 만들고, 여름에는 5일, 봄에는 7일 후, 찹쌀 2말을 백번 씻어 물에 담갔다가 무르게 쪄서 식거든 덧술하여 독에 물기가 없이 하고 익기를 기다려 마신다고 하였다.

10. 감초주(甘草酒)

감초와 대추, 생강을 같은 양으로 준비하여 물에 깨끗이 씻은 다음 물기가 빠지면 항아리에 담아 2~3배 분량의 소주를 붓는다. 밀봉하여 냉암소에 보관하여 조금씩 마신다. 감초 한 가지만으로 술을 담글 때는 감초 뿌리를 적당히 썰어 살짝 불에 볶은 다음 담근다. 해수, 천식, 기관지염, 불면, 저혈압 상승에 효능이 있다고 한다. 〈우리술사전〉

11. 감향주(甘香酒)

〈음식디미방〉〈고려대규곤요람〉〈규합총서〉〈김승지댁주방문〉〈부인필지〉〈수운잡방〉〈요록〉〈양주방〉 등에 만드는 법이 기록되어 있다.

재료 수는 2, 3, 4, 5가지였다. 재료는 누룩, 물, 찹쌀, 멥쌀, 탕수, 밀가루 등이었다.

〈규합총서〉에는 찹쌀 4되를 씻어 담갔다가 가루로 만들어 체에 쳐서 구멍떡을 만들어 삶아 내고, 누룩 가루 1되를 넣어 꽈리가 일도록 저어, 그릇에 담고 봉하여 더운 곳에 두고 두껍게 덮어 둔다. 3일 후에 찹쌀 1말을 씻어서 하룻밤 담갔다가 쪄서 밑술과 함께 비빔밥진 것같이 버무려 항아리에 담고 봉하여 더운 곳에 둔다. 단맛이 난 다음에는 서늘한 곳에 두어 21일 후면 술이 뜨는데, 달고 아름답다. 매운 맛이 있게 하려면 멥쌀을 반 섞으라고 하였다. 쓴 맛이 있게 하려면 항아리를 싸지 말고 서늘하게 두라고 〈음식디미방〉에 기록하였고, 〈고려대규곤요람〉에서는 여름에는 찬 곳에, 겨울에는 더운 곳에 3일을 두었다가 17일이면 짧고 21일이면 적당하다고 하였다. 〈규합총서〉에는 술독 위에 푸른 곰팡이가 많이 뜨거든 걷어 내고, 술맛이 매운 맛이 있게 하려면 멥쌀을 반 섞으라고 하였다.

〈수운잡방〉에는 멥쌀과 찹쌀로 담그는 방법과 멥쌀, 찹쌀, 밀가루로 담그는 방법 등 두 가지 방법이 기록되어 있다 백미 2말을 깨끗이 씻어 곱게 가루 내어 탕수 1말로 죽을 쑤고, 차게 식거든 누룩 1되를 섞어 독에 술을 빚어 담는다. 겨울이면 7일, 여름이면 3일, 봄, 가을이면 5일이 지난 후 찹쌀 2말을 깨끗이 씻어 왼이로 찌고 차게 식거든 먼저 빚은 술에 섞어 독에 담는다. 7일이 지나면 쓴다.

〈수운잡방〉의 다른 방법은 백미 5되를 깨끗이 씻어 곱게 가루 내어 구멍떡을 만들어 무르게 삶아서, 차게 식거든 밀가루 5되를 고운 모시 헝겊으로 쳐서, 같이 섞어 닥나뭇잎으로 고르게 덮어 싼다. 3일째 되는 날 찹쌀 5말을 깨끗이 씻어 탕수 1동이에 담궈 하룻밤 둔다. 또 3일 후에 쌀을 건져내어 쌀 담갔던 물을 뿌려 가며 쪄서, 차게 식거든 먼저 빚은 술을 걸러 내어 섞어서 독에 빚어 넣는다. 5~6일이면 잘 익으니 쓴다고 하였다.

〈양주방〉에는 찹쌀 1되를 깨끗이 씻고 또 씻어 가루로 만들어 끓인 물 3되로 죽을 쑤어, 식거든 누룩 가루 1되와 버무려 넣는다. 그날 찹쌀 1말을 깨끗이 씻고 또 씻어 담궈 밤을 지낸다. 이튿날 익게 밥을 쪄서 밑술에 버무려 둔다. 여름이라도 더울 때 버무려 더운 데에 둔다. 맛이 꿀같고 훌훌하여야 먹는다.

12. 감홍로(甘紅露, 紺紅露, 외래주)

감홍로(甘紅露)는 소주를 한두 번 다시 고아서 마지막 소주고리의 바닥에 꿀과 자초(紫草)를 깔고 이슬을 받아낸 것인데 빛깔이 연지와 같이 곱고 맛은 달며 독하다고 한다. 고려시대에 유입되어 개발된 증류주 중에는 2차 증류를 거친 소위 환소(還燒)제품에 감홍로(甘紅露 또는 紺紅露)로 표기되면서 오늘까지 전해지고 있는 우리 나라 고유의 유명주가 되었다. 관서지방의 감로주(紺露酒)라고 알려진 술이다. 평양지방의 명산이었다. 찹쌀로 만든 술인데 백미를 잘 씻고 누룩가루를 넣어 먼저 밑술을 만들고 밑술이 완전히 된 후 다시 찹쌀을 쪄서 조금 말린다. 계피, 용안육(龍眼肉), 진피(陳皮), 방풍(防風), 정향(丁香) 등을 가루로 만들어 비단 주머니에 넣어서 술이 거의 되어 갈 때 술에 닿지 않도록 조심스럽게 넣는다. 이 술은 술빛이 붉고 단맛이 있어서 감홍(甘紅)이라고도 한 것이다. 평양지방의 소주는 수수(高粱)를 원료로 빚기 때문에 처음부터 술이 붉은 빛을 띠게 된다. 여기에다 여러 가지 약재를 넣어 독특한 소주를 만드는 것이다. 매화를 넣으면 매화로(梅花露) 장미를 넣으면 장미로(薔薇露) 등으로 이름을 붙인다. 이런 종류로 알려진 것으로는 계화로(桂花露), 박하로(薄荷露), 감국로(甘菊露), 생강로(生薑露), 모과로(木瓜露), 산사로(山査露), 자소로(紫蘇露), 인삼로(人蔘露), 이감귤로(利柑橘露) 등이 있다. 그 중에도 감홍로가 가장 유명한 술로 옛날부터 평양감사가 애용하였다고 한다. 다른 술보다 재료가 많이 들기 때문에 많이 빚지 못하였으며 고급주로 손꼽힌 것이다.

재료는 소주 한 고리, 훈국, 관계 한 냥, 용안육 한 냥, 진피 한 돈, 방풍 닷 푼, 정향 서 푼이다. 《조선고유색사전》에는 붉은 빛을 띠고 감미가 있는 평양산 소주이다. 소주에 약제를 넣어 울구어서 만든 술이라고 하였고, 《조선무쌍신식요리제법》에는 좋은 소주 한고리에 훈국을 분정하여 넣고 관계 한 냥, 용안육 한 냥, 진피 한 돈, 방풍 닷 푼, 정향 서 푼을 주머니 넣어 우려낸다고 하였다. 〈우리술사전〉

13. 감홍주(甘紅酒)

〈조선고유색사전〉에는 감홍주(甘紅酒), 〈조선무쌍신식요리제법〉에는 감홍로(甘紅露)로 기록되어 있다.

재료 수는 7가지였고, 재료는 술, 훈국, 관계(官桂: 계수나무의 두꺼운 껍질), 용안육, 진피, 방풍, 정향 등이었다.

〈조선고유색사전〉에는 붉은 빛을 띠고 감미(甘味)가 있는 평양산 소주이다. 소주에 약제를 넣어 울궈서 만든 술이라 하였고, 〈조선무쌍신식요리제법〉에는 좋은 소주 1고리에 훈국을 분정하여 넣고 관계 1냥, 용안육 1냥, 진피 1돈, 방풍 5푼, 정향 3푼을 주머니에 넣어 우려낸다고 하였다.

14. 강술

제주 풍속조 월령풍속(風俗條 月令風俗) 1월 중에 기록되어 있다. 청주나 탁배기의 제조 과정과 비슷한데 술을 독하게 빚어낸 후 물을 타서 마시는 술이다. 11월에 담아 여름에 마시는 물기가 거의 없는 술인데 물에 타서 먹을 수 있는 야외 휴대용 가루술이다. 반드시 양력 10월 28일쯤(서리가 오기 시작함)인 상강(霜降)이 지나서 차좁쌀로 빚는다.

청주 빚는 일과 비슷하나 물은 거의 넣지 않고 술을 되게 빚어 도수를 높인다. 밀누룩과 오메기떡으로 빚는데 과정은 오메기술 만들 때와 같다. 술독에 물은 거의 넣지 않고 걸죽한 반죽이 되도록 밑술을 잡는다. 발효되어 익어도 반죽처럼 되어 있어 떠내어도 물처럼 흘러내리지 않을 정도로 술을 독하게 빚는다. 그러면 술독에 오래 보관하여 마시거나 또 약용으로 그대로 마실 수 있다. 강술을 빚을 때 유의할 점은 술독의 온도를 10~20℃로 유지해 주는 일이다. 더운 곳에 놓아두면 된장에서와 같은 곰팡이가 피어나서 버리게 된다. 술을 빚은 후 넉 달이 지나면 필요할 때 술을 마실 수 있다. 〈우리술사전〉

15. 강원도 옥수수 동동주

옥수수 10ℓ에 물 20ℓ 가량 넣고 끓여서 옥수수죽을 만들어 응달에서 완전히 식힌 후 누룩 1ℓ와 효모 한 숟갈을 혼합하고 물 20ℓ를 첨가하여 큰 항아리에 넣고 30℃정도 유지시켜 주면서 2~3일 경과하면 가루 위에 맑고 노란 물이 생긴다. 이것이 옥수수 약주이다. 이것에 찹쌀로 감주를 만든 후 밥알을 건져 옥수수 약주에 띄우면 옥수수 동동주가 된다. 〈우리술사전〉

16. 강원도 옥수수술(강원 춘천 강냉이엿술)

강원도의 토질은 옥수수 재배에 적합하여 타지방의 옥수수보다 그 크기도 크고 양도 많이 소출된다. 그 빚는 방법은 고을마다 조금씩 달랐으나 그 기본 제법은 비슷하다.

강원도 원주군 소초면 흥암리 229, 박연희 씨 집

① 옥수수 10ℓ를 갈아서 5일간 물에 담가둔 후 옥수수 10ℓ당 물 40ℓ와 엿기름 2ℓ를 넣어서 2시간 정도 끓인 후 30℃ 정도까지 식혀서 엿기름 0.2ℓ를 넣어서 완전히 식힌 것을 다시 100℃ 이상 끓인 후 자루에 넣어 짜내고 15℃정도 될 때까지 식힌 후 항아리에 넣는다.

② 누룩 1ℓ정도를 삼베 자루에 넣어 독 안에 넣고 담요 등으로 싸매어 약 7일 경과하면 술이 되는데, 이때 누룩을 담은 자루를 꺼내고 항아리는 밀봉하여 서늘한 곳에 두면 옥수수술이 되는데 그 맛은 좋은 편이 못되나 쏘는 맛이 있어 쉽게 취한다.

삼척군 노국면 하군천리 김필녀 씨 집

① 옥수수 가루 5ℓ에 물 20ℓ를 붓고 끓여서 약간 식힌 다음 엿기름 가루 1ℓ를 배합하고 약 10분 후에 찬 물 4ℓ를 붓고 걸러낸다.

② 엿기름 1ℓ를 다시 배합하여 14ℓ가량 될 때까지 끓인 후 식혀서 독에 넣고 쌀 20ℓ로 고두밥을 쪄서 누룩 2ℓ를 섞어서 자루에 넣고 그 자루를 독에 넣은지 6~7일 경과하면 술이 된다. 〈우리술사전〉

17. 강원 옥로주(玉露酒)

강원도는 산간지역이므로 벼농사보다는 밭이나 산을 개간하여 옥수수, 감자 등이 농작물의 근간을 이룬 것이 술로 이어지고 있다.

찹쌀 한 말로 고두밥을 지어 용기에 넣은 후 잘 뜬 누룩 3kg과 샘물 한 말을 배합하여 밑술을 빚는다. 여기에 옥수수를 쪄서 고아 만든 물엿(옥수수 당화액)과 누룩을 밑술의 1/3 분량으로 혼합해 넣고 25도 정도의 온도에서 저어 고루 섞이게 한 후 7~10일 동안 밀봉·발효시키는데, 가장 중요한 것은 배합비율과 보온상태이다. 〈우리술사전〉

18. 강원 평창 감자술

이 지역 주민들에게는 대(代)를 이어 전해져 왔다. 그러나 일제 때 밀주단속으로 반세기 동안 단절되어 오다가 7년 전 평창군 진부면 홍성일(洪性一) 씨의 집념으로 다시 빛을 보게 되었다. 그 후 1990년 국세청으로부터 주조 제조허가를 받아 양조장을 차려 일반대중에게 시판하고 있다.

백미 3kg을 깨끗한 물로 여러 차례 씻어 15시간 가량 불린 후 1시간 정도 쪄 고두밥을 지어 펼쳐놓고 식힌다. 2~3일 지난 후 껍질을 벗긴 감자 71kg을 쪄 으깬 후 누룩 14kg, 물 107ℓ를 함께 발효중인 독에 넣고 섭씨 20도의 상태에서 40일 동안 발효시키면 맑고 노란 빛깔에 은은한 맛의 알콜농도 11%의 감자술이 된다. 〈우리술사전〉

19. 강주(薑酒)

〈임원16지〉에 기록되어 있다.

재료와 술 빚는 법에 대한 기록은 없고, 술에 생강을 담궈 따끈하게 데워서 마시면 풍과 두통에 매우 좋다고 하였다.

20. 강하주(신청주)

영광일대의 토속주로 그 맛이 일품이어서 임금께 진상까지 해왔던 것으로 알려져 있다. 전통문화 옥당골 읍지에서 그 기록을 볼 수 있으며 현재는 영광군 주암면 구산리에서 가양주로 그 명맥이 보존되고 있다.

찹쌀 한 말로 고두밥을 짓고 누룩 두 되와 물을 붓고 잘 섞어 버무린 다음 큰 항아리에 차곡차곡 재어 넣어 그 위에 한약재를 넣는데, 이때 대추 3근은 찜통에 쪄서 식혀 놓고 생강 3근은 즙이 날 정도로 갈아서 모포로 싸놓는다. 구기자 3근은 타지 않을 정도로 잘 볶아서 모포에 싸 놓고 강활(羌活) 3근과 용안육(龍眼肉) 3근, 계피 3근은 물에 깨끗이 씻어 물기를 빼 놓은 다음 약재를 동시에 재어 놓은 항아리에 그대로 넣어서 15일간 아랫목에 묻어 둔다.

16일째 되는 날 발효 상태를 봐서 30~40도 소주를 항아리에 발효물이 넉넉히 잠길 정도로 부어 용수를 넣고 한 번 거른 다음 다시 체로 받쳐낸 술이 강하주다.

보양(補陽)의 효과가 있으며 소주를 넣어 술의 변질을 방지한 술인데 대추의 붉은 맛, 강활의 쓴 맛, 약간 달작지근한 용안육이 합쳐져 참기름 빛깔에 향이 강하고 진한 술로 옥당골 전통 문화에는 신청주(新淸酒)로 기록되어 있다. 〈우리술사전〉

21. 개나리주(신이주)

향화주(香花酒)의 일종으로 개나리꽃을 사용하여 빚는 술이다. 개나리꽃은 전국 각지에 있는 식물로서 이른 봄에 쉽게 채취할 수 있다.

먼저 활짝 핀 개나리꽃 500g을 따서 씻은 후 그늘진 곳에서 물기를 말린다. 소주 1.8ℓ를 개나리꽃과 함께 유리병에 붓고 밀봉하여 2개월 가량 보관한다. 2개월이 지나면 찌꺼기를 건져낸다. 감미롭게 마시고자 할 때는 설탕이나 꿀을 첨가한다. 해독, 소염, 배농(排膿) 이뇨(利尿)의 효능이 있다고 한다. 〈우리술사전〉

22. 개다래주(목천료주, 木天蓼酒)

개다래나무와 잎은 한방에서 목천료라 하고 건과(乾果)나 청과(靑果)는 목천삼(木天蔘)이라 한다. 열매는 타원형으로 길이가 2～3cm, 처음에는 선명하게 짙은 녹색을 띠다가 가을이 되어 익으면 누렇게 되는데 특유의 달고 새큼한 향기가 풍긴다. 개다래주는 그대로 마셔도 좋으나 다른 과일주나 탄산음료에 타서 마시면 그 맛이 일품이다.

말린 개다래 150g을 깨끗이 씻어 물기를 완전히 제거한다. 용기에 개다래, 소주 1.8ℓ, 설탕 200g을 넣고 밀봉한 다음 시원한 곳에 보관한다. 오래 숙성시킬수록 맛있는 술이 된다. 약 3개월이면 술이 익는데 이때 건더기를 건져내도록 한다. 씁쓸한 맛과 독특한 향기를 지닌 우아한 노란색 약술이 완성된다. 신경통, 불면증, 강심, 강정, 강장에 효능이 있다고 한다. 〈우리술사전〉

23. 개비자술

암수 딴그루의 상록교목이다. 가을에 2cm 정도의 타원형 열매가 열려 홍자색(紅紫色)으로 익는다.

개비자의 열매 300～400g을 깨끗이 씻어 물기를 완전히 제거한다. 용기에 재료를 넣고 소주 1.8ℓ와 설탕 10～20g을 넣는다. 밀봉하여 시원한 곳에서 6개월 이상 숙성시키면 나무 향기를 지닌 붉은색 약술이 완성된다. 오래 숙성시킬수록 맛이 순해진다. 혈압강하(血壓降下)의 효능이 있다고 한다. 〈우리술사전〉

24. 개소주

일반 중탕집에서 만드는 개소주는 개중탕이지 소주라고 하면 안된다. 아래에 소개하는 방법은 류상채 씨의 집에 내려오는 가전비법으로 정통 주조법이라 할 수 있다. 개는 6개월이 넘지 않았거나 아직 교미하지 않은 어린 개를 구하는데 여자는 수캐, 남자는 암캐가 좋다. 털과 내장 속에 있는 내용물만 버리고 창자는 사용한다(하나도 버리면 안됨). 육미지황탕, 사물탕, 십전대보탕 세 가지 중에 한 가지를 선택하여 2재(40첩)를 지어다 개의 뱃속에 집어 넣는다. 얇은 면으로 된 베보자기를 자루로 만들어 개를 집어넣고 큰 시루에 한 번 푹 쪄낸다. 찹쌀 세 말을 술밥으로 찐 다음 개 삶은 물로 찐다. 열 말들이 독에다 넣고 흰누룩을 일반술을 빚을 때보다 배로 넣어 술을 빚는다. 그 위에다 독한 술 한 되를 붓는다. 개소주를 만들려면 따뜻한 방 안이나 부엌에 놓고 거적이나 헌 이불을 씌워서 발효시켜야 한다. 그러나 한여름 복중(伏中)에 술을 만들 때는 장소에 구애받지 않고 10일 정도면 완숙된다. 가을, 겨울에 만들 때는 약 3주 정도 지나야 술이 완숙되는데 완숙된 술을 증류시켜 소주를 내려야 한다. 증류해서 받은 술을 개소주라 하고 발효된 이 술은 백세주(百歲酒)라고 한다. 이 술은 너무 더운 곳에 두어도 안되고 냉한 곳도 안된다. 적당한 온도에 보존하는데 술이 완숙되려면 100일 걸린다. 술이 노랗게 익으면 아주 맛있는 천하보약주가 된다.

병에 따라 개의 색깔도 구분된다. 폐, 기관지병에는 노란개나 흰개를 사용하고, 중풍, 고혈압에는 검은개나 회색개를 사용한다. 특히 월구(月拘: 밤에 달을 보고 우는 개)는 중풍에 좋다고 한다. 보신보정에는 노란개가 좋다고 한다. 〈우리술사전〉

25. 갱미주방(粳米酒方)

〈임원16지〉에 기록되어 있다.

삼월 삼짇날에 담그는 술로서 멥쌀을 물에 씻어 가루로 만든 후, 쪄서 식혀 누룩 가루와 물을 넣고 버무려서 항아리에 담았다가 1주일 후, 2주일 후, 3주일 후 간격으로 찐쌀을 첨가하여 발효시킨 술이다. 흙으로 항아리를 봉하면 1주일 후면 술이 익는다고 하였다.

26. 거승주(巨勝酒)

〈임원16지〉에 기록되어 있다.

청마자(青麻子) 2되를 삶아 약간 볶아서 생강 2냥, 생용뇌엽(生龍腦葉) 1주먹을 함께 볶아 가루로 만든 다음 끓인 술 5말에 넣었다 마시면 풍(風)과 허(虛)한 데, 무릎과 허리 아픈 데 좋고, 여름철에 1사발씩 마시면 청신하고 상쾌한 맛이 그윽하고 더위를 없애 준다고 하였다.

27. 건조항주법

〈김승지댁주방문〉에 기록되어 있다.

재료는 찹쌀, 멥쌀, 누룩 가루, 물 등이었다.

백미 2되를 작말하여 물 1말에 죽쑤어 식거든 누룩 가루 1되를 버무려 봄, 가을은 5일, 겨울은 7일, 여름은 3일 후에 찹쌀 1말을 씻어 쪄서 밑술에 넣으면 7일 후면 맵고 달기가 입에 먹어서 삼키기 안타깝다고 하였다. 한편 찹쌀 2말을 하룻밤 물에 담갔다가 쪄서 익히고 끓는 물 3말을 섞어 식혀서 합하여 항아리에 담는다. 덥게 하면 술 5말을 낼 수 있다고 하였다.

또 다른 방법은 찹쌀 1말을 가루로 만들고 멥쌀 2~3말을 가루 내어 죽을 쑤어서 누룩을 섞어 술을 담그면 술의 색깔이 아름답고 맛이 좋을 뿐 아니라 술이 많이 나온다고 하였다.

28. 건주(乾酒)

〈수운잡방〉에 기록되어 있다.

건주는 백병을 다스리는 처방이다.

찹쌀 5말로 밥을 짓고 좋은 누룩 7근 반, 부자 5개, 생오두 5개, 생건 강, 계피, 촉산 각각 5양을 찧어 가루 내어 술 빚는 법대로 담고 항아리 위를 봉해 두면 7일만에 술이 익는다. 술 지게미를 짜내어 꿀에 반죽해서 계란 크기의 환을 만든다. 물 1말에 넣으면 좋은 술이 된다. 봄에 술 담을 때 만들면 더욱 좋다.

29. 건중주(建中酒)

계피(桂皮) 20g, 작약(芍藥) 30g, 대조(大棗: 대추) 20g, 자감초(炙甘草) 15g, 생강(生薑) 10g을 잘게 썰어 용기에 넣고 소주 1ℓ를 붓는다. 밀봉하여 시원한 곳에 보관한다. 처음 4~5일간은 1일 1회 액을 가볍게 흔들어 준다. 10일 후에 개봉하여 액을 천으로 거른다. 걸러낸 액은 용기에 다시 붓고 벌꿀을 넣어 잘 섞는다. 여기에 생약 찌꺼기 약 1/5을 넣고 밀봉하여 시원한 곳에 보관한다. 1개월 후에 마개를 열어 윗부분의 맑은 액만 따라 내고 나머지 액은 천이나 여과지로 걸러 합친다. 허약체질, 식욕 부진, 감기에 효능이 있다고 한다. 〈우리술사전〉

30. 건창홍주방(建昌紅酒方)

〈임원16지〉와 〈농정회요〉에 기록되어 있다.

재료는 찹쌀, 물, 고추, 누룩 가루, 효모, 홍국(紅麴), 백국(白麴) 등이 있다. 찹쌀 한석(石)을 물에 씻어 항아리에 담고, 물 한석 두말을 붓는다. 다른 찹쌀 2말을 씻어 쪄서 덩어리를 뭉쳐서 항아리에 넣으면 20일 후에 밥이 위로 떠오르게 되는데 이 물은 따른다. 다른 찹쌀 5말을 씻어서 시루밑에 깔고 그 위에 항아리 속의 찹쌀을 건져서 얹어 쪄내어 5개의 항아리에 담는다. 따라낸 물 8말에 고추 1냥을 끓여서 누룩 가루 3근, 효모 3사발을 섞는다. 여기에 홍국(紅麴) 1근, 백국(白麴) 반근을 더 넣어서 5개의 항아리에 나누어 붓는다. 3~5일 후에 끓어 오르면 다듬어 주고 뚜껑을 덮는다.

11월 20일에서 1월 20일까지는 술이 익고 다른 때는 익지 않는다고 하였다.

31. 건초주(乾酢酒)

〈지봉유설〉에 기록되어 있다.

재료와 술 빚는 법의 설명은 없고 술을 빚을 때 마른 반죽으로 빚는 것이 좋다고 하였다. 검남(劍南)이 소춘(燒春), 하동(河東)의 건화(乾和), 선성(宣城)의 구온(九醞)등이 있다고 하였다.

32. 검은콩술(두임주, 豆淋酒)

검은콩 200g을 젖은 헝겊으로 닦은 후 마른 헝겊으로 물기를 완전히 제거한다. 프라이팬에 노릇하게 볶는다. 볶은 콩을 용기에 넣고 4배 정도의 소주 1ℓ와 설탕 5~10g을 넣는다. 밀봉하여 시원한 곳에 3개월 정도 숙성시킨다. 고혈압 예방과 치료에 효능이 있다고 한다. 〈우리술사전〉

33. 겨우살이술

겨우살이과 상록 기생 관목으로 초봄에 담황색 꽃이 피고 가을에 녹황색 과실이 익는다. 행운을 가져오고 희망과 평화의 상징이라고 해서 고대 로마 시대에는 이 나무 아래서 적을 만나면 서로 무기를 버리고 다음날까지 결투를 미룬다는 재미있는 이야기가 있다. 그러므로 화해의 자리에서 사용하면 특별한 의미가 있어 더욱 좋은 술이다.

겨우살이나무의 열매, 잎, 줄기 200~250g을 용기에 넣고 소주 1ℓ를 붓는다. 설탕 5~15g을 넣고 밀봉한 다음 시원한 곳에 보관한다. 6개월 이상 숙성시킨 후 마시기 시작한다. 요통, 기분전환의 효능이 있다고 한다. 〈우리술사전〉

34. 결명자주(決明子酒)

결명자는 차풀과에 속하는 1년생초로 우리 나라 각지의 야산에서 자생하는 자생종과 재배종이 있다. 여름에 작고 누런 꽃이 엽액 위에서 피고 꽃이 진 뒤에 길다란 협과(莢果)가 열리는데 그 씨를 결명자라 한다.

결명자 500g을 깨끗이 씻어 햇빛에 10일 동안 건조시킨 후 살짝 볶아 항아리에 담고 재료 2~3배의 독한 술 1.8ℓ를 부어 밀봉한 후 냉암소에 보관하여 3~4개월 후에 마신다. 강정, 이뇨, 간장기능 강화, 안과 질환, 보간(補肝)에 효능이 있다고 한다. 〈우리술사전〉

35. 경기 옥로주(玉露酒)

경기 옥로주는 서산 유씨 가문의 후손인 유성근 씨로부터 4대에 걸쳐 유양기(柳瀁琪, 기능보유자) 옹까지 대물림을 하고 있다.

최초로 빚어진 장소는 전북 남원이고 경남 하동에 이어 경기도 군포시 당정동으로 옮겨진 것이다.

최근 경기도 지방 무형문화재로 지정된 옥로주는 전통적인 제조방식으로 빚어낸 증류식 소주로 술맛이 매우 뛰어나 민속주로서 가치를 인정받고 있다.

누룩은 분쇄한 밀 두 말과 율무 일곱 되를 끓여서 식힌 후 양조용수로 반죽하여 3~5시간 가량 두었다가 마른 약쑥을 첨가하여 다시 반죽하고 깨끗한 광목에 싸서 밟아 1~2시간 보쌈한 후 성형한다. 크기는 직경이 여덟 치, 두께가 한 치 닷 푼으로 원반형이고 옅은 노란색을 띄며 누룩 특유의 향기가 난다.

경기 옥로주는 당정동의 오봉산 줄기를 타고 내려와 땅속 깊이 고인 샘물과 백미, 율무, 누룩을 주원료로 곡주를 빚어 술독에 넣어 10일간 숙성시키면 죽엽 같은 빛깔을 띤 곡주가 만들어진다. 토고리를 얹은 다음 장작불을 때서 증류시켜 소주를 내리기까지 20일 정도가 소요된다. 덧술 닷 말을 솥에 넣고 고리를 얹은 다음 장작불을 때면 소주 두 말 가량이 생산된다. 주정도는 처음 증류한 것이 85도 이상이고 나중 증류한 것은 점차 도수가 내려간다. 이를 45도가 되도록 조절하면 완전히 투명한 소주가 된다. 〈우리술사전〉

36. 경면 녹파주(鏡面綠波酒)

〈산림경제〉〈증보산림경제〉에 기록되어 있다.

재료는 멥쌀, 찹쌀, 누룩 가루, 물 등이었다.

멥쌀 1말을 하룻밤 물에 담갔다가 가루로 만들어 물 2말을 넣고 죽을 끓인다. 죽을 식혀서 누룩 가루 2되와 섞어 밑술을 만들고 찹쌀 2말을 물에 담가 쪄서 끓는 물 3말을 섞어 식혀서 밑술에 합하여 익힌다. 술을 거르면 5말이 나온다고 〈증보산림경제〉에 기록되어 있다.

37. 경액춘(瓊液春)

〈임원16지〉에는 경액춘방(瓊液春方), 〈조선무쌍신식요리제법〉에는 경액춘(瓊液春)이라 기록되어 있다.

재료 수는 5가지였다. 재료는 누룩, 물, 밀가루, 찹쌀, 멥쌀, 혈찬(血燦), 내면(麳

麵) 등이었다.

〈임원16지〉에는 혈찬 7말을 물에 3일 동안 담갔다가 가루로 하여 끓는 물 7말과 섞고 식힌 후 누룩 가루 7되, 내면 3되와 함께 항아리에 담는다. 술이 익을 때 백미 10말을 쪄서 물 8말과 누룩 가루 5되를 첨가한다고 하였다.

〈임원16지〉에서는 멥쌀만 사용하였고, 〈조선무쌍신식요리제법〉에서는 멥쌀, 찹쌀, 밀가루를 사용하였다. 〈조선무쌍신식요리제법〉에는 흰쌀 5말을 물에 담근 지 3일만에 세말하여 익게 쪄서 끓는 물 7되를 붓고, 식거든 누룩 가루 7되와 밀가루 3되를 섞고 비벼 독에 넣고 익기를 기다려서, 흰쌀 10말을 쪄서 끓는 물 8말과 누룩 가루 5되를 밑술에 섞어 익혀서 먹는다고 하였다.

38. 경장주(瓊漿酒)

〈수운잡방〉에 기록되어 있다.

백미 1말을 깨끗이 씻어 익게 찌고, 또 찹쌀 1말은 깨끗이 씻어 곱게 가루 내어 죽을 쑤어 같이 섞고, 차게 식거든 누룩 1말을 섞어 독에 넣는다. 3일 후 백미 2말을 깨끗이 씻어 익게 찌고, 찹쌀 2말은 씻어서 가루 내어 죽을 쑤어 차게 식거든 누룩 2되와 같이 섞어 먼저 빚은 술에 같이 어울려 담는다. 7일 후 그 맛과 빛깔은 이루 말할 수 없이 좋다. 서왕모가 백운가를 불러 멀리 있는 마을을 놀라게 했다는 술이다.

39. 경주 황금주

황금주는 국화주이나 황금빛이 난다 하여 황금주라 이름 붙여졌다. 왕족과 반상의 구별이 유난히 심하였던 신라에서는 특유의 사회 규범과 생활 양식을 가지고 있었는데, 교동 법주가 왕가나 명문 가문의 비주(祕酒)라 하면 황금주는 중산층에 파급된 생활주라 볼 수 있다. 경주 황금주는 향토 민속주로 지정되어 현재 신라 민속 주막촌에서 제조, 판매되고 있다.

백미 4kg, 찹쌀 1kg을 물로 깨끗이 씻은 다음 2시간 동안 물에 담가 놓았다가 건져내어 물기를 빼고 1시간 정도 찐다. 냉각 후 누룩 1kg, 효모 20g, 물 5ℓ를 가하여 담금을 완료한다. 담금 8～10시간 후 하루에 평균 3회 정도 저어 준다.

밑술 3일 후 덧술을 한다. 덧술은 백미 8kg, 찹쌀 2kg을 물에 담구어 물기를 뺀 다음 시루에 넣어 2시간 정도 찐 후에 냉각시켜 누룩 1kg, 건조한 국화 500g, 물 10ℓ를 밑술에 넣어 잘 저어 담근다. 담금 6~8시간 후 매일 1~2회 저어 준다. 덧술한 지 3일 후 숙성시킨 다음 자루에 넣어 압착한 다음 주박 1ℓ를 제거하고 물 10ℓ를 가하여 주도 14도로 하여 제성주 40ℓ를 생산한다. 대략 5~10일이면 황금주를 맛보게 된다. 〈우리술사전〉

40. 경향옥액주

〈양주방〉에 기록되어 있다.

2월 초승에 멥쌀 2말을 씻어서 가루 내어 누룩을 만들어 둔다. 2월 20일이 지나서 찹쌀 2말을 씻어 담갔다가 지에밥을 쪄서 물 2말을 섞어서 식혀 누룩가루 2말과 섞어 밑술을 담근다. 세이레나 3월초 열흘 전에 멥쌀 2말을 씻어 가루 내어 두레떡을 만들고, 익게 쪄서 더울 때 누룩 가루 2말과 솔순을 어린아이 짐으로 반짐을 두레떡에 버무려 치대어 항아리에 넣으면서 솔순을 켜켜로 격지로 놓아 쟁여 넣고 싸맨다. 7일 후가 되면 솔순에 물이 생기니 밑술을 퍼부어 가면서 술을 걸러 그릇에 녹말 안치듯이 하룻밤 지낸다. 윗물은 따로 푸고 녹말같이 처진 것은 햇볕에 말리어 두고, 먹을 때에 냉수에 떼어 넣고 타서 먹는다고 하였다.

41. 계당주(桂當酒)

〈조선고유색사전〉에 기록되어 있다.

재료와 술 빚는 법에 대한 기록은 없고, 계피와 당귀를 넣어 빚은 소주라고 기록되어 있다.

42. 계룡 백일주(百日酒)

계룡 백일주는 조선조 인조대왕이 반정의 일등공신인 이 귀(李貴)의 공을 기려 특별히 제조기법을 연안 이씨 가문에 하사하면서 양조법이 전수된 술이다. 당시 이 귀의 부인 안동 장씨에게 전수된 이후 14대손의 부인에게까지 전해진

이 술은 양조 기간이 백 일 걸린다 하여 백일주라고 부르게 되었다.

주원료인 찹쌀 이외에 솔잎, 황국화, 잇꽃, 진달래꽃, 오미자 등을 일년 내내 채취해야 하기 때문에 대중화되지 못한 채 이씨 가문의 제사 때나 상에 올려지던 귀한 술이었다. 그러나 1989년 12월 지복남씨가 충청남도 무형문화재 7호로 지정된 후 술맛이 소문나면서 애주가들에게 알려지기 시작하였다.

공주지방에서 나는 통밀과 하루동안 물에 불려 빻은 찹쌀가루를 똑같은 비율로 섞은 후 한 번 끓여 식힌 양조수로 반죽해 누룩을 만든 후 보릿짚과 약쑥을 겹겹이 둘러싸 석달 이상 띄운다. 밑술을 찹쌀가루 한 되에 물 한 사발을 섞은 다음 죽을 쑤어 식힌 후 여기에 누룩 너 홉을 섞어 만든다.

특히 이 밑술은 담그기 전에 술독을 짚불로 그을려 소독해야 한다. 덧술은 밑술을 담근 후 찹쌀 닷 말을 쪄서 말린 고두밥에 밑술 한 말을 담가 만드는데 이때 재래종 황국화 닷 홉, 진달래꽃 닷 홉, 잇꽃 서 홉, 솔잎 닷 홉, 오미자 서 홉 정도를 골고루 배합한다. 이 가운데 재래종 황국화는 무서리가 내린 후에 핀 꽃이어야 하고 솔잎은 5~6개월에 채취한 것, 진달래꽃, 잇꽃 오미자는 충분히 만개되거나 완숙된 것이라야 제맛이 난다.

또 물은 이씨 가문이 14대째 살아오는 공주시 봉정동 이씨 고택에 있는 샘에서 솟아나는 샘물을 사용한다. 덧술은 섭씨 40도를 넘지 않게 관리하면서 60여 일 동안 숙성시킨 후 충분히 익으면 용수를 박아 술을 1자로 서르고 이 술을 다시 창호지로 2차 여과한 후 저장용기에 담아 30여 일 동안 2차 숙성시키면 맑은 백일주가 된다. 〈우리술사전〉

43. 계명주방(鷄鳴酒方)

〈임원16지〉에는 2가지 제법이 있고, 〈유원총보〉 〈오주연문장전산고〉에도 기록이 있다.

〈임원16지〉에는 찹쌀 3되를 물에 씻은 후 물 6되를 넣고 죽을 쑤어 냉각시킨다(봄, 가을이면 따뜻하게, 겨울이면 약간 뜨겁게 한다). 누룩, 효모, 맥아 등을 가루로 찧고 엿과 함께 죽에 섞어 항아리에 담는다. 겨울에는 5일, 봄, 가을에는 3일, 여름에는 2일이면 익는다. 이 술에 계피, 후추, 양강, 세신, 감초, 천오(川烏), 천궁(川芎), 정향(丁香) 등을 각각 반전(半錢)씩 가루로 내어 죽에 섞어서 담기도 한다.

또 다른 방법으로는 멥쌀 2말을 물에 넣고 죽을 쑤어서 누룩 2되, 물 5말과 함께 항아리에 담는데, 다음날 아침 닭이 울 때 익는다고 하여 계명주라는 이름이 붙었다.

44. 계백주(桂百酒)

계백주는 계피, 잣, 곶감, 대추는 같은 양, 생강은 1/10 정도를 가미한다. 이렇게 담근 술은 겨울에 먹는데 추위를 모르고 감기에 걸리지 않으며 봄, 여름, 가을 동안 과로에서 얻은 병을 말끔히 풀어 준다고 한다. 〈우리술사전〉

45. 계주주(薊州酒)

〈한국외래주유입사연구〉에 기록되어 있다.

〈연행일기〉〈본초강목〉〈연행잡식〉〈연행기사〉〈심전고〉 등을 인용하여 중국 지현 지방의 술이 17~18세기에 유입된 외래주이다. 지주는 맑고 독하여 많이 마시면 끝내는 가슴이 막혀 뒤틀리는 듯하다고 하였다.

기장으로 빚은 점서주(粘黍酒)로서, 우리 전래의 청주 중 백하주(白霞酒)와 비슷하고, 조금 싱거운 편이며 달고 향기롭다고 하였다.

46. 계피주(桂皮酒)

〈조선무쌍신식요리제법〉에 기록되어 있다.

재료와 술 빚는 법에 관한 기록은 없고, 계피정(桂皮精) 4g, 단사리별(單舍利別) 1g, 물 100g을 함께 섞어 3~4일간 꼭 봉하여 두면, 일등 계피주가 되며 사철에 모두 좋다고 하였다.

47. 계향어주(桂香御酒, 외래주)

고려시대에 유입된 외래주, 예정 12년(1117년) 이자겸이 송나라에 진공사(進貢使)로 다녀오면서 가져왔다는 기록이 있는데 계피향이 들어가는 황실의 특용주(약용자주류, 藥用煮酒類)인 듯하다. 〈우리술사전〉

48. 고본주(股本主)

《임원십육지》에는 재료와 술빚는 법에 대한 기록은 없고 허(虛)를 보하며 머리를 검게 하고 미용에 효력이 있으며 장수한다고 하였다. 사용하는 약재는 모두 자양 강장 효과가 있으며 체액의 소모를 줄이고 영양을 보충한다. 또 인삼, 지황, 숙지황에는 혈당 강하 작용이 있다.

지황(地黃) 25g, 숙지황(熟地黃) 25g, 인삼(人蔘) 10g, 맥문동(麥門冬) 20g, 천문동(天門冬) 20g을 가늘게 썰어 용기에 담고 20도짜리 소주1ℓ를 붓는다. 밀봉하여 시원한 곳에 보관한다. 처음 4~5일간은 1일 1회 액을 가볍게 흔들어 준다. 10일 후에 마개를 열어 액을 천으로 거른다. 액은 용기에 다시 붓고 설탕 100g과 과당 50g을 넣어 녹인다. 여기에 생약 찌꺼기 1/5을 다시 넣고 밀봉하여 시원한 곳에 보관한다.

1개월이 지나면 마개를 열어 윗부분의 맑은 액만 따라낸 다음 나머지 액을 천이나 여과지로 걸러 앞의 액과 합친다. 무기력, 피로 권태, 식욕 부진, 구갈증에 효과가 있다고 한다. 몸이 마르고 피부에 윤기가 없으며 목이 타서 물을 많이 마시고 몸에 힘이 없는 상태, 쉬 피로해지고 식욕부진, 영양 불량, 기능이 떨어진 상태를 개선한다. 〈우리술사전〉

49. 고본주(固本酒)

〈임원16지〉에 기록되어 있다.

재료와 술 빚는 법에 대한 기록은 없고, 피로를 덜어 주고, 허(虛)를 보하며, 머리를 검게 하고, 미용에 효력이 있으며, 장수한다고 하였다.

50. 고비술

고비(구척)는 고비과의 다년생 양치류로 전국에 자생하고 있다. 봄에 갓나온 새순을 이용한다.

고비 600g은 새순이 갓 올라오면 덩어리가 되어 하얀 막이 감싸고 있다. 이것을 채집하여 물에 깨끗이 씻어 물기가 빠지면 항아리에 넣고 재료 2~3배 가량의 독한 소주 1.8ℓ를 부어 밀봉한다. 술이 익으려면 3~4개월 걸린다. 고비의 뿌리를 가을에 채집하여 깨끗이 씻어 적당하게 썰어 독이나 항아리에 담고 재료 2~3배 가량의 술을 부어 밀봉하여 4~5개월 보존한 후 건더기는 건져 버리고 술만 담는다. 조루증, 발기불능에 효능이 있다고 한다. 〈우리술사전〉

51. 과라양(菓蓏釀)

〈임원16지〉에 기록되어 있다.

재료와 술 빚는 법에 관한 기록은 없고 과라(菓蓏: 과일과 열매)로 담근 술이라고만 하였다.

52. 과루인주(瓜蔞仁酒)

과루인은 하눌타리(하늘수박)라고 한다. 박과의 덩굴성 일년초이고 전국적으로 자생하거나 재배한다. 가을에 씨앗이나 열매를 이용한다.

설익은 과루인 600g을 반으로 쪼개어 담거나 가을 늦서리 맞은 과루인으로 담기도 하고 술에 담가 주물러 며칠 후에 급하게 먹기도 한다. 과루인을 가을에 채집하여 물에 깨끗이 씻어 물기가 빠지면 반으로 썰어서 재료 2~3배 가량의 독한 술 1.8ℓ을 붓고 밀봉하여 2~3개월 후에 마신다. 심장질환, 어혈, 타박상에 효과가 있다고 한다. 〈우리술사전〉

53. 과하주(過夏酒)

〈고려대규곤요람〉〈규합총서〉〈술 빚는 법〉〈시의전서〉〈조선고 유색사전〉〈부인필지〉〈주방문〉〈음식디미방〉〈증보산림경제〉에 각각 2가지 제법이, 〈임원16지〉에 3가지 제법이, 〈조선무쌍신식요리제법〉에 5가지 제법이 기록되어 있으며, 〈치생요람〉〈음식보〉〈역주방문〉〈고사십이지〉〈양주방〉에도 기록이 있다.

재료 수는 3, 4, 5가지였다. 재료는 누룩, 물, 찹쌀, 소주, 엿기름, 멥쌀, 탕수, 진말, 양말 등이었다.

〈음식디미방〉의 과하주는 누룩 2되에 끓인 물 1병을 식혀 부어서 하룻밤 재워 두었다가, 주물러 체에 받쳐서 걸러 찌꺼기는 버린다. 찹쌀 1말을 여러번 씻은 후 쪄서 식거든, 누룩 물에 섞어 넣었다가 3일 후에 소주 14복자를 부어 두면 7일 후 맵고 단 술이 된다. 봄철에 빚은 술인데 여름을 지나도 질이 변하지 않는다고 하여 과하주라는 이름이 붙었다고 한다.

•▶ 김천 과하주

김천 과하주는 약주의 하나로서 지방 문화재로 지정되었다. 금릉(김천의 옛 이름) 지방에 신기한 과하천이라는 우물이 있는데, 이 물로 빚은 술을 과하주라고 했다고 한다. 또 이 술의 명성이 자자해 돈을 크게 벌었으니 금(金)이 솟아 나오는 샘이란 뜻으로 김천(金泉)이라는 지명이 생기기도 하였다고 한다. 과하주는 임진왜란 때 명나라 장군 이여송(李如松)의 사연이 얽혀 있고, 고종 19년(1882) 임광범(林廣範)이 과하천에 세운 금릉주가(金陵酒家)라는 비명(碑銘)으로 알 수 있다. 그 후 1930년부터 김천 과하주 회사가 설립되었으나 해방 후 그 명맥이 끊어졌는데 최근에는 조진수(曺鎭守) 씨에 의하여 그 제법이 유지되고 있다.

누룩은 토종 밀을 곱게 갈아 밀가루와 밀기울을 함께 과하천의 물로 빚어 볏짚, 약쑥, 황국화로 싸서 띄우면 독특한 향취가 있다. 과하천의 물 7, 누룩 가루 3의 비율로 섞어 우려 낸 누룩 물 1에다 찹쌀 고두밥 9의 비율로 섞어 반죽한다. 반죽된 찹쌀 고두밥을 떡판 위에 놓고 떡메로 떡을 치듯 쳐낸다. 이 때 떡이 떡메에 묻지 않도록 누룩 물을 발라 가며 친다. 이것을 누룩 물로 골고루 반죽하여 대형 독에 옮겨 담는다. 뚜껑을 여러 겹의 창호지로 싸서 두면 5일 정도 지나서 찹쌀떡이 삭으면서 발효가 진행되며, 15일 정도면 주발효가 끝나고 후발효가 진행되어 약 30일 동안 계속된다. 그 후 다시 45일 정도 후숙시켜 약 90일이면 완성된다. 찹쌀이 삭아 고인 맑은 술의 액면에 쌀눈이 떠오르면 바가지로 퍼내어 다시 광목으로 만든 자루에 넣어 자연스럽게 흘러내리는 술만을 받아낸다. 김천 과하주의 알콜 농도는 23~25% 정도이다. 한여름 복더위에도 술맛이 변하지 않아서 유명하다.

54. 관서감홍로방(關西甘紅露方)

〈임원16지〉에 기록되어 있다.

재료는 소주, 꿀, 자초(紫草) 등이었다.

항아리에 꿀을 바르고 자초(紫草) 1냥을 넣고, 소주를 끓여 부으면 술맛이 달고 독하며 색이 연지와 같아 홍로주(紅露酒) 중의 상품이라고 하였다.

55. 관서계당주방(關西桂糖酒方)

〈임원16지〉〈고사십이집〉에 기록되어 있다.

술 빚는 법에 대한 기록은 없고, 담는 법과 소주 만드는 법은 승로법(承露法)과 같고, 계피 가루와 설탕을 넣으면 맛이 극히 좋다고 하였다.

〈식물본초(食物本草)〉의 섬나주(暹羅酒)는 항아리를 사용하기 전에 단향(檀香)10근을 넣고 연기로 훈(薰)한 다음, 소주를 3번 끓여 담고 밀봉하여 땅 속에 2~3년 묻었다가 마시는데, 3~4잔 마시면 취하고, 환자가 1~2잔 마시면 병이 낫고, 또한 살충 작용을 한다고 하였다. 우리 나라의 감홍로계당주(甘紅露桂糖酒)가 섬나주와 비슷하다고 하였다.

56. 광제주(廣濟酒)

〈역주방문〉에 기록되어 있다.

백미 1말을 여러번 씻어 밥을 짓고 누룩 가루 3홉을 섞어 술을 빚는다. 이 술이 익어갈 때 체로 받쳐 40탕기 정도 되게 하여 항아리에 담는다. 찹쌀 3되를 가루로 만들어 시루에 쪄서 누룩 가루를 적당히 섞어서 밑술과 합하여 따뜻한 곳에 항아리를 놓아 둔다. 술이 다 익거든 옮겨서 서늘한 곳에 안치하여 동요하지 않게 한다. 5~6일이 지나서 녹의(綠蟻)가 뜨거든 위에 뜬 맑은 것을 40탕기 정도 떠서 사용하고, 나머지를 흔들어 저으면 죽같이 된다. 여기에 물을 타서 마시면 맛이 매우 좋다고 하였다.

57. 광주 의이인주(薏苡仁酒, 율무주)

의이인주는 조선시대 중반부터 특히 삼남지방의 토속주로 널리 애용되어 왔으나 해방 이후 점차 자취를 감춰 지금은 겨우 몇 사람에 의해 그 명맥을 유지하고 있다.

쌀 40kg을 율무 18kg과 골고루 섞은 다음 물 속에 약 9~11시간 동안 담가두었다가 물기를 제거하고 솔잎 2~3kg을 혼합, 시루에 술밥을 쪄낸다. 술밥을 식혀 누룩과 함께 섞은 후 항아리에 넣고 물을 부어 2~3일간 발효시켜 밑술인 약주를 만든다.

알콜 농도 20도 정도로 발효된 약주를 증류기에 넣어 120℃~130℃의 온도로 10시간쯤 가열하면 알콜 65도 정도의 율무술이 된다. 〈우리술사전〉

58. 괴지주(槐枝酒)

〈임원16지〉에 기록되어 있다.

재료와 술 빚는 법에 대한 기록은 없고 괴지(槐枝)를 삶은 즙으로 상법(常法)대로 술을 담근다고 하였다. 〈본초강목〉에 의하면 마비 증상에 효과가 크다고 하였다.

59. 교동법주(校洞法酒)

무형문화재 지정 향토(전통)민속주이다. 법주는 조선 시대 문무 백관이나 사신을 대접할 때 쓰였던 특주로 빚는 날과 빚는 법에 따라 빚는다 해서 법주라 하였으며 찹쌀과 국화와 솔잎을 넣고 백일간 땅에 묻었다가 꺼낸 술로 절에서 양조되었다 해서 법주(法酒)라고 하였다는 설도 있다. 옛날 궁중에서는 술을 빚는 날과 법을 정해 놓고 빚었는데 법주도 궁중의 술에서 유래된 듯하다. 현재는 경주가 그 명산지로 되어 있으며 중요 문화재로 지정되어 경주 교동의 배영신 씨가 기능 보유자이다. 배영신 씨의 9대 조상인 최국선 씨는 조선 숙종 때 궁중 사옹원(수라상 및 궁중의 음식, 염장을 담당하는 관아)의 참봉으로 지냈는데, 그때 궁중에서 즐겨 마시던 특별한 술의 제조법을 익혀 300년 세월이 흐르는 사이에 최씨 가문의 독특한 비주(祕酒)로서 오늘날까지 빚어 내려오고 있다.

누룩은 통밀을 곱게 갈아 체로 치고 백미로 쑤운 흰죽으로 반죽하여 누룩 틀에 넣고 성형시키 보리짚이나 약쑥으로 겹겹이 두어 약 2일간 띄우는 독특한 형태의 누룩이다. 밑술은 찹쌀 고두밥 : 누룩 : 양조 용수를 6 : 1 : 3의 비율로 하는데 양조 용수는 잘 풀어지도록 3회에 나누어 넣고 밑술 단지에 담요를 덮어 보온하여 8일 후에 덧술 담금에 사용한다. 덧술은 찹쌀 고두밥 : 밑술 : 양조 용수를 8 : 3 : 6의 비율로 하여 10일 지나면 주발효가 왕성하다. 전체적으로 발효 기간은 밑술 제조에 10일, 주발효 및 후발효 60일, 그 후 채주하여 후숙 보관하는데 30일 등 약 100일이 소요되며 용수를 박아 채주한다. 숙성용량의 53% 정도를 채주할 수 있으며 거르거나 짜내지 않는 특급 청주이다. 〈우리술사전〉

60. 교맥노주방(蕎麥露酒方)

〈임원16지〉에 기록되어 있다.

재료는 메밀, 가을 보리, 누룩, 물 등이었다.

메밀 4~5말을 상법(常法)으로 술을 담고, 익으면 가을 보리 1말 5되로 죽을 쑤어 첨가한다. 술이 익으면 찌꺼기를 제거하고 소주로 끓인다고 하였다.

61. 구기오가피삼두주(枸杞五加皮三酘酒)

〈오주연문장전산고〉에 기록되어 있다.

우슬(牛膝) 1말, 오가근경(五加根莖) 1말, 단삼(丹蔘) 1말, 구기근(枸杞根) 1말, 인동(忍冬) 1말, 송절(松節) 1말, 기각지엽(枳殼枝葉) 1말에 물3석을 큰 가마솥에 삶아서 6말을 만들어 찌꺼기는 제거한다. 그리고 그물에 누룩을 담근다. 쌀 5말을 밥을 짓고 지황(地黃) 1말을 잘게 썰어 찧어서 밥에 섞고, 누룩 물과 합하여 항아리에 담는다. 쌀 2말을 밥을 지어 대마자(大麻子) 1말을 잘게 볶아 찧어 섞어서 밑술에 합한다. 술이 익으면 술 지게미를 제거하고 마신다. 술이 익지 않으면 누룩 가루를 더 넣고, 맛이 쓰면 쌀 2~3말로 밥을 지어 섞는다.

62. 구기주(枸杞酒)

〈수양총서유집〉〈농악집〉〈증보산림경제〉〈양주방〉에 기록되어 있다. 〈지봉유설〉에 4가지 방법이, 〈산림경제〉〈임원16지〉〈규합총서〉〈조선고유색사전〉〈부인필지〉〈고사십이집〉에 기록되어 있다.

재료 수는 2, 3, 5가지였다. 즉 누룩, 술, 지황, 구기자(구기자 꽃, 구기자 잎, 구기자 뿌리)였다. 구기자(枸杞子)를 삶아 절구에 찧어서 즙으로 만들고 누룩과 함께 상법(常法)으로 술을 담근다. 또는 생지황과 구기자를 가제 주머니에 넣어 술에 담그기도 한다. 〈본초강목〉에는 이 술은 허약한 체질을 보하고 강정, 강장 효과가 있으며 손발을 뜨겁게 한다고 하였다.

그림 9 구기주

63. 구기황정주(枸杞黃精酒)

구기자 50g, 황정 50g은 잘게 썰어 용기에 넣고 25도 소주 1ℓ를 붓는다. 밀봉하여 시원한 곳에 보관한다. 처음 4~5일간은 1일 1회 액을 가볍게 흔들어 준다. 10일 후에 마개를 열어 액을 천으로 거른다. 액은 다시 용기에 붓고 설탕 100g, 꿀 80g을 넣은 다음 잘 저어 녹인다. 여기에 생약 찌꺼기 1/5을 다시 넣고 밀봉하여 시원한 곳에 보관한다. 1개월 후에 마개를 열어 액을 천이나 여과지로 거른다.

정력 감퇴, 무기력, 노후 강장, 피로 권태에 효능이 있다고 한다. 〈우리술사전〉

64. 구온주(九醞酒)

〈유원총보〉에 기록되어 있다.

재료와 술 빚는 법에 대한 기록은 없다.

65. 구육주

〈수양총서유집〉에 기록되어 있다.

재료와 술 빚는 법에 대한 기록은 없다.

66. 구황주

〈치생요람〉에 기록되어 있다.

재료와 술 빚는 법에 대한 기록은 없다.

67. 국미주(麴米酒, 麯米酒)

〈조선무쌍신식요리제법〉에 기록되어 있다.

보리쌀로 밥을 지어 냉수에 담갔다가 3일만에 건져서 말려, 절구에 찧어 껍질을 없이하고, 쌀술 담그듯 담궈서 소주를 만든다. 소주에는 쌀 1말에 누룩 가루 4되를 넣는다.

68. 국화주(菊花酒)

〈임원16지〉〈고려대규곤요람〉〈음식법〉〈부인필지〉〈수양총서유집〉〈요록〉〈고사십이집〉〈농정회요〉〈오주연문장잔산고〉에 기록되어 있다.

재료 수는 2, 3, 5가지였다. 재료는 누룩, 찹쌀, 멥쌀, 감국화, 지황, 당귀, 구기자 등이었다.

감국화(甘菊花)를 삶은 즙에 누룩을 섞어 술을 빚는다. 또 다른 방법으로는 향료를 넣지 않고 국화로만 담는다. 10월경 감국(甘菊)의 꽃 2근을 따서 술밑에 넣었다가 짜면 술맛이 향긋하다고 하였다. 국화뿐 아니라 계화(桂花), 난화(蘭花), 장미 등도 이용한다고 하였다.

69. 군천자주(桾櫏子酒)

고욤 20개, 설탕 700g, 소주 1.8ℓ의 비율로 섞어서 3~4일마다 휘젓고 맛을 보아 향기와 맛이 적당할 때 헝겊으로 걸러서 다른 그릇에 옮겨 밀봉한다. 보간(補肝), 두통, 고혈압, 감기에 효능이 있다고 한다. 〈우리술사전〉

70. 궁궁주(芎窮酒)

궁궁이는 천궁이라 하며 미나리과의 다년생초이다. 전국 각지에서 재배되며 뿌리를 이용한다. 궁궁이 뿌리 600g을 깨끗이 씻어 껍질을 끓는 물에 한시간 정도 담가 둔다. 건져서 그늘에서 이틀 정도 말린 후 적당히 썬 뒤 항아리에 담고 독한 술 1.8ℓ를 재료의 2~3배 가량 붓고 밀봉하여 냉암소에 보관한다. 3~4개월 정도 지나면 술이 익는다. 두통, 고혈압, 심장병, 현기증에 효능이 있다고 한다. 〈우리술사전〉

71. 권삼주(拳參酒)

범꼬리풀 뿌리를 권삼이라 한다. 다디풀과의 다년초이다. 전국 각지 깊은 산의 초원지에 자생한다. 뿌리를 이용한다.

범꼬리풀의 뿌리 600g을 채집하여 물에 깨끗이 씻어 물기가 빠지면 적당하게 썰어 독이나 항아리에 담고 재료 2~3배 분량의 독한 술 1.8ℓ를 붓고 밀봉하여 냉암소에 3~4개월 정도 보존한 후 마신다. 정신병 환자, 몽유병 환자에게 효능이 있다고 한다. 〈우리술사전〉

72. 귤술(橘酒)

《조선고유색사전》에 수록되어 있다. 재료와 술빚는 법에 관한 기록은 없고 귤로 빚은 술이라고 기록되어 있다. 귤은 귤나무, 상록활엽 소교목에서 열린다. 우리 나라에서는 제주도에서 생산된다. 열매를 이용한다.

술을 담글 때는 토종 제주도산 귤로 담가야 한다. 귤 600g을 썰지 않고 통째로 담는데 물에 깨끗이 씻어 물기가 빠지면 항아리에 넣고 독한 술 1.8ℓ을 재료 2~3배 가량 붓는다. 밀봉하여 냉암소에 4~5개월간 보존한다. 술이 다 익으면 기호에 따라 당분을 가미해서 먹는다. 피로회복, 감기몸살, 자양강장에 효능이 있다고 한다. 〈우리술사전〉

73. 귤주(橘酒)

〈조선고유색사전〉에 기록되어 있다.

재료와 술 빚는 법에 관한 기록은 없고, 귤로 빚은 술이라고만 기록 되어 있다.

74. 금귤주

귤보다 훨씬 작은 열매로 오렌지 모양이며 맛은 오렌지보다 시다. 귤도 오렌지도 아닌 작은 열매로 제주도에서 재배되고 있다. 흔히 낑깡이라는 일본말로 부르지만 원산지는 중국이다.

금귤 50개를 깨끗이 씻어 물기를 제거하고 반으로 잘라 설탕 100g을 뿌리고 소주 1.8ℓ을 붓는다. 1개월 후부터 마시기 시작한다. 식욕증진에 효능이 있다고 한다. 〈우리술사전〉

75. 금모구척주(金毛狗脊酒, 고비뿌리술)

구척(狗脊)은 고비뿌리라고 하며 중국이 원산이고 남해안 섬지방의 산이나 들등의 습지에 자생한다. 뿌리를 이용한다.

고비뿌리를 채집하여 수염뿌리를 제거한 뒤 사용해야 하는데 불에 살짝 구우면 수염뿌리가 제거된다. 깨끗이 씻어 물기가 빠지면 적당한 크기로 썰어 항아리에 담아 재료의 2~3배 가량 독한 술 1.8ℓ를 부어 밀봉하여 지하실이나 땅속에 보관한다. 대개 3~4개월이면 먹을 수 있으나 6개월 이상 두었다 먹으면 약효가 더욱 뚜렷하다고 한다. 생리불순, 백대하증, 신경통, 관절통에 효능이 있다고 한다. 〈우리술사전〉

76. 금분로(金盆露)

〈한국외래주유입사연구〉에 기록되어 있다.

〈동의보감〉〈본초강목〉을 인용하여, 금분로는 중국 처주(處酒)의 술로서, 순하고 아름답기로 가상하나 동양주(東陽酒)에는 미치지 못한다고 하였다. 제왕용수에 생강즙을 섞어 주국을 만들고, 물에 떠오르는 주반(酒飯)만을 건져서 양조한 것이다. 주국(酒麴)의 주원료는 면국(麵麴), 미국(米麴)이었다고 하였다.

77. 금불초주(金佛草酒)

금불초는 국화과의 다년초이다. 전국각지의 습지에서 자생한다. 풀 전체를 이용한다. 가을 금불초꽃이 활짝 폈을 때 채집하여 금불초 500g을 응달에서 말린 뒤 적당하게 썰어 독이나 항아리에 담고 재료 2~3배 분량의 독한 술 1.8ℓ를 붓는다. 밀봉하여 냉암소에다 3~4개월간 보존한다. 기관지, 해수, 천식, 위장병에 효능이 있다고 한다. 〈우리술사전〉

78. 금정(산성)막걸리

부산의 산성막걸리는 우리 나라 막걸리로서는 유일하게 향토민속주로 지정되어 있다. 산성막걸리는 태백산맥의 남쪽 끝자락 금정산 해발 400m에서 빚어져 맛이 독특하다. 도심 속의 산속인 산성부락 30여 가구가 산성막걸리의 본산지이다. 산성막걸리는 그 유래가 정확하지는 않지만 조선 초기부터 이곳 화전

민들이 생계수단으로 누룩을 빚기 시작한데서 유래된 것이다.

산성 마을은 평지보다 기온이 4℃ 낮아 여름의 휴식처로 적격이다. 이곳의 250년 역사를 지닌 산성막걸리는 전국에 널리 알려져 염소 불고기와 함께 이 마을의 명물로 알려져 있다.

금정 계곡의 깨끗한 물과 그곳에서 만들어지는 누룩을 가지고 쌀로만 빚는 막걸리이다.

숙종 32년(1706년) 왜구의 침략에 대비하기 위하여 금정산성을 축성하면서 외지인들의 유입이 늘어나 널리 알려지게 되었다고 전하고 있다. 이때 성을 쌓기 위해 각 지역에서 징발된 인부들은 막걸리맛에 반해 축성공사가 끝난 후 고향에 돌아가서도 그 맛을 그리워하였다고 한다.

이후 산성막걸리는 전국 방방곡곡으로 널리 보급되었고 일제시대에는 널리 만주와 일본까지 건너갈 정도로 명성을 떨쳤다. 특히 이 시절에는 산성에서 만드는 누룩의 양이 많고 적음에 따라 부산-경남 일원의 곡물값이 오르내릴 정도였다. 1960년부터 정부의 누룩 제조 금지조치로 한때 밀주로 단속을 받았으나 주민들은 단속의 눈을 피해 술을 빚어 명맥을 유지해오다 1980년 전통민속주 제도가 생기면서 민속주 제1호로 지정 받았다.

〈담그는 법〉

금정산성 토산주는 재래식의 제조방법에 의해 재래식 기구로 만들어진다. 금정산에서 흘러나오는 맑은 물에 밀을 씻고 부셔서 밟는다. 누룩틀에 넣어서 동그랗게 형태를 만든 다음 누룩 띄우는 장소인 누룩집에 공기창을 열고 누룩이 마른 다음 곰팡이를 제거한다. 밀을 부셔서 곰팡이를 띄우는 기간은 약 15일 정도가 소요된다.

쌀로 고두밥을 지어 식혀 가루로 부순 누룩과 버무려서 물과 섞어서 발효탱크에 저장한다. 이때 쌀 140kg에 누룩 80kg, 물은 약 10말 정도의 비율로 한다. 고두밥은 덩어리 없이 누룩과 버무려 약 20도 이상의 온도에서 저장한다. 하루 정도 지나면 술이 되는데 완숙된 술을 거르려면 일 주일 정도 걸린다. 일 주일

후에 제성기로 술을 걸러 시판하게 된다. 〈우리술사전〉

79. 금화주(金華酒)

〈한국외래주유입사연구〉에 기록되어 있다.

〈동의보감〉〈본초강목〉을 인용하여 중국의 남경(南京), 즉 금능(金陵)의 술로서 15~16세기에 유입된 외래주이다. 금화주는 동양주(東陽酒), 미주(美酒), 울금주(鬱金酒)라고도 하며, 맛이 매우 달아 많이 마시면 속에 머물러 염(痰)이 모인다고 하였다.

80. 급수청방(急需淸方)

〈임원16지〉에 기록되어 있다.

재료는 백미, 누룩 가루, 물, 찹쌀, 진면(眞麵) 등이었다.

백미 2말을 가루로 만들어 시루에 쪄서 누룩 가루 3근 반, 끓인 물 4말과 함께 항아리에 담는다. 4일 후 찹쌀 4말 4근을 쪄서 진면(眞麵) 1근과 함께 첨가하면 7일 후에 술이 익는다. 청주 7~8병, 탁주 1대야를 거를 수 있다고 하였다.

81. 급시주(急時酒)

〈주방문〉에 기록되어 있다.

재료는 누룩, 백미, 정화수 등이었다. 백미 1말을 잘 씻어 가루로 만들어 쪄내고, 누룩 1되 5홉을 정화수 반동이에 풀어서 합하여 항아리에 담고 3일 후면 쓸 수 있다고 하였다. 급히 만든 술이라 하여 붙은 이름이다.

82. 급주(急酒)

〈요록〉에 기록되어 있다.

정화수 3사발에 누룩 2되를 항아리에 담고, 백미 1말을 씻어 가루 내어 익히고, 덜 익었을 때 누룩 물과 고루 섞어 항아리에 담는다고 하였다.

83. 급청주(急淸酒)

〈주방문〉에 기록되어 있다.

재료는 탁주, 찹쌀, 진가루, 누룩 등이었다. 찹쌀 5되를 쪄서 진가루, 누룩 가루를 섞고 좋은 탁주를 끓여서 찬물로 걸러 1동이를 넣어 항아리에 담으면 3일 후면 청주 3병을 낼 수 있다고 하였다. 급히 청주 만드는 법이라 하여 붙은 이름이다.

84. 기나피주(幾那皮酒)

기나피는 꼭두서니과에 속하는 상록교목의 껍질이고 키니네를 만들어 말라리아 치료와 해열제로 쓴다.

기나피 20g, 설탕 300g, 소주 1ℓ를 섞어 한 달간 숙성시킨다. 건위, 강장, 식욕증진, 말라리아, 해열에 효능이 있다고 한다. 〈우리술사전〉

85. 기응 백세주(奇應百歲酒)

민간으로 전해오는 건강보양주다. 남자가 약술로 먹으려면 암컷, 여성은 수컷, 보양주로 즐기려면 암수 가릴 필요없이 아무 것이나 써도 된다.

검은 토종 염소를 이용하는데 염소 뼈 한 벌(머리뼈, 등뼈 및 다리뼈 전체)을 잘게 부수어 솥에다 넣고 오래도록 고은다. 물이 부족하여 다시 보충할 때는 반드시 물을 따로 끓여서 끓는 물로 보충한다. 뼈가 완전히 녹아 점액질이 되도록 고아야 한다. 찹쌀로 고두밥을 찌는데 술밥 서 말이면 된다. 술밥을 멍석에다 널어 완전히 식힌 후에 흰누룩 가루를 골고루 섞으면서 염소 고은 점액질을 같이 섞어 담는다. 기름기가 있는 술은 발효가 빨리 안되니 술을 빚어 담근 후에 질 좋은 청주나 정종을 다시 보충시켜 주면 빨리 발효된다. 정종이나 청주는 한 되(1.8ℓ) 넣으면 된다. 냉한 곳에서는 발효가 늦으니 상온(常溫)에서 발효시킨다.

상음하면 큰 효과를 본다고 한다. 요통이 심한 사람, 뼈마디가 쑤시는 사람, 수족이 저리는 사람, 사지에 힘이 없는 사람, 양기가 허약한 사람에게 좋은 효과가 있다고 한다. 〈우리술사전〉

86. 기주(起酒)

〈영접도감잡물등록〉에 기록되어 있다.

재료와 술 빚는 법에 대한 기록은 없다.

87. 길초주(吉草酒)

길초는 쥐오줌풀이라고도 하며 마타리과에 속하는 다년초이다. 전국 각지의 습한 곳에 자생한다. 뿌리와 풀 전체를 가을에 채취하여 그늘에 말려서 쓴다.

길초 600g을 채집해다가 잘 씻어 그늘에서 말린 뒤 적당히 썰어서 독이나 항아리에 담고 독한 술 1.8ℓ를 재료의 2～3배 정도 붓는다. 밀봉하여 냉암소에 보관하는데 2～3개월 정도면 술이 완숙된다. 정신분열, 히스테리, 불안, 초조, 신경과민에 효능이 있다고 한다. 〈우리술사전〉

88. 김천 과하주(金泉 過夏酒)

약주의 저장성을 높이기 위하여 여름에 오래 두고 먹을 목적으로 약주에 소주를 넣어 빚은 술로서 조선 초기부터 서울을 중심으로 여러 지방에서 빚어졌다. 이름 그대로 여름을 날 수 있다는 뜻에서 나온 혼성주의 대표적 술이다. 경상도 김천(金泉)에서는 별도로 고유의 과하주를 양조해 왔는데 이것은 다른 과하주와는 달리 소주를 넣지 않고 색다른 양조법으로 빚었다. 김천에는 과하천이 있는데 옛날에는 금천 또는 주천(酒泉)이라 불려졌다. 임진왜란 당시(선조때) 명나라 장수 이여송이 이 샘의 물맛이 중국 과하천과 같다고 칭송하여 이때부터 과하천이라 하였으며 이 물로 빚은 술을 김천 과하주라 하였다. 그러다가 1930년부터 김천 과하주 회사가 설립되었으나 해방 후 그 명맥이 끊어졌는데 조무성에 의하여 그 제법이 유지되고 있다. 현재 중요 무형문화재로 지정되어 경북 김천시 모암동 조무성 씨가 그 기능 보유자로 있다. 그에 의하면 누룩은 토종밀을 곱게 갈아 밀가루와 밀기울을 함께 과하천의 물로 빚어 볏짚, 약쑥, 황국화로 싸서 띄우니 독특한 향취가 있다. 그러나 이 과하주는 제조회사인 김천양조회사가 1945년 광복과 함께 문을 닫아 모습을 감췄다. 이 같은 과하주가 46년만인 1991년에 다시 태어나게 된 것은 김천지역 한 치과의사의 집념에 의해서이다. 김천시 성내동에서 치과의원을 운영하고 있는 송재성 씨는 1941년부터 8년 동안 김천양조회사의 정문 앞에서 개업한 인연으로 과하주에 관심을 가지고 있던차 1979년 김천문화원장에 취임하면서 본격적으로 이 술의 재현에 나

그림 10 김천 과하천의 우물가에 새겨진 글씨
(허시명, 풍경이 있는 술 기행, 웅진닷컴)

서 김천 양조회사에 두었던 기술자를 수소문하여 제조비법을 배우게 됐다. 현재의 김천 과하주는 경북 금릉군 내향면에 있는 50여 평 규모의 공장에서 알콜도수 16도로 월평균 0.7 ℓ 들이 900여 병이 생산되고 있다. 이 과하주는 1987년 5월 경상북도로부터 무형문화재 11호로 지정된 후 1991년 8월에는 국세청에서 제조면허를 받아 시중에 출하되고 있다.

누룩은 통밀을 곱게 갈아 밀가루와 밀기울의 2할의 물을 뿌려 직경 35cm, 높이 1.5cm되게 성형시켜 짚, 쑥, 황국을 겹겹이 두어 한 달 가량 띄운다. 소국주와 같이 용수는 적게 쓰고 밑술은 만들지 않고 직접 술덧을 담근다. 밑술 대신 누룩을 빻아 체로 쳐서 3할 정도의 물을 타고 3시간 둔 후 찹쌀 고두밥으로 떡을 칠 때 반죽하는 정도로 절구와 떡밥이 붙지 않도록 절구 방망이에 물을 묻혀 가며 떡을 쳐서 떡처럼 되면 누룩물(찹쌀 고두밥 9 : 누룩물 1)로 골고루 반죽하여 독에 옮겨 담는다. 독의 뚜껑을 여러 겹의 창호지로 싼다. 5일이 되면 발효가 진행되고 15일이 지나면 주발효가 끝나며 후발효가 진행된다. 후발효 후 30일 정도 완숙시키고 그 후 45일 정도 후숙시키는 등 약 90일이 되어야 향미가 좋아진다. 후숙이 끝나면 술의 액면에 쌀눈이 떠오르는데 수율은 극히 적어서 6% 정도밖에 안된다. 남은 찌꺼기에 소주를 넣어 우려낸 것을 후주라 하여 등급이 낮은 술로 마시기도 한다. 과하주는 술맛이 달작지근하고 곡주 특유의 향기와 맛이 일품이며 숙취가 없어 애주가들의 인기를 끌고 있는데 임금에게 진상되는 전국의 72가지 술 중

에서도 상품으로 꼽혔다. 〈우리술사전〉

89. 김포별주(金浦別酒)

김포에는 옛부터 백일주(百日酒)가 유명하다. 이곳에서는 백일주를 소국주(少麯酒) 또는 삼해주라고도 한다. 김포의 특주란 결국 이 백일주로 알려져 있다. 음력 정월의 첫 해일(亥日)에 밀가루 너 되 분곡 너 되, 찹쌀 너 되, 물 한 말로써 밑술을 빚어 흙 속의 독에 넣어 두고, 음력 이월 첫 해일에 멥쌀 한 말 한 되 이 홉 오 작, 물 한 말 닷 되를 더하여 삼월 첫 해일(亥日)에 각각 빚는다. 이 술을 100일간 대문 사이에 묻어두어 100일 되는 날에 파내 마시는 일이 있는데 이것도 백일주라 한다.

이것은 오랫동안 묵혀야 하는 술이기 때문에 여러 사람이 드나드는 장소에다 묻어 남몰래 다치지 못하게 하려는 것이다. 알콜 농도 11도인 이 술은 약간 달작지근하고 순하며 은근히 취기가 달아오르면서 술 깬 뒤엔 머리가 아프지 않고 갈증과 후유증이 없고 피로회복 등 건강에도 좋다는 평을 듣고 있다. 이 술의 근원이나 유래는 정확하게 전해지지 않지만 본고장은 1930년대에 시작했던 김포양조장이었으며 물맛을 따라 장능산(현 김포군청 뒷산)에서 약수를 길어다 썼고 지금까지도 그 약수로 만들어낸 술이 김포별주이다. 현재는 최성한, 최옥선 부부가 이 술의 제조비법 기능을 전수받고 김포군 통진면 도사리에서 김포별주의 명맥을 이어오고 있다. 김포별주는 유명한 김포쌀을 주원료로 하여 침지, 발효, 살균과정 등을 거치며 제맛을 내기까지는 보통 13～15일의 기간이 소요된다. 이 술을 빚으려면 우선 장능산 약수를 떠다가 120kg 정도의 쌀을 씻어 12시간 정도 침지시킨 뒤 찧어 누룩과 종국을 1 : 11의 비율로 양분시켜 발효탱크에 넣는다. 하루가 지난 후 옥수수 전분과 약수 등을 혼합하여 10일 이상 숙성시키면 알콜도수 14도인 약주가 만들어지는데 곧바로 알콜도수를 낮추기 위한 제성과정과 압착 여과 살균과정을 거치면 알콜도수 11도의 전통적인 김포별주가 된다. 이때 나오는 술의 양은 300ℓ 정도가 된다. 김포별주가 완성되면 900㎖ 패트병과 2ℓ 들이 호리병에 각각 담아져 시중에 판매되고 있다. 〈우리술사전〉

90. 꽃벚나무술

산벚꽃에 대해서 들에 많다고 해서 들벚꽃인데 보통 겹으로 피므로 겹벚꽃이라고 한다. 산벚꽃 등에서 개량된 원예목이나 돌연변이목, 교잡목의 총칭이기도 하다.

겹벚꽃 300g 봉오리에서 80% 핀 것을 골라서 채취하여 흐르는 물에 가볍게 저으며 씻는다. 물기를 빼고 바람에 말린다. 때때로 아래에서 위로 저어준다. 모든 재료를 병에 넣어서 밀봉한다. 10일쯤 경과 후 꽃을 건져내고 여과시킨다. 술은 다른 병에 옮긴다. 냉암소에서 2개월 가량 숙성토록 한다. 식욕증진, 피로회복에 효과가 있다고 한다. 〈우리술사전〉

91. 난주(蘭酒)

난은 독성이 없으므로 어느 난이나 좋다. 여러 가지 난을 사용하면 여러 성분과 맛 그리고 향이 우러나와서 좋다. 동양난은 향이 좋고 양난은 감미가 강하다. 여러 종류의 난꽃을 수집하여 말려 놓았다가 술에 넣으면 담황색의 향취 높은 가양주가 된다. 그늘지고 통풍이 잘 되는 곳에서 건조시킨 난초꽃 100g과 꽃의 3배 정도 양의 술 1.8ℓ를 붓고, 설탕 150g을 넣는다. 2개월이면 숙성되므로 건더기를 건져내고 마신다. 건위, 해열, 정신, 안정의 효과가 있다. 〈우리술사전〉

92. 난총주(부추술 · 구자주)

난총은 부추(정구지, 구채, 구사)라고 하며 백합과의 다년초이다. 전국 각지에서 식용으로 재배된다. 씨앗을 포함한 풀 전체를 이용한다.

부추 600g을 깨끗이 씻어 물기를 뺀 뒤 독이나 항아리에 담고 흑설탕 200g을 넣는다. 비율은 술 한 되에 설탕 200g 정도가 되도록 하며 술은 1.8ℓ 재료의 2~3배 가량 부어 밀봉하여 냉암소에 보관하는데 2~3개월이면 술이 완전히 익는다. 이뇨, 건위제, 강심제, 불감, 성기능 장애, 조루증 등에 효과가 있다고 한다. 〈우리술사전〉

93. 남경주(南京酒)

〈수운잡방〉에 기록되어 있다.

재료는 백미, 탕수, 누룩, 진말 등이었다.

멥쌀을 하룻밤 물에 담갔다가 가루로 만들어 쪄서 식힌 후 누룩, 밀가루, 물을 섞어서 항아리에 담으면, 7일 후면 익는다고 하였다.

〈수운잡방〉의 다른 방법은 백미 2말 5되를 깨끗이 씻어 물에 하룻밤 담갔다가 곱게 가루 내어 끓는 물 2말 5되로 죽을 쑤어, 차게 식거든 좋은 누룩 2되 5홉과 밀가루 1되를 섞어 독에 담는다. 7일이 지난 후 백미 5말을 깨끗이 씻어 물에 하룻밤 담갔다가 왼이로 찌고, 끓는 물 5말을 지에밥에 섞어 차게 식거든 먼저 빚은 술에 섞어 술을 빚는다. 14일이 지나면 용수를 박는다. 물은 흐르는 개울물을 쓴다고 하였다.

94. 남등주(南藤酒)

〈임원16지〉에 기록되어 있다.

남등을 삶은 즙과 누룩으로 빚은 술이다.

〈본초강목〉에는 풍기(風氣), 냉기(冷氣), 마비 등을 물리치는 강장제라고 하였다.

95. 남만주

〈부상록〉에 기록되어 있다.

재료와 술 빚는 법에 대한 기록은 없다.

96. 남번소주(南番燒酒)

〈오주연문장전산고〉에 기록되어 있다.

원래 중원(中原)의 서남번(西南番)으로부터 들어왔다고 한다.

법명(法名); 번명(番名)은 아리걸(阿里乞)로서 노주(露酒), 소주(燒酒), 화주(火酒)라 하였다. 산첨담박(酸甛淡薄)하여 맛이 일정치 않은 술이라고 하였다.

97. 남성주

〈음식디미방〉에 기록되어 있다.

재료는 백미, 물, 누룩 가루, 밀가루 등이었다.

백미 3말 5되를 잘 씻어 가루로 만들어, 더운 물 2말 5되를 끓여 붓고 개어서 식혀 누룩 가루 5되 5홉, 밀가루 1되를 섞어서 항아리에 넣는다. 7일 후에 백미

3말 5되를 잘 씻어 하룻밤 물에 담갔다가 쪄서, 물 2말을 끓여 식혀서 붓고 섞어서 항아리에 함께 넣어 7일 후면 쓸 수 있다고 하였다.

98. 남천촉주(南天燭酒)

남천촉은 매자나무과의 상록 관목이다. 중국이 원산지로서 남방 지방에 자생하며 높이 2～3m, 초여름에 작은 꽃이 피고 가을에서 겨울에 걸쳐 둥근 열매가 열리는데 흰 것과 붉은 것이 있으며 약효는 똑같다. 과실을 말린 것이 생약 남천실(南天實)이다. 남천촉 400～600g을 깨끗이 씻어 물기를 완전히 제거하여 용기에 넣고 약 3배의 소주 1.8ℓ와 설탕 10～20g을 넣는다. 밀봉하여 시원한 곳에서 6개월 이상 숙성시킨다. 재료는 건져낼 필요가 없고 오래 익힐수록 맛이 순해진다. 진해(鎮咳)작용에 효능이 있다고 한다. 〈우리술사전〉

99. 남해 유자주(柚子酒)

유자는 밀감과 비슷하나 껍질이 두껍고 단단하다. 산초과의 상록활엽관목이다. 유자는 오렌지, 하밀감 등 감귤류와 마찬가지로 비타민 C의 함량이 매우 높은 알칼리성 식품이다. 감미가 없고 귤보다 신맛이 강해서 술을 담거나 차로 끓여 마시기도 한다. 유자 3개를 가로로 6～7등분 하여 용기에 넣고 소주 1.8ℓ를 부어 두면 3개월 후에 숙성된다. 보통 귤보다 산미가 강하여 거른 후 설탕이나 꿀을 가미한다. 숙성되면 주도가 6도 이상 떨어진다. 담황색의 술로 설탕을 넣은 후 마시든가 매실주 등과 칵테일을 할 때 사용하면 효과적이다. 피로회복, 신경통, 류머티즘, 태양광선에 의한 피부 자극 방지에 효능이 있다고 한다. 〈우리술사전〉

100. 납주방(臘酒方)

〈임원16지〉〈농정회요〉에 기록되어 있다.

재료는 찹쌀, 물, 누룩, 쉰밥 등이었다.

찹쌀 2석, 물 200근, 누룩 40근, 쉰밥 2말 또는 쌀 2말로 밥을 짓고 발효시킨 것 등으로 선달에 술을 담근 것이다.

101. 내국향온법(內局香醞法)

〈산림경제〉〈치생요람〉〈군학회등〉에 기록되어 있다.

재료는 밀, 녹두 가루, 멥쌀, 찹쌀, 누룩 가루, 부본(腐本) 등이었다.

밀 1말을 맷돌에 갈아 녹두 가루 1홉을 섞어서 누룩을 만든다. 멥쌀10말, 찹쌀 1말을 수세하여 찐다. 찐밥을 멍석에 널어 차게 식힌다. 누룩가루 1말 5되, 부본 1병, 차게 한 밥을 섞어서 물 15병을 부어서 항아리에 담는다.

102. 내국홍로주(內局紅露酒)

〈산림경제〉에는 내국홍로주양법(內局紅露酒釀法), 〈임원16지〉에는 내국홍로방(內局紅露方)으로 기록되어 있다.

재료 수는 3가지였다. 즉 향온, 누룩, 지초(芝草)였다.

향온법(香醞法)과 같으나 누룩 사용량은 2말을 상한선으로 한다고 하였다. 향온(香醞) 3병 반을 솥에 넣고 끓여 1병이 되게 한다. 병으로 증류한 술을 받을 때 병 입구에 지초(芝草) 1냥을 잘게 썰어 올려 놓으면 받아지는 술의 색깔이 진한 붉은색을 띤다. 내국(內局 : 王宮)에서는 청주(淸酒)를 은기(銀器)에 담아 끓이기 때문에 다른 소주와는 다르다고 한다.

103. 내주

〈김승지댁주방문〉에 기록되어 있다.

재료는 찹쌀, 누룩 가루, 밀가루, 멥쌀 등이었다.

찹쌀 1말을 잘 씻어 가루로 만든 후, 죽을 쑤어 식혀서 누룩 가루 2되, 밀가루를 섞어 항아리에 담는다. 3월에 복숭아꽃이 필 때 멥쌀 3말을 백세하여 쪄서 더 넣었다가 5월 5일에 쓰는 술이라 하였다.

104. 노산춘(魯山春)

〈고려대규곤요람〉에 기록되어 있다.

재료는 백미, 찹쌀, 누룩 가루, 끓는 물 등이었다.

백미 1말을 잘 씻어 시루에 찌고, 찹쌀 1말을 잘 씻어 가루로 만들어 끓는 물 3말로 죽을 쑤어, 누룩 가루 1되를 넣고 버무려 항아리에 담고 봉한다. 3일 후에 백미 2말을 잘 씻어 시루에 찌고 찹쌀 2말을 잘 씻어 가루로 만들어, 끓는 물 6말로 죽을 쑤어 식혀 누룩 가루 2되를 섞어 항아리에 같이 넣고 봉한다. 1주일만에 꺼내면 술의 맛과 색깔이 특이하다 하였다.

105. 노주(露酒)

〈고사십이집〉〈군학회등〉〈증보산림경제〉에 기록되어 있다.

〈고사십이집〉에 점미 5승을 잘 씻어 누룩 가루 7홉, 오가피 물 3병을 섞어 항아리에 담고 유지로 봉하여 따뜻한 곳에 7~8일 두면 술이 익는데, 술맛이 달고 매우 독하다고 하였다. 오가피(五加皮)는 일명 문장초(文章草)라 하는데 도씨(陶氏)가 이르기를 뿌리와 줄기를 삶아서 술을 빚어 마시면 몸에 좋다고 하였다.

106. 노주(露酒)

〈한국외래주유입사연구〉에 기록되어 있다.

중국에서 유입된 17~18세기의 외래주이다.

노주는 여러 해 저장한 술이라 하여 진장주(陳藏酒)라고도 하였다. 〈본초강목〉〈연행일기〉를 인용하여 12월에 빚는 술이며, 수십년을 경과하여도 부패하지 않는 술로서, 중양법(重釀法)에 의하여 만들어진 곡주이다. 빛깔이 호박색과 같고 끈기가 있는 편이며 감미가 많다고 하였다.

107. 노주소독방(露酒消毒方)

〈산림경제〉에 2가지 법이 기록되어 있다.

소주를 끓일 때 술을 받는 병에 적절한 양의 꿀을 바르면, 술맛도 좋고 소독도 된다. 그러나 꿀을 너무 많이 넣으면 술이 너무 달게 된다고 하였다. 또 다른 법은 계피와 설탕 가루를 술 받는 병 입구에 놓고 술을 통과시키면 술맛이 극히 좋다고 하였다.

108. 노주이두방(露酒二斗方)

〈산림경제〉〈군학회등〉에 기록되어 있다.

재료는 백미, 찹쌀, 누룩 가루, 끓는 물 등이었다.

백미와 찹쌀 각 1되를 씻어 가루로 만들어 누룩 가루 9되, 끓인 물 8말을 넣어 섞어서 항아리에 담는다. 3일 후에 찹쌀 2말을 쪄서 차게 식힌 후 항아리에 넣는다. 7일 후에 물을 12번 뿌리면서 끓이면 술맛이 매우 순하다. 8~9번만 뿌리면 술이 매우 독하다. 끓일 때 사용하는 땔감은 장작이나 밀짚인데, 주의할 것은 불이 일정해야지 약했다 강했다 하면 안된다고 하였다.

109. 노주이주방(露酒二酒方)

〈임원16지〉에 기록되어 있다.

재료는 쌀, 찹쌀, 누룩 가루, 끓인 물 등이었다.

멥쌀, 찹쌀 각 1되를 씻어 가루로 만들어 누룩 가루 9되, 끓인 물 8말을 섞어 항아리에 담는다 3일 후에 찹쌀 2말을 씻어 쪄서 항아리에 섞는다. 1주일 후에 소주로 만든다. 이 때 물을 12번 뿌리면 술맛이 평담하고 8~9번 뿌리면 매우 독하다고 하였다. 〈산림경제〉의 노주이두방과 같으나 이름만 틀린 것 같다.

110. 녹두주(鹿頭酒)

〈임원16지〉〈영접도감미면색잡록〉에 기록되어 있다.

재료는 녹두(鹿頭), 누룩, 쌀, 파, 고추 등이었다.

녹두(鹿頭)를 삶아 짓이기고, 삶은 즙에 찐 쌀과 누룩 가루를 섞어 술을 빚는다. 술을 마실 때, 파와 고추를 조금 넣고 조금씩 복용한다고 하였다 〈본초강목〉에는 이 술이 허약한 데, 갈증, 몽지(夢池), 보정보기(補精補氣)에 효과가 있다고 하였다.

111. 녹용주(鹿茸酒)

〈임익16지〉에 기록되어 있다.

재료와 술 빚는 법은 보양지(保養志)를 첨가하라고 하였다. 〈본초강목〉에는 음허(陰虛), 빈뇨, 허약한 데 효력이 크다고 하였다.

112. 녹자주

〈김승지댁주방문〉에 기록되어 있다.

백미 1되를 가루 내어 물 2되를 부어 죽 쑤어 식혀서 섬 누룩 1되를 버무려 항아리에 담는다. 3일 후에 찹쌀 1말을 쪄서 식혀 누룩 3홉만 넣어 섞으면 10일 후면 술이 된다.

113. 녹파주(綠波酒)

〈음식디미방〉〈임원16지〉에 3가지 방법이,〈규합총서〉〈시의전서〉〈수운잡방〉〈역주방문〉〈고사십이집〉〈양주방〉에 기록되어 있다.〈임원16지〉에서는 일명 경면녹파주(鏡面綠波酒)라고 하였다.

재료 수는 4, 5가지였다. 재료는 누룩, 멥쌀, 찹쌀, 물(탕수), 밀가루 등이었다.

멥쌀 1말을 씻어 가루로 만들어 끓는 물 2말로 죽을 쑤어 식혀서 누룩 가루 2되와 섞어서 항아리에 담는다. 찹쌀 2말을 씻어 찌고, 끓는 물 3말을 넣고 저어서 식으면 항아리에 넣는다. 술이 익으면 술 5말을 얻을 수 있다고 한다. 또 다른 방법으로는 백미 1말을 씻어 가루로 만들어 끓는 물 30사발, 밀가루 3홉을 넣어 죽을 쑤어 식혀서 누룩 가루 5홉을 넣어 항아리에 담는다. 1주일 후에 찹쌀 2말을 씻어 밥을 쪄서 누룩 가루 7홉, 밀가루 5홉을 넣고 버무려서 항아리에 첨가한다. 1주일 후에 종이에 불을 붙여 익었는가를 시험해 보아서 익었으면 땅 속에 묻는다고 〈임원16지〉에 기록되어 있다.

〈수운잡방〉에는 백미 1말을 깨끗이 씻어 가루를 내고 물 3말로 죽을 쑤어 차게 식거든 누룩 1되, 밀가루 5홉을 섞어 독에 담는다. 3일 후 찹쌀 2말을 깨끗이 씻어 밥을 짓고, 차게, 식거든 먼저 빚은 술에 섞어 빚는다. 12일 후 열어 쓴다고 하였다.

114. 다래주(선후도주)

다래나무(쥐다래, 개다래) 열매를 선후도라고 한다. 다래나무과의 낙엽활엽 덩굴식물이다. 다래나무는 깊은 산기슭에서 자라는데 여름에 꽃을 피우고 가을에 달걀모양의 담황색 열매를 맺는다. 다래는 씨가 많고 맛이 좋아서 흔히 생으로 먹는 수가 많지만 옛날부터 과실주로 많이 담가 마셨다.

"청산에 살어리랏다. 머루랑 다래랑 먹고…" 고려 가요 〈청산별곡〉의 한 구절이다. 다래는 지금도 깊은 산에 가면 많이 볼 수 있는데 예로부터 산에서 길을 잃은 나그네나 나무꾼이 허기를 채울 때 따먹던 대표적인 산열매이다.

잘 익은 다래 열매 600g을 깨끗이 씻어 말린 다음 소주 1.8ℓ와 설탕 100g을 함께 용기에 넣어 서늘한 곳에 보관한다. 1개월 정도 밀봉해 둔 뒤에 다래알이 풀어지면 찌꺼기를 걸러낸다. 강장, 피로회복, 진통, 이뇨, 강심작용, 불면, 자양강장, 식욕증진에 효능이 있다고 한다. 〈우리술사전〉

115. 다시마주

2~3년생의 해조(海藻)로 몸의 길이는 2~4m이고 폭은 20~30cm이다. 황갈색 흑갈색 띠 모양의 해중초(海中草)의 잎바탕이 두껍고 가죽이 미끄러우며 약간 쭈글쭈글한 무늬가 있다. 대개 짧고 굵은 줄기로 간조선(干潮線) 이하의 바위에 붙어산다. 북방 한지(寒地)의 외양(外洋)에 분포하며 우리 나라에서는 거제도를 중심으로 제주도, 흑산도 근해에서 많이 난다. 식용, 공업용으로 이용된다. 곤포(昆布), 해대(海帶)라고도 한다.

다시마 400~500g을 모래를 헝겊으로 닦아내고 3cm 정도 길이로 썬다. 용기에 다시마를 넣고 소주 1.8ℓ를 붓는다. 설탕 50~60g을 넣고 밀봉하여 시원한 곳에 보관한다. 때때로 젓가락으로 젓는다. 3개월 후 건져내고 여과한다. 혈압강하의 효과가 있다고 한다. 〈우리술사전〉

116. 닥주 또는 저주(楮酒)

〈주방문〉에 기록되어 있다.

찹쌀 1되를 잘 씻어 가루로 만들어 구멍떡으로 빚어, 물을 1되 넘게 섞어 끓여 받혀 식힌다. 누룩 5홉, 밀가루 5홉과 물을 섞어 익힌 후 찹쌀 6되, 백미 10되를 잘 씻어 찌고 닥나뭇잎을 삶아 걸러 받혀, 밥에 섞어 독에 넣은 후, 3~4일 후에 쓴다고 하였다.

117. 당광주

당광나무는 목서과(木犀科)의 상록활엽 소교목으로 가을에 흑자색 타원형 열매가 익는다. 이것을 말린 것이 여정자(女貞子)라는 생약(生藥)이다.

당광나무의 열매 300～400g을 잘 씻어 2～3일 말린다. 용기에 넣고 3배의 소주 1.8ℓ를 붓는다. 설탕 10～20g을 넣고 밀봉하여 시원한 곳에서 6개월 이상 숙성시킨다. 강정, 강장, 불면, 허약 체질에 효력이 있다고 한다. 〈우리술사전〉

118. 당백화주

〈양주방〉에 기록되어 있다.

멥쌀 1말을 씻어 가루로 만들어 물 1말에 간다. 여기에 누룩 가루 1되 반, 밀가루 1되 반, 석임 1되를 섞어 차게 식혀 버무려 넣는다. 술이 괴거든 멥쌀 2말을 씻어 물에 담갔다가 쪄서 물 2말을 끓여 고루 섞어서 밑술과 섞어 10일 후에 쓴다고 하였다.

119. 당귀주(當歸酒)

〈임원16지〉에 3가지 제법이 기록되어 있다.

관동(關東), 탄읍(炭邑)에서 당귀가 많이 생산되므로 이곳에서 많이 만든다고 한다. 당귀와 물을 달여 술을 담그거나 또는 당귀를 술에 담그기도 한다. 또 당귀소주법(當歸燒酒法)은 당귀 뿌리와 잎을 잘게 썰어 항아리에 넣어 술을 담고 꿀을 조금 넣어 밀봉하면, 수일 후에 술이 익는다고 하였다.

120. 딩양주방(當梁酒方)

〈임원16지〉에 기록되어 있다.

재료는 마른 누룩 가루, 기장, 쌀, 물 등이었다.

당양주라는 것은 술 항아리를 대들보 아래쪽에 둔다고 해서 붙은 이름이다. 3월 3일 아침 동이 뜨기 전에 물 3말 3되, 마른 누룩 가루 3말 3되, 기장밥 3말 3되를 섞어서 항아리에 담는다. 3일 후인 3월 6일에 쌀 3말을 쪄서 첨가하고, 3일 후인 3월 9일에 쌀 9말을 쪄서 첨가하여 익힌다.

121. 대추술(大棗酒)

대추나무는 전국 각지에서 재배되고 있는 낙엽 활엽 교목으로 높이는 5cm이상 자란다. 열매는 3cm 내외로 성숙하며 모양은 타원형이다.

말린 대추 300g을 깨끗이 씻어 물기를 제거한 후 용기에 담는다. 대추에 소주 1.8ℓ를 넣은 후 5개월 지나면 숙성된다. 술빛은 엷은 호박색 내지 갈색이다. 자양강장, 이뇨제, 심장, 노화방지, 피로회복에 효과가 있다. 〈우리술사전〉

122. 댓잎술

〈양주방〉에 기록되어 있다.

그림 11 댓잎술에 들어가는 약재

멥쌀 1말을 씻어 가루로 만들어 쪄서 식히고, 끓인 물 3병을 식히고 누룩 가루를 1되 반 섞어 독에 넣어 단단히 싸매 둔다. 익거든 멥쌀 5말을 씻어서 쪄서 식혀 밑술에 합하여 단단히 매어 둔다. 7일 후에 가장 맑은 것은 다른 그릇에 뜨고, 중간으로 맑은 것은 또 다른 그릇에 뜨고, 밑에 처진 것은 물에 타 먹으면 배꽃술같은 맛이 오래도록 변하지 않는다고 하였다. 술 이름은 댓잎술이라고 하였으나 댓잎에 관한 말은 빠진 듯하다.

123. 더덕주(사삼주)

도라지과의 덩굴성 다년초이다. 더덕은 우리 나라 어디에서나 생산되고 있다. 특히, 깊은 산속에서 자라는 더덕의 뿌리는 옛부터 식용과 약용으로 소중히 여겨져 왔다. 더덕은 인삼과 비슷하여 사삼이라고도 부르기도 한다. 사삼으로 쓰이는 약종에는 잔대, 층층잔대, 왕잔대와 더덕이 있는데 도라지과에 속하는 다년생초이다.

잔대는 우리 나라 여러 지방의 산과 들에서 자라고 층층잔대, 왕잔대는 주로 우리 나라 북부 고원 산지대에서 자란다. 다른 나라에서는 이 잔대속 식물의 뿌리를 사삼으로 쓰는데, 우리 나라에서는 도라지과에 속하는 더덕을 사삼으로 쓰고 있다.

더덕은 가을 또는 봄에 뿌리를 캐어 줄기와 잔뿌리를 다듬어 버리고 물에 씻어 햇볕에 말려 쓴다.

더덕은 크고 향이 좋은 것으로 500g을 선택하여 깨끗이 손질하여 씻은 후 물기를 빼놓는다. 유리병에 더덕을 넣고 술 1.8ℓ을 붓고 랩으로 잘 덮어 공기를 차단시켜 시원한 곳에 보관해 놓는다. 3개월 정도 지나면 마실 수 있으나 그 이상 더 보관하면 향긋한 맛을 낼 수 있다. 강정, 거담, 기관지염, 해수, 천식 및 각종 폐질환에 효능이 있다고 한다. 〈우리술사전〉

124. 덕마주

더덕과 마늘을 주원료로 한 술이다. 여기에 대추를 추가하기도 한다. 특히 더덕은 옛부터 건위와 거담작용이 강하여 자양 건강식품으로 유명하며 폐와 코, 신장을 튼튼하게 해준다. 물먹고 체한데는 더덕 이상 좋은 것이 없다고 한다. 더덕이 부인들의 적대하증, 백대하증에 뿌리를 가루로 만들어 매일 3번 식전에 3g 정도 복용하면 효과가 있다.

더덕 500g을 깨끗이 씻어 말리고 마늘 500g도 껍질을 벗겨 씻은 후 잘 말린다. 그 다음 소주 1.8ℓ와 설탕 100g을 용기와 함께 넣고 밀봉하여 보관한다. 3개월 정도 지나면 숙성이 되어 엷은 황색을 내며 그 특유의 향이 독특하다. 〈우리술사전〉

125. 덩굴용담술(만용담주, 蔓龍膽酒)

덩굴용담은 용담과의 여러해살이풀이다. 평지에서 높은 곳까지 산지의 수풀속에서 자라며 줄기는 덩굴줄기로서 땅 위를 기어다니거나 다른 나무에 달라 붙어 살아간다. 9～10월경 보랏빛 종(鐘) 모양의 꽃이 핀다. 꽃이 진 다음 1cm 정도의 붉은 열매가 열리는데 10월경부터 이른 봄 눈이 녹을 때까지 매달려 있다. 덩굴용담의 열매에는 말라붙은 꽃송이가 매달려 있는데, 그것을 떼어 내고 물에 잘 씻어 물기를 완전히 제거한다. 용기에 덩굴용담의 열매 300～400g을 넣고 소주 1.8ℓ와 설탕10～20g을 넣고 밀봉한다. 시원한 곳에서 6개월 이상 숙성시킨다. 피로회복 건위(健胃)에 효능이 있다고 한다. 〈우리술사전〉

126. 도라지술(길경주, 桔梗酒)

도라지는 전국 각지 양지 바른 산야에서 자생되거나 밭에서 재배하기도 한다. 도라지는 초롱과에 속하는 숙근초로 다년초 식물이며 꽃은 관상용으로 아름답고 뿌리는 약용으로 옛부터 재배되고 있다. 인삼과 흡사하며 생약명으로는 길경(桔梗)이라 한다. 가을에서 다음해 봄까지 뿌리를 캔다. 도라지 600g을 잘 닦아서 씻어 2～3cm 정도로 잘라 4～5일 볕에서 말린다. 대추 20개, 설탕 200g, 소주 1.8ℓ를 부어 병에 담아 밀봉해서 냉암소에 둔다. 음용은 1개월 지난 후 가능하나 숙성은 3개월 이상이다. 감기, 기관지염, 해열, 폐결핵, 천식, 편도선, 진해, 거담에 효능이 있다고 한다. 〈우리술사전〉

127. 도로양방(桃露釀方)

〈임원16지〉에 기록되어 있다.

재료는 찹쌀, 멥쌀, 누룩 가루, 끓인 물, 송화 등이었다.

점미 5말을 가루로 만들어 송화(松花) 5되를 끓인 물 3말로 거른 물과 죽을 쑤어 누룩 가루 7되를 버무려 항아리에 담는다. 5일 후 백미 10말을 씻어서 찌고, 송화 1말, 끓인 물 5말, 누룩 3되와 합하여 밑술에 섞고 27일 후에 쓴다.

128. 도소주(屠蘇酒)

〈임원16지〉에 2가지 제법이, 〈조선고유색사전〉에 기록이 있다.

정월 초하룻날 아침에 이 술을 마시면 사기(邪氣: 간악한 기운)를 떨어버리므로 남녀노소 온집안 식구들이 동쪽을 향하여 이 술을 마시면 좋다고 하였다.

적출(赤朮), 계심(桂心) 각 7전 5분, 방풍(防風) 1냥, 완계(薟葜) 5전, 촉초(蜀椒), 길경(桔梗), 대황(大黃) 각 5전 7분, 오두(烏頭) 2전 5분, 팥 14알 등을 삼각형 가제 주머니에 담아, 밤에 우물 속에 담갔다가 아침에 술에 넣고 끓인다고 하였다. 다른 방법은 대황(大黃) 1전, 길경(桔梗), 천초(川椒) 각 1전 5분, 계심(桂心) 1전 8분, 오두(烏頭) 6분, 포백출(炮白朮) 1전 8분, 수유(茱萸) 1전 2분, 방풍(防風) 1냥 등으로 만든 술이라고 하였다.

129. 도원주

〈농정회요〉에 기록되어 있다.

재료와 술 빚는 법에 대한 기록은 없다.

130. 도인주(桃仁酒)

〈음식법〉〈수운잡방〉에 기록되어 있다.

도인(桃仁: 복숭아씨 알맹이) 500개를 벗기고, 뾰족한 곳인 배아는 떼어버리고 쌍동이〔雙仁〕는 가려낸다. 청주 3병을 부어가면서 맷돌에 갈아서 고운 명주체로 걸러 물이 새지 않는 항아리에 담아 입을 봉하고 솥에 띄워 중탕한다. 쓸 때 술빛이 누르면 좋은 것이라 한다. 매일 아침에 데워서 한 종지 마신다. 껍질을 벗길 때 물에 담궈서 하면 수월하다.

131. 도화주(桃花酒)

〈산림경제〉〈임원16지〉〈규합총서〉〈김승지댁주방문〉〈조선무쌍신식요리제법〉〈조선고유색사전〉〈부인필지〉〈군학회등〉〈치생요람〉〈고사십이집〉〈수운잡방〉에 기록되어 있다.

재료 수는 5, 6가지였다. 즉 누룩, 멥쌀, 찹쌀, 물, 밀가루, 밀국수, 복숭아꽃 등이었다.

정월에 멥쌀 2말 5되를 씻어 가루로 만들고 끓는 물 2말 5되를 넣고 죽을 쑤어 식혀서 누룩, 진면(眞麵: 밀국수) 각 1근을 넣어 항아리에 담는다. 복숭아꽃이 필 무렵에 멥쌀, 찹쌀 각 3말을 씻고 쪄서, 끓는 물 6말을 부어 섞고 식혀서 복숭아꽃 2되와 함께 술 항아리에 붓고 복숭아 가지를 2~3개월 꽂아 숙성시킨다고 〈임원16지〉에 기록되어 있다.

〈수운잡방〉에는 6월 유두일에 만든 누룩으로 술을 빚으며, 이름이 알려진 것은 이 누룩으로 빚었기 때문이라고 한다. 절반의 술을 얻으려면 쌀, 누룩, 밀가루의 양을 고루하면 된다고 하였다. 정월 진일(辰日)에 찹쌀 3되와 백미 6되를 깨끗이 씻어 가루 내어 죽을 쑤어, 식으면 6월 유두일에 만든 누룩 가루 2되와 밀가루 2되(1되 더 넣으면 더욱 좋음)를 섞어 독에 넣고 동쪽을 향한 복숭아 나뭇가지로 휘젓는다. 2월에 야당(野棠)잎이 새싹이 틀 때 백미 5말을 깨끗이 씻어 물에 하룻밤 담갔다가 왼이로 쪄서, 물 5말에 담궈 매우 차게 식힌다. 그것을 먼저 빚은 밑술에 조용히 부어 위 덮는다. 그 술이 익었는지 보아서 익었으면 백미 4말을 깨끗이 씻어 물에 하룻밤 담갔다가 무르게 쪄서 물 4말과 같이 밑술에 부어 위 덮는다. 앞으로 또 익으면 백미 3말을 깨끗이 씻어 무르게 쪄서 물 3말에 섞어 차게 식거든 또 먼저 빚은 밑술에 위 덮어 붓는다. 익으면 떠서 쓰는데, 두고 두고 쓰고자 할 때는 술 담는 법은 모두 앞의 법대로 빚어 계속 위 덮는다. 이렇게 하면 더운 여름에도 무방하며 색은 맑고 맛은 독하다.

청주를 한번 뜨고 나서 탁해지면 찹쌀을 하룻밤 재워 죽을 쑤어 매우 차게 식혀 앞의 누룩과 섞어 밑술(본술) 위에 부어 덮는다. 술이 맑은 후 쓰면 좋다. 모든 기명은 냉수에 헹구는 것을 금한다.

132. 독계산주(禿鷄散酒)

사상자(蛇床子) 30g, 오미자(五味子) 20g, 토사자 20g은 그대로 사용하고 원지(遠志) 20g과 육종용(肉蓯蓉) 20g은 잘게 썰어 용기에 넣어서 25도 소주 1ℓ를 붓는다. 밀봉하여 시원한 곳에 보관한다. 처음 4~5일간은 1일 1회씩 용기를 가볍게 흔들어 준다. 10일 후에 마개를 열어 액을 천으로 거른다. 액은 다시 용기에 붓고 설탕 50g을 넣어 녹인다. 여기에 생약 찌꺼기 1/5을 다시 넣고 밀봉하여 시원한 곳에 보관한다. 1개월이 지나면 마개를 열어 윗부분의 맑은 물만 따르고 남은 액은 천이나 여과지로 걸러 앞의 액과 합친다. 독특한 감칠맛이 나는 흑갈색의 부드러운 약술이 완성된다. 신경쇠약, 정력에 효능이 있다고 한다. 〈우리술사전〉

133. 독활주(獨活酒)

독활은 한방 생약으로 널리 알려진 식물이며 각지의 산과 들에 자생한다. 키는 1~2cm인데 여름에 작은 꽃이 피고 9월경 열매가 열려 검게 익는다. 가을에 야생 독활의 뿌리를 캐어 잘 씻어 말린 후 1cm 두께로 썰어 그늘에서 말린다. 독활의 열매나 뿌리 300~400g을 용기에 넣고 3~4배의 소주 1.8ℓ와 설탕 50g

을 넣는다. 밀봉하여 시원한 곳에서 6개월 이상 1년 정도 숙성시킨다. 강정, 강장, 두통, 현기증에 효과가 있다고 한다. 〈우리술사전〉

134. 돌나물술(불갑초주, 佛甲草酒)

돌나물술은 돈네 불갑초라고 하며 돌나물과의 포복성 다년초이다. 전국 각지의 골짜기에 자생한다. 전초를 이용한다.

돌나물은 여름, 가을에 걸쳐 채집하여 생것을 술에 담기도 하고 말려서 사용하기도 한다. 깨끗이 씻어 물기가 빠지면 항아리에 담아서 재료 2~3배 가량 독한 술을 붓고 밀봉하여 냉암소에 둔다. 저장한 후 3~4개월 후부터 먹을 수 있다. 간염, 간경화, 식욕증진, 타박상에 효능이 있다. 〈우리술사전〉

135. 동과주

〈음식방문〉에 기록되어 있다.

씨 동아 가장 좋은 것을 머리를 베고, 속을 발라내고, 술을 버무려 다시 채워 넣고, 벤 뚜껑을 맞추어 덮고 틈 없이 밀을 녹여 막아 두었다가 익으면 먹는다고 하였다.

136. 동그레술

백미 한 되를 잘 씻어서 지에밥을 짓고 누룩 가루 한 되를 넣어서 밑술을 잡는다.

3일 후 백미 닷 되를 시루에 쪄서 식힌 다음 밑술에 부어 덧술을 한다. 이때 동그레 열매를 넣는다. 덧술 후 7~10일 지나면 술이 익는다. 당뇨병에 효험이 있다고 한다. 〈우리술사전〉

137. 동동주

맑은 술과 찹쌀 누룩만으로 빚어지는 동동주는 고려 시대부터 전해 내려오는 맑은 술이다. 동동주는 부의주(浮蟻酒)라고도 하는데 술 표면에 삭은 밥알이 동동 떠 있는 것이 마치 개미가 떠 있는 것 같다 해서 붙여진 이름이며 찹쌀과 누룩물을 사용하여 1차 담금만 하는 술로서 그 맛이 달고 독하여 여름에도 쓰기 좋다.

그림 12 부의주

현재는 경기도 용인 동동주가 무형문화재로 지정되어 권오수 씨가 그 전수 기능을 보유하고 있다.

① 누룩

호밀을 씻고 물기를 뺀 뒤 빻아 체로 쳐서 미리 가루를 조금 제거하고 물 2~3 되를 넣어 반죽하여 성형시킨다. 제조 시기는 6~7월이 적기이며 맨 아래는 짚을 깔로 그 위에 가마니를 펴고 솔잎 위에 누룩을 펴고 삼베천으로 덮어 20~30일 띄운다.

② 술 담그기

1차 담금만으로 한다. 찹쌀 다섯 되, 누룩 한 되, 엿기름 두 홉, 물 엿 되 되게 한다. 찹쌀을 하룻밤 재워 고두밥을 지어 짚불로 미리 소독한 항아리에 넣는다. 20℃ 정도의 실온에서 2~3일은 이불을 감싸서 보온하다가 품온이 30℃ 이상 오르면 이불을 제거한다. 5일 지나면 맑게 익는데 15일 정도 경과하면 쌀알이 동동 뜨며 헤치면 맑은 술이 고여 있다. 〈우리술사전〉

138. 동미명주방(冬米明酒方)

〈임원16지〉에 기록되어 있다.

재료는 멥쌀, 누룩, 방국(方麴), 물 등이었다.

9월경에 멥쌀 1말을 가루로 하여 끓는 물 1석(石)을 섞고 누룩 1근과 함께 항아리에 넣는다. 3일 후 쌀 2말을 밥을 지어 가하고, 발효하면 다시 쌀 2말을 밥을 지어 방국(方麴) 15근, 물 4말과 섞어서 첨가하여 숙성시킨다고 하였다.

139. 동백주(冬柏酒)

봄을 알려주는 동백꽃 잎으로 술을 담궈 두면 진한 갈색의 독특한 향기와 감칠맛이 일품이다. 동백꽃 300~400g을 따서 헹구고 젖은 천으로 한장 한장 정성껏 먼지를 닦아낸다. 꽃잎을 용기에 넣고 30도 소주 1.8ℓ를 붓는다. 설탕 20~30g을 넣고 밀봉하여 시원한 곳에 보관한다. 6개월 정도 숙성시킨 후 마시는 것이 좋다. 자양, 강장, 미용, 변비, 장출혈(腸出血)에 효능이 있다고 한다. 〈우리술사전〉

140. 동양주(冬陽酒)

〈음식디미방〉〈수운잡방〉〈오주연문장전산고〉〈수운잡방〉에 기록되어 있다.

재료 수는 3, 4가지였다. 즉 멥쌀, 찹쌀, 누룩, 물 등이었다.

백미 2되를 가루로 만들어 구멍떡을 만들어 삶아 식혀서 누룩 가루 2되를 섞어 항아리에 담는다. 3일 후에 찹쌀 2말을 씻어 쪄서 항아리에 첨가하여 띄운다고 〈음식디미방〉에 기록되어 있다.

〈수운잡방〉에는 백미 1되를 깨끗이 씻어 곱게 가루 내어 구멍떡을 만들고, 좋은 누룩 2되를 섞어 술을 빚는다. 4일이 지나서 찹쌀 1되를 깨끗이 씻어 왼이로 찌고, 탕수 1말을 찐밥에 섞어 먼저 빚어 둔 술에 섞어 덧술을 한다. 그 맛은 꿀과 같다고 하였다.

141. 동양주(東陽酒)

〈음식디미방〉〈오주연문장전산고〉에 기록되어 있다.

백미 2되를 가루로 만들어 구멍떡을 만들어 삶아, 식거든 국말 2되를 섞어 두었다가 3일 후에 찹쌀 2말을 씻고 쪄서 더울 때 밑술에 섞어 넣고, 여름이면 중탕하라고 〈음식디미방〉에 기록되어 있다.

142. 동절 삼일주(冬節三日酒)

갓 길어 온 좋은 우물물 두 말에 누룩가루 두 되를 풀어 항아리에 넣어둔다. 다음 날 백미 두 말로 죽을 쑤어 식으면 항아리에 붓고 골고루 저어 두었다가 3일만에 마실수 있다. 〈우리술사전〉

143. 동절 삼일주(찹쌀술)

찹쌀 한 말은 물에 담갔다가 지에밥으로 쪄서 헤쳐 놓아 식히고 끓인 물 아홉 사발을 식혀서 섬누룩(질이 좋지 않은 누룩 ; 심치) 두 되를 섞어 담근물을 지에밥에 섞

어 넣어 두면 3일 후에 마실수 있다. 〈우리술사전〉

144. 동정춘(洞庭春)

〈임원16지〉에는 동정춘방(洞庭春方), 〈조선무쌍신식요리제법〉에는 동정춘(洞庭春)이라고 기록되어 있다.

재료 수는 4가지였다. 즉 멥쌀, 찹쌀, 누룩, 물 등이었다.

백미 1되를 가루로 하여 구멍떡 3개를 만들어 물 1사발을 넣고 쪄서 차게 식힌 후 누룩 가루 1되를 섞어 항아리에 담고 밀봉한다. 4일 후 찹쌀 1말을 쪄서 차게 식혀 항아리에 첨가한다. 이때 피해야 할 것은 필요 없는 물과 쇠그릇〔鐵器〕이라고 〈임원16지〉에 기록되어 있다.

145. 동파주(東波酒)

〈임원16지〉에는 동파주방(東波酒方), 〈조선무쌍신식요리제법〉에는 동파주(東波酒), 〈양주방〉에 기록되어 있다.

재료 수는 2, 4가지였다. 즉 멥쌀, 누룩, 생즙, 진말 등이었다. 〈임원16지〉에서만 생즙, 진말을 넣었다. 중국의 시인 소동파(蘇東波)의 술 빚는 비법대로 빚은 술이라 하여 동파주라는 이름이 붙었다. 밀가루에 생강즙을 넣고 누룩을 만들어 줄에 꿰어서 바람에 말린다.

이 누룩을 정화(精華)라 한다. 쌀 5말 중에서 우선 3말을 쪄서, 누룩 4냥을 넣고 버무려 항아리에 담는다. 나머지 2말은 5되씩 4번 첨가한다. 이 때는 누룩을 3냥씩 넣는다. 물은 우물물을 끓여서 사용한다. 처음 쌀 3말에 누룩 4냥을 섞을 때는 찐밥과 누룩이 젖을 정도로만 물을 넣고, 15일 후에는 1 : 3의 비율로 물을 넣는다. 처음에는 3말 반의 술을 얻는데, 이 술을 정주(正酒)라 하고, 정주를 뜨고 남은 찌꺼기에 누룩 4냥과 물 1 : 3의 비율로 부어 30일 후에 술을 얻는데, 이 술을 순주(醇酒)라고 한다.

146. 동하주(冬夏酒)

〈수운잡방〉에 기록되어 있다.

백미 5말을 깨끗이 씻어 물에 하룻밤 담갔다가 가루 내어 끓는 물 5말과 섞어 반쯤 익히고 차게 식거든 누룩 가루 5되를 섞어 술을 빚는다. 6일째 백미 10말을 깨끗이 씻어 물에 하룻밤 담갔다가 왼이로 쪄 탕수 10말과 섞어 차게 식거든 먼저 빚은 술에 섞어 빚는다. 7일이 지나 용수를 박는다. 다시 술독을 기울여서 청주를 더 떠내고 맛이 매우 쓰면 물을 타서 쓴다.

147. 두강주(杜康酒)

〈음식디미방〉〈임원16지〉에 3가지 제법이, 〈시의전서〉에 2가지 제법이, 〈수운잡방〉〈농정회요〉〈유원총보〉〈음식보〉〈역주방문〉〈군학회등〉에 기록이 있다.

재료 수는 3, 4, 5가지였다. 즉 멥쌀, 찹쌀, 누룩, 물, 진말 등이었다.

백미 1되를 물에 담갔다가 가루 내어 죽을 쑤어 식혀서 누룩 5홉, 밀가루 5홉과 섞어서 항아리에 담아 습한 곳에 둔다. 2일 후 찹쌀 1말을 씻어 밥을 지어 식혀서 끓여서 식힌 물 1말과 함께 항아리에 첨가하면 4~5일 후면 술이 익는다. 다른 방법은 찹쌀 1말을 씻어 가루로 만들어 물 9사발을 넣고 죽을 쑤어 식혀서 누룩 가루 1되와 함께 항아리에 담아 따뜻한 곳에 둔다. 2일 후 백미 1말을 씻어 쪄서 식혀 항아리에 첨가하면 4~5일 후면 술이 익는다.

또 다른 방법으로는 멥쌀 3되를 씻어 가루로 만들어 죽을 쑤어 식혀서 누룩 가루 3되와 섞어서 항아리에 담아 따뜻한 곳에 둔다. 2~3일 후 걸러서 찌꺼기는 제거하고 술에 찹쌀 1만을 쪄서 식혀 섞고, 따뜻한 곳에 4~5일 두면 술이 익으니 이때 냉수 2사발을 넣고 휘저어 두었다가 다음날 술을 취한다고 〈임원16지〉에 기록되어 있다.

〈수운잡방〉에는 백미 5말을 깨끗이 씻어 물에 하룻밤 담갔다가 곱게 가루 내어 탕수 14사발로 죽을 쑤어 차게 식거든 좋은 누룩 1말을 섞어 독에 넣고 술을 빚는다. 5일이 지난 후 백미 5말을 앞의 법대로 하여 독에 같이 담고 덧술을 한다. 또 5일이 지난 후 백미 5말을 깨끗이 씻어 하룻밤 재웠다가 왼이로 쪄서 김이 나가기 전에 독에 담는다. 술이 익으면 용수를 박는다고 하였다.

148. 두강춘방(杜康春方)

〈임원16지〉에 기록되어 있다.

백미 3말을 씻어 가루로 만들어 죽을 쑤어 식혀서 누룩 가루 3되 5홉과 항아리에 담는다. 술이 거의 익었을 때 다시 백미 3말을 가루 내어 끓는 물 4말과 누룩 가루 3되 5홉을 항아리에 첨가한다. 익으면 다시 백미 3말을 쪄서 항아리에 첨가한다. 두강춘에 필요한 재료는 백미 9말, 누룩 가루 7되, 끓인 물 7말 5홉이라고 하였다.

149. 두견주(杜鵑酒)

그림 13 진달래 꽃

〈술 만드는 법〉〈규합총서〉에 2종류가, 〈김승지댁주방문〉에는 두견주법(杜鵑酒法)으로, 〈술 빚는 법〉〈시의전서〉〈술방문〉〈부인필지〉〈조선무쌍신식요리제법〉 등에도 기록되어 있다.

재료 수는 5, 6가지였다. 즉 멥쌀, 찹쌀, 누룩, 물, 밀가루, 두견화 등이었다.

정월 첫 해일〔上亥日〕에 멥쌀 2말 반을 씻어 가루로 만들어 끓는 물 2말 반을 붓고 개어서 식힌다. 여기에 누룩 가루 1되 3홉, 밀가루 7홉을 넣고 버무려 항아리에 담는다. 두견주는 고려의 개국 공신 복지겸이 원인 모를 병에 걸려 충남 당진 면천(沔川)에 와서 요양할 때, 17세 된 딸이 꿈속에 신선의 가르침을 받고 만든 가향 약주로서 지금의 면천국민학교 옆에 있는 안샘의 물로 빚었다고 한다. 면천 두견주의 인간문화재인 박승달(朴昇達) 씨는 통밀을 거칠게 갈아서 밀가루와 밀기울을 함께 섞어 만들어 쑥을 사이사이에 끼우고 띄워서 누룩을 만든다고 한다. 찹쌀 2되, 누룩 2되, 물 1되로 밑술을 담근다. 이때 진달래꽃을 켜켜로 섞으면서 넣어 발효시킨다. 최저 50일간 후숙시켜서 총 80일만에 술은 뜬다. 숙성이 끝난 술에서 솟아 나오는 향취는 천하일품이니, 이 밑술을 자루에 넣어 압착하여 강술을 얻는다고 한다. 3월에 진달래꽃이 필 때 멥쌀 3말, 찹쌀 3말을 씻어 각각 지에밥을 찐다. 물 60그릇을 메밥과 찰밥에 뿌려서 붓도록 한다. 진달래꽃 한말을 꽃술 없이 다듬어서 메밥 한 켜, 찰밥 한 켜, 진달래 한 켜를 번갈아 놓고 맨 위에 메밥으로 덮는다. 2~3주일 지난 뒤 술독에 불을 지펴 불이 꺼지지 않으면 다 된 것이라고 〈규합총서〉에 기록되어 있다.

150. 두광주

〈술 만드는 법〉에 2종류가 기록되어 있다.

찹쌀 2되 반을 씻어 가루로 만들어 죽을 쑤어 식혀서 누룩 2되 반을 섞어서 항아리에 담는다. 3일 후 찹쌀 1말을 쪄서, 밀가루 3~4홉과 섞어서 밑술에 첨가한다. 찹쌀과 멥쌀을 반반으로 하여도 좋다고 하였다.

151. 두릅주

산과 들에 자생하는 다년생 초본이며 한국 각지 일본, 중국, 사할린 등지에 분포되어 있다. 1000년 전부터 식용해 왔다는 기록이 있다. 야생두릅은 높이 5~20m 정도가 되며 굵은 줄기의 전면에 털(毛)이 있다. 하산형(夏散形) 꽃받침을 내고 담녹색의 작은 꽃이 무수히 핀다. 9월경에 액과는 흑색으로 익는다. 근경부(根莖部)를 생약 이름으로 독활(獨活)이라고 한다.

두릅 400g을 가시는 깎아 없앤다. 줄기는 3cm로 자르고 수피는 벗겨서 1~2일 햇볕에 말린다음 설탕 60g, 소주 1.8ℓ을 붓고 밀봉해서 냉암소에서 보관하여 1개월 지나서 내용물을 건져낸다. 음용은 이때부터 가능하다 여과해서 다시 2개월 이상 숙성시킨다. 강장, 진정, 건위, 정장효과가 있다고 한다. 〈우리술사전〉

152. 두송주(杜松酒)

노간주나무라고 부르는 두송은 향나무과에 속하는 상록침엽교목 열매다. 술을 담그기에는 완숙 직전의 열매가 가장 좋은데 담근 후 술이 익기까지는 3개월이 걸린다.

열매는 솔방울과 마찬가지로 비늘 모양으로 모여 있는데 자흑색의 가루로 덮여 있다. 열매는 2~3년에 한 번 밖에 결실하지 않으며 씨는 한 과일 속에 한 개밖에 없으나 3개가 들어 있는 것도 있다.

두송 열매 20개에 소주 1.8ℓ를 넣고 밀봉하여 보관한다. 3개월 후 술의 색이 다갈색으로 변하면 건더기를 건져 내고 마신다. 신경통, 류마티스에 효능이 있다고 한다. 〈우리술사전〉

153. 두충주(杜冲酒)

두충은 두충나무과에 속하는 식물로서 고무질인 나무껍질을 약으로 사용하여 왔다. 두충은 봄·여름에 줄기껍질을 벗겨내어 겉껍질을 긁어버리고 햇볕에 말린 것을 약재로 사용한다. 《신농본초경(神農本草經)》에서는 두충에 대한 효능·약효는 허리, 무릎, 골격의 무력감, 통증 등을 없앤다고 한다.

두충 100g에 소주 1.8ℓ와 설탕 200g을 붓고 밀봉하여 보관한다. 3개월 정도가 지나면 숙성이 되어 마실 수 있다. 요통, 전신 관절통, 사지 무력, 진정, 진통, 불로 강정, 고혈압에 효능이 있다고 한다. 〈우리술사전〉

154. 등나무주

우리 나라 중부 이남 및 일본·중국 등지에 분포한다. 콩과에 속하는 낙엽활엽 만목(蔓木)이다. 줄기는 길게 뻗어 오른쪽으로 감아 붙고 잎은 기수(奇數)이며 우상복생의 유병(有柄)이다. 소엽은 달걀꼴로 11~19개 있으며 모두 붙어있다. 4~5월에 어린가지 끝에 수상(穗狀) 나비 모양의 자색 또는 백색 꽃이 많이 늘어져서 총상(總狀) 화서로 피고 잔털이 있는 협과(莢果)가 가을에 익는다. 줄기도 등(藤)이라 하여 수공품으로 쓰이며 관상용으로 정원에 많이 심는다.

등나무꽃이 3분의 1쯤 꽃이 피었을 때 꽃과 봉오리를 300g 채취하여 물을 뿌려 씻어낸다. 소쿠리에 담아서 물기를 빼고 바람을 통하게 하여 완전히 말린다.

설탕 60g, 소주 1.8ℓ를 병에 담아서 밀봉, 냉암소에서 숙성시킨다. 약 1개월 후 술이 담황색일 때 꽃을 건져내고 여과해서 다시 숙성시켜 음용한다. 피로회복, 식욕증진에 효능이 있다고 한다. 〈우리술사전〉

155. 딱총술

딱총나무는 한방명으로 접골목(接骨木)이라 하며, 예로부터 잎이나 꽃을 달여

골절이나 타박상에 습포를 하거나 가지로 부목(副木)을 하였기 때문에 이러한 이름이 붙여졌다. 4월경 흰색의 작은 꽃이 피며 지름 3mm 정도의 열매가 열린다.

딱총나무의 꽃이나 열매 250~400g을 깨끗이 씻어 물기를 완전히 제거하고 용기에 재료를 넣고 소주 1.8ℓ와 설탕 10~20g을 넣어 밀봉하여 시원한 곳에 6개월 이상 보관한다. 신장 보호, 해열, 발한, 진해, 이뇨에 효과가 있다고 한다. 〈우리술사전〉

156. 딸기주

딸기는 전국 각지에서 재배되고 있는 다년초로서 줄기는 땅위로 뻗어가며 높이는 20cm 정도 자란다. 작은잎은 3매로 난형(卵形)이며 꽃은 4~5월에 핀다. 꽃잎은 5매로서 색은 흰색이고 열매는 붉게 익는다. 7부쯤으로 잘 익은 열매를 쓰는데 너무 지나치게 익은 검은색은 탁해지므로 피하는 것이 좋고 또 덜 익은 것은 예쁜 색깔을 얻을 수 없을 뿐만 아니라 산미(酸味)가 강하므로 알맞게 익고 단단하며 신선한 것을 고르는 것이 좋다. 즉 머리끝이 빨갛고 아래쪽은 붉그스럼하며 푸른빛이 남아있는 것이라야 가장 이상적이다.

딸기 1kg를 깨끗이 씻어 물기를 완전히 뺀다. 4~5시간 후 용기에 넣어 설탕 200g에 하루 재우고 밀봉하여 어두운 곳에 둔다. 소주는 30도 이상 고도주 1.8ℓ를 사용한다. 보름 정도 지나면 거즈를 깔고 가만히 부어 맑은 즙만 받아 주둥이가 좁은 용기에 넣어 어두운 곳에 두었다가 일 개월 후부터 마시도록 한다. 피로회복, 식욕증진에 효능이 있다고 한다. 〈우리술사전〉

157. 라일락주

프랑스어로는 라라라고 하며 유럽 동남부, 발칸 반도가 원산지인데 구미에서 많이 재배되고 있다. 우리 나라에는 일제 때 도래되었으며 자정향(紫丁香)이라고 불리웠다. 근래에는 라일락으로 많이 통한다. 한냉한 기후를 좋아하므로 우리나라 중부 지방에서 많이 재배된다. 낙엽 활엽의 저목으로 높이는 5cm정도이다. 4~6월에 엷은 색깔의 작은 꽃이 수상(穗狀)으로 핀다. 품종도 흰색, 빨강, 청색 등이 있으며 겹으로 피는 것도 있다. 꽃은 향기가 짙다.

활짝 핀 꽃 100g을 줄기째 자르고 물에 담갔다가 건져낸다. 꽃송이를 가볍게 흔들어 물을 뿌린 다음 바람결에 말린다. 작은 꼭지 2~3개로 작게 자른다. 병에 담아서 설탕 50g, 소주 0.9ℓ를 붓는다. 밀봉한 다음 보관하다가 꽃은 1개월 이내에 건져내고, 다시 1개월 이상 숙성시킨다. 건위, 정장, 식욕증진, 피로회복, 강장, 진정에 효과가 있다. 〈우리술사전〉

158. 마가목술

마가목나무는 능금나무과의 활엽 교목인데 전국의 산지에 자생한다. 키가 10m 정도 되며 6~7월경 가지 끝에 흰꽃이 핀다. 열매는 지름 6mm 정도로 빨간색이다.

잘 익은 마가목의 열매 300~400g을 골라 3~5개 잔가지에 열매가 붙은 채로 잘라 씻는다. 물기를 완전히 제거한 다음 용기에 넣고 소주 1.8ℓ를 붓는다. 설탕 10~20g을 넣고 밀봉한 다음 시원한 곳에서 6개월 이상 숙성시킨다. 6개월이면 마실 수 있으나 오래 익힐수록 맛이 더 좋아진다. 향기가 좋은 황금색 약술이 완성된다.

강정 강장, 피로회복, 신장염, 방광염에 효능이 있다고 한다. 〈우리술사전〉

159. 마고주(麻姑酒)

〈한국외래주유입사연구〉에 기록되어 있다.

〈동의보감〉 〈본초강목〉 〈규합총서〉를 인용하여 중국 강서지방(江西地方)의 유명주로 15~16세기에 유입된 외래주라고 하였다. 이 술의 특징은 "샘으로써 이름을 얻는 것이니 맛이 매우 좋다"고 한 것으로 보아 양조용수가 좋았음을 알 수 있고, 약용주도 아니며 상용주였고, 〈규합총서〉에서는 마고의 방문주라 한 것으로 미루어 3차 담금을 원리로 하는 중양주(重釀酒)에 속하는 방문주형식의 상급주라고 하였다.

160. 마늘술(大蒜酒)

나리과의 여러해살이풀에 속하는데, 예로부터 식용과 약용으로 많이 쓰여 왔다. 특히 정력을 왕성하게 한다고 하여 사찰에서 금하는 다섯 가지 식물 가운데 하나이다. 마늘술은 말초신경을 자극하여 혈액순환을 돕고 체내의 독소를 분해하므로 피로회복제로도 이용된다.

마늘 300g의 뿌리부분을 다듬어 깨끗이 씻는다. 찜통에 물을 붓고 끓으면 마늘을 넣고 살짝 쪄낸다. 술을 담근 병은 끓는 물에 소독을 하고 물기를 말린다. 소독된 용기에 마늘을 넣고 소주 1.8ℓ를 부어 뚜껑을 덮은 후 그늘에 보관한다. 술이 숙성하는 기간은 6개월~1년이며 술의 빛깔은 엷은 호박색을 띤다. 마늘주에 대추를 20여 개를 넣는다. 피로회복, 건위정장(健胃整腸), 냉증, 정력증진, 노화방지, 강정, 양기부족, 조루증, 낭습증, 보정, 보혈에 효능이 있다고 한다. 〈우리술사전〉

161. 마동주(馬潼酒)

〈지봉유설〉에 기록되어 있다.

북노(北虜)에 있는 술이라고만 하였고, 재료와 술 빚는 법에 대한 기록은 없었다.

162. 마인주(麻仁酒)

〈임원16지〉에 기록되어 있다.

대마자(大麻子)의 씨〔仁〕를 볶아서 가제 주머니 속에 넣고 술에 담갔다가 마신다고 하였다. 〈본초강목〉에 의하면 이 술은 골수의 풍독으로 거동을 할 수 없는 것을 치료한다고 하였다.

163. 만전향주방(滿殿香酒方)

〈임원16지〉〈오주연문장전산고〉에 기록되어 있다.

목향(木香) 반냥, 백출(白朮) 10냥, 백단(白檀) 5냥, 감초(甘草) 5냥, 곽향(藿香) 5냥, 축사(縮砂) 5냥, 백지(白芷) 2냥 반, 정향(丁香) 2냥 반, 광령(廣笭) 2냥 반, 영향(岺香) 2냥 반을 가루로 내고, 참외 100개를 껍질 벗겨 즙을 내고, 연화(蓮花) 200타는 다듬어서 즙을 내어, 밀가루 100근, 찹쌀 가루 5근과 함께 반죽하여 가제 주머니에 넣어 바람이 잘 통하는 곳에 걸어 두었다가 49일 후에 사용한다. 쌀 1말에 누룩 1근의 비율로 항아리에 담는다. 여름철에는 뚜껑을 열어 놓고, 겨울철에는 뚜껑을 닫고, 발효할 때 묽은 찹쌀죽 1사발을 넣는다고 하였다.

•▶ 만전향주(滿殿香酒)

백미 1말을 깨끗이 씻어 물에 하룻밤 담갔다가 곱게 가루 내어 탕수 3주발(鉢: 놋쇠로 만든 밥그릇, 사기로 만든 것은 사발)로 죽을 쑤어, 차게 식거든 누룩 2되를 섞어 독에 넣고 술을 빚는다. 7일이 지나면 쌀 2말을 깨끗이 씻어 물에 담궈 밤새 재웠다가 왼이로 쪄서 탕수 6주발을 붓고 섞어, 차게 식거든 누룩 2되를 같이 섞어 독에 넣어 빚는다. 7일이 지나서 술독 머리가 맑아지면 용수를 박는다.

164. 매화주(梅花酒)

〈조선무쌍신식요리제법〉〈양주방〉에 기록되어 있다.

매화가 피거든 이울기(꽃이 시들기) 전에 따서 주머니에 넣어 국화주 담그는 것과 같이 담는다고 하였다.

165. 맥문동주(麥門冬酒)

맥문동은 나리과에 속하는 좁은잎 맥문동, 넓은잎 맥문동의 덩이뿌리를 말린 것이다. 우리 나라 남부지방에서 많이 자라며 가을 또는 봄에 뿌리를 캐어 덩이 뿌리만을 골라 수염뿌리를 다듬고 물에 씻어 햇볕에 말린다. 맥문동 속에 있는 목질부를 뽑고 써야 할 때에는 약재를 절구에 넣고 짓찧어 목질부를 골라버리고 쓴다. 목질부를 뽑지 않고 그대로 5mm 정도로 잘라 잘 말려 쓸 수도 있다.

맥문동 300g, 소주 1.8ℓ, 설탕 300g을 용기에 담은 후 밀봉하여 저장한다. 2개월 정도 지나서 맥주빛처럼 엷은 갈색이 되면 건더기를 건져내고 마신다. 강장 보양, 이뇨, 강심, 다한(多汗), 더위를 먹었을 때 효능이 있다고 한다. 〈우리 술사전〉

166. 머루주

머루(산포도)는 포도와 비슷한 낙엽과수로 전국 산야에서 자생한다. 약간 각이 진듯 둥글며 때로는 5개 정도가 얕게 찢겨 있고 겉면은 주름이 많고 녹색이며 뒷면은 솜털이 많은 회갈색이다. 꽃은 연한 녹색으로 작으며 가을에 새까맣게 익는 과실이 직경 7mm 전후로 꼭 포도와 같으며 맛은 매우 시다.

머루 500g과 설탕 100g을 용기에 겹겹이 재워 놓고 하루 정도가 지난 뒤에 소주 1ℓ를 부어 뚜껑을 봉하여 서늘한 곳에 저장한다. 잘 익을 때까지는 6개월 이상 두는데 열매는 다 밑으로 가라앉고 색깔은 진한 홍자색으로 포도주 이상으로 아름다운 술이 된다. 이때쯤 해서 체에 걸러 주둥이가 좁은 병으로 옮기고 찌꺼기에 한번 더 소주를 두 배 정도 붓고 어둡고 서늘한 곳에 1년 이상 두면 오래될수록 더욱 향기롭고 더욱 아름다운 색깔의 머루주를 얻을 수 있다. 피로회복, 식욕증진, 이뇨작용에 효능이 있다고 한다. 〈우리술사전〉

167. 명감주(토복령주, 土茯苓酒)

명감은 백합과의 낙엽 덩굴성 나무이고 전국각지 양지바른 산기슭에서 자생한다. 열매나 뿌리를 이용한다.

가을에 명감나무 뿌리 600g를 채집하여 물에 깨끗이 씻은 후 뿌리의 껍질을 벗긴다. 적당하게 썰어 독에 담고 재료의 2~3배의 분량의 술 1.8ℓ을 넣고 냉암소나 지하실에서 4~5개월간 두었다가 마신다. 변비에 효과가 있다고 한다. 〈우리술사전〉

168. 명자술

능금나무과의 낙엽 활엽 관목. 인가 부근에 많이 심어져 있으며 나뭇 가지에는 가시가 있다. 봄에 비단과 같은 흰꽃이 가지 끝에 피고 노란 과실은 사과향기가 나지만 시고 떫다.

명자 열매 600~700g는 썰지 않고 통째로 담그어서 자연스럽게 성분이 빠져나오게 하는 것이 좋다. 명자를 잘 씻어 물기를 완전히 제거하고 용기에 담는다. 설탕 5~20g과 소주 1.8ℓ를 넣고 밀봉하여 시원한 곳에 보관한다. 1년 이상 숙성시키는 것이 좋고 완전히 익은 후에도 재료는 꺼내지 않는 것이 보기에 좋다. 피로회복, 더위먹은 데, 정장(整腸)에 효과가 있다. 〈우리술사전〉

169. 모과주(木瓜酒)

중국 원산으로 우리 나라, 일본, 중국에 분포하며 우리 나라에서는 특히 전남, 경기 지방에서 많이 나는데 옛날부터 식용보다 약용으로 알려져 있다. 모과는 특히 기침에 탁월한 효능을 발휘하는 것으로 알려져 있다.

5월에 담홍색의 꽃이 핀다. 과실은 도란형(倒卵形)이나 타원형인데 과면에 털이 없다. 과실은 300g 정도이며 늦은 가을에 노랗게 익는다. 특유한 향기를 가지며 실내에 두고 향기를 즐기면 좋고 향수의 원료에도 쓴다.

모과는 표면이 끈적끈적하므로 정성껏 씻고 물기를 완전히 제거한다. 3~4토막으로 자른다. 용기에 넣고 설탕 200g 과 소주 1.8ℓ를 넣는다. 밀봉하여 시원한 곳에서 6개월이상 숙성시킨다. 오래 익힐수록 맛이 순해진다. 숙성시킨 다음 천이나 여과지로 걸러 보관한다. 기관지염, 폐렴, 구토, 토사곽란, 신경통 관절염 등에 효과가 있다. 〈우리술사전〉

170. 모란주(목단주, 牧丹酒)

모란은 전국 각지에서 정원수로 재배되고 있으며 뿌리를 목단이라 한다. 봄에서 초여름까지 직경 20cm 전후의 꽃이 아름답게 위를 향해 핀다. 한방에서는 목단피(牧丹皮)라고 하여 그 뿌리의 껍질을 약재로 사용하고 있다. 꽃은 활짝 피었을 때 꽃잎을 모아 물에 살짝 헹구고 물기를 빼고 뿌리는 가을에 캐서 껍질을 씻어 말려 둔다.

모란꽃 200g을 용기에 넣고 3배 가량의 소주 1.8ℓ를 붓는다. 밀봉하여 저장된 용기 속의 모란주는 엷은 물엿같은 색으로 2개월쯤 지나서 알맹이를 건져 체에 받쳐 맑은 술은 다른 병으로 옮긴다. 이때 설탕을 가미해서 보존한다. 목단피로 술을 담그면 소주는 5배가 적당하다. 숙성은 3개월 정도로 색은 호박색으로 약간 떫은맛, 쓴맛이 난다. 특히 목단피로 만든 술은 맛이 쓰기 때문에 감미료를 첨가하기도 한다. 진통진정, 두통, 요통, 혈액순환, 고혈압, 저혈압, 해열, 이뇨, 진통에 효능이 있다고 한다. 〈우리술사전〉

171. 모미소주방(麰米燒酒方)

〈임원16지〉에 기록되어 있다.

가을보리를 쪄서 찬물에 3일간 담갔다가 건져서 햇볕에 말려 절구에 찧어 가루를 만든다. 보리 가루 1말에 누룩 가루 4되를 섞어서 항아리에 담고 상법(常法)으로 소주를 만든다고 하였다.

172. 모소주(麰燒酒) 또는 보리소주

〈김승지댁주방문〉〈주방문〉에 기록되어 있다.

쌀 1말을 씻어 가루로 만든 후, 되게 반죽하여 구멍떡을 만들고 삶아 내어 식혀서 누룩 1되를 섞어 매우 쳐서 달걀 크기로 모양을 만들어 닥나뭇잎에 싸서 서늘한 곳에 3일간 둔다. 한편에서는 보리쌀 1말을 물에 담궈서 3일 후에 씻어서 찌고, 담궜던 물을 끓여서 따뜻할 때 먼저 만든 누룩을 물에 풀고 보리쌀 찐 것과 합해서 항아리에 담으면, 5일 후에 향기가 나는 좋은 술이 된다고 하였다.

173. 모주(麰酒) 또는 보리주

〈주방문〉〈고려대규곤요람〉에 기록되어 있다.

백미 1말을 쪄서 누룩 5되와 섞어서 끓는 물을 쳐가며 섞어 항아리에 담는다. 한편으로는 보리쌀 4말을 잘 씻은 후 물에 3~4일 담근다. 3~4일 후에 보리쌀을 건져 쪄서 찬물을 뿌려 식히고 항아리에 첨가하였다가 10일 후에 술을 쓴다고 하였다.

174. 모주(母酒)

〈조선무쌍신식요리제법〉〈조선고유색사전〉에 기록되어 있다.

술 재강에 물을 넣어 거른 탁주이다.

술 찌꺼기를 걸러 마시는 것으로, 가난한 사람과 노동자의 반양식이라고 하였다. 추운 새벽이나 해질 때에 가난한 사람이나 노동자의 요기로써 무청 김치에 비지 전골과 고춧가루 섞은 소금이 안주라고 기록하였다.

제주도에선 막걸리 종류를 모주(母酒)라고 한다. 1613년 광해조 때에 대북당과 소북당의 다툼으로 김제남이라는 사람이 사형에 처해졌다. 그 가족들도 당연히 목숨을 잃게 되었는데 부인 정씨와 손자 한명만이 피신하여 목숨을 건졌다. 제주도에 귀양하게 되어 북제주의 신창리에 살게 되었다. 억울한 죄로 가족을 잃고 나이 든 몸으로 유배당한 부인은 멀리 서울에서 무슨 좋은 소식이 없나 기다리며 살았으나 10년이 지나도 무소식이었다.

그런데 신창리에는 맛 좋은 술이 있다는 풍문이 퍼지게 된다. 이 술집은 술값이 없으면 나중에 내도 좋고 마음 내키는 대로 돈을 놓고 가면 되기로 유명한 집이었다. 그런데도 이 부인은 손해를 보지 않고 약간의 돈을 모으게 되었으며 평판이 높아만 갔다. 이 부인이 만든 술은 방문주(方文酒)라는 술을 뜨고 난 술지게미 즉 탁주에 해당하는 것을 얻어다가 그것에 물을 타기도 하고 뜨물을 넣어 재워 둔 것이었다. 술지게미에 물을 섞으면 미처 발효되지 않았던 재료가 발효되어 알코올이 만들어지고 쌀뜨물에서도 발효가 되었던 것이다. 거저 주어도 아깝지 않은 술이 인기를 얻게 된 것은 그 때문이었다. 부인은 모은 돈을 그 마을의 관혼상제 때에 아끼지 않고 내놓았다. 그래서 정 부인은 누구나 아는 사람이 되었다.

서울을 떠난 지 10여 년 된 어느날 아침, 까치가 그 집 나무에 앉아 울었다. 사람들은 그것을 보고 길조하고 하였는데 그날 오후 서울에서 반가운 손님이 찾아왔다. 누명이 벗겨져 부인을 모시러 왔다는 것이었다. 그후 그 집에서 신세 진 사람들이 부인을 사모해서 탁주나 막걸리를 모주라고 부르게 되었다고 한다.

175. 목련주(木蓮酒)

목련(木蓮)은 잎보다 먼저 큰 꽃이 피고 꽃망울(꽃이 피기 전의 꽃눈)은 한약재로 쓰인다. 한방명으로 신이(辛夷)라고 하며 축농증, 비염에 특효약이다.

목련꽃 봉오리 400g, 설탕 300g, 소주 1.8ℓ을 용기에 넣고 밀봉 저장한다. 2개월 정도 지나면 숙성이 되어 호박색의 빛깔을 띠게 된다. 축농증, 비염, 강장, 피부병에 효능이 있다고 한다. 〈우리술사전〉

176. 목욕주

〈음식방문〉에 기록되어 있다.

6~7월에 백미 2되를 잘 씻어 가루로 만든 후 구멍떡을 만들어 익혀고, 매우 쳐서 누룩가루 1되를 섞어 닥잎을 가득 깔고 그 속에 뭉쳐서 넣고, 위를 잎으로 많이 덮고 단단히 싸매어 3일 후에 백미 2말을 익게 쪄 시루째 놓고 물을 뿌려서 식힌 후 밑술에 버무려 21일 후에 쓴다고 하였다.

177. 목적주(木賊酒)

목적은 속새풀이라 하며 속새과의 상록다년초로 전초를 이용한다.

술밥을 찔 때 잎을 달인 물을 넣기도 하고 술을 담글 때 넣기도 한다. 재료량은 술밥 한 말에 속새풀 날것 세 근 정도 들어간다. 탁주 담글 때 썰어 담기도 하며 일반 소주에 담그기도 한다. 속새풀 600g에 소주 1.8ℓ를 부어 밀봉하여 냉암소에 보관하고 3~4개월 후부터 마신다. 감기, 몸살, 위장병에 효능이 있다고 한다. 〈우리술사전〉

178. 목천료주(木天蓼酒)

가다래나무 줄기와 잎을 말린 것을 목천료(木天蓼)라고 한다.

병에 목천료 200g, 설탕이나 꿀 200g, 소주 1.8ℓ를 부어 서늘한 곳에 둔다. 두달 후에 걸러서 마신다. 강장, 정력증진, 피로회복, 이뇨작용에 효능이 있다고 한다. 〈우리술사전〉

179. 목통주(木通酒)

목통(木通)은 으름덩굴이라 하며 으름덩굴과의 낙엽활엽 덩굴나무이다. 열매와 뿌리를 이용한다. 열매는 완전히 익기 전에(익으면 껍질이 터지고 속살이 보인다) 채취하여 물에 깨끗이 씻어 물기를 뺀다. 항아리에 담는데 이때 뿌리도 채집해서 깨끗이 씻은 후 물기가 빠지면 적당한 크기로 썰어서 같이 담는다. 두 가지 재료의 비율은 뿌리 2 : 열매 1로 하거나 열매 2 : 뿌리 1 정도의 비율로 한다. 두 가지 재료를 합한 양의 2~3배 정도의 술을 붓고 밀봉하여 냉암소에 보관한다. 술이 완숙되려면 3~4개월 걸린다. 소염, 이뇨, 신장염, 부종, 급성요도염에 효능이 있다고 한다. 〈우리술사전〉

180. 무국주(無麴酒)

〈주방문〉에 기록되어 있다.

백미 1말을 잘 씻어 가루로 만든 후, 죽을 쑤어 식혀서 콩가루 1되, 밀가루 1홉을 넣어 빚는다고 하였다.

181. 무릉도원주(武陵桃源酒)

〈임원16지〉에 무릉도원주방이라 하여 2가지 방법이 기록되어 있고, 〈조선무쌍신식요리제법〉에는 무릉도원주로 기록되어 있다.

신국(神麴) 20냥을 대추씨 크기로 빻아, 햇볕에 말렸다가 강물 1말에 담근다. 찹쌀 1말을 수세하여 밥을 짓고 펴 널어 식혀서 누룩 물에 넣고 저어서 항아리에 담는다. 술이 익을 때 쌀 2말로 밥을 짓고 식혀서 첨가한다. 쌀 3말로 밥을 짓고 식혀서 또 첨가하면 3~5일 후면 술이 익는다. 날씨가 차가운 북방에서는 인간의 체온과 같은 온도일 때 밥을 넣고, 날씨가 비교적 따뜻한 남쪽에서는 식혀서 넣는다고 하였다.

182. 무수주(無愁酒)

〈유원총보〉에 기록되어 있다.

재료와 술 빚는 법에 대한 기록은 없다.

183. 무술주(戊戌酒)

〈산림경제〉〈임원16지〉〈증보산림경제〉〈고사십이집〉〈양주방〉에 기록되어 있다.

재료와 술 빚는 법에 대한 기록은 없고, 〈식료본초〉에 의하면 이 술은 원기를 크게 보충해 준다고만 하였다.

184. 무시주(無時酒)

〈요록〉에 기록되어 있다.

백미 1말을 잘 씻어 가루로 만들어 끓는 물 3말과 섞어 술죽을 만들고, 식은 후 누룩 가루 2되와 섞어서 항아리에 담아 놓는다. 3일 후에 백미 2말을 백번 씻고, 푹 쪄서 익혀 끓인 물 1말이 식은 후에 밀가루 4홉을 섞어 밑술에 합한다고 하였다.

185. 무화과주(無花果酒)

무화과는 우리 나라의 중남부와 제주도, 일본, 중국남부 등지에 분화하여 자라고 있다. 9월경에 출하되는 무화과가 가격과 품질면에서 적정한 편이다. 무화과라는 이름처럼 꽃은 꽃받이 속에 숨어 있어서 겉에서는 보이지 않고 꽃받이는 처음부터 열매모양으로 돋아서 그 모양 그대로 자라서 열매가 되며 완전히 익으면 어두운 홍자색이 된다. 무화과 1kg를 물에 깨끗이 씻은 후 물기를 말린다. 과실의 꼭지부분을 자른 후 소주 1.8ℓ・설탕 100g과 함께 용기에 담아 저장한다. 과실은 1개월 가량 지나면 건져내고 술은 삼베 천으로 걸러내어 마시도록 한다. 적백대하증, 자궁염증, 냉병, 해수, 천식, 신경통, 기관지염, 식욕부진, 목병에 효능이 있다고 한다. 〈우리술사전〉

186. 무회주(無灰酒)

〈지봉유설〉에 기록되어 있다.

재료와 술 빚는 법에 대한 기록은 없다. 술을 빚을 때 재를 많이 넣는다고만 하였다. 무회주는 약에 쓰인다고 하였다.

187. 문경 호산춘주(壺山春酒)

호산춘주는 옛날부터 신선들이 좋아하였다고 하여 호선주(好仙酒)라고도 하였고 조선시대에는 관리들이 술맛에 취해 임무도 잊고 돌아갔다고 전해 망주(忘酒)라고도 하였으며 술맛을 보려는 손님이 너무 많아 가세가 기울었다는 내력 때문에 망주라는 별칭까지 지니고 있다.

이 술은 500여 년 전인 조선 초기에 황희 정승의 증손인 황 정이 가족들을 이끌고 문경군 산북면으로 낙향하여 현재까지 집성촌을 이뤄온 황씨 집안의 가양주로 대대로 종부들에게만 제조기법이 전수되어 왔다.

알콜도수는 18도로 담황색빛과 그윽한 솔잎향이 특색인 호산춘은 일제시대에는 밀주 단속으로, 그리고 1959년대 이후에는 주세법 등에 묶여 제조가 금지

됐으나 1989년 정부의 전통민속주 제조 판매허가 방침에 따라 국세청과 국립보건원 주질검사를 거쳐 1990년 6월 제조면허를 받은 뒤 다음해 11월에는 경상북도 무형문화재 18호로 지정되어 오늘에 이르고 있다.

옛부터 술에는 알콜도수가 높고 담백한 맛이 있는 최고급이라야만 이름에 봄춘(春)자를 붙여 왔으며 현재 전국의 민속주 중에서 이 술만이 봄춘(春)자를 사용하고 있다.

호산춘주는 전국의 민속주 중 맛과 향 등 품질이 가장 뛰어나다는 평을 받는 만큼 이 술의 제조비법도 까다롭다.

우선 이 술은 이 마을 앞을 흐르는 금천의 물이 아니면 제맛이 나지 않는다. 또한 같은 금천물이라도 마을 앞이 아닌 상류와 하류지역의 물을 사용하여 술을 빚으면 술맛이 달라질 만큼 물맛이 술의 품질을 좌우하고 있다.

이 같이 금천에서 떠온 물을 끓여 통밀을 갈아 만든 누룩과 멥쌀 여덟되를 갈아 익힌 백설기를 반죽, 1주일 동안 발효시키면 밑술이 된다. 또 찹쌀에 솔잎을 넣어 익힌 뒤 물을 부어 반죽해 만든 찰밥에 밑술을 섞어 20일 동안 음지에서 발효시키면 오묘한 맛을 지닌 호산춘이 탄생한다. 이 같이 찹쌀과 멥쌀을 섞어 만든 이 술은 쌀 한되에 9백㎖들이 한 병밖에 나오지 않는데다 여름철에는 변질이 심해 생산할 수 없어 희귀성을 더해 주고 있다. 〈우리술사전〉

188. 문동주(虋冬酒)

〈고사십이집〉에 기록되어 있다.

천문동(天門冬)을 거피하고 찧어서 즙을 낸 것 2말, 누룩 2되를 찹쌀 2말로 상법대로 술을 빚어 봉하였다가 28일 후에 꺼내어 걸러서 마신다고 하였다. 천문동을 가루 내어 타서 마시면 더욱 좋다고 하였다.

189. 문장주(文章酒)

〈고사십이집〉에 기록되어 있다.

오가피(五加皮)를 4~5월에 외피를 제거하고 1근, 마른 것 10냥에 물 10병을 넣고 끓여서 5병이 되도록 한다. 백미 1말을 잘 씻어 가루로 만든 후 오가피 끓인 물을 넣고 죽을 쑤어 식거든 누룩 가루 5홉, 진말 5홉, 부본(腐本) 1되를 섞어서 독에 넣고 익힌다. 백미 2말을 잘 씻어 쪄서 오가피 물에 버무려 밑술에 합하여 익거든 쓴다고 하였다.

190. 미골주(麋骨酒)

〈임원16지〉에 기록되어 있다.

미골(麋骨: 고라니의 뼈) 삶은 즙으로 담근 술이다. 〈본초강목〉에 의하면 이 술을 장복하면 몸이 건강해진다고 하였다.

191. 미나리주

미나리는 일본이 원산이며 미나리과의 숙근초(宿根草)인데 일본 동부 지방에 많이 자생한다. 생장력이 왕성한 식물로서 오늘 잎을 따도 내일은 새로운 잎이 돋는다고 해서 미나리라는 이름이 지어졌다. 줄기는 굵고 두릅을 닮았으며 줄기나 잎에 흠이 나면 노란액 즙이 나온다. 늦은 여름에 우산 모양의 작은 백색 꽃이 피며 가을에 길이 1cm 정도의 장타원형의 열매가 열린다.

미나리 잎 200g을 깨끗이 씻고 그늘에서 충분히 말려서 2~3cm 정도로 자른다.

소주 1.8ℓ 병에 넣어서 밀봉한다. 음용은 3주일 쯤부터 가능하다. 1개월 정도 경과 후 잎을 건져내고 여과해서 다른 병에 담아서 보관한다. 불면증, 강정, 감기에 효능이 있다고 한다. 〈우리술사전〉

192. 미남주

사과 2개는 토막으로 내고, 인삼 1뿌리, 대추 20개, 마늘 50g 분량의 즙을 병에 넣어 소주 1.8ℓ를 부어 밀봉하여 서늘한 곳에 둔다. 3~4개월이 지나면 천으로 걸러서 마신다. 미남주의 재료는 옛부터 민간요법에서 설사나 소화불량일 때 사용하는 것으로 정장(整腸) 작용의 효과가 있는 사과와 허약한 신체에 좋고 혹은 한약재 사용시 중화작용을 하는 대추, 강정식품인 마늘즙과 인삼을 원료로 하여 소주와 함께 담그어 왔다. 〈우리술사전〉

193. 미인주(美人酒)

〈지봉유설〉에 기록되어 있다.

재료와 술 빚는 법에 대한 기록은 없다.

진랍(眞臘)에 있는 술로써 아름다운 여인이 쌀을 입 속에 넣고 씹어서 만드는 술이라고 하였다.

194. 미주(美酒)

이달충의 시(詩)인 촌중사시가(村中四時歌)에 이름만 기록되어 있고, 재료와 술 빚는 법에 대한 기록은 없다.

195. 민괴주(珉塊酒)

〈조선고유색사전〉에 장미를 넣어 빚은 술이라고만 기록되어 있다.

196. 민들레주(浦公英酒)

우리 나라 민들레는 전국 방방곡곡의 산야에 분포하고 있다. 국화과의 다년초이다. 3~4월에 민들레가 한창 많을 때 꽃과 뿌리를 채취하는데 꽃은 만개하기 이전의 것이 좋고 뿌리와 잎은 아무때나 채취해도 좋다.

활짝 피기 전의 민들레꽃 200g을 깨끗하게 채집하여 깨끗이 씻어 물기를 완전히 말려서 설탕 100g을 소주 1.8ℓ와 함께 용기에 넣고 밀봉한다. 1개월 가량 지나면 숙성이 된다. 이뇨제, 해열제, 기관지, 해수, 천식, 거담제의 효능이 있다고 한다. 〈우리술사전〉

197. 밀감주(蜜柑酒)

밀감은 중국이 원산지이며 우리 나라의 제주도, 동남아 일대, 중국의 연안, 일본 큐슈 남부에 분포한다. 밀감에는 비타민 B와 C가 많이 함유되어 있으며 몸의 신진대사를 왕성하게 하고 피로를 막는 구연산도 많이 함유되어 있다. 밀감은 재래의 신맛이 강한 것을 쓰는 것이 좋은데 과실주로서는 신맛이 강할수록 좋기 때문이다.

감귤(밀감) 1kg을 깨끗이 씻어 물기를 닦는다. 밀감을 5mm 두께로 도톰하게 썰어 놓는다. 유리병에 밀감, 설탕 60g을 한 켜 한 켜씩 담고 설탕을 뿌린다. 2~3일 지나 설탕이 녹으면 술 1.8ℓ을 부어 꼭 봉한 후 어둡고 서늘한 곳에 두고 3개월 정도 지나서 발효가 되면 거즈를 깔고 걸러내어 다시 병에 담아 꼭 봉하여 보관하고 마신다. 피로회복, 식욕증진, 피부미용, 감기, 진해, 건위, 혈관 경화에 효능이 있다고 한다. 〈우리술사전〉

198. 밀소주

〈음식디미방〉에 1회 기록되어 있다.

밀 1말을 무르게 쪄 누룩 5되를 함께 섞고 찧어 냉수 한동이를 부어 두면 닷새만에 술 4대야가 나온다고 하였다.

199. 밀주(密酒)

〈산림경제〉〈임원16지〉에 2종류가 기록되어 있고, 〈고사십이집〉에도 기록되어 있다.

재료 수는 4, 5가지였다. 즉 찹쌀, 누룩, 꿀, 술, 백효, 용뇌두, 사밀, 물 등이었다.

밀주는 사밀(沙蜜) 1근, 찹쌀밥 1근, 누룩 5냥, 끓인 물 5근을 병에 담고 밀봉하면 1주일 후에 술이 익는다고 하였다. 또 밀주방(蜜酒方)은 꿀 4되, 술 9되를 끓여 거품을 제거하고 여름철에는 냉각하고, 겨울철에는 따뜻하게 하여 누룩 가루 4냥, 효모 1냥, 용뇌두(龍腦豆) 등을 함께 항아리에 담고 종이를 7층으로 발라 매일 한 껍질씩 벗기다. 1주일이면 술이 익고, 겨울철에는 불을 지펴 얼지 않게 한다고 〈임원16지〉에 기록되어 있다.

200. 바나나주

바나나는 인도가 원산지인데 제주도에서 재배되고 있다. 초여름에 담황색의 꽃이 피는데 과실은 자방이 비대하여 된 것이다. 열매의 길이는 15cm, 직경은 3cm 정도로 씨가 없고 자양분이 많으며 익으면 누런 빛을 띠고 긴 타원형이다. 바나나를 고를 때는 껍질의 색이 선황색이며 단단한 것이 좋다. 껍질에 검은 반점이 생기고 알맹이가 물렁물렁하게 된 것은 피하는 것이 좋다.

바나나 500g의 껍질을 벗기고 3~4조각으로 썰어서 용기에 레몬 1개를 조각내고, 소주 1.8ℓ와 함께 담은 후 밀봉한다. 2주일 정도 지나면 바나나 건더기를 건져내고 설탕100g을 가미하여 다시 1개월 정도 저장하였다가 마신다. 바나나를 너무 오래 담가 두면 술도 탁해지고 주도도 점점 떨어져서 좋지 않다. 식욕촉진, 피로회복에 효과가 있다. 〈우리술사전〉

201. 바위취술(虎耳草酒)

바위취(호이초)는 범어귀과의 상록 다년초이다.

늦여름이나 초가을에 바위취 600g을 채집하여 깨끗이 씻어 물기를 뺀 뒤 날것으로 쓰기도 하고 그늘에 말려 사용하기도 한다. 독이나 항아리에 담아 재료의 2～3배 정도 술 1.8ℓ을 붓고 밀봉하여 냉암소에 보관하였다가 2～3개월 후에 마실 수 있다. 백일 기침, 천식, 기관지에 효능이 있다고 한다. 〈우리술사전〉

202. 박달목서(木犀)술

가을에 피는 박달목서의 향기는 많은 사람들에게 인기를 얻고 있다. 꽃에서 화분을 모아 만든 화분밀은 영양이 풍부하여 예로부터 귀부인들이 애용하여 왔다. 박달목서술은 그 익어가는 모습을 지켜보는 것도 또 하나의 즐거움이므로 반드시 투명한 병에 담그면 좋다. 향기가 매우 진하므로 꽃을 너무 넣어서는 안된다. 또한 도중에 개봉하면 산화(酸化)될 수 있으므로 주의한다.

꽃은 막 피기 시작한 것이 좋다. 병은 입구가 좁고 투명한 병이 적당하다. 꽃을 물로 씻으면 곰팡이가 생길 수 있으므로 씻지 말고 먼지가 있으면 젖은 헝겊으로 닦아낸다. 용기의 1/3 분량의 꽃을 병에 넣고 소주를 가득 채운다. 설탕 5～10g을 넣고 밀봉하여 시원한 곳에 보관한다. 6개월 이상 익히면 마실 수 있으나 1년 이상 지나야 맛이 제대로 난다. 피부미용, 변비, 건위 정장에 효능이 있다고 한다. 〈우리술사전〉

203. 박하주(薄荷酒)

박하는 주로 습지에 나는 숙근초로 지하경(地下莖)을 뻗어서 번식한다. 옛날에는 우리 나라, 일본 등지에서 대량으로 생산되었으나 서양박하와 합성박하에 밀리어 적어졌다. 여름에서 가을에 걸쳐 담홍색의 꽃이 피며 풀 전체에 박하향기가 난다. 6월 중순부터 2개월마다 3회 거두어들인다. 한방에서는 경엽(莖葉)

을 박하라고 한다.

박하 잎 200g 줄기가 달린 그대로 흐르는 물에 씻는다. 물을 뿌린 다음 잎을 따서 하루쯤 그늘에서 말린다. 잎을 거즈 주머니에 넣어서 설탕 100g, 소주 1.8ℓ을 병에 담근다. 밀봉해서 냉암소에 보관한다. 때때로 주머니를 흔들어 축출의 촉진을 돕는다. 1개월 후 주머니를 들어내어서 여과시켜 다른 병에 보관하여 음용한다.

건위 정강, 구풍(驅風), 식욕증진, 진통, 해열에 효과가 있다고 한다. 〈우리술사전〉

204. 방문주(方文酒)

〈술 만드는 법〉〈규합총서〉〈술 빚는 법〉〈시의전서〉〈양주방〉에 기록되어 있다.

재료 수는 3, 4, 6가지였다. 즉 멥쌀, 누룩, 찹쌀, 진말, 두견화, 물 등이었다. 〈술 빚는 법〉의 또 다른 한가지 법에만 찹쌀, 두견화가 있다.

방문주는 멥쌀 1말을 씻어서 가루로 만들어, 물 1말 2되를 끓여 식혀 누룩 1되 3홉을 섞어서 밑술을 만든다. 7일 후에 멥쌀 2말을 지에밥 쪄서 물 20되를 끓여서 지에밥에 붓고 식혀 밑술에 넣는다. 2주일 후에 불을 켜 보아서 꺼지지 않으면 쓴다고 〈규합총서〉에 기록되어 있다.

205. 배술(이주, 梨酒)

전국 각지에서 재배되는 배나무는 봄철에 흰 꽃이 눈같이 피는 나무이다. 배에는 자당, 과당, 사과산이 들어 있다.

배는 과즙이 많고 맛이 담백하고 상쾌한 것이 생명이다.

배 1kg 껍질을 벗기고 4등분하여 용기에 설탕 100g과 소주 1ℓ를 담근 후 밀봉한다. 1개월 정도 지나면 배 건더기는 건져내고 3개월 정도 지나면 마시는 것이 좋다. 배는 자체 당분이 많아 알콜도수가 높은 소주가 좋다. 〈우리술사전〉

206. 백령등주(百靈藤酒)

〈임원16지〉에 기록되어 있다.

백령등 10근을 물 1석(石)과 끓여 3되가 되게 하고, 찹쌀 3말, 신국(神麴) 9근을 상법(常法)으로 담근 후 3~5일 후 다시 찹쌀을 익혀 첨가한다고 하였다. 이 술을 마실 때 땀을 흘리면 좋고 모든 풍증(風症)을 치료한다고 하였다.

207. 백로주(白露酒)

〈조선무쌍신식요리제법〉에 2가지 방법이, 〈산림경제〉 〈고사십이집〉에 기록되어 있다.

재료 수는 4, 5가지였다. 즉 멥쌀, 누룩, 진말, 물, 부본 등이었다.

백로주는 흰쌀 1말을 씻어 가루로 만들어 더운 물 3병과 섞어서 식힌 후 누룩 가루 1되 반, 밀가루 1되 반을 섞어서 독에 넣고 3일 후에 흰쌀 2말을 씻어 쪄서 끓는 물 6병에 반죽하여 식으면 누룩 가루 1되와 섞어서 밑술과 합한다. 7~8일 후에 종이에 불을 켜 독 안에 넣어서 불이 꺼지지 않으면 익은 것이다. 날씨가 조금 더우면 맛이 시어지니 서리가 온 뒤에 담는 것이 좋다고 〈조선무쌍신식요리제법〉에 기록되어 있다. 일명 방문주(方文酒)라고도 한다.

208. 백료주(白醪酒)

〈임원16지〉 〈조선무쌍신식요리제법〉에 기록되어 있다.

재료 수는 3, 4가지였다. 즉 멥쌀, 누룩, 물, 방국, 차좁쌀 등이었다. 〈조선무쌍신식요리제법〉에서는 차좁쌀을 사용하였다.

백료주방은 멥쌀 1석, 방국(方麴) 2근의 비율로 담근다. 누룩을 빻아 샘물과 같이 항아리에 담고 2일 후에 멥쌀 3말을 쪄서 첨가하면 5일 후에 우유와 같이 감미로운 술이 된다고 〈임원16지〉에 기록되어 있다. 이 술은 9월 중순 이후에 담근다고 하였다.

209. 백부주(百部酒)

〈임원16지〉에만 기록되어 있다.

백부근(百部根)을 썰어서 볶아 가제 주머니에 넣고 술에 담근 술이라고 하였다.

210. 백선주(白鮮酒)

백선(白鮮)은 한국과 중국에만 있는 식물이다. 옛날부터 황달, 간, 조혈, 진통, 이뇨제로 쓰이고 있다.

백선 100g, 꿀 200g, 소주 1.8ℓ를 섞어서 병에 담는다. 한달쯤 저장하였다가 헝겊으로 거른다. 〈우리술사전〉

211. 백세주(百歲酒)

찹쌀, 구기자, 황정, 하수오, 숙지황 등이 재료가 되는 백세주는 약술로서 이 술을 마시면 백 세 까지도 살 수 있다는 말에서 이름지어졌다.

하수오는 신장과 간을 도와 주어 피의 순환을 원활하게 하며 자식을 얻을 수 있는 좋은 약인데다가 허한 것과 병을 없애 준다고 하여 옛부터 귀하게 쓰이는 약재이다. 기록에 의하면 당나라 때 이연수라는 도인이 58세가 되도록 처자가 없어 독신으로 살다가 우연히 하수오를 7일간 복용한 후 아내를 얻고 슬하에 아들을 여럿 두었다고 한다. 계속해서 하수오를 복용하니 나이 130세가 되도록 머리색이 변하지 않고 검은머리가 남아 있어 그때부터 하수오라는 명칭이 전래되었다고 한다.

숙지황의 원료는 생지황인데 생지황의 성질은 원래 냉하나 생지황을 찹쌀술에 묻혀서 아홉 번 찌고 햇볕에 아홉 번 쬐면 더운 성질로 변하게 되나. 본래 숙지황은 머리를 검게 하는 약성을 가지고 있다.

구기자는 건강을 도와주며 폐를 부드럽게 해줌으로써 산소 활량을 증가시켜 콩팥을 도와 혈액 순환이 잘 되도록 하여 얼굴의 붉은 기 등을 없애 주는 재료이다. 황정은 기운이 나게 하고 폐의 기능을 도와주고 근육에 힘을 주어 신진대사를 촉진시킨다. 제조하기에 적당한 시기는 봄, 가을로 꼽으며 여름이나 겨울철에는 1m 이하 땅속 깊이에 독을 묻어 반드시 30일 이상에서 100일까지 저장해 두는 것이 좋다.

찹쌀을 깨끗이 씻어 술밥을 되게 쪄서 물기가 전혀 없도록 어느 정도 건조시킨 다음 누룩과 같은 비율의 양을 섞는다. 숙지황, 구기자, 하수오, 황정을 혼합하여 밑술에 넣는다. 이것을 옹기에 넣고 물을 부어 독을 밀봉하여 땅속에 묻어 30~100일이 지나면 약주를 얻을 수 있다. 〈우리술사전〉

212. 백수환동주

〈양주방〉에 기록되어 있다.

정월 초열흘 전에 녹두 1말을 맷돌에 갈아 껍질을 벗겨 겨우 익을만큼 찌고, 찹쌀 5되를 씻어 가루로 만들어 녹두 찐 것을 방아에 찧으며 찹쌀 가루를 켜켜로 넣어 한데 섞이면 배꽃술 누룩같이 쥐어서 솔잎에 재워 둔다. 7일 후에 뒤집어 재고 14일 후에 바람 쐬고 21일 후에는 말려 둔다. 여름에 찹쌀 1말을 씻어 담갔다가 지에밥을 쪄 시루째 쳇다리 위에 놓고, 냉수 2동이를 끼얹어 더운 기운이 없도록 저어 가며 씻는다. 여기에 누룩 가루 2되를 넣고 버무려 항아리에 담고 부리를 굳게 싸매어 찬곳에 둔다. 21일 후에 따라서 쓴다.

이 술의 이름은 머리가 흰 늙은이가 도로 아이가 되는 술이라고 하여 붙여진 이름이다. 또 다른 이름으로는 상천삼원춘이라고도 하니 하늘 나라의 세 가지 으뜸가는 봄이라는 뜻이다. 술맛이 입에 머금은 후는 삼키기도 아깝고, 사람에게 몹시 보익하여 온갖 병을 물리치고, 골수를 꽉 차게 하여 허약한 사람에게 좋으니 기운이 쇠한 이에게는 얻기 어려운 큰 약이다. 구한말에 한 기(열두 해)의 수(壽)를 더한다거니, 하늘 나라에서도 비밀 방문이니 하여, 너무 헛되게 전하여 세상의 더러운 사람으로 하여금 배우게 하지 말라고 하였다.

213. 백엽주(栢葉酒)

〈임원16지〉에만 기록되어 있다.

재료와 만드는 법에 관한 기록은 없다. 이 술은 풍증, 마비증, 관절염을 치료해 준다고 하였다.

214. 백일주(百日酒)

〈고려대규곤요람〉에는 백일주법, 〈술 빚는 법〉에는 백일주방문으로 기록되어 있다.

재료 수는 4, 5가지였다. 재료는 멥쌀, 찹쌀, 누룩, 진말, 물 등이었다. 백일주는 정월초 해일에 6말을 하려면 찹쌀 1말을 구멍떡 만들어 삶아 건져, 삶은 물에 진말 1되, 누룩 가루 1되 버무려 멍울이 없게 으깬다. 백미 2말을 백세 작말하여 찌고 물 2말에 버무려 밤 재웠다가 술밑과 버무려 그릇에 담아 서늘한 곳에 둔다. 쓴맛이 들거든 백미 2말 점미 2말을 백세하여 밥 지어 밑술에 버무려 두었다가 4월 초생에 뜬다고 〈술 빚는 법〉에 기록되어 있다.

215. 백자인주(柏子仁酒)

측백나무 씨앗을 백자인이라고 한다. 측백나무꽃은 4월경에 피고 과일은 9~10월경에 익는데 열매를 구해서 자루에 담아 두면 과일이 터지면서 속의 씨앗이 나온다. 이것을 백자인이라고 한다. 측백나무는 상록교목으로 전국각지 야산에 많이 자란다. 열매 씨앗과 잎을 이용한다.

과일이 채 익기 전에 따다가 백자인 600g을 깨끗이 씻어 물기가 없이 빠지면 항아리에 담는다. 술을 3~4배 정도인 1.8ℓ을 붓고 밀봉하여 냉암소에 보관한다. 대개 4~5개월 후에 마실 수 있다. 진의 향기와 비슷한 향을 가지고 있어서 상쾌한 향미를 갖는다. 불로장생하고 각종 염증을 치료한다고 한다. 〈우리술사전〉

216. 백자주(栢子酒)

〈산림경제〉에는 백자주양법(栢子酒釀法)으로, 〈수운잡방〉〈군학회등〉에는 백자주로, 〈요록〉〈증보산림경제〉〈고사십이집〉에도 기록이 있다.

재료 수는 2, 5가지였다. 재료는 멥쌀, 물(탕수), 누룩, 찹쌀, 잣 등이었다.

백자 1되를 물에 담궈 씻어서 물 1말 1되를 붓고 죽같이 갈아서 찌꺼기를 제거하고 1말의 잣을 간 물을 얻는다. 쌀 1말을 백세 작말하여 잣간 물과 합하여 병에 넣었다가 10일 후면 마실 수 있다고 〈군학회등〉에 기록되어 있다. 이 백자주는 백병을 치료할 수 있으며 호도주법도 이와 같이 한다고 하였다.

〈수운잡방〉에는 신중(腎中)과 방광(膀胱)이 냉한 것을 치료하고 두풍(頭風)과 백사(白邪) 귀매(鬼魅) 들린 것을 없앤다고 하였다. 백자 1말을 깨끗이 씻어 곱게 찧어 물 4말을 붓고 체에 껍질과 찌꺼기를 걸러 내고 끓인다. 백미 1말 5되와 찹쌀 1말 5되를 깨끗이 씻어 곱게 가루 내어 쪄서 익혀 앞의 탕이 맑게 되기를 기다려서 용수를 박는다.

217. 백주(白酒)

〈산림경제〉〈조선고유색사전〉에는 백주로, 〈임원16지〉에는 백주방(白酒方)이라 기록되어 있고, 3가지 방법이 있었다. 〈고사십이집〉〈오주연문장전산고〉에도 기록되어 있다.

재료 수는 2, 4, 18가지였다. 재료는 찹쌀, 누룩, 당귀, 축사인, 목향(木香), 곽향, 향령(香笭), 영향(笭香), 천초(川椒), 백출(白朮), 관계(官桂), 단향(檀香), 백지(白芷), 오부유(呉부萸), 감초, 행인(杏仁), 풋고추 즙, 백약(白藥), 쌀뜨물, 물, 맥아, 소주 등이었다.

〈조선고유색사전〉에는 소맥국, 맥아, 찰벼를 혼합하여 소주를 가미한 약주라고 하였고, 〈임원16지〉에서는 누룩, 당귀, 축사인, 목향, 곽향, 향령, 영향, 천초, 백출 각 1냥, 관계, 단향, 백지, 오수유, 감초, 행인 1냥을 가루로 한 다음 찹쌀 1말을 백세 작말하여 섞고 풋고추 즙으로 반죽하여 수백번 찧어서 계란 크기로 만들어 중앙 부분에 구멍을 뚫어 백약을 묻고, 볏짚으로 덮어두었다가 2일 후에 볏짚을 갈아 준다. 7일 후에 열어서 20여 일간 말린다. 찹쌀 1말당 7냥 5전을 사용한다. 찹쌀 5말을 물에 하룻밤 담갔다가 쪄서 식힌다. 5말중 우선 2말을 누룩 가루 15냥에 섞어서 항아리에 담고, 중앙 부분을 밑이 보이게 둥글게 뚫는다. 다음날 중앙 부분에 고인 진국을 떠서 주위에 뿌리고, 나머지 3말에 누룩 가루 22냥 5전을 섞고, 쌀 1석에 물 6~7말 비율로 물을 부어서 날씨가 추우면 항아리를 두껍게 덮어 준다. 여름철에는 4일, 겨울철에는 1주일이면 익는다고 하였다.

218. 백출주(白朮酒)

〈산림경제〉〈임원16지〉〈수운잡방〉〈증보산림경제〉〈농정회요〉 등에 기록되어 있다. 〈산림경제〉〈임원16지〉에는 재료와 술 빚는 법에 대한 기록은 없고, 머리를 검게 하고 병을 없애 주며 수명을 연장시킨다고만 하였다.

〈수운잡방〉에는 백미 3말을 깨끗이 씻어 물에 하룻밤 담갔다가 다음날 다시 씻어 밑술을 만들고 백출 가루〔白朮末〕 5되와 누룩 5되를 같이 섞어 독에 담는다. 익거든 용수를 박아 뜨고, 술에 물을 타 마신다. 또한 백출을 진하게 달인 물을 밥에 섞어 술을 빚어도 좋고, 쑥〔艾〕 달인 물을 밥에 섞어 술을 빚어도 된다고 하였다.

219. 백하주(白霞酒)

〈주방문〉〈임원16지〉에 3가지 제법이, 〈증보산림경제〉〈북관지〉〈양주방〉에 기록이 있다.

재료 수는 4, 5가지였다. 재료는 멥쌀, 누룩, 물, 서김(빚어 담근 술이나 식혜같은 것이 익을 때 부글부글 괴면서 속으로 썩는 것. 서김이 없으면 누룩을 넣는다), 진말, 부본, 보릿가루였다. 〈주방문〉에는 밀가루, 〈임원16지〉에는 보릿가루를 사용하였다.

백미 1말을 여러번 씻어 가루로 만들어 죽을 쑤어 식혀서 누룩 가루 1되 반, 보릿가루 1되 반, 부본(腐本) 1되를 고루 섞어 항아리에 넣는다. 3일 후 다시 백미 1되를 가루 내어 죽을 쑤어서 누룩 가루 1되와 섞어서 첨가한다. 종이에 불을 붙여 술 항아리에 넣어 불이 꺼지지 않으면 익은 것이고, 꺼지면 익지 않은 것이라고 〈임원16지〉에 기록되어 있다. 이 술은 9월이나 10월에 빚는 것이 적기라고 하였다.

220. 백합주

백합은 참나리라고 하며 백합과의 다년초이다. 전국 각지 산이나 들에 자생한다. 꽃, 열매, 뿌리 등 전체를 이용한다.

꽃은 7~8월에 채집해서 물에 씻어 물기를 뺀 다음 술에 담근다. 백합 600g을 물에 씻은 다음 그늘에서 말린 후 적당하게 썰어서 항아리에 담아 재료 2~3배 분량의 독한 술 1.8ℓ을 붓고 밀봉하여 냉암소에 보존한다. 꽃잎으로 담글 때는 2~3개월 뿌리를 사용할 때는 4~5개월 정도 보존하였다가 마신다. 기관지, 해수, 천식, 자양강장, 조루에 효능이 있다고 한다. 〈우리술사전〉

221. 백화주(百花酒, 白花酒)

〈임원16지〉〈고려대규곤요람〉〈규합총서〉〈김승지댁주방문〉〈수운잡방〉〈양주방〉〈치생요람〉〈음식보〉〈역주방문〉〈증보산림경제〉 등에 기록되어 있다.

〈군학회등〉에는 백화주(百花酒), 〈음식디미방〉〈술방문〉〈조선무쌍신식요리제법〉에는 백화주(백화주)로 표기되어 있다.

재료 수는 1, 3, 4, 5, 7, 10가지였다. 재료는 멥쌀, 물(탕수), 찹쌀, 누룩, 진말, 백화, 구기자, 송절, 송순, 유자피, 후추, 엿기름가루, 소주, 생강, 계피 등이었다.

겨울에 매화(梅花), 동백(冬栢)부터 이듬해 국화(秋麴)까지 꽃을 모으되 송이째 꽃술 없이 하지 말고, 그늘에 말려 각각 봉지를 지었다가 중양(重陽) 때 국화가 흐드러지게 피기에 이르러 술을 빚는다. 다른 꽃은 향기가 많다가도 마르면 향내가 가시나 국화는 마른 후 더욱 향기로우니 주장을 삼고, 복숭아, 살구, 매화, 연꽃과 구기, 냉이꽃 등 성미가 유익한 것은 돈수를 넉넉히 하고 다른 꽃은 1돈씩 하되, 왜철쭉, 옥잠화, 싸리꽃은 지독하니 넣지 말라.

찹쌀 2되를 가루 내어 구멍떡 만들어 삶아서 젓는다. 되거든 삶은 물을 넣는다. 누룩 1되를 섞어 항아리에 담아서 덥지 않고 바람기 없는 곳에 둔다. 멥쌀 4되를 가루로 만들어 범벅을 개어 누룩 가루 1되를 섞어 밑술에 합한다. 술이 괴거든 찹쌀 1말 가웃, 멥쌀 5되를 쪄서 식거든 밑술에 섞는다. 이때 되거든 끓인 물을 2되만 더 섞는다. 이때 백화를 섞고 국화는 말리지 말고 1되 정도 꽃잎만 따서 위에 뿌리고 밀가루 3홉, 누룩 한줌을 위에 뿌려 봉한다. 술이 익으면 국화는 개미와 같이 뜨고 향내와 맛이 다른 술보다 뛰어나고 원기를 보하고 효험이 특별하다. 구기자 뿌리나 송절을 진하게 달인 물을 술 빚을 때 넣으면 더욱 좋다. 소나무 새순을 말렸다가 긁어 데쳐 밑에 넣고 유자 껍질을 썰어 위에 넣고 후추를 주머니에 넣어 가운데 넣으면 더 좋다. 물은 강 한가운데 물이나 돌 틈에 고이는 물을 길어서 사용한다고 〈규합총서〉에 기록되어 있다.

〈수운잡방〉에는 쌀 3말을 깨끗이 씻어 곱게 가루 내어 4말의 물이 3말이 될 때까지 끓여, 죽을 만들어서 차게 식거든 누룩 3되와 밀가루 2되를 같이 섞어 독에 담는다. 5일 후에 백미 3말을 깨끗이 씻어 왼이로 찌고 끓는 물 3말을 넣고 고루 섞어 차게 식거든 누룩 없이 먼저 빚은 술에 섞어 독에 넣는다. 익으면 쓴다.

〈수운잡방〉에 또 다른 방법으로는 정월 내에 백미 5말을 깨끗이 씻어 가루 내어 푹 찐다. 탕수 7말로 죽을 쑤어 차게 식거든 누룩 가루 7되를 섞어 춥지도 덥지도 않은 곳에 둔다. 백화가 만발할 때 찹쌀 5말 멥쌀 10말을 깨끗이 씻어 푹 찌고 탕수 13말, 좋은 누룩 3되를 섞어 먼저 빚은 밑술에 같이 어울려 담는다. 단오날 열어 쓴다. 여기에 쓰이는 기명은 끓는 물로 씻어야 하며 생수는 금한다고 하였다.

222. 백화춘방(白花春方)

〈임원16지〉〈군학회등〉〈양주방〉에 기록되어 있다.

찹쌀 1말을 여러번 씻어 3일간 물에 담갔다가 찐다. 쌀 담갔던 물에 누룩을 붓고 찐밥과 섞어서 항아리에 담으면 3일 후에 미주(美酒)가 된다고 하였다.

223. 백환주

〈김승지댁주방문〉에 백환주법으로 1회 기록되어 있다.

재료는 쌀, 곡말, 진말, 물 등이었다.

백미 1말을 백세 작말하여 물 10복자 부어 죽을 쑤어 식혀서 누룩 가루를 1되 넣고 진가루 7홉을 넣어 항아리에 담는다. 백미 2말을 백세하여 담갔다가 쪄서 밥이 뿌득뿌득 할만치 더운 물을 주어 익도록 쪄서 물 16복자를 섞어서 항아리에 합한다고 하였다.

224. 버찌술(벚꽃술)

진해를 비롯하여 벚꽃으로 유명한 곳이 많은데 벚꽃의 원산지는 바로 우리나라이다. 잎이 피기 전에 한 겹 또는 여덟 겹의 꽃이 피며 한꺼번에 피어 장관을 이루다가 한 순간에 떨어진다. 약술로 담그는 꽃은 여덟 겹의 꽃이 좋고 열매인 버찌로 담그는 것도 좋다.

꽃은 씻을 수 없으므로 손을 깨끗이 씻은 후 꽃을 따서 깨끗한 천으로 가볍게 눌러 먼지를 닦아낸다. 용기에 꽃 300～400g을 넣고 소주 1.8ℓ를 붓는다. 설탕 10~20g을 넣고 잘 녹인다. 밀봉하여 시원한 곳에 6개월 이상 보관한다. 버찌로 담글 경우 검게 잘 익은 것으로 골라 담고 소주는 열매의 3배쯤, 설탕은 꽃보다 약간 적게 넣는다. 피로회복, 식욕증진에 효능이 있다고 한다. 〈우리술사전〉

225. 벌집술(봉가주, 蜂家酒)

벌은 재래종과 외래종의 두 가지로 토종벌, 양벌로 분류된다. 술에 담는 것은 토종벌이나 양벌 모두 쓰지만 토종 벌집으로 담는 것이 더 좋다.

토종 벌집은 산밀(山蜜), 석밀(石蜜), 암밀(岩蜜), 석청(石淸), 백청(白淸) 등으로 불리며 자연산을 말한다. 이에 반해 인가 부근이나 야외에서 인간이 직접 벌집을 설치하고 사육하는 것이 있는데 가밀(家蜜), 양밀(養蜜), 사밀(飼蜜) 등으로 불린다.

벌집을 채취하는 시기는 봄, 여름, 가을 언제든지 좋으나 봄이 가장 좋다고 한다. 봄에 벌집을 채취하면 벌집 속에 봉자(벌새끼)가 있어 술담기에 더없이 좋기 때문이다. 벌집을 안에 벌까지 들어 있는 것을 술에 담는다. 벌집째로 항아리에 담고 벌집 크기의 두배 분량의 술을 부어 밀봉한 다음 3개월 이상 두었다가 마신다.

변비, 심한 기침, 천식에 효능이 있다고 한다. 〈우리술사전〉

226. 법주(法酒)

〈임원16지〉에 법주방(法酒方), 〈조선무쌍신식요리〉에 법주(法酒)로 기록되어 있다.

재료 수는 3, 4가지였다. 재료는 기장, 볶은보리, 누룩, 물 등이었다. 초맥(焦麥) 누룩 가루 1석(石)을 햇볕에 말린다. 기장 1석, 누룩 가루 1석, 끓는 물 1석의 비율로 술을 담는다. 2월 2일에 물을 길어다가 그물로 술을 담는다. 술 담은 지 10일 후에 위를 덮을 때, 개와 쥐를 접근치 못하게 하고 그 후 6~8일 후에 한번 더 위를 덮는데, 짝 맞는 날이나 2월 중절(中節)에 위를 덮는 것이 좋다고 〈임원16지〉에 기록되어 있다.

법주(法酒)라는 이름은 서기 500년대 초엽의 중국(中國)의 〈제민요술〉에 처음 기록되고 이 〈제민요술〉을 인용하여 〈임원16지〉에 기록된 것이다. 〈제민요술〉에 기록된 법주는 다음과 같다.

(1) **법주**(法酒)

법주 빚는 법은 춘주국(笨麴)을 쓰며 미강(米糠), 심즙(瀋汁), 밥 등은 사람이나 가축에게 먹여서는 안된다고 하였다.

(2) **서미법주**(黍米法酒)

미리 누룩을 깨뜨려서 햇빛에 쪼여서 바싹 말려 두고, 3월 3일에 누룩 3근 3냥을 저울에 달아서 길어 온 물 3말 3되에 누룩을 담근다. 7일이 지나서는 누룩이 괴어서 작은 거품이 인다. 그 다음에 메기장쌀 3말 3되를 정결하게 씻어 둔다. 대체로 술쌀은 모두 물이 맑을 때까지 매우 깨끗하게 씻는 것이 바람직하다. 법주는 특히 정성을 들여야 하고 쌀 씻는 일이 청결하지 않으면 술은 검은 기운이 난다. 밥을 지었다가 다시 뜸을 들여서 펼쳐 널어 식혀서 누룩 물에 넣어서 주물러 밥이 흩어지게 한다. 겹천을 독 입에 덮어둔다. 쌀이 삭아 없어지는 것을 보아서 다시 4말 반의 메기장쌀을 밥 지어 덧빚는다(위덮이 한다). 매번 덧빚을 때마다 손으로 비벼서 쌀알을 흐트러뜨린다. 세번째 덧빚을 때는 메기장쌀 6말로 밥을 짓고 이 이후에는 덧빚을 때마다 점차 쌀 분량을 늘려간다. 독의 대소에 불구하고 독에 찰 때 그친다. 이 술은 맛이 순하고 좋다. 막걸리로 마셔도 좋다. 술을 반쯤 떠마시다가 다시 메기장쌀로 밥을 지어서 덧빚는데, 이것은 처음 빚을 때와 같은 방법으로 하지만 물에 담근 누룩 물을 넣지 않고, 다만 덧빚을 쌀만 늘려 가면서 먼저처럼 독을 가득 채우는 것이다.

여름내내 떠 마셔도 독 바닥이 나지 않는다. 신기한 노릇이다.

(3) **당량법주**(當粱法酒)

이 술은 들보 밑에 술독을 놓으므로 당량(當粱)이라 한다. 3월 3일에 해가 뜨기 전에 물 3말 3되 말린 누룩 가루 3말을 잡고 메기장쌀 3말 3되를 밥 지어 다시 뜸들여 펼쳐 널어서 매우 차게 식히고 물, 누룩, 메기장쌀 밥을 동시에 술 빚어 넣는다. 3월 6일에 메기장쌀 6말을 밥 지어 덧빚고, 3월 9일에 9말을 밥지어서 덧빚는다. 이 이후로는 쌀의 다소나 말 수에 관계없이 임의로 덧빚어서 독이 차면 그친다. 만약 술을 덜어서 쓰고자 할 때에는 술을 살짝 떠서 마실지언정, 결코 술을 걸러서는 안된다. 가령 1섬의 술을 떠 쓰고 그 대신 1섬의 쌀을 밥 지어 덧빚으면 독에는 역시 가득차게 된다. 이 역시 신기하다. 그 재강과 뜨물은 모두 구덩이 속에 파묻고 결코 개, 쥐가 이것을 먹지 않도록 해야 한다.

(4) 갱미법주(秔米法酒)

찹쌀이면 더욱 좋다. 3월 3일에 정화수 3말 3되를 긷고, 누룩 가루 3말 3되를 깁체에 쳐서 멥쌀(멥쌀이 좋은 것이 없으면 올벼쌀도 무방하다) 3말 3되로 다시 뜸들여 무르게 밥을 지어서 펼쳐 널어 약간 식히고, 먼저번 물과 누룩을 붓고 거기에 밥을 넣는다. 7일 후에 다시 덧빚는데 쌀 6말 6되를 쓴다. 두이레(14일)에 다시 덧빚는데 쌀 1섬 3말 2되를 쓴다. 세이레(21일)에 다시 덧빚는데 쌀 2섬 6말 4되를 쓴다. 그것으로 그친다. 술을 요량해 보고 충족되면 그치는 것이다. 막걸리로 마실 경우에는 구태어 진흙으로 봉하지 않는다. 술을 맑게 뜰 때는 소래기를 덮고 진흙을 발라서 밀봉한다. 7일이 지나서는 그것으로 매우 맑게 앉으면 맑은 부분을 뜬 후에 술을 짠다.

(5) 식경 7월 7일에 빚는 법주(食經七月七日 作法酒方)

1섬 누룩을 띄운 누룩〔懊餠〕으로 한다. 그것은 대나무를 엮어서 독 밑에 깔고 누룩 떡을 대나무 위에 늘어 놓고 독 입을 진흙으로 밀폐한다. 두이레만 누룩을 꺼내서 햇볕에 말려 먼저와 같이 다시 독 속에 넣는다. 여기에 한 섬 쌀을 넣어서 3섬의 술을 얻을 수 있을 것이다.

(6) 또 다른 법주(又法酒)

그을은 보리 누룩 가루 1섬을 햇볕에 말린다. 여기에 끓인 물 한섬과 메기장쌀 밥 한섬을 합쳐서 쓱쓱 섞어서 잘 섞이도록 한다. 2월 2일에 물을 길어서 미리 끓여 그냥 식혀 둔다. 밑술 빚은 후부터 10일만에 한번 덧술한다. 그 사이에 개, 쥐가 가까이 오지 않도록 한다. 그 후에는 8일 혹은 6일에 한번 덧술하여도 나쁘지 않다. 어느 쪽이든 꼭 우수날(偶日)에 덧술하는 것으로 하고 홀수날에는 안한다. 2월 중에는 덧빚음을 끝내도록 한다. 언제나 물을 미리 끓여서 그대로 두었다가 덧빚음을 끝낸다. 그 물 5되로 손을 씻고 술독을 씻도록 한다. 그 술 쌀의 다소(多少)는 그을은 누룩의 섞임을 보아서 정한다.

오늘날 신라의 비주(秘酒)라 일컬어지는 '경주 교동 법주'는 경주의 최씨 문중 비주(門中秘酒)로 알려지고 있다. 전하는 바에 의하면 숙종 시대의 사옹원 참봉 최국선이라는 사람이 경주군 내담면 이조리에서 비로소 빚게 되었다고도 하고, 또 9대 진사의 최씨 가문에 언제부터인지 법주가 술상에 오르게 되었다고 하며 '경주 법주'의 인간문화재로 이 집안의 며느리 배영신 씨가 지정되었다.

법주(法酒)란 일정한 규격에 따라 빚는 술이라는 뜻이다. 법주를 빚을 때는 누룩부터 다른 술과 다르다고 한다. 통밀을 곱게 갈아서 체로 친밀가루와 밀기울을 백미로 만든 흰죽에 반죽하여 띄운다고 한다. 찹쌀 고두밥, 누룩, 물을 6 : 1 : 3의 비율로 섞어서 밑술을 만든다. 밑술 3 : 찹쌀 고두밥 8 : 물 6의 비율로 담궈서 발효시킨다. 발효가 끝나면 용수를 박아 그 속에 괴인 맑은 술을 쪽박으로 떠낸다. 밑술 만들기 10일, 발효기간 60일, 떠낸 술의 숙성 기간 30일로서 약 100일이 걸린다고 한다.

문헌의 기록으로는 쌀을 사용하지는 않고 기장과 볶은 보리를 사용하였으나 현재의 법주는 찹쌀만 사용하고 있으니 언제 어떻게 변하였는지는 알 수가 없다.

227. 벼락술

〈양주방〉에 기록되어 있다.

좋은 막걸리를 찬물에 걸러서 한 동이를 항아리에 넣고, 찹쌀 5되로 밥을 묽게 지어 누룩 가루 5홉과 밀가루 5홉을 섞어서 둔다. 3일 후에 따라 보면 맑은 술 3병이 된다고 하였다.

228. 벽향주(碧香酒)

〈주방문〉〈음식디미방〉 2종류, 〈술 만드는 법〉 2종류, 〈산림경제〉〈임원16지〉 4종류, 〈고려대규곤요람〉 2종류, 〈군학회등〉〈시의전서〉〈수운잡방〉에 3종류 〈고사십이집〉 등에 기록되어 있다.

재료 수는 2, 3, 4, 5가지였다. 재료는 찹쌀, 누룩, 물, 내면(糯麵), 멥쌀, 진말 등이었다.

멥쌀은 어느 책에서나 꼭 사용하였고, 찹쌀은 〈술 만드는 법〉〈임원 16지〉〈고려대규곤요람〉에서만 사용하였고, 〈고려대규곤요람〉〈군학회등〉〈수운잡방〉〈주방문〉〈음식디미방〉에서는 밀가루를 사용하였다.

백미 3말 5되를 작말하여 물 2동이로 담을 개어 누룩 2되 6홉, 진말 2되 6홉을 넣고 섞어서 밑이 자르르 하거든 백미 3말 5되를 백세하여 쪄서 물 1동이 가웃에 풀어서 함께 넣었다가 두달만에 쓴다고 〈음식디미방〉에 기록되어 있다.

〈수운잡방〉에는 백미 1말 5되와 찹쌀 1말 5되를 깨끗이 씻어 물에 하룻밤 담갔다가 가루 내어 탕수 4말로 죽을 쑤어 차게 식거든 좋은 누룩 5되와 밀가루 5되를 같이 섞어 독에 넣어 술을 빚는다. 7일이 지난 후 백미 8말을 먼저 법대로 처리하고 탕수 9말로 죽을 쑤어 차게 식거든 좋은 누룩 1말을 걸러낸 물과 먼저 빚은 술에 섞어 독에 담아 덧술한다. 또 7일이 지난 후 백미 4말을 깨끗이 씻어 왼이로 쪄서 탕수 5말에다 밥을 말아 차게 식거든 독에 넣고 또 덧술해 넣는다. 2주일만에 용수를 박는다.

〈수운잡방〉에 다른 방법으로는 백미 4말을 깨끗이 씻어 곱게 가루내어 탕수 5말로 죽을 쑤어 차게 식거든 누룩 1말에 섞어 독에 술을 빚어 넣는다. 5일 후 백미 4말로 앞의 법대로 한다. 또 5일 후 백미 8말을 깨끗이 씻어 곱게 가루 내어 쪄서 익히고 탕수 9말로 죽을 쑤어 앞의 법대로 하여 독에 술을 빚어 넣는다. 20일이 지난 후 용수를 박는다.

〈수운잡방〉에 또 다른 방법으로는 오천양법(烏川釀法)이라고 하여, 백미 3말을 깨끗이 씻어 물에 하룻밤 담갔다가 건져내어 가루를 만들고, 1동이 반의 물을 솟구치게 끓여 죽을 쑤어 매우 차게 식혀 둔다. 다음날 누룩 가루 3되, 밀가루

4되를 같이 섞어 항아리에 넣는다. 제 7일에 백미 8말을 깨끗이 씻어 물에 하룻밤 담갔다가 가루 내어 물 4동이를 솟구치게 끓여 죽을 쑤고 차게 식혀 둔다. 다음날 누룩 5되와 같이 먼저 빚은 술에 고루 섞어 항아리에 빚어 넣는다. 또 제 7일에 백미 4말을 깨끗이 씻어 물에 하룻밤 담갔다가 왼이로 쪄서 매우 차게 식혀 누룩을 덧넣지 않고 먼저 빚은 술과 잘 섞어 항아리에 넣는다. 14일 후에 용수를 박는다고 하였다.

229. 벽매주방(辟霾酒方)

〈임원16지〉에 기록되어 있다.

재료는 백미, 누룩 가루 등이었다. 백미 1말 5되를 백세 작말하여 죽을 쑤어서 식혀 누룩 가루 1말 5되와 섞어서 항아리에 담는다. 그날로 백미 15말을 쪄서 밑술에 합하였다가 10일 후면 술이 익는다고 하였다.

230. 벽향주(碧香酒)

〈음식디미방〉〈요록〉〈주방문〉〈치생요람〉〈수운잡방〉〈역주방문〉〈증보산림경제〉〈고사십이집〉〈양주방〉에 기록되어 있다.

백미 3말 5되를 작말하여 물 2동이로 담을 개어 누룩 2되 6홉과 밀가루 2되 6홉을 섞어 항아리에 담는다. 4~5일 후에 백미 3말 5되를 백세하여 찐 후 물 3말에 풀어, 차게 식서든 누룩 2되를 섞어 밑술에 합하였다가 14일만에 쓴다고 〈음식디미방〉에 기록되어 있다. 〈음식디미방〉〈주방문〉에서는 백미만을 밑술과 덧술로 사용했으나, 〈요록〉에서는 찹쌀과 백미를 밑술로 하고 덧술은 백미로 한 것이 차이가 있었다.

231. 별주(別酒)

〈음식디미방〉〈수운잡방〉에 기록되어 있다.

재료 수는 4가지였다. 재료는 멥쌀, 물(탕수), 찹쌀, 누룩, 진말 등이었다. 〈수운잡방〉에서는 멥쌀과 찹쌀을 사용하였고, 〈음식디미방〉에서는 멥쌀과 밀가루를 사용하였다.

백미 3말을 백세하여 하룻밤 물에 담갔다가 작말하여 물 3말을 붓고 죽을 끓여서 식힌 다음 누룩 가루 6되를 넣고 항아리에 넣어 봉한다. 6일 후에 백미 3말을 백세하여 하룻밤 물에 담갔다가 작말하여 밑술에 합한다. 또 6일 후에 백미 2말, 점미 1말을 백세하여 하룻밤 물에 담갔다가 쪄서 밑술에 넣고 봉한다. 익기를 기다려서 술을 뜨면 그 맛이 달고 향기로움이 특별하다고 〈수운잡방〉에 기록되어 있다.

232. 별향주

〈고려대규곤요람〉에 기록되어 있다.

백미 2말을 백세 작말하여 물 2동이를 붓고 죽을 쑤어 식혀서 누룩 가루 2되, 밀가루 1되와 섞어서 항아리에 넣는다. 다시 백미 4말을 하룻밤 물에 담갔다가 쪄서 물 4동이와 합하고, 누룩 가루 3되, 진말 1되를 고루 섞어 항아리에 합하여 넣고 봉하였다가 익거든 쓴다. 쌀 한말에 술이 한동이씩 나온다고 하였다.

233. 보경가주(寶卿家酒)

〈수운잡방〉에 기록되었고, 일명 하일주(夏日酒)라고 한다.

점미 2말을 백세하여 쪄서 더운 물 1동이를 붓고 항아리에 담아 온돌에 따뜻하게 둔다. 3일 후에 물 4병을 붓고 죽을 끓이고 식혀서 누룩 가루 2되를 넣어서 봉한다. 7일 후에 밥알이 뜨면 체에 거르고, 다시 7일 후면 쓸 수 있다고 하였다.

234. 보리소주

백미 한 되를 씻어 담갔다가 가루로 하여 익반죽해서 둥글게 빚어 잘 익게 삶아 차게 식힌 다음 누룩가루 한 되를 섞어 잘 버무려 주먹만큼씩 뭉쳐 닥나무 잎으로 하나하나 싸서 항아리에 넣어 사흘간 띄워서 누룩을 준비한다. 가을보리 한 말을 잘 썰어서 보리쌀 한 말에 물 한 동이 꼴로 부어 둔다. 담갔던 보리쌀을 건져 잘 익게 쪄서 찬물을 뿌리고 밥에 더운 기운이 없게 식힌다. 보리 담갔던 물을 끓인 다음 식혀서 진 보리밥에 누룩을 넣고 보리물 식은 것을 부어 밑술을 담근다. 사흘만에 백미 한 되로 흰죽을 쑤어 식혀서 밑술에 버무려 사흘을 익힌다. 술이 다 되면 맑은 술을 떠서 소주를 곤다. 소주의 양이 열네 복자

나면 먹을만 하고 열두 복자 나면 극히 독한 소주가 된다. 〈우리술사전〉

235. 보리수주(菩提樹酒)

보리수는 품종에 따라 봄, 여름, 가을 등 결실기가 다르고 열매모양도 가지각색이며 맛도 단 것, 신것, 과육도 연한 것과 딱딱한 것 등 여러 가지이다. 가을 보리수나무는 초여름에 꽃이 피는 낮은 낙엽수로 가을에 동그란 열매를 맺는데 처음에는 노랗고 점점 빨갛게 익는 약간의 산미와 떫은 맛이 섞인 달콤한 과실이다.

봄 보리수 나무는 2~3미터로 자라는데 5~6월 경이면 열매가 빨갛게 익는다.

야생종 보리수 열매를 10월에 채집하여 재료로 한다.

보리수 열매 800g을 잘 씻어 그늘에 말린 후 병에 넣는다. 3배의 소주 1.8ℓ를 부어 두면 1개월 후 완전히 숙성된다. 보리수주는 달콤하면서 비릿한 술이 되므로 다른 과일주와 섞어 마시는 것이 더욱 좋다. 정장, 지사의 효능이 있다고 한다. 〈우리술사전〉

236. 보온인삼주(補溫人蔘酒)

위염이 심하거나 궤양이 있는 사람에게는 적합하지 않고 위가 차고 위의 기능이 약한 사람에게 아주 효과적이다.

인삼은 소화를 촉진시켜 위의 기능을 활발하게 하고 신진대사를 원활하게 한다. 백출은 위장의 소화액 분비와 흡수를 촉진하고 위 속의 수분을 모아 소변으로 배출시킨다. 인삼(人蔘) 30g, 백출(白朮) 30g, 자감초(炙甘草) 30g, 건강(乾薑) 10g을 잘게 썰어 용기에 넣고 18도 소주 1ℓ를 부어서 밀봉하여 시원한 곳에 보관한다. 처음 4~5일간은 1일 1회, 액을 가볍게 흔들어 주고 10일 후에는 개봉하여 천으로 액을 거른다. 액은 다시 용기에 붓고 설탕 150g을 넣어 녹인다. 여기에 생약 찌꺼기 1/5을 다시 넣어 밀봉하고 시원한 곳에 보관한다. 1개월 후 마개를 열어 윗부분의 맑은 액은 병을 기울여 따라내고 나머지 액은 천이나 여과지로 걸러 앞의 액과 합친다. 담백하고 감칠맛나는 맑은 황갈색의 약술이 완성된다. 식욕부진, 권태, 무력감, 복통, 구역질에 효능이 있다고 한다. 〈우리술사전〉

237. 보원주(保元酒)

인삼, 황기, 자감초는 기력을 보충하는 효과가 있으며 소화 흡수 기능, 신진대사 기능을 높이고 뇌의 흥분 작용을 늘리며 온몸의 기능을 개선시킨다. 또 황기는 피부의 표면에 작용하여 피부 혈관을 확장시키고 혈액 순환을 개선시키며 땀샘의 기능을 조정하여 피부를 튼튼하게 하므로 감기에 잘 걸리지 않게 된다.

인삼 30g, 황기 40g, 자감초(炙甘草) 15g, 계피 15g을 잘게 썰어 용기에 넣고 25도짜리 소주 1ℓ를 부은 다음 밀봉하여 시원한 곳에 보관한다. 처음 4~5일간은 1일 1회 액을 가볍게 흔들어 준다. 10일 후에 마개를 열어 액을 천으로 걸러 용기에 다시 담은 다음 설탕 100g과 과당 80g을 넣어 녹인다. 여기에 생약 찌꺼기 1/5을 다시 넣고 밀봉하여 시원한 곳에 보관한다. 약 1개월 후에 마개를 열어 윗부분의 맑은 액만 용기를 기울여 따라 내고 남은 액은 천이나 여과지로 걸러 앞의 액과 합친다. 갈색 투명하고 독특한 맛이 있는 맛좋은 약술이 완성된다.

무기력, 무력감, 식욕부진, 만성피로, 감기에 효능이 있다고 한다. 〈우리술사전〉

238. 복령주(茯笭酒)

복령은 소나무 뿌리에 기생하는 균체의 덩어리로서 예로부터 한방약으로 사용하여왔다. 겉은 딱딱하고 짙은 갈색이며 속은 희고 부드럽다. 구형, 타원형 등 모양이 일정하지 않으며 땅 속에서 자라기 때문에 찾아내기 어렵다.

복령 250~300g을 1주일 정도 물에 불려 겉껍질이 부드러워지면 얇게 썰어 햇빛에 말린다. 말린 복령을 용기에 넣고 소주 1ℓ를 붓는다. 설탕 5~10g을 넣고 밀봉하여 시원한 곳에 6개월 정도 보관한다. 강장, 진정(鎭靜), 이뇨작용에 효능이 있다고 한다. 〈우리술사전〉

239. 복령주(茯笭酒)

〈임원16지〉에 기록되어 있으나 재료와 술 빚는 법은 없고, 오로칠상(五勞七傷)을 치료한다고 하였다.

240. 복분주(覆盆酒)

〈한국외래주유입사연구〉에 기록되어 있다.

조선조 중기에 유입된 일본의 외래주이다. 곡주양주법을 바탕으로 인삼 등 여러 약재와 함께 복분자(覆盆子)를 곁들여 빚은 홍색(紅色)의 술이라고 하였다.

241. 복사꽃술

〈양주방〉에 기록되어 있다.

멥쌀 3되를 씻어 가루로 만들고 끓인 물 3되에 개어 식힌다. 누룩 가루 1되를 섞어서 항아리에 담는다. 3일 후에 멥쌀 1말을 씻어서 찌고 식혀, 복사꽃 말린 것 1되를 섞어 밑술에 넣었다가 괴는 대로 따라서 쓴다고 하였다.

242. 복소주(伏燒酒)

여름에 더위를 물리친다 하여 복소주라 하였는데 이와 같이 한여름에 내려 마시는 술을 복소주라 하여 여러 지방에서 복소주가 성행하였다.

백미 한 되, 누룩 두 되, 물 두되의 비율로 섞어 두면 겨울에는 10일, 여름에는 7일 후에 술이 된다. 경우에 따라서는 백미 서 말, 대맥 일곱 말, 누룩 두 되, 물 20말의 비율로 하여 빚기도 하는데 대맥은 향이 그냥 마시기에는 맛이 별로 없어도 소주를 내릴 경우에는 향이 강하다. 특히 여름에 내린 소주를 복소주라 하여 마셨다. 또한 창출과 같은 약재를 넣어 마시기도 하였다. 〈우리술사전〉

243. 복숭아술(도인주, 桃仁酒)

복숭아는 중국이 원산지인데 가정의 정원수로 심고 개량 품종은 과수원에서 재배된다. 씨는 도인(桃仁)이라 한다. 4월에 흰색 또는 담홍색 꽃이 피고 7~8월에 열매가 익는다. 복숭아는 신맛과 단맛이 있는 과육이고 연하여 여름의 미과(美果)로 알려져 있다. 살이 흰 백도와 노란빛이 감도는 황도가 있다.

복숭아는 속까지 빨갛고 살이 단단하고 신선한 것 600g을 골라 씨를 빼지 않고 통째로 항아리에 넣고 설탕 200g과 소주 1.8ℓ를 부어 밀봉하여 서늘한 곳에 둔다.

복숭아 술의 숙성 기간은 2개월이므로 이때 건더기를 건져내도록 한다. 씨앗(도인)으로 담글 때는 씨앗이 쌍으로 붙은 것은 독이 있으니 가려내고 벌레 먹은 것도 가려낸다. 항아리에 담아 재료 2~3배의 독한 술을 붓고 밀봉하여 냉암소에 보존하여 2~3개월 후에 마신다. 각종 피부병, 혈액순환, 해수, 천식, 부인병, 피로회복, 식욕증진, 생리불순, 완하(緩下)작용에 효능이 있다고 한다. 〈우리술사전〉

244. 봉래춘(蓬萊春)

〈임원16지〉〈조선무쌍신식요리제법〉에 2가지 제법이 기록되어 있다.

재료 수는 3, 4가지였다. 재료는 소주(청주), 후추, 황납, 대나뭇잎, 천 남성(天南星), 밀 등이었다.

청주 1병에 황납(黃臘) 7분, 후추 1전을 찧어 넣고 항아리에 담아 밀봉한다. 또는 술 1말에 황납 2전, 대나뭇잎 5편, 천남성 반알을 넣기도 한다. 가을과 겨울에는 천남성 9알을 넣고 봄, 여름에는 대나뭇잎을 넣는다. 솥에다 물을 넣고 강한 불로 끓이며 술항아리를 솥 위에 걸어 김을 하루종일 쏘이게 한다. 겨울에는 짚으로 항아리를 싸고 여름에는 얼음으로 차갑게 하여 마신다. 1~2일 사이에 다 마셔야 하며 오래 두면 맛이 변한다고 하였다.

245. 부렵주

〈고려대규곤요람〉에 기록되어 있다.

점미 2되를 백세하여 밥을 지어서 누룩 1되를 섞어 항아리에 담고, 좋은 탁주 한동이를 부어 3일만에 쓸 수 있다고 하였다.

246. 부의주(浮蟻酒)

〈음식디미방〉〈술 만드는 법〉〈산림경제〉에 2종류가, 〈임원16지〉〈고려대규곤요람〉〈조선무쌍신식요리제법〉〈김승지댁주방문〉〈지봉유설〉〈양주방〉〈치생요람〉〈증보산림경제〉〈고사십이집〉 등에 기록이 있다.

재료 수는 1, 2, 3, 4가지였다. 재료는 찹쌀, 물, 누룩, 주배(술 지게미) 등이었다.

찹쌀 1말을 백세하여 익게 쪄 식혀서 누룩 가루 1되를 물에 풀어서 섞어 항아리에 담으면, 3일이면 익어서 말갛게 개미가 뜨고 맛이 맵고 달아서 여름철에 쓰기 좋다고 〈음식디미방〉에 기록되어 있다. 〈산림경제〉 〈임원16지〉에는 징청(澄淸)한 술에 주배(酒醅: 거르지 않은 술)를 약간 띄우면 마치 부의(浮蟻)와 같다고 하였다.

(1) 막걸리의 이름과 역사

우리 나라에서 가장 역사가 오래된 술은 탁주 즉 막걸리이며, 술에 대한 기록으로 가장 오래된 것은 〈삼국사기〉이다. 고구려 동명성왕의 건국담에 천재의 아들 해모수가 움심연 가에서 하백의 딸 삼형제에게 미리 마련해 놓은 술을 먹여 취하게 하였다는 술이 있다. 〈위지〉 동이 전에도 마한의 풍습으로 5월 밭갈이 때와 10월 농사를 거둘 때면 신에게 제사하고 밤낮으로 주연을 베풀고 가무를 즐겼다는 기록이 있고, 진한에서도 역시 술을 즐겼다고 하는 기록이 있다. 이런 기록에 등장하는 고대의 술들이 어떤 것이었는지 정확히 알기는 어려우나 막걸리라고 추측된다. 곡식으로 만든 술로 가장 오래된 것이 막걸리이기 때문이다.

이 막걸리는 고려 때에는 막걸리용 누룩을 배꽃이 필 때에 만든다고 하여 이화주(梨花酒)라는 이름이 붙었다. 맑지 않고 탁하기 때문에 탁주라 부르기도 하고, 식량 대용으로 농부들이 애용해 왔으므로 농주(農酒)라고도 한다. 탁주는 멥쌀이나 찹쌀에다 누룩을 사용해서 만들어 왔으나 쌀의 수급이 어려워지자 밀가루와 옥수수 가루로 바뀌었다. 1961년부터 탁주 제조용으로 쌀의 사용을 금지시켜서 밀가루가 이용되었다. 그 후 1977년 대풍으로 다시 쌀의 사용을 허가했으나 곧 금지되어 주로 밀가루가 주원료로 사용되다가 다시 쌀막걸리로 되었다.

좋은 막걸리는 난맛, 신맛, 쓴맛, 매운 맛, 떫은 맛이 잘 어울리고 적당한 감칠맛과 청량감이 있어야 한다. 발효 시간을 너무 끌면 알콜 생성은 많게 되지만 주질이 떨어지고 청량감이 없다. 청량감은 미숙에서 오는 후 발효로 탄산 가스가 생성되어 생기는 것으로 혀와 목을 알맞게 자극한다.

〈이조실록〉 태종 5년(1405)조에 '진약주(進藥酒)'라는 말이 나온다. 또 태종 7년(1407)조와 세종15년(1433)조에 의하면 한재(旱災) 때문에 왕은 약주 이외의 술을 금했다고 하였다. 〈임원16지〉에는 여충소공(인조 때의 정치가 서성(1558~1631)으로 호는 약봉이고 익호는 충숙)이 좋은 청주를 빚었는데, 그의 집이 약현에 있었기 때문에 그 집 술을 약산춘이라고 하였다고 한다. 〈한경식략〉에 약전현(약현: 지금의 중림동)에는 서성의 옛집이 있고 이 재는 옛날 내국에서 약초를 심던 곳이라고 한다. 중종(1506~1544) 때 약현에 살던 서해의 부인인 이씨가 남편을 잃고 술장사를 하였는데, '약현 술집'이라 하고 술 솜씨가 뛰어나서 약주(藥酒)라고 하였다 한다.

(2) 경기 동동주

술을 뜰 때 밥알을 조금 띄우니, 이것이 마치 개미가 동동 뜨고 있는 듯하여 동동주 또는 부의주라고 한다.

제조 기능자인 권오수(權五守) 씨에 의하면 찹쌀 100g, 물 140ℓ(14%), 누룩 15kg(15%)의 비율로 15~20일 후면 술 240ℓ를 생산한다고 한다. 연중 언제나 담글 수 있으나 특히 9월~11월이 적기라고 한다.

247. 분국백료주방(笨麴白醪酒方)

〈임원16지〉에 기록되어 있다.

누룩을 깨끗이 씻어 햇볕에 말리고 일주일간 물에 남갔다가 찌꺼기를 제거한다. 찹쌀을 익히고 식혀 누룩과 함께 항아리에 담는다. 그 후 멥쌀을 익혀 첨가한다. 한식 이전에 달궈야 한다고 기록되었고 자세한 분량은 없었다.

248. 분국상락주방(笨麴桑落酒方)

〈임원16지〉에 기록되어 있다.

기장 9말을 밥으로 지어 식히고 누룩을 물 9말에 담근 누룩 즙과 함께 항아리에 담는다. 일주일마다 한번씩 기장 9말을 넣는다. 이 술은 9월 9일 동이 트기 전에 담근다고 하였다.

249. 불로장수주(不老長壽酒)

이 술은 중국 황실에서 빚던 비법의 술인데 약효가 좋은 여러 약초를 섞어 그 속에 든 신비한 성분을 우려낸 술로 정력을 높이기 위한 술이다.

토사자, 육종육, 파천극, 산수유, 구기자, 복령, 여정자, 쇄양 각 30g, 우슬, 인삼, 차전자, 맥문동, 창포, 지황, 사상자는 각각 10g씩을 약탕관에 넣어 청주를 그 위에 뿌리듯이 붓고 한 시간 정도 찐다음 소쿠리에 옮겨 햇빛에 말린다. 항아리에 말린 약재를 넣고 감초, 육계 3g씩을 넣은 다음 오미자 5g, 용안육 60g, 대추 250g을 넣고 청주 1.8ℓ를 붓는다. 밀봉하여 냉암소에 2~3개월 묵혀 두면 신비의 술 불로장생주가 된다. 〈우리술사전〉

250. 비자술(榧子酒)

비자의 열매 300~400g을 깨끗이 씻어 물기를 완전히 제거한다. 항아리에 재료를 넣고 소주 1ℓ와 설탕 10~20g을 넣는다. 밀봉하여 시원한 곳에서 6개월 이상 숙성시킨다. 오래 숙성시킬수록 맛이 순해진다. 혈압강하에 효능이 있다고 한다. 〈우리술사전〉

251. 비파주(批把酒)

비파나무는 장미과에 딸린 상록과수로 따뜻한 곳에서 잘 자라며 높이 5m 이상이다. 잎은 크고 긴 타원형인데 뒷면에 갈색의 털이 나 있고 가장자리에는 톱니가 있다. 늦가을에 흰색을 띤 작은 단판화(單瓣花)가 피는데 향기가 좋다.

이듬해 초여름에 둥근 장과(漿果)가 열리고 익으면 누런빛을 띠며 고운 잔털이 있고 맛이 달다. 잘 익은 과실로 흠집이 없는 것을 골라 깨끗이 씻어 물기를 빼고 마른 수건으로 닦아둔다.

비파 1kg을 반은 두 쪽을 내고 껍질을 벗겨 두며 씨도 두 쪽을 내 둔다. 반은 껍질채 통채로 항아리에 넣고 소주 1.8ℓ를 부어 밀봉하고 서늘한 곳에 저장한다.

약 3개월 두면 술은 다 숙성되는데 이때 과실은 건져 체에 받치고 씨는 그대로 두고 마신다. 혈압, 건위제, 거담제, 피부병, 강정, 피로 회복, 식욕 증진, 타박상, 구토에 효과가 있다고 한다. 〈우리술사전〉

252. 빈랑주(檳榔酒)

〈지봉유설〉에 이름만 기록되어 있다.

남만(南蠻)에 있는 술이라고만 하였다.

253. 뽕나무(오디)주

뽕나무는 본래 양잠을 위해서 재배된 것이지만 전국 각지에 야생하고 있다. 그 품종도 다양하다. 자웅이주로 암나무에는 길이 2cm 안팎의 장구형의 열매가 열린다. 처음에는 백색이지만 점차로 붉게 되며 여름철이 되면 자흑색(紫黑色)의 액과(液果)가 된다. 감미가 좋다.

뽕나무의 뿌리를 건조한 것은 상백피라고 한다.

뽕나무 열매 400g은 흐르는 물에 씻어 소쿠리에 건져서 물기를 뺀다음 병에 넣고 설탕 50g, 소주 1.8ℓ을 넣어 밀봉한다. 냉암소에서 숙성시킨다. 1개월 경과 후, 과실을 건져내고 여과해서 술을 다른 병으로 옮긴 후 밀봉하고 냉암소에서 1~2개월 더 숙성시킨다. 고혈압, 중풍, 반신불수, 양기부족, 조루증, 발기불능에 효과가 있다고 한다. 〈우리술사전〉

254. 사과주(沙果酒)

사과나무는 능금나무에 말린 낙엽활엽교목이다. 사과와 능금은 한 종류이면서도 이종(異種)인데 사과는 나무와 열매가 능금나무와 비슷하다. 아시아 중부와 유럽이 원산지인데 현재는 세계 각지에서 널리 재배된다. 높이는 7~10m까지 자라며 잎은 타원형으로 겉면에는 부드러운 털이 밀생하여 있고 봄에는 엽액(葉液)에서 백색의 오판화가 피며 꽃이 진 후 열매가 한냉한 곳에서 잘 자란다.

홍옥 3개를 깨끗이 씻어 물기를 닦은 다음 4등분 하여 5mm 두께로 썬다. 입이 넓은 용기에 사과를 넣고 설탕 150g을 버무려 하루 재웠다가 항아리에 옮겨 소주 1.8ℓ를 부어 서늘한 곳에 둔다. 담근 지 3개월이면 숙성되는데 깨끗한 천으로 걸러서 입이 좁은 병에 옮긴다. 레몬을 조금 넣으면 더욱 좋다. 신진대사 촉진, 피부미용에 효과가 있다고 한다. 〈우리술사전〉

255. 사근주(莎根酒)

〈임원16지〉에 기록되어 있다.

사근(莎根) 1근을 썰어서 삶아 가제 주머니에 담아서 술에 넣고 조석으로 한 잔씩 마시면 몸 속의 열을 식히고 우울증에 효과가 크다고 한다.

256. 사마주(四馬酒)

사마주는 네 번 오일(午日)을 쫓아 술을 담근다는 데에서 비롯된 명칭으로 술 담그기를 정월 오일(午日)에 시작하여 오일(午日)만을 택하게 된다.

삼해주보다 많은 시간이 걸려 술을 만들기 때문에 더 귀중한 술로 알려져 있는데 이 술에는 용안이나 진피가 들어가고 또 엿기름 가루를 넣어 감미를 돋구므로 술이 술잔에서 끈적끈적하게 엉키며 줄이 쭉쭉 난다.

밑술은 첫 오일에 백미 2말을 물에 담그었다가 작말하여 끓인 물 3말로 죽을 쑤어 식으면 누룩가루 3되와 밀가루 1되 반을 섞어 넣는다. 1차 덧술은 담근지 12일후인 둘째 오일에 백미 3말을 작말하여 끓인 물 4말 5되로 죽을 쑤어 식으면 밑술에 넣는다. 2차 덧술은 3째 오일에 백미 5말을 물에 담그었다 지에밥을 쪄서 물 7말 5되에 풀어서 밑술에 넣는다. 3차 덧술은 4째 오일에 백미 2말을 물에 담그었다 지에밥을 쪄서 엿기름 5되와 물 3말에 풀어서 밑술에 넣고 용안, 진피를 넣는다.

더구나 술을 만드는 데만 해도 한 달 이상 걸리고 다시 땅 속에 3개월 이상 묻어 두어야 한다. 땅 속은 온도가 일정하여 한 번 술이 들어가면 그 속에서 잡물(雜物)이 삭고 또 잡맛이 제거되어 순후(淳厚)한 술이 된다. 〈우리술사전〉

257. 사마주

〈동악집〉에 기록되어 있다.

재료와 술 빚는 법에 대한 기록은 없었다.

258. 사삼주(沙參酒)

더덕은 다년생 덩굴성 초본류(草本類)에 속하는 식물로서 뿌리는 비대하고 줄기나 뿌리를 절단하면 유백색의 유액이 나온다. 우리 나라 전국의 야산에 많이 분포되어 있다. 더덕은 거담과 강장 등에 특히 약효가 있어 옛부터 여러가지 형태로 가공되어 한약재로도 사용되어 왔다.

사삼주는 더덕을 사용하여 담는다. 이 더덕은 순천, 승주 지방을 중심으로 전남 동부지역 조계산과 지리산 일대에 많이 야생하고 있다. 산간 지방 인근 농가에서도 더덕을 재배하여 사삼주를 가용주로 오래전부터 애음하여 왔다.

찹쌀 20kg을 물에 담그었다 쪄서 누룩 3kg, 물 21ℓ를 넣어 밑술을 담근다. 찹쌀 62kg을 물에 담그었다 쪄서 누룩 9kg, 물 80ℓ를 넣어 덧술을 빚는다. 이때 여기에 더덕 20kg을 넣는다. 더덕의 사용 비율은 덧술의 25%로서 약재가 들어가는 비율이 높다. 완전 숙성되면 15℃의 사삼주가 얻어진다. 폐결핵, 보간, 해소, 두통, 거담에 효과가 있다고 한다. 〈우리술사전〉

259. 사상자주(蛇床子酒)

뱀도랏풀의 씨앗을 사상자라고 하며 미나리과에 속하는 이년생풀이다. 뱀이 뱀도랏풀 덩굴에 숨어서 그 씨앗을 즐겨 먹었기 때문에 뱀밥이라고도 한다.

사상자 150g을 용기에 넣고 소주 1ℓ를 붓는다. 밀봉하여 시원한 곳에 보관한다. 1일 1회, 액을 가볍게 흔들어 준다. 1주일 후에 마개를 열어 액은 천으로 걸러 용기에 다시 붓고 설탕 100g, 과당 50g을 넣어 녹인다. 여기에 걸른 찌꺼기 약 1/10을 다시 넣고 밀봉하여 시원한 곳에 보관한다. 1개월 후에 개봉하여 천이나 여과지로 액을 거른다. 황갈색의 독특한 향기가 있는 술이 완성된다. 체질 개선, 각종 생식기병, 강정 보양주, 피부질환 등에 효능이 있다고 한다. 〈우리술사전〉

260. 사시주(四時酒)

〈음식디미방〉〈양주방〉에 기록되어 있다. 백미 한말을 작말하여 더운 물 3말로 죽을 쑤어 식혀서 누룩 1되 5홉을 섞어 항아리에 담는다. 3일 후에 백미 2말을 고두밥 쪄서 식혀 진말 3홉과 밑술에 넣고 봉하였다가 7일 후면 술이 맵고 좋다고 하였다.

261. 사시통음주

〈술 만드는 법〉에 기록되어 있다.

재료 수는 5가지였다. 재료는 멥쌀, 물, 누룩 가루, 진말, 술 등이었다.

백미 1말 1되를 백세 작말하여 더운 물 3말에 죽을 쑤어서 누룩 가루 1되 반을 섞어 항아리에 담는다. 3일 후에 백미 2말을 백세하여 익게 찌고, 진말 3홉을 좋은 술에 섞어서 밑술에 넣고 봉한다. 2주일 후면 쓸 수 있다고 하였다.

262. 사오주(四午酒)

〈수운잡방〉에 2가지 방법이 기록되어 있다.

정월 첫 말날에 물 8동이를 끓여 식혀서 독에다 먼저 붓고, 좋은 누룩 1되를 곱게 가루 내어 깁체〔重篩: 비단체(絹節) 또는 고운 가루를 치는 데 씀 쳇불을 깁으로 맨 체〕로 쳐서 독에 넣고, 밀가루 7되도 또 체에 쳐서 독에 넣고, 백미 1말을 깨끗이 씻어 곱게 가루 내어 쪄서 익혀, 덩어리를 풀어 차게 식거든 독에 넣어 잘 저어서 춥지도 덥지도 않은 곳에 둔다. 둘째 말날에 백미 5말을 깨끗이 씻어 앞의 법대로 해서 단단히 봉해 둔다.

4월 20일에 열어 보면 독 밑까지 맑으며 빛깔은 가을 이슬과 같다. 이것을 떠서 쓴다. 그 찌꺼기는 물을 타서 마시면 마치 이화주같으며 맛이 매우 좋다. 또 한 법은 물 7동이, 누룩 3되, 밀가루 5되가 사용되며 소곡주라고도 한다.

263. 사절소곡주

〈술 만드는 법〉에 기록되어 있다.

재료 수는 5가지였다. 재료는 찹쌀, 물, 멥쌀, 누룩 가루, 진말 등이었다.

백미 1말을 백세 작말하여 물 1말 3되를 붓고 저어서 죽을 끓여 식혀서 누룩 가루 7홉, 밀가루 7홉을 넣고 저어서 항아리에 담아 봄, 가을에는 찬 윗목에 두고 겨울에는 더운 곳에 둔다. 백미 2말을 백세하여 밥을 찌고 끓는 물 2말 반을 넣고 저어서 술 밑에 넣는다고 하였다.

•▶ 한산 소곡주

누룩을 적게 쓴다는 뜻에서 소곡주라고 한다. 소곡주를 빚자면 우선 물이 좋아야 한다. 염분이 전혀 없고 약간의 철분이 있어야 제맛이 난다. 지방문화재로 지정 받은 한산 소곡주는 충남 서천군 한산면 호암리의 우물물로 연중 양과 질에 변화가 없다고 한다. 제조 기능자인 김영신(金永愼)에 의하면 누룩은 밀기울을 주재료로 한 섬누룩 가루를 묽게 섞어 아랫목에 재워 둔다.

찹쌀 1말, 누룩 3되, 물 1말, 엿기름, 고추 10, 생강을 섞어서 술을 담는다. 술이 괴어 올랐다가 15일 경이 지나면 가라앉는데, 이것을 2개월 15일 땅 속에 묻어 둔다고 한다.

땅 속에서 장기간 숙성된 이 술은 끈끈하면서도 샛노란 물이 젓가락 끝에 붙어 당기는데, 이 술에 반한 며느리가 맛을 보다가 자꾸 젓가락을 빨다 보면 자신도 모르게 취해 버려서 일어서지도 못한 채 앉은뱅이처럼 엉금엉금 기어다닌다고 해서 '앉은뱅이술'이라 부르기도 했다고 한다.

찹쌀 1말을 쪄서 식혀 진말 3홉, 누룩 가루 3홉을 넣어 섞어서 술 밑에 섞는다. 3주일 후면 술을 뜰 수 있다고 하였다.

264. 사절주

〈술 만드는 법〉〈양주방〉〈음식방문〉에 기록되어 있다.

재료 수는 3가지였다. 재료는 멥쌀, 누룩, 물 등이었다.

백미 1말을 작말하여 물 5말에 범벅지어 누룩 4되 반을 섞어 항아리에 담는다. 백미 3말을 백세하여 더운 물 5말에 죽쑤어 식혀서 누룩을 넣어서 밑술에 합한다. 백미 3말을 백세하여 쪄서 식혀서 밑술에 골고루 섞어서 봉하였다가 익으면 쓴다고 하였다.

265. 사절칠일주(四節七日酒)

〈임원16지〉에 사절칠일주방(四節七日酒方)으로, 〈증보산림경제〉에도 기록이 있다.

백미 1말을 백세 작말하여 시루에 쪄서 식혀 물 3병, 진면(眞麵) 5홉, 누룩 가루

1근과 함께 버무려 항아리에 담아 익힌다. 찹쌀로 담으면 더욱 좋다고 하였다.

266. 사철소주

〈김승지댁주방문〉에 기록되어 있다.

백미 2되 반을 백세 작말하여 끓인 물 3되를 부어 버무려 식혀서 누룩 가루 3홉을 넣고 섞어서 항아리에 담는다. 찹쌀 5되, 백미 1말을 백세하여 하룻밤 물에 담갔다가 찐다. 쌀을 쩔 때 시루밑에 있던 물 7되를 찐밥에 쳐서 섞어 식힌 후 누룩 3되를 섞어서 밑술에 합하여 7일만에 쓴다고 하였다.

267. 산사주(山査酒)

〈임원16지〉에 산사주방(山査酒方)으로 기록되어 있다.

산사(山査)가 익으면 따다 벌레를 제거하고 깨끗이 씻어 물기를 빼고, 절구에 넣고 깨뜨린다. 항아리에 산사 3말, 기장밥 찐 것, 누룩 반쪽, 소주1병을 넣는다. 술맛이 감미롭고 취하지 않으며 소화를 돕는다고 하였다.

268. 산수유주(山茱萸酒)

산수유는 산수유과에 속하는 낙엽활엽교목으로 전국 각지에서 자생하며 열매를 이용한다. 3~4월에 잎이 나고 가을에 붉은 색의 타원형 열매를 맺는데 맛이 날고 약간 시다.

산수유 200g을 그대로 용기에 넣고 소주 1.8ℓ를 붓는다. 밀봉한 다음 시원한 곳에 보관한다. 매일 1회, 가볍게 액을 흔들어 준다. 10일 후에 마개를 열어 액을 천으로 걸러 다시 용기에 붓는다. 설탕 200g을 넣어 녹인다. 여기에 건더기 1/5을 다시 용기에 넣고 밀봉하여 시원한 곳에 둔다. 1개월이 지나면 마개를 열어 액을 천이나 여과지로 거른다. 맑은 적갈색이 나며 신맛과 떫은 맛이 어울린 산뜻한 약술이 완성된다. 자양강장, 빈뇨(頻尿), 야뇨증, 노화, 음위(陰威), 지한(止汗)에 효능이 있다고 한다. 〈우리술사전〉

269. 산약주(山藥酒)

참마(국화마)의 괴근을 산약이라고 한다. 마과의 덩굴성 다년초이고 중부이남

남부지방에 자생 또는 재배하며 뿌리를 이용한다. 산약(山藥)은 참마 뿌리의 겉껍질을 벗겨서 말린 것이다. 소화 효소인 아밀라아제가 있어 소화를 돕는다.

가늘게 썬 산약 300g을 용기에 넣고 소주 1.8ℓ를 붓는다. 밀봉하여 시원한 곳에 보관한다. 매일 1회 용기를 가볍게 흔들어 준다. 7일 후 개봉하여 액을 천으로 거른다. 액을 용기에 다시 담고 설탕 200g을 넣어 녹인다. 건더기의 1/10쯤 다시 용기에 넣고 밀봉하여 시원한 곳에 둔다. 1개월 후 뚜껑을 열고 윗부분의 액만 딸아 낸 뒤 나머지 액은 천 또는 여과지로 걸러 앞의 액과 합친다. 엷은 호박색의 담백한 맛을 지닌 약술이 완성된다. 〈우리술사전〉

270. 산용주(山茸酒)

산약(山藥)과 녹용이 주된 약이다. 산약 하나로도 강정 효과를 볼 수 있으나 녹용의 보정약(補精藥)과 겸하면 상승효과를 올릴 수 있다. 구기자는 보정에 협력하여 자양 강정의 효과를 더욱 강력하게 해주는 역할을 한다.

산약 50g과 녹용 10g은 얇게 썰고 구기자 40g은 그대로 용기에 넣어서 소주1ℓ를 붓는다. 밀봉하여 시원한 곳에 보관한다. 처음 4~5일 간은 1일 1회, 액을 가볍게 흔들어 준다. 10일 후에 마개를 열어 천으로 액을 거른다. 액은 용기에 다시 붓고 설탕과 꿀을 넣어 녹인다. 1개월 이상 지나면 마개를 열어 윗부분의 맑은 액을 살짝 딸아내고 나머지 액은 천 또는 여과지로 걸러 앞의 액과 합친다. 적갈색의 독특한 향기와 맛을 지닌 달콤한 술이 완성된다. 강정, 강장, 성기능 감퇴, 유정(遺精), 조루에 효과가 있다고 한다. 〈우리술사전〉

271. 산정주(山精酒)

삽주 뿌리를 백출・창출이라 한다. 국화과의 다년초이며 전국각지 산록 계곡에 자생한다. 뿌리를 사용한다.

가을에 뿌리를 채집하여 깨끗이 씻어 2~3일간 쌀뜨물에 담가 두었다가 건져서 물기를 제거한 후 적당히 썬다. 항아리에 담아 술 1.8ℓ를 붓고 밀봉하여 3~4개월간 냉암소에 보존한 후 마신다. 효염, 제습, 신경통, 위장염, 방광염, 신장염, 소화불량에 효과가 있다고 한다. 〈우리술사전〉

272. 산초주(山椒酒)

산초나무는 운향과에 속하는 낙엽활엽관목이다. 높이가 3m 가량으로 4~5월에 녹황색의 무판화가 잔가지 끝에 산방(散房)화서로 피고 길이 5mm 가량의 삭과(蒴果)를 맺는다. 우리 나라의 각지 및 일본, 중국에 분포되어 있다.

특유한 향기와 신미(辛味)가 있어서 어린 잎과 과실은 향신료로 사용하고 과실을 산초(山椒)라고 한다.

초가을 산초 600g을 줄기째 깨끗이 씻어 하루 정도 두어 물기를 없앤다. 소주 1.8ℓ를 용기에 넣고 밀봉하여 저장한다. 3개월 정도 지나면 술이 숙성된다. 이때 산초 찌꺼기는 건져내고 술은 따로 보관해 두었다가 마신다. 위장병 일체, 이질, 설사, 해독작용, 신경통, 관절염에 효과가 있다고 한다. 〈우리술사전〉

273. 살구술(杏仁酒)

살구나무는 중국 호북지방이 원산지이며 우리 나라에서는 전국 각지에서 재배되고 있다. 특히 산간의 한냉지에서는 더욱 좋은 과실을 얻을 수 있다. 나무는 모양이나 열매가 매화나무와 비슷하며 낙엽활엽 교목이고 높이는 5m 정도 자란다. 꽃은 매화보다 조금 늦게 피고 엷은 홍색으로 아름답다. 살구씨를 한방에서는 행인(杏仁)이라고 한다.

살구열매기 너무 잘 익은 것은 살이 뭉그러지기 쉽고 풍미가 떨어지므로 완숙 직전(8부 정도)의 단단한 열매 600g을 구하되 뭉그러진 것과 상한 것은 없애고 깨끗이 씻은 후 물기를 마른 행주로 닦아서 그늘에 말려 둔다. 시들해진 열매를 그대로 용기에 넣고 소주 1.8ℓ를 붓고, 설탕 100g을 넣어 뚜껑은 밀봉하여 통풍이 잘 되고 햇볕이 들지 않는 곳에 3~4개월 이상 저장한다. 열매는 건져내지 않고 오래 둘수록 더욱 맛과 빛깔이 좋은 술을 얻을 수 있다. 완숙되면 색은 진한 호박색으로 아름다운 빛깔이 나며 맛은 짙은 산미의 술이 되고 향기는 살구씨 특유의 향내로서 매우 향기로운 술이 된다. 기관지, 해수, 천식, 폐결핵 등에 효과가 있다고 한다. 〈우리술사전〉

274. 삼겹접술

약주 만드는 방법을 기본으로 하여 봄에는 송순을 넣어 삼겹 송순주, 여름에는 사삼(더덕)을 넣어 삼겹 사삼주, 가을에는 국화를 넣어 삼겹 국화주를 빚는다 하여 삼겹접술이라 이름지어 내려온다. 전북 장수군 장수읍 장수리에 사는 김복순 씨가 3대째 빚고 있다.

멥쌀 5말을 물에 담구었다가 가루내어 쪄서 누룩, 물 20병을 섞어 밑술을 만든다. 3일후에 찹쌀 5말을 쪄서 밑술과 합하고, 봄에는 송순, 가을에는 국화, 여름에는 사삼을 섞는다. 〈우리술사전〉

275. 삼구주(三九酒)

〈임원16지〉에 삼구주방(三九酒方)으로 기록되어 있다.

3월 3일에 쌀 9말을 쪄서 물 9말, 초국(焦麴) 가루 9말을 넣고 버무려 항아리에 담는다. 담은 지 9일 후에 한번 저어 주고, 다시 5일 후에 저어 주고 또 다시 2일 후에 저어 준다고 기록되어 있다.

276. 삼선주

〈술 만드는 법〉에 기록되어 있다.

재료 수는 5가지였다. 재료는 찹쌀, 물, 누룩, 멥쌀, 진말 등이었다.

백미 한말을 백세 작말하여 물 10되를 붓고 죽을 쑤어 식혀서 누룩 가루 1되, 진말 1되를 섞어서 항아리에 담는다. 백미 2말을 백세하여 익게 쪄서 끓인 물 2말을 치고, 곡말 1되, 진말 1되를 섞어 밑술에 합한다. 4일 후에 찹쌀 2말을 깨끗이 씻어 물 5말에 죽쑤어 부었다가 익거든 쓴다고 하였다.

27. 삼오노주(三五露酒)

〈임원16지〉에 삼오노주방(三五露酒方)으로 기록되어 있다.

쌀 1말을 물에 담갔다가 가루로 하여 죽을 쑨 다온 식혀서 누룩 가루 3되와 섞어 항아리에 담고 1~2일 후에 소주로 내린다고 하였다.

278. 삼오주(三午酒)

〈음식디미방〉에 2종류가, 〈수운잡방〉 〈역주방문〉에 기록이 있다.

재료 수는 4가지였다. 재료는 멥쌀, 물, 누룩, 진말 등이었다.

정월 첫 오일에 새벽에 정화수 8동이를 독에 붓고, 녹말 5되, 진말 3되를 푼다. 백미 5말을 백세 작말하여 잘 쪄서 식혀서 독에 넣는다. 둘째 오일에 백미 5말을 백세 작말하여 잘 쪄서 식혀서 넣는다. 셋째 오일에 백미 5말을 백세하여 물에 담갔다가 쪄서 식혀서 넣었다가 익거든 쓴다고 하였다.

〈수운잡방〉에는 정월 첫 말날에 밀가루 7되, 좋은 누룩 7되를 냉수 4동이〔盆〕와 섞어 독에 넣고 춥지도 덥지도 않은 곳에 둔다. 둘째 말날에 백미 5말을 깨끗이 씻어 하룻밤 담갔다가 쪄서 익혀 더운 김이 나가기 전에 먼저 빚은 술독에 넣어 덧술한다. 셋째 말날에 백미 5말을 깨끗이 씻어 왼이로 쪄서〔全蒸: 왼이로 또는 온이로(방언) 오로 찐다(사전), 왼이로(역주방문) 오로(음식디미방) 지예를(규합총서)〕 더운 김이 나가기 전에 앞의 독에 넣고 덧술한다. 넷째 말날에도 백미 5말을 앞의 법대로 한다. 단오날이 되면 먹는다.

〈수운잡방〉에 다른 방법은 정월 첫말날에 쌀 5말을 깨끗이 씻어 물에 하룻밤 담갔다가 다음날 아침에 다시 씻어 곱게 가루 내고 끓인 물 큰 동이 셋을 부어 죽을 쑤어 차게 식거든 누룩 가루 3되, 밀가루 3되를 같이 섞어 독에 넣는다. 둘째 말날 이틀 전에 백미 5말을 깨끗이 씻어 곱게 가루 내어 깨끗한 자리에 펴서 덮어둔다. 둘째 말날이 되면 이른 아침에 익게 쪄서 개암 크기로 떡을 만들고, 자리에 펴서 차게 식거든 먼저 빚은 술독에 섞어 넣는다. 셋째 말날 이틀 전에 백미 5말을 깨끗이 씻어 물에 하룻밤 담갔다가 다음날 아침에 다시 씻어 곱게 가루 내고 깨끗한 자리에 펴 두고 셋째 말날 이른 아침에 쪄서 개암 크기의 떡을 만들어 펴서 차게 식거든 먼저 빚은 술독에 섞어 담는다. 단오날에 내어 쓴다고 하였다.

•▶ 일법삼오주(一法三午酒)

술 빚기 하루 전에 쌀 3말을 깨끗이 씻어 가루 내어 대나무체로 곱게 거듭쳐 둔다. 정월 첫 말날에 새벽 일찍 정화수 3동이와 누룩 가루 3되를 같이 독에 담고 복숭아 나뭇가지로 휘저어 둔다. 그리고 쌀가루는 익게 쪄서 식거든 항아리에 같이 넣어 휘저어 둔다. 둘째 말날도 앞의 법대로 하여 둔다. 셋째 말날도 앞의 법대로 하여 둔다. 빨리 사용하려면 춥지도 덥지도 않은 따뜻한 방에 둔다. 빨리 사용하지 않을 때에는 시원한 곳에 둔다고 〈수운잡방〉에 기록되어 있다.

이 술은 삼오주라고 하지만 실제로는 밀가루와 누룩을 냉수에 넣고 12일간이나 예비 발효를 하고 있는 술로서, 사오주에 해당되는 중양주(重釀酒)다.

279. 삼월주

〈김승지댁주방문〉에 기록되어 있다.

백미 1말 백세 작말하여 물3병을 붓고 죽을 쑤어서 식혀 누룩 가루 1되, 진가루 1되를 섞어 항아리에 담는다. 이튿날 찹쌀 2되를 백세 작말하여 물 1병을 끓여 넣고 구멍떡 지어 삶아서 어제의 항아리에 넣는다고 하였다.

280. 삼일주(三日酒)

〈술 만드는 법〉〈산림경제〉〈임원16지〉에 삼일주방(三日酒方)으로, 〈술 빚는 법〉〈시의전서〉〈조선무쌍신식요리〉〈부인필지〉〈규합총서〉〈수운잡방〉〈군학회등〉〈음식방문〉〈역주방문〉〈증보산림경제〉〈고사십이집〉〈양주방〉에 기록이 있다.

재료 수는 3, 4가지였다.

겨울에는 정화수, 여름에는 끓인 물 1말에 누룩 가루 2되를 섞어 항아리에 담는다. 멥쌀 1말을 씻어서 죽쑤어서 항아리에 섞어 3일 후면 맑은 술이 된다고 〈규합총서〉에 기록되어 있다.

〈수운잡방〉에는 백미 1말을 깨끗이 씻어 물에 하룻밤 담갔다가 곱게 가루 내어 쪄서 익히고 차게 식혀 둔다. 술 빚기 하루 전날 물 1말을 끓여 차게 식혀서 누룩 3되를 섞어 독에 담아 두었다가 다음날 차게 식혀 둔 찐떡을 섞어 술을 빚는다. 다음날 열어 쓸 수 있다. 또 5~6일 후 백미 2말을 깨끗이 씻어 물에 하룻밤 담갔다가 밥같이 무르게 쪄 먼저 빚은 술에 덧술하여 빚어 넣으면 14일 후면 좋은 향기가 난다. 사계절 모두 할 수 있으나, 여름철이 가장 좋다. 술 담을 때 누룩 물을 체로 쳐서 찌꺼기를 받쳐내면 술빛이 아름답다고 하였다.

281. 삼지구엽초주(三枝九葉草酒)

일명 음양곽이라고도 하며 매자나무과에 속하는 다년생초이다. 가지가 셋, 잎이 아홉으로 되어 있다고 하여 삼지구엽초라고 한다. 음양곽은 우리 나라 중부 이북지방의 산기슭, 산골짜기(해발 100~1200m)의 나무 밑에서 자란다. 특히 평안남북도, 함경남도에 많다.

여름, 가을에 베어 그늘에 말려 약으로 쓴다. 높이는 30~40cm 정도인데 세 개의 가지에 아홉 개의 잎이 달린다. 잎은 엽병이 있고 계란모양인데 가장자리에 가시가 있고 끝이 뾰족하다. 5월경 연한 노란꽃이 된다. 꽃의 형태는 마치 배의 닻과 비슷하고 열매는 튀는 열매이다. 삼지 구엽초는 상쾌한 마른풀잎의 향을 내며 맛은 씁슬하면서도 달콤하다.

삼지구엽초 100g을 소주 1.8ℓ와 함께 용기에 담고 밀봉한다. 3개월 정도 지나면 숙성이 되며 건더기를 건져내고 마신다. 단맛을 내려면 설탕이나 벌꿀을 첨가하기도 한다. 선령비주, 음양곽주, 음양곽술, 선령주라고도 부른다. 〈우리술사전〉

282. 삼칠소곡주(三七小曲酒)

〈역주방문〉에 기록되어 있다.

백미 30식기를 준비하여 먼저 백미 10식기를 백세 작말하여 시루에 쪄서 떡을 만들어 놓는다. 누룩 가루 10식기를 정화수로 맑은 물이 될 때까지 체로 받쳐 내려 항아리에 담는다. 시루에 찐 떡을 누룩 물에 섞는다. 3일 후에 백미 20식기를 백세하여 시루에 쪄서 밑술에 합한다. 밑술을 담은 날로부터 21일이 되는 날 취하여 사용하면 맛이 지극히 준렬하다고 하였다. 술 항아리는 차고 더움이 알맞은 곳에 안치한다. 밑술의 떡과 덧술의 밥이 적으면 술맛이 덜하다. 속히 술을 쓰고 싶으면 15일이 되는 날 냉수 1사발을 그 가운데 부으면 그날 저녁으로 맑은 술이 위로 떠서 마실 수 있다. 술이 거의 다 익을 때가 되면 술 거품이 위로 떠오르니 눌러 짜서 마시면 맛이 매우 아름답다. 이 술은 더운 철에는 양조할 수 없다고 하였다.

283. 삼칠일주

〈고려대규곤요람〉에 기록되어 있다.

백미 1말을 가루로 만들어 누룩 가루 7홉, 진말 7홉을 섞어 흰 항아리에 담는다. 3일 후 점미 1말을 백세하여 푹신 쪄서 밑술과 합한다, 21일 후에는 완숙되는데 맛이 달고 향기롭다고 하였다.

284. 삼합주

〈양주방〉에 기록되어 있다.

찹쌀 1말, 모밀 1말, 수수 1말에 누룩 가루 1말을 합하여 술을 빚되 소주같이 빚어 되게 고아 흰 소주로 받친다. 흰꿀 1되, 후추 3돈, 생강 가루 3돈을 소주에 타서 중탕하여 고운 체로 받쳐 찌꺼기는 없앤 뒤에 사기병에 넣어 더운 곳에 두고 마시면 장기(더운 지방의 토질병)와 습(하초가찬 병)을 낫게 하고 기운을 내리치고 비위를 돋우어 좋다고 하였다.

285. 삼해주(三亥酒)

〈주방문〉〈음식디미방〉에 4종류가, 〈산림경제〉에 삼해주법(三亥酒法)으로, 〈임원16지〉에 삼해주방(三亥酒方)으로, 〈고려대규곤요람〉〈시의전서〉〈증보산림경제〉〈고사십이집〉〈양주방〉〈요록〉〈음식보〉〈역주방문〉〈조선무쌍신식요리제법〉에 2종류가 기록되어 있으며, 〈조선고유색사전〉〈지봉유설〉〈수운잡방〉 등에도 기록이 있다.

재료 수는 3, 4, 5가지였다. 재료는 찹쌀, 물, 누룩, 멥쌀, 진말, 진면 등이었다.

첫 해일에 백미 2되를 백세하여 물 7중발로 흰죽을 쑤어 차게 식혀서 누룩 2되, 진가루 1되를 섞어 항아리에 담는다. 둘째 해일(亥日)에 백미 2말 5되를 백세 작말하여 구멍떡을 만들어 삶아 식혀서 밑술에 넣는다.

셋째 해일에 백미 1말 5홉을 세말하여 잘 익게 쪄 식혀서 밑술에 넣는다고 〈음식디미방〉에 기록하였다.

〈수운잡방〉에는 정월 첫 돼지날에 백미(白米) 한말을 깨끗이 씻어 가루로 만들고 여기에 탕수 1말을 부어 죽을 쑤어 차게 식거든 누룩 5되, 밀가루 5되를 섞어 항아리에 담아 술을 빚는다. 둘째 돼지날에 백미 9말을 깨끗이 씻어 가루 내어 쪄서 익히고(蒸熟), 여기에 탕수 10말을 부어 죽을 쑤어 차게 식거든 누룩 1말과 함께 먼저 빚은 술에 섞는다. 셋째 돼지날에 백미 10말을 깨끗이 씻어 가루 내어 쪄서 익히고, 여기에 탕수 10말을 부어 죽을 쑤어 차게 식거든 앞의 술에 섞어 덧술하여 익으면 용수(上槽: 술이나 장을 거르는 데 쓰는 싸리나 대로 만든 둥글고 긴 통)를 박는다고 하였다.

286. 상동술(삼동술)

5~6월에 까맣게 익은 상동 열매를 채취한다. 표고 200m 지방에서 널리 자생되고 있으며 맛이 좋기로 유명하여 제주에서는 오래 전부터 가양주로 널리 이용되어 왔다. 상동 열매 5홉을 소주 1.8ℓ에 담아 둔다. 2~3개월 후 숙성되면 진한 자색 술이 된다. 소화촉진 효과가 있다고 한다. 〈우리술사전〉

287. 상락주(桑落酒)

〈유원총보〉에 기록되어 있다.

재료와 술 빚는 법에 대한 기록은 없다.

288. 상실주(橡實酒)

상수리열매(도토리)는 쪄서 물에 담그어서 쓴 맛을 제거한다. 상수리(도토리) 3말, 백미 5되, 누룩 7되를 한께 시루에 쪄서 항이리에 딤아 밑술을 빚는나. 술이 익을 무렵이 되면 기장 1말을 죽을 쑤어 누룩 2되와 섞어서 밑술에 합하여 덧술을 빚는다. 〈우리술사전〉

289. 상실주(橡實酒)

〈임원16지〉에 상실주방(橡實酒方)으로, 〈수운잡방〉에도 기록이 있다.

재료 수는 3, 4가지였다. 재료는 찹쌀, 누룩, 멥쌀, 기장, 상수리열매(도토리) 등이었다. 〈임원16지〉에는 멥쌀과 기장, 〈수운잡방〉에서는 찹쌀만 사용하였다.

상수리열매를 쪄서 익혀 물에 담궈서 쓴 맛을 제거한다. 상수리 3말, 백미 5되, 누룩 7되를 함께 시루에 쪄서 항아리에 담는다. 술이 익을 무렵 기장 1말을 죽쑤어 누룩 2되와 섞어서 합한다고 〈임원16지〉에 기록되어 있다.

〈수운잡방〉에는 껍질 깐 도토리(橡實米) 1섬을 흐르는 물에 담궈 오래 우렸다가 거친 가루를 만들어 햇볕에 말려 곱게 가루 내고, 찹쌀 6말을 깨끗이 씻어 곱게 가루 내어 잘 섞어 쪄서 익혀, 차게 식거든 두 가지 합한 것 2말 당 좋은 누룩 3되씩을 섞어 독에 담아 술을 익힌다. 찹쌀을 곱게 가루 내어 만든 1동이를 독에 붓는다. 독 밑까지 맑게 가라앉으면 용수를 박아 청주를 떠서 쓰고 그 앙금인 묽은 찰죽〔茹粘粥〕같은 술지게미를 거두어 햇볕에 말려 저장해 둔다. 멀리 여행할 때 먹으면 좋다. 또한 3~4월에 매사냥할 때, 오후 하인들이 허갈지면 이것을 냉수에 타 마시면 몸도 가벼워지고 다리에 힘도 난다고 하였다.

290. 상심주(桑椹酒), 상심소주(桑椹燒酒)

〈임원16지〉〈군학회등〉〈조선고유색사전〉에는 상심주로, 〈조선무쌍신식요리제법〉에는 상심소주로 기록되어 있다.

좋은 소주 한 고리에 뽕나무 열매 2되쯤 따서 즙을 내어 넣었다가 따르면 빛은 보라빛이고, 이 술을 마시면 눈과 귀가 밝아지고 오장(五臟)을 보한다고 하였다.

291. 생강주(生薑酒)

〈조선무쌍신식요리제법〉〈조선고유색사전〉에 기록되어 있다.

생강에다 흰 누룩을 조금 넣고 끓인 뒤에 즙을 내어 미림(味淋: 소주, 찹쌀 지에밥, 누룩을 섞어 빚어서 재강을 쥐어 짜낸 술)을 타면 술이 곧 된다고 하였다.

292. 생열귀술

생열귀나무는 장미과의 낙엽활엽관목이다. 충청도 강원도 지방의 산골짜기와 암석지에 자생한다. 뿌리, 열매, 가지를 사용한다.

생열귀나무는 신목(新木)이라 하여 예방비방 민간신앙에도 한몫을 하는데 집안에 우환이 생기거나 관재구설 등이 있을 때 대문 위에 걸어 둔다.

가을에 빨갛게 익은 생열귀열매 600g을 채집하여 물에 씻어 소쿠리에 건져 항아리에 담아 재료의 2~3배 분량의 독한 술 1.8ℓ을 붓는다. 냉암소에 3~4개월간 보존한 후에 마신다. 뿌리는 당뇨병, 이뇨제, 과실은 위통, 위장병에 효과

가 있다고 한다. 〈우리술사전〉

293. 생지황주(生地黃酒)

지황은 현삼과에 속하는 다년생초로서 그 뿌리와 줄기를 약으로 사용하고 있다. 지황은 우리 나라의 여러 지방에서 재배하고 있다. 9~10월경에 땅줄기를 캐서 시루에 쪄서 말린다. 생것을 모래에 파묻어 둔 것을 생지황, 햇볕에 말린 것을 건지황, 시루에 쪄서 말린 것을 숙지황이라고 한다.

생지황 100g은 껍질을 긁어내고 깨끗이 씻어 물기를 닦아낸 다음 하루 정도 말린다. 용기에 넣고 소주 1.8ℓ와 밀봉하여 보관한다. 2개월 정도 지나면 숙성이 된다. 건더기는 건져내고 맑은 술은 따로 보관한다. 어혈, 타박상, 강정, 남성 정력보강에 효력이 있다고 한다. 〈우리 술사전〉

294. 서로주(瑞露酒)

〈유원총보〉에 기록되어 있다.

재료와 술 빚는 법에 대한 기록은 없다.

295. 서미주(黍米酒)

〈임원16지〉에 서미법주방(黍米法酒方)으로 기록되어 있다.

누룩을 빻아 햇볕에 말렸다가 3월 3일에 3근 3냥을 취해서 물 3말 5되에 1주일간 담아 둔다. 기장 3말 3되를 깨끗이 씻어 밥을 짓고 뜸을 들였다가 식혀서 누룩 즙과 함께 항아리에 넣어 둔다. 익을 무렵 다시 기장 4말 반을 밥을 지어 식혀서 첨가한다. 또 기장 6말을 밥을 지어 식혀서 항아리에 첨가한다고 하였다.

296. 서여주(薯蕷酒)

〈임원16지〉에 기록되어 있다.

재료와 만드는 법에 대한 기록은 없고, 이 술은 모든 풍증을 치료하고 건위강정작용(健胃强精作用)을 한다고 기록되어 있다.

297. 서향주(瑞香酒)

팥꽃나무(瑞香)를 침정(沈丁)이라 하기도 하는데 이는 향기가 진한 침향(沈香)의 향기와 정(丁)자의 모습을 합친 것 같다고 하여 생긴 이름이다.

팥꽃나무의 꽃을 말린것을 서향화(瑞香花)라고 하여 한약재로 이용된다.

꽃은 씻을 수 없으므로 손을 깨끗이 씻고 꽃을 딴다. 바로 따서 담거나 말려서 담근다. 먼지가 있으면 천으로 꽃잎이 망가지지 않도록 먼지를 닦아 낸다. 팥꽃나무의 꽃잎 400g을 용기에 담고 30도 짜리 소주 1.8ℓ를 붓는다. 여기에 설탕 20g을 넣는다. 6개월 이상 숙성시키면 향긋한 호박색의 약술을 마실 수 있다. 목의 통증 해소, 기분 전환에 효능이 있다고 한다. 〈우리술사전〉

298. 석곡주(石斛酒)

석곡은 목곡 철피, 곽석곡 등으로 부르며 난초과에 속하는 상록다년초이며 경남 전남 해안 일대와 제주도 등지의 바위나 고목위에 자생한다. 전초를 채취하여 그늘에서 2~3일 정도 살짝 말려서 쓴다. 석곡 600g을 깨끗이 씻어 물기가 빠지면 적당히 썰어서 항아리에 담고 재료의 2~3배 소주 1.8ℓ를 붓는다. 공기가 통하지 않게 비닐로 잘 밀봉하여 다시 뚜껑을 닫고 냉암소에 보관하는데 3~5개월 정도 보관한다. 술이 완숙되려면 5개월 정도 걸린다. 위장, 비장, 해열, 소화불량, 조루증, 발기불능, 정력제에 효력이 있다고 한다. 〈우리술사전〉

299. 석남주(石南酒)

석남은 석남과의 상록 활엽관목이다. 중부이북 고산지대의 습지나 나무그늘아래 자생한다. 잎 또는 전초를 이용한다. 9~10월경에 석남잎 600g을 채집하여 깨끗이 씻어 그늘에서 말린 뒤 썰어 항아리에 담는다. 재료의 3~4배 가량의 술 1.8ℓ을 붓고 밀봉하여 냉암소에 보관하여 3~4개월 정도 지나서 마신다. 신장병, 이뇨제, 강력한 강정의 효과, 발기불능, 흥분제에 효능이 있다고 한다. 〈우리술사전〉

300. 석류주(石榴酒)

《지봉유설》에 수록되어 있다. 재료나 만드는 법의 설명은 없고 부남안(扶南安)에 있는 술이라고만 하였다.

원생지는 페르샤, 인도 북서 지방이며 옛부터 이용되고 있었다. 우리 나라에서는 10세기 전에 중국으로부터 도래한 기록이 있다. 중국에는 500g이나 되는 큰 것이 있는데 우리 나라에서는 과실보다는 관상용으로 재배되어 수정석류, 감미석류, 홍실석류 등이 있다. 솔로 과면을 잘 닦아 씻는다. 마른 행주로 물기를 닦아 낸다. 석류 4~5개를 2~3조각으로 쪼갠다. 설탕 80g, 소주 1.8ℓ를 병에 담아서 밀봉한다. 냉암소에 둔다. 음용은 1개월 지나면 가능하다. 숙성은 과실을 넣어둔 채 3개월 이상이 지난 후이다. 건위, 정장, 지사, 피로 회복, 미용, 정력에 효능이 있다고 한다. 〈우리술사전〉

301. 석류주(石榴酒)

〈지봉유설〉에 기록되어 있으나 재료나 만드는 법의 설명은 없고 부남안(扶南安)에 있는 술이라고만 하였다.

302. 석술

〈양주방〉에 기록되어 있다.

찹쌀 1말을 씻어 아침에 담궈 막 붇거든 건져 시루에 담고, 물이 빠질만 하거든 물 사발을 끓여 시루를 그릇 위에 놓고, 주걱으로 쌀을 저으며 물을 주어, 시루 밑의 물과 시루의 쌀을 항아리에 넣는다. 항아리를 방 아랫목에 단단히 덮어두었다가, 이튿날 쉰내가 나며 쉬거든 시루에 다시 받혀 물기가 빠지거든 익게 쪄 놓고 그 물을 한소큼 끓여 찐밥과 끓는 물을 소라기에 함께 퍼 둔다. 이튿날 누룩 가루 7홉을 고루 섞어 항아리에 넣어 3주 후에 먹는다. 바쁘거든 10일 후에 위를 걷고 국자로 떠 쓰고, 맑은 술이 적거든 위에 뜬 것과 찌꺼기를 따라서 쓰라고 하였다.

303. 석이술

석이버섯은 예로부터 고급 식품으로 전해져 왔으며 바위에서 자라는 것을 석이(石珥)버섯, 색이 흰 것을 은이(銀珥)버섯이라고 한다.

석이 버섯 400~500g을 미지근한 물에 담궈 불려 놓는다. 하루 정도 말려 물기를 완전히 빼고 용기에 넣는다. 소주 1.8ℓ를 붓고 얼음 설탕 20g을 넣어 밀봉한다. 시원한 곳에서 6개월 정도 숙성시킨다. 식욕 촉진, 항암작용, 자양 강장

등에 효과가 있다고 한다. 〈우리술사전〉

304. 석탄주, 석탄향(惜呑香)

〈술방문〉에 석탄주, 〈임원16지〉에 석탄향방, 〈조선무쌍신식요리제법〉에 석탄향으로 기록되어 있으며, 〈양주방〉에도 기록이 있다.

백미 2되를 작말하여 탕수 1말 붓고 죽쑤어서 식거든 누룩을 뒤섞어 항아리에 담는다. 봄, 여름에는 3~4일, 가을겨울에는 6~7일 후에 점미 1말을 백세하여 담갔다가 익게 쪄 밑술에 합한다. 7일 후에 다시 객수를 붓지 말고 용수 질러 떠먹으면 맛이 향기롭고 기특하며, 입에 머금고 삼키기 아깝다고 하였다. 첫국 뜨고 나중에는 물을 부어 다 섞어도 먹을 만하다고 〈주방문〉에 기록되어 있다.

305. 선령비주(仙靈脾酒)

음양곽(淫羊藿)은 일명 선령비(仙靈脾)라고 하며, 삼지구엽초(三枝九葉草)의 잎을 말린 것이다. 선령비주는 음양곽이 주된 약이고 다른 약재는 보조약이다.

음양곽(淫羊藿) 60g, 육종용 30g, 복령(茯笭) 40g, 자감초(炙甘草) 20g을 잘게 썰어 용기에 넣고 소주 1ℓ를 붓는다. 밀봉하여 시원한 곳에 보관한다. 처음 4~5일간은 1일 1회 액을 가볍게 흔들어 준다. 10일 후에 마개를 열어 액을 천으로 거르고 액은 다시 용기에 넣는다. 설탕 100g과 벌꿀 100g을 넣고 잘 저어 녹인다. 여기에 생약 찌꺼기 1/5을 넣고 밀봉하여 시원한 곳에 보관한다. 1개월 후에 마개를 열어 윗부분의 맑은 액만 딸아 내고 나머지 액과 합친다. 약간 쓴맛이 있는 짙은 흑갈색의 약술이 완성된다. 성기능 감퇴, 하반신 무력, 건망증, 신경쇠약에 효력이 있다고 한다. 〈우리술사전〉

306. 선령비주(仙靈脾酒)

〈임원16지〉에 기록되어 있다.

재료와 술 빚는 법에 대한 기록은 없고 이 술은 남자의 양기를 돋구며 무릎과 허리가 차가운 데 효력이 있고, 반신 불수에 효력이 있으며, 늑골을 강장케 한다고 하였다.

307. 선묘주(仙茆酒)

〈임원16지〉에 기록되어 있다.

선묘(仙茆)를 아홉번 쪄서 아홉번 볕에 말려 술에 넣는다. 이 술은 양기를 돋구며 무릎과 허리가 아픈 데 잘 듣는다고 하였다.

308. 선산약주(善山藥酒)

조선 초기 성리학자로 유명했던 영남 학파의 종조(宗祖)인 김종직에 의하여 개발되었다고 한다. 선생은 밀양에서 태어나 부친 김숙자의 고향인 선산 금오산 서원(書院)에서 많은 학자들을 양성하면서 찹쌀과 누룩을 가지고 단계천물로 술을 빚어 선비들과 즐겨 마셨다고 한다. 이 술은 소나무 잎을 가미하였다하여 일명 송로주(松露酒)라고도 한다. 경북 선산의 약주(藥酒)가 지방문화재로 지정되었다. 조선시대 허미수, 조남명 선생께서 신선주라 하여 시회(時會) 때 즐겨 마셨다고 하는데 후대에도 계속 전수하여 내려왔으나 일제 때 탄압으로 40년간은 술을 빚지 못하여 숨어서 명맥만 유지하여 가정술로 귀한 손님께 대접하다가 해방 이후엔 이 술을 빚어 경사집, 상빈과 좋은 주우(酒友)를 맞기도 하였으나 자유당 당시 주세법이 개정되어 술을 가정에서 담그지 못하게 하자 요즈음에는 알려지지 않고 있지만 자손 대대로 유산처럼 방법과 기술을 익혀오고 있다고 한다. 또 조선조 선비들 사이에 남도주로서 명성이 높아 경상감사가 대원군에게 신상하니 대원군이 크게 기뻐하고 즐겨 마셨다고도 한다. 기능보유자 이명성씨의 배합비는 오미자, 오가피, 천문둥, 하수오 각각 1.2kg, 인삼, 원지 0.8kg, 당귀 3.6kg, 신곡 10장, 알콜 30, 물 10ℓ를 봄철에 담그어 단기로는 60～80일, 장기로는 3～5년간 통풍이 잘되는 그늘진 곳에 둔다고 한다.

밑술은 찹쌀 1말과 누룩 1말 2되로 빚는데 7일 후에 덧술을 한다. 덧술은 찹쌀 8되과 누룩 가루 1되로 그 배합 비율은 8 : 1이었다. 순찹쌀 약주이다. 〈우리술사전〉

309. 선인장 열매주

제주도에서는 선인장에도 열매가 맺는데 수확시기는 11월이다. 열매는 자색이 될 때까지 기다려 수확하는 것이 좋다. 선인장 열매 600g을 깨끗이 씻어 용기에 소주 1.8ℓ와 함께 넣은 후 밀봉한다. 2개월 정도 지나면 숙성이 끝나 마실 수 있다. 숙성이 된 술은 자색을 띄며 산미와 감미가 있어 마시기에 부드럽다. 신경통, 요통에 효능이 있다고 한다. 〈우리술사전〉

310. 선인장주(仙人掌酒)

선인장은 선인장과의 다년초이다. 전국적으로 관상용으로 재배하고 있다. 풀 전체를 이용한다.

선인장에는 여러 가지 종류가 있으나 어느 것이든 좋다. 가시를 모두 제거하고 몸통 전체 600g을 물에 깨끗이 씻은 후 물기가 빠지면 적당한 크기로 썰어서 항아리에 담고 재료 3~4배 분량의 독한 술 1.8ℓ을 붓는다. 공기가 통하지 않게 밀봉하여 냉암소에 보관하여 3~4개월 후 마실수 있다. 열병, 늑막염, 천식, 각기병, 신장염, 폐병, 백일해, 식욕부진 등에 효과가 있다고 한다. 〈우리술사전〉

311. 선장주(仙漿酒)

〈지봉유설〉에 기록되어 있다.

재료와 술 빚는 법에 대한 기록은 없고, 이 술에 취하면 10일만에 깬다고만 기록되어 있다.

312. 선주(仙酒)

중국 고대에는 신선이 되려는 신선 사상이 유행했던 때가 있다. 이 시대에 많은 사람들이 장생 불로 회춘을 열렬히 추구하였고 여러가지 방법과 약방을 생각해 내었다. 그러한 시대적인 배경속에 탄생한 것이 바로 선주(仙酒)이다. 이 약술은 불로 장수, 회춘의 명주로서 그 옛날 신선이 되고자 하던 사람들이 들이 즐겨 마셨다고 한다. 구기자 10g은 그대로, 하수오(何首烏) 20g, 맥문동(麥門冬) 20g, 지황(地黃) 10g, 황정(黃精) 10g, 천문동(天門冬) 5g, 박충(朴沖) 10g, 원지(遠志) 5g, 연자(蓮子) 5g, 백출(白朮) 5g, 지실(枳實) 5g, 복령(茯苓) 5g은 잘게 썰어 용기에 넣고 25도 소주 1ℓ를 붓는다. 처음 4~5일간은 1일 1회 용기를 가볍게 흔들어 준다. 10일 후에 마개를 열어 천으로 액을 거른다. 액은 용기에 다시 붓고 설탕

100g 과 벌꿀 100g을 넣어 잘 저어 녹인다. 여기에 생약 찌꺼기 1/5을 다시 넣고 밀봉하여 시원한 곳에 보관한다. 1개월이 지나면 마개를 열어 윗부분의 맑은 액만 딸아 내고 나머지 액은 천이나 여과지로 걸러 앞의 액과 합친다. 자양 강장, 노화 예방, 정력 감퇴, 피로 회복, 건망증에 효능이 있다고 한다. 〈우리술사전〉

313. 선화주(旋花酒)

선화는 메꽃이라 하며 메꽃과의 덩굴성 다년초이다. 전국 각지 들이나 길가에 자생한다. 잎, 뿌리를 이용한다. 뿌리 600g을 채집하여 물에 깨끗이 씻어 오전 11～오후 2시의 햇빛에 말려 뿌리가 살짝 시들었을 때 적당하게 썰어서 항아리에 담는다. 재료 2～3배 분량의 독한 술 1.8ℓ을 붓고 밀봉한 후 냉암소 또는 땅속에 보관하는데 2～3개월 정도면 술이 완숙된다. 꽃으로 담글 때는 신선한 꽃을 따다가 물에 살짝 씻어 물기가 빠지면 사용한다. 잎으로 담글 때는 덩굴 전체를 채집하여 물에 씻어 그늘에 말린 후 적당한 크기로 썰어서 사용한다. 이뇨, 혈압강하, 당뇨병, 발기불능, 갱년기 정력감퇴, 소변 불리에 효능이 있다고 한다. 〈우리술사전〉

314. 섬라소주(暹羅燒酒)

〈지봉유설〉에 기록되어 있다.

재료와 술 빚는 법에 대한 기록은 없고, 한 두잔만 마시면 묵은 병이 모두 낫는다고만 기록되어 있다.

315. 섬라주(暹羅酒)

〈한국외래주유입사연구〉에 기록되어 있다.

〈동의보감〉 〈지봉유설〉을 인용하여 16세기에 태국산 술이 유입된 것이라고 하였다. 소주를 다시 2차로 내려서 진보이향(珍寶異香)을 곁들인 고농도 증류주이다. 단지마다 단향〔香木〕을 수십근 태워 연기로 그을러서 칠(漆)과 같이 만들고, 술을 넣은 후에 밀봉하여 땅에 2, 3년 묻어 소주 기운을 가시게 하여 마신다고 하였다. 감홍로(甘紅露)와 같은 방법의 재증류주이나 진귀한 향료를 곁들인 고농도재제주(高濃度再製酎)이다.

316. 성탄향(聖嘆香)

〈시의전서〉에 기록되어 있다.

백미 2되를 백세 세말하여 물 1말로 죽을 쑤어 식혀서 누룩 가루 1되를 섞어 넣어 겨울에는 7일, 여름에는 3일, 봄, 가을은 5일 후에 점미 1말을 백세하여 무르게 쪄 식혀서 밑술에 섞어 7일 후에 쓴다. 달고 가장 좋으니 입에 머금어 삼키기 아깝다고 하였다. 〈술방문〉〈임원16지〉〈조선무쌍신식요리제법〉의 석탄주, 석탄향과 같은 듯한데 이름이 다르다.

317. 세신주(細辛酒)

〈역주방문) 〈수운잡방〉에 기록되어 있다.

백미 2말 5되를 백세 작말하고 물 2말 5되를 끓인다. 백미 가루를 반은 날것으로, 반은 죽을 쑤어서 끓인 물과 합하여 섞어 하룻밤 두었다가 누룩 가루 2되, 진말 1되와 섞어 항아리에 담는다. 7일 후에 백미 5말을 백세하여 밥을 짓고 잘 끓인 물 5말과 합하여 밑술에 넣어서 7일이 지난 후에 쓴다고 하였다.

〈수운잡방〉에는 백미 5말을 깨끗이 씻어 곱게 가루 내고, 탕수 10말로 죽을 쑤어 차게 식거든 누룩 1말을 섞어 독에 넣는다. 봄, 가을은 5일, 여름은 4일, 겨울은 7일 후 백미 10말을 깨끗이 씻어 아침, 저녁 물을 갈아 가며 3일간 미리 물에 담궈 둔 것을 왼이로 찐다. 물 5말을 뿌려가며 푹 익게 거듭 쪄서 차게 식거든 누룩 5되를 섞어 먼저 빚은 술에 어울려 같이 빚어 넣었다가 익으면 내어 쓴다.

318. 소곡주 또는 소국주(小曲酒, 小麯酒, 少麴酒, 素麴酒)

〈산림경제〉〈수운잡방〉에는 소국주(少麴酒)로, 〈김승지댁주방문〉에는 소곡주(小曲酒), 〈임원16지〉에는 소국주방(少麴酒方), 〈고려대규곤요람〉에는 소국주법(小麴酒法), 〈규합총서〉에는 소국주(素麴酒), 〈술 빚는 법〉에 소국주방문(小麴酒方文), 〈시의전서〉에는 소국주별방(小麴酒別方)으로 기록되어 있으며, 〈음식디미방〉

〈요록〉〈치생요람〉〈음식보〉〈역주방문〉〈증보산림경제〉〈고사십이집〉〈술 빚는 법〉〈부인필지〉〈양주방〉 등에도 기록이 있다.

재료 수는 3, 4, 5, 6가지였다. 재료는 멥쌀, 물(탕수), 누룩, 찹쌀, 진말, 내면, 오색곰탕 등이었다. 〈시의전서〉에서만 멥쌀과 찹쌀을 사용하였고, 〈시의전서〉〈고려대규곤요람〉에서만 진말을 사용하였으며 〈임원16지〉에서는 내면, 〈고려대규곤요람〉에서는 오색곰탕을 사용하였다.

정월 첫 해일(亥日)에 냉수 8되를 항아리에 붓고 누룩 7홉을 물에 담갔다가 3일 후에 누룩을 제 물에 죄다 걸러 체에 받힌다. 멥쌀 5되를 백세 작말하여 쪄서 더울 때 누룩 거른 물에 풀어 넣었다가 3일 후에 동도지(東桃枝)로 풀어지도록 저어 차게 덮어두었다가, 2월에 멥쌀 1말을 씻어서 하룻밤 담궈 두었다가 물 7되나 8되를 뿌려가면서 쪄서 더울 때 밑술에 넣어 동도지로 젓는다. 21일 후에 떠서 쓰면 좋다고 하였다.

항아리가 너무 크면 군내가 나고 작으면 술이 넘으니 넉넉하고 알맞은 항아리에 빚는다. 술항아리는 바람 없고 따뜻한 곳에는 좋고, 불 기운이나 햇볕은 꺼린다. 모든 술이 지에밥 찐 것에 온기가 있어도 맛이 시어지나, 소국주는 누룩만 냉수에 담궈 3일 후 걸러 넣은 후는 지에밥과 밑을 모두 더울 때 넣어야 한다고 하였다. 술이 유달리 아리땁고 빛이 냉수같고 취하기도 덜한다고 〈규합총서〉에 기록되어 있다.

〈수운잡방〉에는 백미 3말을 깨끗이 씻어 곱게 가루 내어 탕수 3말로 죽을 쑤어 차게 식거든, 누룩 5되와 밀가루 5되를 섞어 독에 담아 익거든, 백미 6말을 깨끗이 씻어 곱게 가루 내어 쪄서 익혀, 탕수 6말로 죽을 쑤고 차게 식거든, 먼저 빚은 술에 섞어 독에 넣고, 술이 익거든 백미 6말을 깨끗이 씻어 왼이로 찌고 탕수 6말을 찐밥에 부어 차게 식혀서 먼저 빚은 술과 섞어 독에 넣었다가 익거든 쓴다.

〈수운잡방〉에 또 다른 방법은 정이원 안에 백미 5말을 깨끗이 씻어 가루를 내어 탕수 6동이 반으로 죽을 쑤어 차게 식거든 누룩 5되, 밀가루 5되를 섞어 술을 빚는다. 7일이 되거든 백미 5말을 가루 내어 마르니로 쪄서〔乾蒸: 마르게 찐 것) 먼저 빚은 술에 섞어 덧술하여 담는다. 또 7일을 기다려 앞의 법대로 해서 섞어 빚어서 덥지도 춥지도 않은 곳에 둔다.

모란과 장미가 필 무렵 용수를 박지 않고, 맑은 것을 떠 쓴다. 술 지게미는 물에 타서 마시면 이화주와 같으며 보다 진한 향미(香味)의 술이라고 하였다.

319. 소맥노주(小麥露酒)

〈임원16지〉에 소맥노주방(小麥露酒方)으로 기록되어 있다.

밀 1말을 깨끗이 씻어 물에 담갔다가 시루에 찐다. 이것을 절구에 넣고 찧어서 손으로 주물러 떡을 만들어 햇볕에 말린다. 반쯤 말랐을 때 다시 빻아서 누룩 가루 4되와 반죽하여 떡으로 만든다. 물 1말을 끓여 떡과 함께 항아리에 담고, 5일 후에 상법(常法)으로 소주를 만든다고 하였다.

320. 소병주(小甁酒)

〈한국외래유입사연구〉에 기록되어 있다. 〈동의보감〉을 인용하여 소병주는 중국 강소성(江蘇省)의 술이 15~16세기에 유입된 것이라 한다.

주곡(酒麴) 중에 인, 홍두, 천조 등의 약재를 곁들인 것으로서 음용하면 두통과 갈증이 뒤따른다고 하였다.

321. 소서주(消署酒)

〈군학회등〉에 기록되어 있다.

찹쌀 1말을 아침에 담갔다가 저녁에 쪄서 누룩 2되와 2병의 물에 담궈서 밥과 섞어 항아리에 넣었다가 18일이나 21일 후에 술이 뜨면 사용한다고 하였다.

322. 소엽주(蘇葉酒)

자소(紫蘇) 즉 차조기, 차조기 씨앗을 소자(蘇子)라고 하고 자소의 잎을 소엽(蘇葉)이라 한다. 순형과의 일년초이다. 원산지는 중국이나 우리 나라 전국에서 재배하거나 밭이나 길가에 자생한다. 씨앗과 잎을 이용한다. 자소가 지닌 상쾌하고도 선명한 냄새는 메틸알데히드라는 화학성분 때문인데 다른 식물에는 전혀 유사한 것이 없는 향기이다. 청자소(青紫蘇)의 잎 150g을 잘 씻어 물기를 없애고,

소주 1.8ℓ를 붓고 밀봉하여 둔다. 약 1개월이면 향기가 높고 감미있는 술이 된다. 진통, 해열, 발열, 식중독, 기관지염, 위염, 식욕부진, 구역질, 소화불량 등에 효능이 있다고 한다. 〈우리술사전〉

323. 소자주(蘇子酒)

〈임원16지〉〈김승지댁주방문〉〈고려대규곤요람〉〈군학회등〉〈역주방문〉〈증보산림경제〉 등에 기록되어 있다.

재료는 2가지였다. 재료는 술, 소자(蘇子: 차조기씨) 등이었다. 소자를 약간 볶아 빻아서 가제 주머니에 담아 술독에 3일간 넣으면 된다. 이 술은 이질에 잘 듣고 혀를 보한다고 〈임원16지〉에 기록되어 있다.

324. 소주(燒酒)

〈주방문〉에 소주별방(燒酒別方), 〈음식디미방〉〈지봉유설〉〈고려대규곤요람〉에 소주(燒酒), 〈규합총서〉에 소주법(燒酒法), 〈김승지댁주방문〉에 소주 만드는 법, 〈조선무쌍신식요리제법〉에 소주로 기록되어 있으며, 〈부상록문견별록〉〈복관지〉〈역주방문〉〈고사십이집〉〈제조반방지〉〈부상록〉〈영접도감미연색의궤〉 등에도 기록이 있다.

재료 수는 3, 4, 5, 6, 7, 8가지였다. 재료는 멥쌀, 물, 누룩, 찹쌀, 탕수, 나락, 홍곡, 계피, 사상, 기장쌀, 수수, 보리쌀, 옥수수, 백설기, 밀 등이었다.

〈규합총서〉에만 홍곡, 계피, 사상, 지초가 있었고, 〈조선무쌍신식요리제법〉에서만 보리쌀, 옥수수, 수수, 백설기를 사용하였고, 〈조선무쌍신식요리제법〉과 〈조선고유색사전〉에는 기장쌀을 사용하였으며, 〈조선고유색사전〉에서만 밀을 사용하였다.

쌀 한말을 백세하여 익게 쪄 탕수 2말에 풀고 누룩 5되를 섞어 6일 후에 고되 물 2사발을 먼저 솥에 부어 끓이고 술 3사발을 그 물에 부어 고루 젓고, 뽕나무 밤나무 불을 알맞게 땐다. 위에 올려 놓은 물이 따뜻하거든 자주 갈되, 한솥에 새 물을 떠 드렸다가 푸고 즉시 부으면 소주가 가장 많이 나오고 좋다고 〈음식디미방〉에 기록되어 있다.

〈지봉유설〉에서 소주는 오직 약으로만 쓸 뿐으로, 함부로 먹지는 않았으므로 작은 잔을 가지고 소주잔이라고 한다고 하였다. 〈고려대규곤요람〉에는 소주를 고을 때 땔감은 참나무와 밤나무를 쓴다고 하였다.

그림 14 소주고리에서 소주내리기

〈조선무쌍신식요리제법〉에는 소주는 삼우주를 담근 지 3~4개월이되어야 고는데, 처음 내리는 것은 달고 독하며, 둘째번 내리는 것은 쓰고 조금 독하며, 세번째 내리는 것은 아무 맛이 없으니 그 세번에 걸쳐 내리는 것을 모두 섞으면 된다고 하였다. 또 소주를 고리에 내릴 때 고추를 쪄서 수건에 싸서 귓대에 바치고 내리면 소주 맛이 짜르르하고 콕 쏘게 한다고 하였다. 또는 꿀을 소주 받는 그릇 밑에 조금 바르면 좋고, 모시 조각에 계피 가루와 설탕을 싸서 받는 병 위에 놓고, 빛을 붉게 하려면 지치〔紫草〕를 넣고, 빛을 누르게 하려면 당귀를 썰어 병에 넣고 받으면 좋다고 하였다. 또 좋지 않은 술로 소주를 내리려면 먼저 좋은 소주를 조금 들어 붓고 내리면 좋다고 하였다.

소주 화청하는 것은 꿀과 용안육과 대추를 구워 넣는 것이고, 그 외에 숙지황이나 계피를 조금 넣어도 좋고, 꿀이 없으면 설탕도 무방하고 앵도를 짜서 넣어도 좋다고 하였다. 소주를 마실 때 여름에는 꿀을 조금 타고 얼음 한 덩어리를 넣고 급히 저어 마시면 좋다고 하였다. 소주를 초와 섞어서 한 잔만 마시면 곧 크게 취한다고 하였다. 소주에는 뜨거운 국물, 짠 것, 매운 것, 문어, 전복 말린 것 등이 좋지 않다고 하였다.

소주는 냉적(冷積)과 한기(寒氣)와 조습담(燥濕痰)을 사라지게 하고, 울결(鬱結)한 것을 열고, 설사를 그치게 하고, 곽란과 학질과 열격(噎膈)과 심복냉통(心腹冷痛)과 음독욕사(飮毒欲死)를 다스리고, 벌레를 죽이고, 장기(瘴氣: 축축하고 더운 땅에서 일어나는 독기)를 물리치고, 대변이 단단하거나 눈 붉은 것을 씻겨 주고, 종기 아픈 데 효험이 있다고 〈조선무쌍신식요리제법〉에 기록되어 있다.

소주를 담는 병 입구에 저편(苧片: 모시 조각)을 놓고 그 위에 계피 가루, 설탕 등을 넣고 술을 받으면 술맛이 좋다. 술을 붉게 하려면 저편 위에 자초(紫草)를 놓고, 노랗게 하려면 치자를 놓고, 생당귀를 썰어 병에 넣고 소주를 받으면 술이 독하지 않고 맛이 좋다고 하였다. 또 나쁜 술로 만들 때는 우선 다른 소주를 약간 섞어 솥에다 끓이면 술맛은 강렬하나 잘 취하지 않는다고 하였다.

소주는 다른 술과 달리 역사가 비교적 짧은 편이다. 중국에는 원(元)시대에 들어왔고, 우리 나라에는 고려말에 몽고 사람을 통하여 들어왔다고 한다. 당시 수도는 개성이었고, 일본을 공략하기 위한 병참 기지는 안동이었으며, 전진 기지는 제주도였으니 이 세 곳에 몽고 사람이 많이 와 있었으므로 자연 소주의 명산지가 되었다. 오늘날에는 안동 소주와 제주소주가 문화재로 지정되었다.

(1) 안동소주

안동소주는 누가 처음 만들기 시작했는지 알 수 없으나 안동 지방에서는 낙동강변의 질이 좋은 우물물로 빚은 술로 소주를 고았고, 고려시대에 이 일대에 부임한 무장(武將) 김진(金鎭)은 소주를 너무 많이 마셔서 소주도(燒酒徒)라고도 불렸다고 한다.

안동소주는 주로 명문가의 접빈객용(接賓客用)으로 많이 쓰였으며

1920년대에 제비원 소주가 대량 생산될 때까지 가양주(家釀酒)였다. 안동소주에 쓰는 누룩은 통밀을 갈아서 거의 밀기울만으로 만든다. 주모는 따로 만들지 않고 지에밥, 누룩 가루, 물로 밑술을 빚어 발효가 끝나면 이 밑술로 소주를 내린다.

기능보유자는 조옥화(趙玉花, 1922년생)로 안동 서문 밖 운안동(雲安洞)의 부농가(富農家) 지주(地主)의 딸로 태어나서 어머니에게 배우고 그 후 시부의 봉양을 위하여 수시로 양조하였다고 한다. 조옥화가 만드는 안동소주는 밑술 18.5kg마다 5.3kg의 소주가 얻어지며 빛깔은 순색이다. 소주 특유의 향기가 있으며 단내나

그 밖의 냄새가 없고 알콜 도수는 35~38도다.

(2) 제주소주

제주소주는 김저의 〈제주풍토록〉에 백성들은 밭곡식을 먹기 때문에 청주는 매우 귀하여 겨울이나 여름 할 것 없이 소주를 쓴다고 하였다.

고려말 이래로 제주도는 소주의 명산지였다. 해방 전후 제주에는 절간(고구마 말린 것)의 판매가 순조롭지 않아 썩히게 되자, 이를 이용하여 소주를 제조해 판매함으로써 생활비에 충당하였다고 한다.

기능보유자는 김주옥(여, 1926년생)으로 친정 어머니께 기술을 배우고 1945년 결혼한 후로는 시어머니께 기술을 배우고 제조하기 시작하였으나 단속이 심하여 제조를 중단하였다고 한다.

제주소주는 한라산 기슭의 지하수를 이용하였고, 누룩은 겉보리와 차 좁쌀 가루로 만들었다. 밑술은 메좁쌀 1되, 누룩 1되의 비율로 담고, 3일 후에 밑술에 다 메좁쌀 지에밥, 누룩, 물을 섞어 넣고, 여름이면 10일, 겨울이면 30일이 지나면 소주를 곤다.

김주옥이 만든 소주는 밑술 5되에 소주 2되 정도를 얻고, 알콜 농도는 밑술이 13.6도, 소주가 30도 정도이다.

(3) 소주다취로법(燒酒多取露法)

〈임원16지〉〈증보산림경제〉에 기록되어 있다.

찹쌀 1되, 멥쌀 1되를 섞어 물에 담갔다가 가루로 만들어 물 10사발을 넣고 죽으로 끓인다. 식은 뒤 누룩 가루 4되를 섞어 항아리에 담는다. 다음날 찹쌀 1말을 쪄서 식혀 첨가하고 5일 후에 소주로 만든다고 하였다.

325. 소주특방(燒酒特方)

〈조선무쌍신식요리제법〉에 2가지 방법이 기록되어 있다.

멥쌀 1되, 찹쌀 1되를 물에 담갔다가 가루 내어 누룩 가루 9되와 끓는 물 8되를 함께 섞어 항아리에 넣는다. 3일 후에 찹쌀 2말을 밥 쪄 식거든 밑술에 합한다. 7일 후에 소주를 곤다. 물을 12번만 바꾸면 맛이 평평하고 순하며, 8~9번 바꾸면 맛이 극히 맹렬하다고 하였다.

•▶ 문배주

문배를 넣지는 않았으나 엷은 황갈색을 띠고 그 향기가 문배와 같아서 붙여진 이름이다. 문배주는 무형문화재로 지정되었다. 이 술을 처음 만든 인물이나 장소가 확실하지는 않으나 평양 부근에서 만들게 된 것 같다. 제조 기능자 이경찬(李景燦)에 의하면 평양 대동강변의 석회암층의 물을 사용한다고 한다.

밀누룩에 물에 우려낸 누룩 물을 써서 좁쌀과 섞어 주모를 담근다. 5일 후에 수수밥으로 술밑을 만들고 다시 1일 후 수수밥으로 덧술한다. 이 술밑을 약 10일간 발효시켜서 증류한다. 약 10말의 술밑에서 3~3.5말의 문배주를 얻는다. 알콜 농도는 40도 정도이고 6개월~1년간 숙성시켜 저장한다.

326. 소흥주(紹興酒)

〈한국외래주유입사연구〉에 기록되어 있다.

중국 절강성(浙江省) 소흥(紹興)의 명양주(名釀酒)가 순조 원년에 유입된 외래주이다. 〈연대재유록(燕臺再遊錄)〉〈부연일기(赴燕日記)〉 등을 인용하여 소흥주의 술맛은 담담하기가 우리 나라 청주류와 같으나 맛이 매우 나쁘고, 작은 병 하나의 값이 1냥인데 한 병은 작은 술잔 두 잔에 해당한다고 하였다.

소흥주는 소주가 아니고 양조주이며 색상은 황색이고 맛이 매우 담담하여 만배(萬杯)를 마셔도 취하지 않으며 귀한 손님이 와서 음식을 마련할 때면 반드시 이 술을 내놓았으니 종일 주고 받아도 실수하는 일이 없다고 하였다. 소흥주는 청주 즉 약주와 비슷한 황색을 지닌 청주류의 일종으로 주정도가 비교적 낮아 상류 사회에서 준음료로 통용될 수 있을 정도로 담담한 고급주라고 하였다.

327. 속미주(粟米酒)

〈임원16지〉에 속미주방(粟米酒方)으로 기록되어 있다.

메밀술은 정월에만 만들 수 있고 기타의 달에는 안된다. 누룩도 신국(神麴)이 아닌 보통 누룩으로 만든다. 누룩과 쌀은 깨끗이 다루어야 하며 정월 초하루 해 뜨기 전에 물을 취하고, 해 뜰 때 누룩을 말리고 정월 보름날 누룩을 빻아 준비한 물에 넣는다. 누룩 1말에 물 8말, 쌀 1석(石)의 비율로 담는다. 쌀은 4등분하여 1/4만 물에 담갔다가 오후에 밥을 짓고 항아리에 누룩, 물을 넣고 그릇으로 덮고 흙으로 밀봉한다. 일주일 후에 다시 쌀 1/4을 밥 지어 첨가하고, 다시 일주일 후에 나머지 쌀 1/4을 밥 지어 첨가한다. 28일 후면 술이 익는다.

주의할 점은 이 술을 담을 때 햇볕을 보면 안되고, 촛불이 비쳐도 안되므로 밤에만 담근다고 하였다.

328. 송국주

〈고려대규곤요람〉에 기록되어 있다.

재료와 술 빚는 법이 자세히 기록되어 있지 않고, 감국과 송엽을 등 분하여 모시 주머니나 베 주머니에 담아 독 밑바닥에 넣고, 누르면서 빚으면 되는데 술은 방문주로 빚는다고 하였다.

329. 송령주(松鈴酒)

〈주방문〉〈술 만드는 법〉에 기록되어 있다.

재료 수는 4가지였다. 재료는 멥쌀, 누룩, 물, 솔방울 등이었다. 솔방울이 마침 푸르렀을 때 솔방울 1말에 물 3동이를 붓고 끓여서 2동이쯤 되게 달여서 베에 받쳐 항아리에 담는다. 백미 1말을 쪄서 식혀누룩 가루 3되를 섞어 솔방울 달인 물이 있는 항아리에 넣었다가 익거든 마신다고 하였다.

330. 송순주(松筍酒)

〈술 빚는 법〉〈시의전서〉〈술방문〉〈조선무쌍신식요리제법〉에 2가지 제법이, 〈조선고유색사전〉〈규합총서〉〈치생요람〉〈양주방〉〈음식디미방〉〈지봉유설〉〈신간규황촬요〉에 기록이 있다.

재료 수는 3, 4, 5가지였다. 재료는 찹쌀, 멥쌀, 누룩, 술, 송순, 진미 등이었다.

멥쌀 2되를 씻어 물에 담갔다가 이튿날 가루로 만들어 누룩 1되와 섞어 의이처럼 쑤어서 누룩을 넣어 항아리에 담는다. 4~5일 후에 찹쌀 1말을 씻어 지에밥을 쪄서 얼음같이 차게 식힌다. 한편으로 솔순 1말을 수염 없이 하여 살짝 삶아 식힌다. 밑술에 솔순과 찹쌀 지에밥을 한켜씩 번갈아 앉혀서 항아리를 봉하여 차도 덥지도 않은 곳에 둔다. 1주일 후 백소주(白燒酒) 40복자를 부어 익은 후에 쓴다. 이렇게 하면 술 1말이 나온다. 여러 말을 하려면 쌀, 누룩, 솔순, 소주를 배로 쓰면 된다고 〈규합총서〉에 기록되어 있다.

김제 송순주가 전통 민속주로 지정되었다. 김제 송순주는 선조 시대 김탁이 위장병과 신경통으로 고통을 겪고 있었는데, 부인이 선약(仙藥)을 수소문하던 중 어느 산사(山寺)의 여승을 통하여 송순주의 비법을 익힘으로써 김탁은 이것을 장복하여 건강이 회복되었으니, 그 후 그 가문에 전승되고 그 가문의 후손인 김복순(여, 1936년생)이 제조 기능자로 지정되었다.

누룩은 밀가루로 만든 분국(粉麴)과 밀을 빻아 체로 치지 않고 그대로 사용하여 만든 조국(粗麴)을 사용한다. 송순은 4월 하순부터 5월 상순 사이에 소나무 옆가지에 돋아난 새순을 채취하여 쪄서 음지에서 24시간 정도 건조시킨다. 사용할 때는 물에 담갔다가 불순물을 제거한다.

혼양주용 소주는 멥쌀 지에밥과 누룩 가루로 술을 빚어 소주를 내린다. 밑술은 멥쌀가루와 누룩 가루로 만들고, 찹쌀 지에밥, 누룩 가루, 쪄서 말린 송순을 섞어 덧술을 빚어 발효시킨다. 발효가 끝난 밑술에 약 30도의 소주를 섞어 준 다음 용수를 박아 놓고 독을 밀봉하여 약 2개월간 숙성시킨다. 용수에 괸 숙성된 술을 떠 내면 25도 정도의 맑은 술이 되고, 남은 찌꺼기에 30도 소주를 넣어 2차로 떠낸다. 이렇게 얻은 술은 병에 담아 1개월 이상 저장하였다가 마신다. 오래 저장할수록 좋다.

331. 송순주(松笋酒)

〈군학회등〉〈임원16지〉에 송순주방(松笋酒方)으로 2가지, 〈증보산림경제〉에 기록되어 있다.

재료 수는 4가지였다. 재료는 찹쌀, 멥쌀, 누룩, 물, 송이 등이었다.

〈임원16지〉의 한 방법은 찹쌀 5말을 가루로 만들어 죽을 끓여서 냉각한 후, 누룩 가루 3되 5홉과 함께 항아리에 담는다. 3~4일 후 5~6치 길이의 송이를 따다 모엽(毛葉)을 제거하고 끓는 물에 살짝 데쳤다가 쓴 맛을 빼낸다. 찹쌀 5말로 지에밥을 지어 식혀서 송이와 함께 밑술에 첨 가한다. 5~6일 후에 소주를 붓고 밀봉하여 서늘한 곳에 둔다. 10일 후면 술이 익게 되는데 오래 두어도 변하지 않는다고 하였다.

332. 송액주(松液酒)

〈임원16지〉〈고사십이집〉에 기록되어 있다.

재료와 술 빚는 법에 대한 기록은 없고, 이 술은 모든 풍증과 마비 증상, 각기병을 치료한다고 하였다.

333. 송엽주(松葉酒)

〈요록〉〈치생요람〉〈역주방문〉〈양주방〉〈오주연문장전산고〉〈김승치댁주방문〉에 송엽주방문, 〈음식법〉에 송엽주, 〈조선고유색사전〉에 송엽주로 기록되어 있다.

재료 수는 4가지였다. 재료는 멥쌀, 누룩, 물, 솔잎 등이었다.

솔잎 6말을 삶아서 그 물을 받치고, 또 물 6말을 부어 삶아서 그 물이 2말 정도로 끓여서 솔잎은 버린다. 백미 1말을 백세하여 가루로 만들어 솔잎 삶은 물로 죽을 쑤어 차게 식혀서 누룩 가루 5홉을 섞어 넣었다가 2주일 후에 쓴다.

또 다른 방법은 송엽 6말에 물을 부어 2말이 될 때까지 달여서 찌꺼기는 버린다. 기름진 백미 1말을 깨끗이 씻어 곱게 가루 내어, 앞의 물로 죽을 쑤어 차게 식거든 좋은 누룩 1되를 같이 섞어 술을 빚어 독에 담는다. 21일 후에 쓴다. 만병을 다스린다고 〈음식법〉에 기록되어 있다.

334. 송이주(松栮酒, 송이버섯술)

송이버섯은 우리 나라 각지 특히 적송(赤松)이 많은 송림에서 산출된다. 송이버섯균(菌)은 활물(活物)기생균으로 적송나무의 뿌리와 균근(菌根)과의 공생에 의해서 자실체(버섯)를 생기게 한다. 다른 버섯처럼 인공재배의 길이 아직도 열리지 않았으며 자연 발생을 기다릴 수 밖에 없어 때에 따라서 풍흉작의 차이가 심하다.

송이버섯 300~400g을 잘 손질하여 물에 살짝 씻은 후 물기를 제거한다. 썰지 않고 통째로 입구가 큰 병에 넣고 얼음 설탕 5~20g과 소주1.8ℓ를 넣은 후 밀봉한다. 시원한 곳에서 6개월 이상 숙성시킨다. 고혈압, 피로회복, 당뇨병, 빈혈, 제암작용에 효능이 있다고 한다. 〈우리술사전〉

335. 송자주(松子酒)

〈임원16지〉에 송자주방(松子酒方), 〈조선무쌍신식요리제법〉에 송자주(松子酒)로 기록되어 있으며, 〈요록〉〈양주방〉에도 기록이 있다.

재료 수는 3가지였다. 재료는 멥쌀, 누룩, 실백 등이었다.

해송자인(海松子仁) 1되를 물에 하룻저녁 담갔다가 찧어서 물 1말 1되와 함께 끓여 1말로 하고 찌꺼기는 제거한다. 백미 1말을 씻어 가루로 하여 실백 끓인 즙과 함께 항아리에 담는다 하고, 주(註)를 붙여서 누룩이 없는 것은 누락된 것 같다고 〈임원16지〉에 기록되었는데, 〈조선무쌍신식요리제법〉에는 누룩이 있다.

336. 송절주(松節酒)

〈임원16지〉〈규합총서〉〈술 빚는 법〉〈부인필지〉〈고사십이집〉 등에 기록되어 있다.

재료 수는 6, 9, 10가지였다. 재료는 멥쌀, 물, 누룩, 찹쌀, 송절, 진말, 녹말, 국화, 두견, 매화, 유자 등이었다.

멥쌀 5되를 백세 작말하여 물 5되를 끓여 개어 식힌 뒤 봉해서 차지도 덥지도 않은 곳에 둔다. 송절(松節: 소나무 마디) 2말을 깨끗이 씻어 물을 부어 진하게 고아 놓는다. 멥쌀 5되, 찹쌀 1말을 씻어서 물에 담갔다가 각각 지에밥을 쪄서 송절 삶은 물 2말을 지에밥에 주어 가며 고루 섞어서 쪄서 식힌다. 밑술에 소나무 마디 달인 건지를 항아리 밑에 넣고 메밥 버무린 것, 찰밥 지에밥을 위에 얹어 봉하여서 차지도 않게 익힌다. 가을이면 국화(菊花), 봄이면 진달래꽃, 겨울이면 유자(柚子) 껍질을 잠기지 않게 매달아 항아리에 넣어 둔다. 꽃향기와 솔향기가 입에 가득하여 맛이 기이하고, 풍담(風痰)을 없이 하고 원기를 보익하여 팔다리를 못쓰던 사람도 신기한 효험을 본다고 〈규합총서〉에 기록되어 있다.

(1) 서울 송절주

제조 기능자인 박아지(朴阿只, 여) 씨에 의하면 이 술을 빚은 사람은 조선시대 이정란(李廷鸞) 장군의 14대손의 처인 허성산(許城山: 1892～1967)이고 수대에 걸쳐 전승되었다고 한다.

멥쌀 9되, 찹쌀 3말, 분국 2.5kg, 송절 삶은 물 80l, 찰검 1.5kg, 당귀 1.5kg, 두견화(봄), 국화(가을) 등이 재료이다. 첫 해일(亥日)이 좋다고 하여 3월, 11월에 담근다.

멥쌀을 씻어서 가루 내어 백설기로 찐 다음 섭씨 5도 정도로 식힌다. 송절 삶은 물도 섭씨 5도 정도로 식힌다. 끓인 물을 식혀 분국을 넣고 하룻밤을 불린다. 백설기에 송절 삶은 물, 누룩 물을 섞어서 밑술을 항아리에 담는다. 5일 후에 찹쌀 지에밥에 송절, 찰검, 당귀, 삶은 물에 버무려 밑술에 합한다고 봄이면 진달래꽃, 가을이면 국화, 겨울이면 유자껍질을 송엽과 함께 띄워서 섭씨 15도를 유지하면서 25일간 둔다. 술이 익으면 용수를 박아 술을 뜬다.

술맛이 감미롭고 독하며 향기로워 일품이며 신경통, 풍, 각기병에 좋다고 한다.

337. 송지주(松脂酒)

〈임원16지〉에 기록되어 있다.

찹쌀 1말에 송지(松脂) 14냥의 비율로 담근다. 찹쌀 2말을 죽으로 끓여 식힌 후 밀누룩 3냥을 가루로 빻아서 섞어 항아리에 담는다. 5일 후 찹쌀을 밥으로 짓고 누룩 가루 40냥, 물 6말 5되를 첨가하여 저어 준다. 봄, 겨울에는 4일, 여름, 가을에는 3일 후면 익는다고 하였다.

338. 송화주(松花酒)

〈음식디미방〉 〈조선무쌍신식요리제법〉에는 송화주, 〈임원16지〉에는 송화주방(松花酒方)으로 기록되어 있으며, 〈수앙총서유집〉 〈농정회요〉에도 기록이 있다.

재료 수는 2, 6가지였다. 재료는 멥쌀, 물, 누룩, 찹쌀, 국말, 송화, 술 등이었다.

송화를 따서 말려 송화 5되에 물 3말을 붓고 달인다. 찹쌀 5말을 백세 작말하여 송화 달인 물을 붓고 죽을 쑤어 차게 식거든, 국말 7되를 섞어 넣었다가 5일 후에 백미 10말을 백세하여 익게 쪄, 송화 1말에 물 5말을 넣고 달인 물을 섞어서 식혀, 누룩 3되에 버무려 밑술에 넣었다가 2주일 후에 쓴다고 〈음식디미방〉에 기록되어 있다.

〈임원16지〉와 〈조선무쌍신식요리제법〉에는 흰술(白酒)에 송화를 넣었다가 3일 후에 꺼내어 마시면 술이 향긋하고 감미롭다고 하였다.

339. 쇠뜨기술

쇠뜨기는 속새과의 다년초이며 전국각지 들과 밭에 자생한다. 풀 전체를 사용한다.

쇠뜨기풀 600g을 채집하여 그늘에서 말린다. 물에 씻어 물기가 빠지면 항아리에 담고 술 1.8ℓ를 붓는다. 밀봉하여 냉암소에서 3~4개월 보존한 후에 마신다. 이뇨제, 방광염, 고혈압에 효능이 있다고 한다. 〈우리술사전〉

340. 쇠비름술

쇠비름은 쇠비름과의 일년초이다. 전국 각지의 밭둑에 자생한다. 전초를 이용한다.

쇠비름 600g을 채집하여 그늘에 말린다. 깨끗이 씻어 물기를 빼고 항아리에 담아 술 1.8ℓ을 붓는다. 밀봉하여 냉암소에 저장한 후 4~5개월 후에 먹는다. 관절염, 위장병, 대장염에 효능이 있다고 한다. 〈우리술사전〉

341. 수삼주(水蔘酒)

수삼은 중간 크기의 몸체가 길고 색깔이 누르스름하고 실뿌리가 떨어지지 않는 것이 좋다. 수삼은 마른삼보다 향기가 강하다. 술을 담글 때 누런 껍질을 깨끗이 씻어 그대로 담그는 것이 좋으며 6년근 정도의 오래된 수삼일수록 더욱 좋다. 수삼 세 뿌리를 깨끗이 씻어 용기에 소주 1.8ℓ와 함께 담은 후 밀봉한다. 6개월 정도 지나면 마실 수 있으나 오래 될수록 알콜 냄새는 줄어들고 인삼

특유의 향기와 달콤한 맛으로 인하여 애주가들의 호평을 받는다. 피로회복, 허약체질, 정력제에 효능이 있다고 한다. 〈우리술사전〉

342. 수수소주

〈조선무쌍신식요리제법〉에 기록되어 있다.

재료와 술 빚는 법의 설명은 기록되어 있지 않고, 수수는 여러 곡식보다 매우 흔할 뿐더러 소주 밑을 삼으면 소주가 많이 나고, 맛도 독하고, 하기도 쉬우니 대개 수수로 많이 만든다고만 기록되어 있다.

343. 수오두충주(首烏杜冲酒)

하수오 60g과 두충 40g을 가늘게 썰어 용기에 넣고 소주 1ℓ를 붓는다. 밀봉하여 시원한 곳에 보관한다. 처음 4~5일간은 매일 1회씩 액을 흔들어 준다. 10일 후에 마개를 열어 액을 천으로 거른다. 액은 용기에 다시 붓고 설탕 100g과 과당 80g을 넣어 녹인다. 여기에 생약 찌꺼기의 1/5을 다시 넣고 밀봉하여 시원한 곳에 보관한다. 1개월 후에 마개를 열어 윗부분의 맑은 액만 살짝 딸아내고 나머지는 천이나 여과지로 걸러 앞의 액과 합친다. 갈색의 약간 쓴맛이 나는 한약 약술이 완성된다.

노화, 요통, 하반신 무력, 콜레스테롤 예방, 혈관 강화에 효능이 있다고 한다. 〈우리술사전〉

344. 숙지황주(熟地黃酒)

숙지황 100g을 가늘게 썰어 용기에 넣은 다음 소주 1ℓ를 붓고 밀봉하여 시원한 곳에 보관한다. 1일 1회 액을 흔들어 준다. 1주일이 지나면 천이나 여과지로 거른 다음 다시 용기에 액을 붓는다. 설탕 50g과 과당 30g을 넣어 녹이고 시원한 곳에 보관한다. 2주일이 지나면 검은 색의 술이 완성되는데 달콤한 맛이 일품이다. 안색불량, 빈혈, 자주 피로를 느낄 때, 손발의 냉증, 병후의 보양에 효능이 있다고 한다. 〈우리술사전〉

345. 순향주법(醇香酒法)

〈음식디미방〉에 기록되어 있다.

백미 4말을 백세 작말하여 시루떡을 잘 익게 쪄서 탕수 4말에 물을 붓고, 떡을 깔고 번갈아 켜켜로 두었다가 하룻밤 뒤에 국말 6되, 진말 1되 8홉을 섞어 독에 넣는다. 5일 후에 백미 6말을 백세하여 밥을 쪄 끓는 물 10말을 끼얹어서 밥을 재웠다가 누룩 가루 4되, 진말 1되 2홉을 섞어서 밑술에 첨가한다. 찹쌀 6되, 멥쌀 4되를 백세 작말하여 찬물에 가루를 풀어놓는다. 솥에 물을 끓여서 끓는 물 속에 찬물에 갠 가루를 부으면서 저어, 익거든 퍼내어 하룻밤 두었다가 누룩 가루를 1되 넣어 섞어서 밑술에 첨가한다고 하였다.

346. 승주 사삼주(沙參酒)

일제시대 때부터 지리산과 조계산 일대에서 자생하는 더덕을 채취, 제조되던 전남지방의 토속주였으나 해방이 되면서 정부의 밀주단속에 따라 명맥이 완전히 끊어졌었다. 사삼주는 낙안읍성이 1983년 6월 사적으로 지정되면서 박형모(낙안면 동내리)씨에 의해 재현되어 일반인에게 보이게 된 것이다. 밑술은 찹쌀 한 말을 고두밥으로 쪄서 누룩 3kg과 물 한 말을 배합한 뒤 3일 동안 둔다. 덧술은 쌀 한 말을 고두밥으로 찐 후 물 4말과 더덕 20kg을 잘게 잘라 넣은 후 7~10일 동안 발효 침전시키면 갈색의 사삼주가 된다. 〈우리술사전〉

347. 시급주(時急酒)

〈음식디미방〉에 기록되어 있다.

좋은 탁주를 정히 걸러 항아리에 넣고 찹쌀 5되를 밥으로 무르게 지어 식히고 밀가루 5홉, 누룩 5홉을 섞어 넣어 두면 3일만에 청주 3병을 얻는다고 하였다.

348. 시러미술

한라산 백록담 근처 고산 지대에서 자생하는 희귀한 열매로 수확량은 아주 적고 열매는 검다. 시러미를 6월경에 채집하여 술을 담근다. 시러미술은 맛이 좋을 뿐 아니라 향기가 독특하다. 소주 1되에 시러미 3홉 정도 넣고 약간의 감미를 한다. 〈우리술사전〉

349. 신도주(新稻酒)

〈조선무쌍신식요리제법〉에 기록되어 있다.

재료나 술 빚는 법에 대한 기록은 없고, 공주 땅에서 햅쌀이 나오면 담그는 술이라고 하였다. 술을 4~5일만에 뜬다. 마시면 배가 아픈데 오래 두면 어떨지 모르겠다고 하였다.

350. 신라주(新羅酒)

신라주는 〈해동역사〉와 〈지봉유설〉에 당나라 시인 이상은(李商隱)시에 "일잔 신라주 준신 공역소(一盞 新羅酒 淩晨 恐易銷) 한잔의 신라주의 기운이 새벽 바람에 사라질까 두렵구나"하는 구절이 있다. 이것으로 당대의 문인들 사이에 신라주의 인기가 높았음을 알 수 있다. 술 취한 기분이 좋았다고 하는 것은 강한 술이라고 생각되며 증류주인것 같다. 그러나 술이름만 있을 뿐이지 그 재료와 술 빚는법에 대한 기록이 남아있지 않아 알 수 없다. 그런데 경주시 안강읍 검단리 1416에 사는 이진완(李鎭完, 1933. 7. 26생)이 신라주를 개발하게 되었다.

1990년 7월 경주시가 관광객 유치를 목적으로 국제 관광도시로서의 위상을 갖추기 위하여 불국사로 향하는 길목에 신라 민속공예관을 건립한 뒤 관광객들

그림 15 신라주 공장

에게 향토음식과 전통민속주를 보급해 주는 사업을 시행하였다. 이때 경주의 토속주로서 황금주(黃金酒)가 선정되었다. 황금주는 주도 14%이고 혼탁도 0.6%로 장기간 저장이 곤란하고 장거리 운송도중 변질의 우려가 있으므로 황금주를

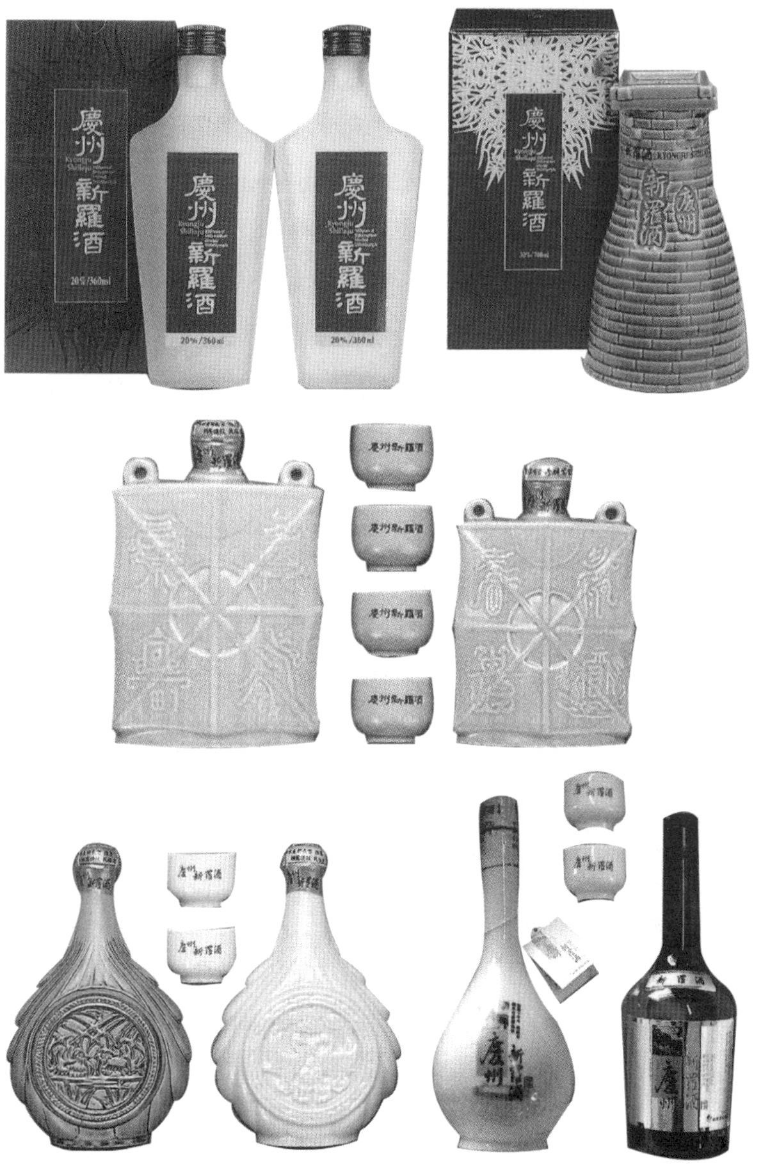

그림 16 신라주

증류시켜 주도 30%의 신라주로 개발하게 되었다.

밑술은 멥쌀 22.5kg, 찹쌀 22.5kg을 씻어서 2~3시간 불려서 1시간 물기를 빼고 고두밥을 쪄서 식힌다음 누룩 9kg, 효모 180g, 물(천마산줄기의 지하암반에서 샘솟는 천연수) 45ℓ를 넣고 골고루 섞어서 30℃에서 3일간 발효시켜 밑술을 제조한다.

덧술은 멥쌀 90kg을 씻어서 2~3시간 불려서 1시간 물기를 빼고 고두밥을 쪄서 식혀서 누룩 18kg, 국화잎 450g, 구기자 450g, 물 90ℓ를 넣고 15~18℃에서 3일간 발효시키면 주도 16%의 황금주가 된다. 이 황금주를 증류기에 넣고 3시간 30분 증류하면 주도 30%의 신라주가 된다.

효능은 구기자는 뼈속 기능을 보강하고 눈을 밝게함, 양기와 음기를 보강하는 정력제, 중풍에 의한 바람도 막아주는 특효의 약재이며 국화꽃은 간장기능을 보강하고 간의 열을 식혀 두통 및 해열작용을 하고 술을 마신 뒤 눈의 충혈을 방지하고 눈을 밝게함, 술을 마신 뒤에도 숙취가 없고 뒤끝이 깨끗하며 은은한 향기가 난다고 한다.

351. 신상주

〈시의전서〉에 기록되어 있다.

백미 2되를 백세 작말하여 물 1말에 죽쑤어 식혀서, 누룩 1되를 넣고 버무려 겨울이면 7일, 봄, 가을이면 5일, 여름이면 3일 후에 점미 1말을 담갔다가 하룻밤 재워 익게 쪄서 밑술에 첨가하였다가 7일 후에 쓴다고 하였다.

352. 신선고본주(神仙固本酒)

〈임원16지〉〈군학회등〉에 기록되어 있다.

〈임원16지〉에는 재료와 술 빚는 법에 대한 기록은 없고, 이 술은 머리를 검게 하고 늙지 않고 회산(回產)하는 효능이 있다고만 기록되어 있다.

〈군학회등〉에는 우슬(牛膝) 8냥, 하수오녹말(何首烏鹿末) 6냥, 구기자(枸杞子) 4냥, 천문동(天門冬) 2냥, 맥문동(麥門冬) 2냥, 숙지황(熟地黃) 2냥, 생지황(生地黃) 2냥, 당귀(當歸) 2냥, 인삼 2냥, 육계(肉桂) 1냥, 찰벼2말, 백면(白麵) 2되를 쪄서 익히고 약재는 가루로 하여 상법(常法)대로 술을 빚는다. 이 술을 마시면 늙어도 흰머리가 되지 않고 어린이로 되돌아간다고 하였다.

353. 신선벽도춘방(神仙碧桃春方)

〈임원16지〉에 기록되어 있다. 일명 송복양(松腹釀)이라고도 한다.

소나무의 속을 파 항아리 모양으로 만들고, 백미를 가루로 하여 시루에 쪄서 누룩과 함께 버무려 소나무 속에 넣고 흙으로 밀봉하였다가 마시면 향열(香烈)하기 이를 데 없다고 하였다. 만일 생송(生松)이 없으면 산에 가서 소나무를 잘라 수 척 길이로 썰어 같은 방법으로 양조하며, 사용하기 전에 콩잎을 넣어 두면 더욱 좋다고 하였다.

354. 신선주(神仙酒)

〈임원16지〉에 기록되어 있다.

오가피(五加皮) 2냥, 자금피(紫金皮) 6전, 당귀(當歸) 6전을 깨끗하게 씻고 썰어서 술 1병에 3일간 담갔다가 마신다. 여름이면 1일만 담궈도 된다. 마실 때 좋은 술 1병과 잔에 섞어 따라서 장복하면 신효(神效)가 있다 하고, 기운이 없고 사지(四枝)가 경련하고 풍습(風濕)에 걸린 사람이 마시면 좋다고 하였다.

355. 실백주(松柏酒)

잣나무 열매를 실백이라고 한다. 소나무과의 침엽교목이다. 열매 뿌리껍질을 이용한다. 껍질을 깐 잣 600g을 물에 살짝 씻어 물기가 빠지면 노랗게 되도록 불에 살짝 볶는다. 항아리에 담고 소주 1.8ℓ를 부어 공기가 통하지 않도록 밀봉한다. 냉암소에서 3～4개월쯤 둔 후에 마신다. 〈우리술사전〉

356. 십년주(十年酒)

〈유원총보〉에 기록되어 있다.

재료와 술 빚는 법에 대한 기록은 없다.

357. 십약주(十藥酒)

십약초는 전국 각지 울타리나 나무아래 그늘지고 습한 곳에 자생하며 풀 전체를 이용한다.

십약초란 10가지의 약효를 지니고 있다 하여 붙여진 이름이다. 개화기쯤 십약초의 전초를 채집하여 그늘에 말려야 독한 냄새가 없어진다고 한다. 완전히 말린 십약초 600g을 적당하게 썰어 항아리에 담고 소주 1.8ℓ를 부어 밀봉하여 2~3개월 두었다 마신다. 변비, 방광염, 이뇨제, 월경통, 동맥경화, 노화방지에 효능이 있다고 한다. 〈우리술사전〉

358. 십일주(十日酒)

〈술 만드는 법〉〈수운잡방〉에 기록되어 있다.

재료 수는 4가지였다. 재료는 멥쌀, 물, 누룩, 찹쌀 등이었다.

백미 1말을 깨끗이 씻어 가루 내어 익게 찌고, 찌던 시루 밑의 물로 잘 섞어 차게 식거든 좋은 누룩 2되를 섞어 독에 담고 봉하여 서늘한 곳에 둔다. 5일 후 정화수(井華水) 2동이를 1동이가 되도록 끓여 달인 물로, 먼저 빚은 술을 걸러 내어 병에 담아 두고, 백미나 찹쌀 2되를 깨끗이 씻어 잘 익게 밥을 지어 식거든 누룩 1되를 섞어 독에 담고, 걸러 둔 술을 부어 항아리를 봉해서 따뜻한 곳에 두었다가 5일 후에 쓴다. 만약 술독이 너무 더우면 물에 담근다. 여러 번 물을 갈아서 만져 보아 더운 기가 없도록 해야 한다고 〈수운잡방〉에 기록되어 있다.

〈수운잡방〉에서는 밑술 담은 지 5일 후에 덧술을 첨가하여 다시 5일 후에 술을 띄웠고, 〈술 만드는 법〉에서는 밑술 담은 지 3일후에 덧술을 첨가하여 7일 후에 술을 띄웠다.

359. 싸리술

싸리는 가을에 피는 풀꽃으로 육질이 고르고 부드러워 싸리 바구니, 곶감을 꿰는 싸릿대, 싸리 빗자루 등 각종 생활 도구를 만드는 재료로 많이 쓰여 왔다. 싸리나무 뿌리로 담글 때는 깨끗이 씻어 말린 후 사용한다. 꽃으로 담글 때는 손을 깨끗이 씻고 꽃을 따고 먼지가 많으면 젖은 천으로 살짝 닦아 낸다. 재료 600g을 용기에 넣고 소주 1.8ℓ와 얼음 설탕 100g을 넣는다. 밀봉하여 시원한 곳에서 6개월 이상 숙성시킨다. 노란색의 향긋한 약술이 완성된다. 뿌리술은 현기증, 상기, 안면(安眠)에 효능이 있다고 한다. 〈우리술사전〉

360. 쑥술(애엽주, 艾葉酒, 애초주, 艾草酒)

쑥은 엉거시과에 속하는 다년생의 풀로서 우리 나라 전국 각지의 산과 들에서 흔히 볼 수 있다. 쑥을 잘 씻어 그늘에서 말린 다음 200g 용기에 담고 소주 1.8ℓ 설탕 100g과 함께 담은 후 밀봉한다. 3개월 정도가 지나면 쑥의 성분이 완전히 우러나 마실 수 있게 된다. 부인병 일체, 지혈의 선약, 위장병 일체, 해수, 천식, 기관지염, 빈혈, 혈압강하, 소염작용에 효능이 있다고 한다. 〈우리술사전〉

361. 아산 연엽주(蓮葉酒)

연엽주는 예안 이씨(李氏) 가전 비법주로 고종왕 때 왕실의 비서감을 지낸 이씨의 고조부가 《원집(原集)》이라는 책자를 만들었으며 여기에 연엽주 제조기법을 상세히 수록하고 부인인 한산 이씨에게 가르쳐 주면서 대대로 전해져 왔다고 한다. 안산군에 궁중에서 진상으로만 애용되던 고급술 민속토속주인 연엽주가 있다. 최근 문화부에서 전통건조물 보존마을 제2호(일명, 송악 민속마을)로 지정되어 한옥의 원형 그대로 보존시키며 아산군 송악면 외암 민속마을에 사는 이득선(李得善)씨가 전수자로서 충남도 기능보유자는 그의 부인 최씨가 이씨 종가댁 맏며느리로서 가가손손 전통을 잇고 있다. 《치농》에 기록된 연엽주의 제조방법은 보통 정성으로는 엄두도 낼 수 없을 만큼 까다롭다. 술을 담그기 위해서는 먼저 몸을 닦고 의복을 단정히 한 후 길일을 택하여 동서남북 방위를 가려 항아리를 놓을 위치를 정한다. 이는 일단 술을 담그면 항아리 위치를 바꿀 수 없기 때문이다.

찹쌀 1되 반과 멥쌀 10되를 깨끗이 씻어 고두밥을 찐 후 하루동안 밤이슬을 맞혀 냄새를 제거한 후 가장 밑바닥에 솔잎을 가볍게 깔고 그 위에 다시 연잎을 덮는다. 그리고 누룩과 버무린 고두밥에 연근 500g을 잘게 썰어 섞어 넣은 후 물 16ℓ을 붓는다. 항아리를 멍석덮개로 덮고 10～15일간 발효시키는데 처음 1주일 가량은 섭씨 25～29℃에서 발효시키고 나중에는 20℃ 정도로 차츰 온도를 낮춰가며 숙성시킨다. 술이 익으면 술독에 용수를 박아 술을 거르면 누런 진액이 나오는데 이것이 연엽주이다. 거른 술은 다시 하루동안 가라앉혀 정제

한다. 〈우리술사전〉

362. 아욱주

원산지는 아프리카 북동부이며 이집트에서는 2000년 전부터 재배하였다고 한다. 주로 습지의 밭에서 재배하며 한국 각지 및 아열대, 온대에 분포한다. 연한 줄기와 잎은 식용한다. 아욱 500g을 물로 깨끗이 씻는다. 마른 행주로 물기를 닦아 낸다. 아욱을 병에 채우고 설탕 100g을 넣어 소주 1.8ℓ를 붓는다. 밀봉하여 냉암소에 두고 숙성한다. 음용은 2개월 후면 가능하다. 아욱을 건져 내고 여과한다.

강장, 건위에 효능이 있다고 한다. 〈우리술사전〉

363. 아황주(鵝黃酒)

〈역주방문〉 〈수운잡방〉에 기록되어 있다.

백미 3말을 백세 작말하여 물 3말을 섞어 죽을 쑤어서 누룩 가루 6되를 넣어 밑술을 담는다. 밑술이 익은 후에 백미 3말을 물에 담궈 불려서 질게 밥을 지어 뜨거운 물로 잘 풀어 섞은 후, 냉각한 다음 누룩 가루 3되를 섞어서 밑술에 섞어 봉하였다가 익으면 사용한다고 〈역주방문〉에 기록되어 있다.

백미와 찹쌀 각각 1말 5되를 씻어 곱게 가루 내고, 탕수 4말로 죽을 쑤어 차게 식으면 누룩 1말을 섞어 독에 술을 빚어 담는다. 7일이 지난 후 백미 4말을 곱게 가루 내어 탕수 5말로 죽을 쑤어 차게 식거든 누룩을 섞어 먼저 빚은 술독에 넣는다. 또 7일이 지난 후 백미 5말을 곱게 가루 내어 탕수 6말로 죽을 쑤어 차게 식거든 먼저 빚은 술을 걸러서 누룩을 덧넣지 않고 넣었다가 맑게 익으면 쓴다. 술은 언제나 빚을 수 있으나 봄, 가을이 가장 좋다고 〈수운잡방〉에 기록되어 있다.

364. 안석류주(安石榴酒)

〈한국외래주유입사〉에 기록되어 있다.

태국(泰國) 부남(扶南)의 명주가 조선 중기에 유입된 외래주이다. 〈지봉유설〉 〈규합총서〉를 인용하여 안석류라는 식물의 열매로 빚은 술로써 진귀한 남만 사회의 과실주의 일종이었다고 하였다.

365. 안양옥미주(安養玉米酒)

경기 안양시 안양 2동 안양유원지 입구에서 안쪽으로 200m쯤 들어가면 대형 풀 맞은 편에 옥미주(玉米酒) 시음장이 있다. 이 집은 1980년 3월 21일 국세청의 전통민속주 제조허가를 받아 옥미주를 빚고 있다. 백여년을 남평문씨(南平文氏) 가문의 맏며느리들에게만 전수되어온 이 술은 잘 여문 옥수수와 현미, 엿기름 고구마 등이 어우러져 빚어내는 독특한 향과 감칠맛이 자랑이다. 따라서 4대째 가문의 맥을 전승하고 있는 안양의 전통 민속주(民俗酒)의 기능보유자는 임송죽(林松竹) 여사(56세)이다.

밑술은 현미 3kg을 깨끗이 씻은 다음 12시간 담가 두었다가 건져서 물기를 뺀 후에 거칠게 빻은 후 곡자 1kg을 콩알만하게 빻아 섞고 물 4ℓ에 효모 20g을 희석하여 도기에 붓고 혼합한 것을 넣어 잘 저어서 25℃～30℃로 유지시키는 것이 중요하다. 덧술은 고구마와 엿기름 등을 첨가하여 숙성시켜서 자루에 넣어 짜내면 11도의 옥미주 30ℓ가 얻어진다. 옥미주 제조시간은 술 빚기 시작한 때부터 160시간쯤 걸린다. 〈우리술사전〉

366. 알로에술

알로에 원산지는 아프리카이다. 요즘 전국적으로 재배하고 있다. 풀 전체를 이용한다. 알로에를 잘 씻어 물기를 제거하여 알로에 잎 500g을 폭 1cm 정도로 비스듬히 썬다. 재료를 용기에 넣고 소주 1.8ℓ와 설탕 200g을 넣는다. 밀봉하여 시원한 곳에서 6개월 정도 숙성시킨다. 만병통치약이라고 하리만큼 간(肝)질환, 위장병, 혈압장애, 건위, 변비, 화상, 진통제에 좋다고 한다. 〈우리술사전〉

367. 애주(愛酒)

〈요록〉〈수운잡방〉에 기록되어 있다.

5월 초 4일에 쑥잎 1말을 따다 자리에 펴서 널어 놓았다가, 밤에 이슬을 맞게 하고, 다음날 정화수를 길어다가 쑥잎을 넣고 끓여서 쑥의 떡잎 같은 것을 제거한다. 백미 1말을 물에 담가 하룻밤 지난 후에 밥을 지어 쑥물과 섞어 고루 저어 식히고 누룩 가루 2되를 섞어 저은 후 항아리에 담아 익은 후에 사용한다고 〈요록〉에 기록되어 있다.

〈수운잡방〉에는 4월 그믐께 백미 1말을 씻어 곱게 가루 내어 죽을 쑤어 차게 식거든 누룩 1되를 섞어 독에 담아 단단히 봉하여 시원한 곳에 둔다. 5월 초 4일에 참쑥잎을 따서 쌀 1말과 같이 섞어 깨끗한 자리에 펴고 여러 번 고르어서 밤새 이슬을 맞힌다. 단오 날 이른 아침 먼저 빚은 술에 섞어 손바닥 크기의 떡을 만든다. 나무 발을 만들어 독 가운데 걸쳐놓고, 떡을 그 나무발 위에 얹고 김이 새지 않도록 단단히 봉해서 찬 곳에 둔다. 8월 보름에 봉해 둔 것을 열어 나무 발 밑의 맑은 술을 떠낸다. 하루 세 번 마시면 만병이 낫는다. 쌀에 섞는 쑥의 양은 많고 적음을 보아 가며 뜻대로 할 것이며 대충대충한다고 하였다.

368. 앵두주(櫻桃酒)

원산지는 아시아 서부이나 강원도를 제외한 전국 각지 산기슭이나 숲속에 자생하거나 재배한다. 열매를 사용한다. 앵두꼭지를 따내고 물로 깨끗이 씻은 후 물기를 완전히 없앤다. 앵두 1kg, 설탕 200g, 소주 1.8ℓ를 용기에 담은 후 밀봉한다. 3개월 정도 지나면 숙성이 되어 건더기를 건져내고 마실 수 있다. 이뇨, 보음·보양, 변비, 피부미용 등에 효능이 있다. 〈우리술사전〉

369. 앵실증류주(櫻實蒸溜酒)

〈한국외래주유입사연구〉에 기록되어 있다.

독일계 주품으로 고종 3년(1866)에 유입된 외래주이다.

〈조선기행〉을 인용하여 앵실증류주는 숙성된 앵실을 꼭지를 붙이지 않고 따서(그 일부분은 핵과 함께 마쇄하여 핵인(核仁)에 함유되어 있는 향미를 그대로 유도한다), 핵을 제거하고 마쇄하여 과실주같이 발효를 시키고, 발효된 술을 정성껏 증류하여 2~4년간 저장 숙성을 거친 뒤에 출하하는 술로, 주정 도수는 45~50%로 무색의 술인 동시에 향기가 매우 강한 특별한 술이다.

370. 야자주(椰子酒)

〈지봉유설〉에 기록되어 있다.

재료와 술 빚는 법에 대한 설명은 없고 가릉(訶陵)에 있는 술이라고만 하였다.

371. 약산춘(藥山春)

〈음식디미방〉〈산림경제〉에는 약산춘(藥山春), 〈임원16지〉에는 약산춘방(藥山春方)으로 기록되어 있으며, 〈치생요람〉〈증보산림경제〉〈고사십이집〉에도 기록되어 있다.

재료 수는 3, 4가지 였다. 재료는 멥쌀, 물, 누룩, 진말, 진면 등이었다. 〈산림경제〉에서는 진말을, 〈임원16지〉에서는 진면을 사용하였다. 정월 상해일(上亥日)에 백미 5말을 씻어 물에 담그고, 누룩 5되를 물 5병에 담아 둔다. 다음날 쌀을 가루로 하여 시루에 쪄서 떡을 만들고, 누룩의 찌꺼기를 제거하여 쌀 담았던 물과 새 물을 합쳐 20병을 섞어 항아리에 담고 동쪽으로 향한 복숭아 가지로 저어 밀봉한다. 2월 중순 경 쌀 5말을 쪄서 첨가한다. 춘말 하초(春末夏初)에 술이 익는다. 다른 방법으로는 쌀 1말 당 누룩 3홉, 진면 3홉, 물 2병 반의 비율로 담고, 10말을 하려면 우선 담고 나중에 6말을 첨가시킨다. 술을 취할 때 생수를 넣어서는 안된다고 하였다. 정월 상해일(上亥日)에 날씨가 따뜻하면 양조할 때 밥을 식혀서 항아리에 넣고, 날씨가 추우면 며칠 뒤로 미루고 덧술도 뒤로 미룬다고 하였다.

술을 오래 두려면 술을 사기 항아리에 넣고 항아리를 햇볕 없는 곳에 묻어 둔다고 〈임원16지〉에 기록되어 있다.

372. 약주(藥酒)

〈조선고유색사전〉에는 소맥국(小麥麴: 밀누룩), 경미(粳米: 멥쌀), 나미(懦米: 찹쌀) 등을 혼합하여 빚은 술로써 겨울에 많이 사용한다. 내구성이 약하고 저장이 어렵다고 하였다. 〈규합총서〉에는 약주제품(藥酒諸品)이라고 하여 여러 가지 술 종류가 기록되어 있다.

경북 선산의 약주(藥酒)는 지방 문화재로 지정될만큼 일찍이 널리 알려졌었다.

조선시대 허미수, 조남명 선생께서는 신선주라 하여 즐겨 마셨다고도 하고 한천육노(寒泉六老: 함안에서 가장 유명한 선비 6노인을 말함) 선비들이 이 술을 신선주라 하여 시회(詩會) 때 즐겨 마셨다고 하는데 후대에도 계속 전수하여 내려왔으나 일제 때 탄압으로 40년간은 술을 빚지 못하여 숨어서 명맥만 유지해 온 가정술로 귀한 손님께 대접하다가 해방 이후엔 이 술을 빚어 경삿집, 상빈과 좋은 주우(酒友)를 맞기도 하였다. 자유당 당시 주세법이 개정되어 술을 가정에서 담그지 못하게 하자, 요즈음에는 알려지지 않고 있지만 자손 대대로 유산처럼 방법과 기술을 익혀오고 있다고 한다. 또 조선조 선비들 사이에 남도주로서 명성이 높아, 경상감사가 대원군에게 진상하니 대원군이 크게 기뻐하고 즐겨 마셨다고도 한다.

기능보유자 이명성 씨의 배합비는 오미자, 오가피, 천문동, 하수오 각각 1.2kg, 인삼, 원지 0.8kg, 당귀 3.6kg, 신곡 10장, 알코올 30ℓ, 물 10ℓ를 봄철에 담궈 단기로는 60~80일, 장기로는 3~5년간 통풍이 잘 되는 그늘진 곳에 둔다고 한다.

373. 양고주(羊羔酒)

〈임원16지〉에 기록되어 있다.

재료와 술 빚는 법에 대한 기록은 없고, 이 술은 원기를 보하고 위를 건강하게 하고 신장에 유익하다고 하였다.

374. 양귀미주(楊貴美酒)

당나라 현종 황제의 비(妃)로 재색을 겸비한 절세 미인 양귀비가 미용과 보건을 위해 밤낮으로 애용했다고 전해지는 이름난 술 중의 하나이다. 홍화(紅花) 10g과 국화(菊花) 5g은 그대로 사용하고 당귀(當歸) 15g, 작약(芍藥) 8g, 목단피(牧丹皮) 7g, 적복(赤茯) 8g, 용안(龍眼) 15g, 향부자(香附子) 7g, 치자(梔子) 5g, 박하잎 5g, 시호(柴胡) 5g, 대추(大棗) 10g은 잘게 썰어 용기에 넣고 25도짜리 소주 1ℓ를 붓는다. 밀봉하여 시원한 곳에 보관한다. 처음 4~5일 동안은 1일 1회씩 액을 가볍게 흔들어 준다. 10일 후에 마개를 열어 액을 천으로 걸러 액은 다시 용기에 붓고 설탕 150g과 벌꿀 80g을 넣어 잘 저어 녹인다. 여기에 생약 찌꺼기 1/5을 다시 넣고 밀봉하여 시원한 곳에 보관한다. 1개월이 지나면 마개를 열어 윗부분의 맑은 액만 딸아 내고 나머지 액은 천이나 여과지로 걸러 앞의 액과 합친다. 독특한 향기와 맛을 지닌 흑갈색의 약술이 완성된다. 생리 불순, 혈색 불량, 빈혈, 보건 강장, 미용에 효능이 있다고 한다. 〈우리술사전〉

375. 양노주(養老酒)

옛날부터 전해져 오는, 노화 예방을 위한 명주(名酒)이다. 인삼, 백출, 진피, 생강은 위의 기능을 활발하게 하고, 당귀, 천궁, 작약, 오미자는 혈행(血行)을 촉진하고 몸을 따뜻하게 한다. 오미자 5g은 그대로 사용하고 인삼(人蔘) 10g, 백출(白朮) 10g, 우슬(牛膝) 10g, 복령(茯苓) 10g, 천궁(川芎) 10g, 당귀(當歸) 10g, 작약(芍藥) 10g, 맥문동(麥門冬) 10g, 진피(陳皮) 5g, 생강(生薑) 5g은 잘게 썰어 용기에 넣고 25도 소주 1ℓ를 붓는다. 밀봉하여 시원한 곳에 보관한다. 처음 4, 5일간은 1일 1회 용기를 가볍게 흔들어 준다. 10일 후에 마개를 열어 액을 천으로 거른다. 액은 병에 다시 붓고 설탕 100g과 벌꿀 100g을 넣고 잘 저어 녹인다. 여기에 생약 찌꺼기 1/5을 다시 넣고 밀봉한 다음 시원한 곳에 보관한다. 1개월이 지나면 마개를 열어 윗부분의 맑은 액만 딸고 남은 액은 천이나 여과지로 거른 다음 앞의 액과 합친다. 독특한 감칠맛이 있는 흑갈색의 약술이 완성된다. 노후 보양, 밥맛이 없음, 식욕부진, 건망증에 효능이 있다고 한다. 〈우리술사전〉

376. 양란주(洋蘭酒)

열대, 아열대지방이 원산지이며 관상용으로 온실에서 재배되는 난초가 대부분이다. 우리 나라는 유럽을 경유하여 수입된 것이 주류를 이루고 있다. 상태가 좋은 꽃송이를 따서 물에 깨끗이 씻은 다음 물기를 제거하고 양란 30송이를 용기에 소주 1.8ℓ와 함께 넣고 밀봉하여 보관한다. 2개월 정도 지나면 마실 수 있다. 이때 꽃잎을 함께 띄워 마시면 분위기를 더욱 살릴 수 있다. 정신안정, 해열, 강장, 건위에 효능이 있다고 한다. 〈우리술사전〉

377. 양심주(養心酒)

한방약인 귀비탕(歸脾湯)을 가감(加減)하여 담근 약술이다. 신경을 진정시켜 잠이 들게 하는 작용을 한다. 산조인(酸棗仁) 20g은 볶아 잘게 부수고 인삼(人蔘) 10g, 백출(白朮) 10g, 복령(茯苓) 20g, 용안육(龍眼肉) 20g, 원지(遠志) 10g, 대조(大棗 : 대추) 10g은 잘게 썰어 용기에 넣고 소주 1ℓ를 붓는다. 밀봉하여 시원한 곳에 보관한다. 처음 4, 5일 동안은 1일 1회 액을 가볍게 흔들어 준다. 10일 후에 개봉하여 천으로 액을 거른다. 걸러 낸 액은 다시 용기에 붓고 설탕 100g과 과당 50g을 넣어 녹인다. 여기에 생약 찌꺼기 1/5을 다시 넣고 밀봉한 다음 시원한 곳에 보관한다. 1개월 후에 마개를 열어 윗부분의 맑은 액만 딸아 낸 다음 나머지 액을 천이나 여과지로 걸러 앞의 액과 합친다. 달콤하고 감칠맛 나는 흑갈색의 약술이 완성된다.

진정(鎭靜), 불면, 초조감, 짜증 불안 신경증, 혈색 불량에 효능이 있다고 한다. 〈우리술사전〉

378. 양위회춘주(陽萎回春酒)

중국의 수(隋), 당(唐), 원(元)나라에 걸쳐 대단히 유행하였던 강정약이다.

구기자(拘杞子) 20g과 파호지(破胡紙) 15g은 그대로 사용하고 인삼(人蔘) 20g, 파극천(巴戟天) 15g, 육종용(肉腫蓉) 30g은 잘게 썰어 용기에 넣고 소주 1ℓ를 붓는다. 밀봉하여 시원한 곳에 보관한다. 처음 4, 5일 동안은 1일 1회 가볍게 액을 흔들어 주고 10일 후에 개봉하여 액을 천으로 거른다. 걸러 낸 액은 용기에 다시 붓고 설탕 150g과 벌꿀 50g을 넣은 다음 잘 섞어 녹인다. 여기에 생약 찌꺼기 1/5을 넣고 밀봉하여 시원한 곳에 보관한다. 약 1개월 후에 마개를 열어 우선 윗부분의 맑은 액만 딸아 내고 나머지액은 천이나 여과지로 거른다. 걸러 낸 액은 앞의 액과 합치면 독특한 향기와 부드러운 맛을 지닌 술이 완성된다. 성기능 감퇴, 발기 부전, 조루에 효능이 있다고 한다. 〈우리술사전〉

379. 양파술

양파는 전국각지에서 재배된다. 양파는 뿌리(인경)를 이용한다. 파는 흰 부분을 이용한다. 양파, 백파, 토종파의 뿌리를 모두 사용한다. 파 600g은 수염뿌리를 없앤 뒤 적당하게 썰어서 항아리에 담고 소주 1.8ℓ을 부어 밀봉하여 냉암소에 보관하다. 술이 익으려면 2~3개월 가량 걸린다. 감기, 관절염, 신경통, 요통, 디스크 등에 효능이 있다고 한다. 〈우리술사전〉

380. 어아주(魚兒酒)

〈규합총서〉〈유원총보〉에 기록되어 있다.

재료와 술 빚는 법에 대한 기록은 없고, 용뇌(龍腦) 엉긴 것에다 작은 고기를 삭혀 더운 술에 하나씩 녹여 어아주라고 하였다고 한다. 또 용뇌일전(一錢)을 뜨거운 술에 타 먹으면 칠규(七竅: 눈2, 귀2, 코2, 입1의 7구멍)에서 피를 흘리고 죽는다고 하였으니, 독약(毒藥)이므로 선불리 시험치 말라고 하였다.

381. 어전향주(御殿香酒)

〈수운잡방〉에 기록되어 있다.

백미 1말을 백세하여 하룻밤 물에 담갔다가 가루로 만들어 물 3바리를 붓고 죽을 쑤어 식혀서 누룩 가루 2되를 넣고 버무려 항아리에 담고, 7일 후 쌀 2말을 백세하여 물에 담갔다가 쪄서 물 6바리와 섞어서 식혀 누룩 가루 2되와 버무려 밑술에 첨가한다. 7일 후면 위에 맑은 술을 얻을 수 있다고 하였다.

382. 엉겅퀴술(野紅花酒)

엉겅퀴는 우리 주위에서 볼 수 있는 식물로 지역에 따라 가시나물, 항가새 등의 이름으로 불리기도 한다. 엉겅퀴는 국화과 엉겅퀴속 식물로 약 2만 여종이 알려져 있으며 가장 큰 과(科) 중의 하나다. 엉겅퀴속의 식물은 우리 나라에는 전국적으로 7개종 1변종이 자라고 있다. 산야에서 자라는 다년초로서 줄기는 50~100cm에 이르며 흰털이 밀생한다. 줄기의 잎은 긴 타원형으로 중간 정도까지 갈라지고 잎가에는 날카로운 가시가 있으며 잎의 밑부분은 줄기를 감싸고 있다. 엉겅퀴 뿌리 400g을 깨끗이 씻어 물기를 말린 후 용기에 소주 1.8ℓ, 설탕 300g을 함께 넣고 밀봉하여 둔다. 약 3개월이 지나면 숙성이 되어 건더기를 건져내고 마신다.

꽃을 사용하는 경우에는 꽃뿌리를 제거하고 꽃의 양의 4배 가량 소주를 설탕과 함께 넣는다. 약 2개월이 지나면 숙성이 완료되어 마실 수 있다. 식욕증진, 강장, 건위, 식중독, 해독에 효능이 있다. 〈우리술사전〉

383. 여름디주

〈술 만드는 법〉에 기록되어 있다.

좋은 누룩 3~4홉을 하룻밤 물에 담갔다가 작말하여 쪄서 덩이를 풀어 식거든 누룩물에 넣는다. 3일 후 익거든 물을 주어 걸러서 받친다. 여름에 먹으면 이화주와 같다고 하였다.

384. 여선주(女仙酒, 질경이술)

개구리풀이라고 하며 질경이과의 다년초이다. 전국 각지 들이나 길가에 자생한다. 씨와 포기 전체를 이용한다. 질경이의 씨앗을 차전자라고 한다. 씨앗으로 담글 때는 재료 2~3배 가량의 독한 술(고량주)을 붓고 밀봉하여 냉암소에 보관하고 3~4개월이 되면 술이 완숙되어 마실 수 있다. 질경이풀 전체를 사용한다. 질경이 풀 600g을 물에 깨끗이 씻어 대소쿠리에 건져 두면 물기가 빠진다. 적당하게 썰어서 항아리에 담고 소주 1.8ℓ를 붓고 밀봉하여 냉암소에 보존한다. 2~3개월 후에 마실 수 있다. 이뇨, 이질, 설사, 심장병, 자양강장에 효능이 있다. 〈우리술사전〉

385. 여정실주(女貞實酒)

광나무(여정목) 열매를 여정실이라 하며 풀레나무과의 상록활엽관목이다. 전국의 들이나 길가에 자생한다. 여름에 새가지 끝에 흰꽃이 피고 열매는 검게 익는다.

늦가을에 여정실 600g을 채집하여 물에 깨끗이 씻어 물기가 빠지면 항아리에 담고 소주 1.8ℓ을 부어 밀봉하여 냉암소에 5~6개월간 보관한 후에 마신다. 강정, 불감, 조루, 신허, 요통, 두통, 안질, 비만해소에 효능이 있다고 한다. 〈우리술사전〉

386. 연엽주(蓮葉酒)

그림 17 연꽃과 연잎

〈주방문〉〈산림경제〉〈고려대 규곤요람〉〈규합총서〉〈조선무쌍신식요리제법〉〈조선고유색사전〉〈부인필지〉 등에는 연엽주, 〈임원16지〉에는 연엽양방(蓮葉釀方)으로 기록되어 있으며, 〈증보산림경제〉〈고사십이집〉〈군학회등〉〈양주방〉에도 기록되어 있다.

재료 수는 2, 3, 4, 5가지였다. 재료는 멥쌀, 물, 누룩, 찹쌀, 연잎 등이었다.

쌀 1말을 백세하여 하룻밤 물에 담갔다가 물 2병을 끓여 식혀서 밥에 섞는다. 누룩은 가루 내어 7홉을 준비한다. 독에 연잎을 펴고 그 위에 밥을 넣고 위에 누룩을 뿌리기를 켜켜로 떡 앉히듯 하며 단단히 봉하여 볕이 들지 않는 찬 곳에 두어 익힌다. 날이 더우면 쉬기 쉬우니, 가을에 서늘한 후 서리 내리지 않고 잎은 마르기 전에 빚으면 향미가 이상하고 오래 두어도 상하지 않는다고 하였다.

387. 연익수불로주(年益壽不老酒)

인삼(人蔘) 20g, 지황(地黃) 30g, 하수오(何首烏) 30g, 맥문동(麥門冬) 20g, 복령(茯苓) 10g을 잘게 썰어 용기에 넣고 소주 1ℓ를 붓는다. 밀봉하여 시원한 곳에 보관한다. 처음 4~5일 동안은 1일 1회, 가볍게 액을 흔들어 준다. 10일 후에 개봉하여 액을 천으로 거른다. 걸러 낸 액은 용기에 다시 붓고 설탕 150g, 과당 50g을 넣어 녹인다. 생약 찌꺼기 1/5을 용기 속에 다시 넣고 밀봉하여 시원한 곳에 둔다. 1개월 후에 마개를 열어 윗부분의 액만 살짝 따아 내고 나머지 액은 천이나 여과지로 걸러 앞의 액과 합친다. 독특한 감칠맛을 지닌 흑갈색의 약술이 완성된다. 노후 쇠약, 강장, 강정, 피로회복에 효능이 있다고 한다. 〈우리술사전〉

388. 연자주(蓮子酒)

연꽃의 열매는 연자, 연실, 연밥이라 한다. 다년생 물풀이다. 뿌리, 열매, 꽃 등을 이용한다. 연꽃이나 연자, 연근을 모두 다 이용할 수 있다. 연자 600g을 깨끗이 씻어 적당히 썰어 항아리에 담는다. 소주 1.8ℓ을 부어 밀봉하여 냉암소에서 3~4개월 정도 보존한 후에 먹는다. 자양강장, 피로회복, 여성 부인병 일체에 효능이 있다고 한다. 〈우리술사전〉

389. 연주(練酒)

〈한국외래주유입사연구〉에 기록되어 있다.

〈부상록(扶藥錄)〉〈해유록(海遊錄)〉을 인용하여 일본의 강호시대(江戶時代)의 술이 17~18세기 경에 유입된 외래주이다. 제백주(諸白酒), 인동주(忍冬酒), 복분주(覆盆酒), 연주(練酒)는 일본의 대표적인 4대 주품(酒品)이다.

연주의 성상(性狀)은 정제한 견사인 연견(練絹)과 같은 색상을 가진 유백색의 탁주형 곡주이다. 연주는 우리 나라의 이화주와 대등한 술이라고 하였다.

390. 연화주(蓮花酒)

〈역주방문〉〈조선무쌍신식요리제법〉에 기록되어 있다.

백미 3되를 백세하여 물에 담갔다가 찐다. 청호(菁蒿: 푸른 쑥대)를 펴고 그 위에 밥을 펴고 밥 위에 닥나무 잎을 펴서 덮고 또 그 위에 청호를 덮어 놓는다. 7일 후에 쑥대와 닥나무 잎을 치우고 냄새가 가시기를 기다려 그릇에 옮겨 담고, 다시 3일이 지나면 백미 3말을 백세하여 물에 담갔다가 쪄서 밑술에 합하여 익기를 기다려서 쓴다고 〈역무방문〉에 기록하였다.

391. 엽감주(葉堪酒)

〈군학회등〉에 기록되었다.

재료와 만드는 법에 대한 기록은 없고 오장(五臟)을 보하고 눈과 귀를 밝게 해 준다고 하였다.

392. 영주방(郢酒方)

〈임원16지〉에 기록되어 있다.

차조 1석 6말을 밥을 짓고 물 1석을 부어 청국(淸麴) 7근을 섞어 항아리에 담아 익힌다고 하였다.

393. 영지주(靈芝酒)

영지버섯은 별명을 복초(福草) 또는 지초(芝草)라고 한다. 삿갓의 뒷면에는 주름이 없으며 목질화(木質化)해서 견고하기 때문에 그대로 먹을 수도 없다. 따라서 탕약 또는 약용술로서 음용한다. 영지 5개를 잘 씻어 물기를 완전히 제거한다. 용기에 넣고 소주 1.8ℓ, 설탕 5~10g을 넣는다. 시원한 곳에서 6개월 이상 숙성시킨다. 익은 후에도 재료를 건져낼 필요가 없다. 항암작용, 강장에 효능이 있다고 한다. 〈우리술사전〉

394. 예주

〈수운잡방〉에 기록되어 있다.

정월 상순에 찹쌀 5말을 씻어 한 이틀 물에 담갔다가 다시 씻어 곱게 가루내고, 쌀 1말에 탕수 2사발씩 10사발을 부어 죽을 쑤어 차게 식거든, 누룩 2말을 독에 담고 단단히 봉해서 춥지도 덥지도 않은 곳에 둔다. 얼지 않도록 해야 하며 얼면 맛이 없다.

3월이 되어 복숭아꽃이 필 무렵, 쌀 15말을 씻어 한 이틀 물에 담갔다가 온이로 찌되 잘 무르도록 다시 쪄서 차게 식거든 먼저 빚은 술에 넣는다. 단오날 내어 쓴다. 또 정월 상순에 찹쌀 5말을 씻어 곱게 가루 내고 탕수 12말로 술거리를 만들고, 술거리가 차게 식거든 깨끗한 곳에 둔다. 3일 후 좋은 누룩 1말 2되를 같이 섞어 빚어서 단단히 봉하고 춥지도 덥지도 않은 곳에 둔다. 복숭아꽃이 필 무렵 찹쌀 2말, 백미 8말을 먼저법대로 깨끗이 씻어 온이로 찌고 먼저 빚은 술독에 어울려 담는다.

단오날에 내어 쓴다. 다시 찔 때 뿌리는 물이 1말을 넘지 말아야 하며 많으면 맛이 싱겁다.

395. 오가피주(五加皮酒)

〈음식디미방〉〈산림경제〉〈규합총서〉〈임원16지〉〈양주방〉〈농정회요〉〈지봉유설〉〈역주방문〉〈술 만드는 법〉〈증보산림경제〉에 기록되어 있다.

오가피 껍질을 많이 벗겨 버리고, 가위로 썰어 볕에 말린다. 오가피 썰어 말린 것 1말을 주머니에 넣어 독 밑에 깔고, 백미 5말을 백세 작말하여 죽쑤어 식혀서 누룩 5되를 섞어서 독에 넣었다 괴거든 공복에 마신다. 풍증을 고칠뿐 아니라 맹작이라는 옛사람은 평생을 장복하여 300살을 살고 아들 30을 낳았으니, 모든 일 다 버리고 이 술을 만들어 마시라고 〈음식디미방〉에 기록되어 있다.

〈규합총서〉에는 일명 금염(金染), 문장초(文章草)라고도 한다고 하고 오가피를 한 모숨 얻으면 옥(玉)보다 귀했고, 문장초로 술을 빚으면 금(金)보다 귀했다고 하였다. 〈임원16지〉에서는 이 술이 풍습(風濕)을 없애 주고 골수를 보한다고 하였다.

396. 오가피 삼투주(五加皮三骰酒)

우슬(牛膝) 1말, 오가근경(五加根莖) 1말, 단삼(丹蔘) 1말, 구기근(枸杞根) 1말, 인동(忍冬) 1말, 송절(松節) 1말, 기각지엽 1말을 물 3석을 붓고 큰 가마솥에 삶아서 6말을 만들어 찌꺼기는 제거한다. 그 물에 누룩을 담근다. 쌀 5말을 밥을 지어 지황(地黃) 1말을 잘게 썰어 찧어서 밥에 섞고 누룩물과 합하여 항아리에 담아 밑술을 빚는다. 덧술은 쌀 2말을 밥을 지어 대마자(大麻子) 1말을 잘게 볶아 찧어 섞어서 밑술에 합한다. 술이 익으면 술지게미를 제거하고 마신다. 술이 익지 않으면 누룩가루를 더 넣고 맛이 쓰면 쌀 2~3말로 밥을 지어 섞는다. 〈우리술사전〉

397. 오두주(五斗酒)

〈수운잡방〉〈양주방〉에 기록되어 있다.

백미 5말을 백세 세말하여 쪄서 덩어리를 풀어 식혀서, 물 10말을 끓여 식혀서 붓고 죽을 쑤어 누룩 가루 1말과 섞어 항아리에 담는다. 같은 날 점미 5되를 물에 담갔다가, 3일 후에 건져서 지에밥을 쪄서 식혀 밑술에 첨가하면 맑은 술을 얻는다고 〈양주방〉에 기록되어 있다.

〈수운잡방〉에는 백미 5말을 씻어 곱게 가루 내어 익게 쪄서 덩어리를 풀고, 차게 식거든 물 10말을 끓여 차게 식혀 부어 죽을 쑤고, 누룩 가루 1말을 섞어 독에 빚어 넣고 맑게 익으면 용수를 박는다.

398. 오디술(상실주, 桑實酒, 상심주, 桑椹酒)

오디는 뽕나무 열매를 말한다. 열매와 가지의 내피를 사용하는데 열매는 2cm 정도의 장구형(長球形)에 작은 입상(粒狀)의 수분이 많은 열매이다. 파란 열매는 분홍빛이 되고 자주색으로 되어 마침내는 자흑색으로 익는데 분홍색일 때는 아직 산미가 있으나 자흑색으로 익으면 감미만 남아 매우 달고 맛이 있다. 설익은 오디 500g을 골라 물에 씻어 그늘에서 하룻밤을 말려 소주 1.8ℓ, 설탕 100g을 붓는다. 한달이면 충분히 익는데 이때 건더기를 건지도록 한다. 오디는 수분이 많아 숙성될 때에는 처음 주도보다 약 6도 정도 떨어지므로 35도 이상 소주를 붓는 게 좋다. 이뇨, 변비 예방, 신경통, 고혈압에 효능이 있다고 한다. 〈우리술사전〉

399. 오미자술

〈양주방〉에 기록되어 있다.

오미자 5되를 슬쩍 볶아, 좋은 술 1말 2되에 담가 하룻밤 재웠다가 건져 버리고 먹는다. 오래 먹으면 장수한다고 하였다.

400. 오병주

〈술 만드는 법〉〈음식보〉〈음식방문〉에 기록되어 있다.

백미 1말을 씻어 작말하여 물 10되를 끓여 범벅을 지어, 넓은 그릇에 펴서 식거든 누룩 가루 7홉, 진말 7홉을 함께 섞어 주물러 떡반죽치듯 버무려 항아리에 넣는다. 여름에는 2일만에 봄, 가을, 겨울은 3~4일만에 괴는 기미를 보아 점미 5되를 죽쑤어 차게 식거든 밑술에 붓고 골고루 젓는다. 6일 후에 뜨면 맑은 술이 된다. 항아리를 단단히 차매면 항아리가 터지니 김만 나지 않게 덮어두는 것이 좋다고 〈술 만드는 법〉에 기록되어 있다.

401. 오일주(五日酒)

〈한국외래주유입사연구〉에 기록되어 있다. 중국의 속성곡주가 숙종 38년에 유입된 외래주이다.

〈연행록〉〈지산기정〉 등을 인용하여 오일주는 명칭만 전해지고 술의 성상이나 양조법에 대하여는 알 수 없으나, 최소 일차 담금 아니면 이차 담금에서 5일간에 양조 기간을 끝내는 속성 양조곡주로서 우리 나라의 일일주, 삼일주 등과 대등한 술로서 청주와 탁주와의 중간형의 성격을 띤 하급형 주류라고 하였다.

402. 오정주(五精酒)

〈수운잡방〉〈요록〉에 기록되어 있다.

황정 4근과 천문동 2근에 심을 제거하고, 솔잎 6근과 백출 4근과 구기자 5근을 썰어 넣고 물 30말이 되게 끓인다. 백미 5말을 백번 씻어 곱게 가루로 만들어서 죽을 쑤어 식은 후에 누룩 가루 7되와 밀가루 1되를 합쳐서 술을 빚는다. 3일 후 쌀 10말을 백번 씻어 물에 담가두었다가 다음날 시루에 쪄서 모두 합하여 술을 빚어 놓았다가, 익은 뒤에 맑은 것을 떠서 마시면 허기증을 치료하고, 오래 복용하면 백발이 검어진다고 〈요록〉에 기록되어 있다.

〈수운잡방〉에는 만병을 다스리고, 허한 것을 보하며, 오래 살고, 백발도 검게 되며 빠진 이도 다시 난다. 황정 4근, 천문동 3근은 껍질을 벗기고 송엽 6근, 백출 4근, 구기 5근을 빻아 1섬이 되도록 줄이고, 쌀 5말을 씻어 곱게 가루 내어 죽을 쑤어 차게 식으면 누룩 7되 5홉, 밀가루 1되 5홉을 같이 섞어 넣어 술을 빚는다. 여름에는 시원한 곳에 두며 겨울에는 따뜻한 곳에 둔다. 3일 후 백미 10말을 씻어 물에 하룻밤 담갔다가 왼이로 쪄서 앞의 술독에 같이 넣는다. 익으면 쓴다고 하였다.

403. 오종주방문(五種酒方文)

〈규합총서〉에 기록되어 있다.

후추, 계피, 생강, 대추, 잣 5가지를 넣고 빚은 술이라 하여 붙은 이름이다. 찹쌀 1말을 씻어서 물에 담갔다가 찰밥을 쪄서 식힌다. 누룩 1되를 2사발 반의 물에 담갔다가 찰밥을 쪄서 식힌다. 3일 후에 소주 45복자를 부어 1주일이 되면 밥알이 끓어 오른다. 1주일이나 2주일 후에 맛이 어울거든 떠먹는다. 여름이라도 소주를 부어 더운데 덮어 두어야 빨리 된다. 후추 가루 1돈, 계피 가루 1돈을 베주머니에 넣고 생강 1돈을 두드리고, 대추 1되 그대로, 잣가루 1되 그대로 넣는다.

404. 오합주(五合酒)

오합주는 제주도 전역의 민가에서 자기 자신의 몸을 보(補)할 목적으로 만들어 마셨던 술이다. 약주 1되, 참기름 2홉, 계란 30알, 꿀 반 되, 생강 적당량을 합한다. 계절에 따라 다르나 약주로 할 경우에는 3~8일, 막걸리로 할 경우는 2~3일간 마실 정도의 분량만 준비한다. 〈우리술사전〉

405. 오호주방(五壺酒方)

〈임원16지〉〈양주방〉에 기록되어 있다.

백미 1말을 여러 번 씻어서 가루로 만들어 물 5병을 붓고 죽을 쑤어 식혀서 누룩 1근 반, 진면 1근 반을 넣고 섞어서 항아리에 담고 부본(腐本) 5홉을 넣는다. 다음날 찹쌀 1되를 가루로 하여 죽을 쑤어 식힌 후 밑술에 첨가하고 몽둥이로 젓고 밀봉한다. 이 술은 매우 감열(甘烈)하나 취해도 곧 깬다고 하였다.

406. 오향소주방(五香燒酒方)

〈임원16지〉〈농정회요〉에 기록되어 있다.

찹쌀 5말을 씻어서 물에 담갔다가 쪄서 식혀, 누룩 가루 15근을 넣고 버무려 항아리에 담고 밀봉한다. 이것이 발효되면 소주 3항아리, 단향(檀香) 1냥 5전, 유향(乳香) 1냥 5전, 목향(木香) 1냥 5전, 천궁(川芎) 1냥 5전, 몰약(沒藥) 1냥 5전, 정향(丁香) 5전, 인삼 4냥 등을 가루로 만들고 백당(白糖) 15근, 호도 200개, 대추 3근 등을 넣고 김이 새지 않도록 다시 밀봉한다. 7일 후 뚜껑을 한번 열었다가 다시 밀봉하여 7주 후에 술을 거른다고 하였다.

407. 옥수수소주(玉蜀黍燒酒)

〈조선무쌍신식요리제법〉에 기록되어 있다.

재료와 술 빚는 법에 대한 설명은 없고, 중국 사람이 온갖 술을 옥수수로 만드나니 소주와 백일을 다 이것으로 한다고 기록하였다.

408. 옥죽주(玉竹酒)

가늘게 썬 옥죽 150g을 용기에 넣고 소주 1ℓ를 부어 밀봉하여 시원한 곳에 보관한다. 1개월이 되면 마개를 열어 윗부분의 액을 용기에 딸은 다음 나머지는 여과지로 걸러 앞의 액과 합친다. 흑갈색의 독특한 향기를 지닌 약술이 완성된다. 자양 강장, 허약 체질, 자주 피로를 느끼는 사람, 병후 회복기에 효능이 있다고 한다. 〈우리술사전〉

409. 옥지주(玉脂酒)

〈역주방문〉에 기록되어 있다.

백미 1말을 백세 작말하고 끓인 물 9병과 섞어 하룻밤 지난 후에 누룩 가루 2되, 진말 5홉을 섞어 하룻밤 묵힌다. 찹쌀 3되를 잘 익도록 밥을 짓고 누룩 가루 2홉, 진말 2홉을 섞어 식으면 다시 누룩 가루 5되를 첨가하여 섞고 밑술과 합하여 항아리에 담는다. 백자 19개를 가루로 하여 작은 자루에 넣어, 술항아리 밑에 넣고 14일이 경과하면 사용할 수 있다. 봄, 여름, 가을 3계절 빚어서 마시면 좋고, 끓이지 않은 생수는 절대로 사용해서는 안 된다고 하였다.

410. 올눌제주(膃肭臍酒)

〈임원16지〉에 기록되어 있다.

재료와 술 빚는 법에 대한 기록은 없고, 이 술은 양기를 돋구고 정수(精髓)를 보호하는 효력이 있다고 하였다.

411. 와송주(臥松酒)

〈임원16지〉에 와송주방 〈부인필지〉 〈증보산림경제〉에 와송주로 기록되어 있다.

비스듬히 자란 소나무의 구부러진 부분을 원조형(原槽形)으로 파고, 주재(酒材)를 넣고 밀봉하여 위에 흙을 덮고, 빗물이 새어 들지 않게 하여 익은 후에 마시면 청향(淸香)이 그윽하다고 〈임원16지〉에 기록되어 있다.

412. 왜례주방(倭醴酒方)

〈임원16지〉에 기록되어 있다.

쌀 1말로 밥을 짓고 식힌다. 누룩 1말을 물 1말 1되에 넣고 하룻밤 담갔다가 체에 걸러서 밥에 버무려 항아리에 담아서 익힌다고 하였다.

413. 왜미림주방(倭美淋酒方)

〈임원16지〉에 기록되어 있다.

찹쌀 3되를 물에 하룻저녁 담갔다가 시루에 쪄서 식힌 다음 누룩 2되, 소주 2말을 섞어 항아리에 담는다. 7일마다 한번씩 저어 주고, 3주째 되는 날 술을 거른다. 술맛이 달아서 부녀자들도 좋아하고, 술지게미는 천민이 과자로 먹는다고 하였다.

414. 왜백주방(倭白酒方)

〈임원16지〉에 기록되어 있다.

찹쌀 7되를 씻어 불려서 지에밥을 쪄서 식혀 술 1말과 함께 항아리에 담고 밀봉한다. 봄, 여름에는 3일, 가을, 겨울에는 5일 후에 뚜껑을 열고 젓가락으로 밥풀을 꺼내서 맛을 본다. 밥풀을 갈면 흰색의 즙이 나오며, 감미가 이를 데 없다고 하였다.

415. 왜소주방(倭燒酒方)

〈임원16지〉에 기록되어 있다.

신주조(新酒槽)를 소주로 내리는 방법이다. 신주조와 왕겨를 증증이 시루에 담고 그 위에 또다시 물솥을 얹어 놓고 솥 밑에 관을 하나 장치하여 증발된 술을 병으로 도입한다고 하였다.

416. 요주(蓼酒)

〈임원16지〉에 기록되어 있다.

재료와 술 빚는 법에 대한 기록은 없고, 이 술은 위를 건강하게 하고 눈을 밝게 하는데 효력이 있다고 하였다.

417. 용담주(龍膽酒)

용담, 초룡담이라 하며 용담과의 다년초이다. 전국 각지 산과 들의 습지에서 자생한다. 용담 20g을 썰어서 소주 1.8ℓ와 함께 용기에 담고 밀봉하여 둔다. 2개월 가량 지나 용담의 성분이 완전히 우러나면 건더기를 건져내고 마신다. 건위, 소염, 식욕 증진에 효능이 있다고 한다. 〈우리술사전〉

418. 용아주(龍牙酒)

짚신나무의 낭아채를 말린 것을 용아초라 한다. 장미과의 다년초이다. 전국 각지의 들에 자생하고 있다. 풀 전체를 이용한다. 8～10월 경에 용아초의 전초(全草)를 뽑아 깨끗이 씻은 후에 그늘에서 말린다. 말린 용아초는 5cm의 크기로 썰어서 500g을 용기에 담고 소주 1.8ℓ, 설탕 150g을 넣는다. 한 달 후면 숙성되는데 이때 건더기를 건진다. 완전히 익으면 황갈색 술이 된다. 보정, 보혈, 강정, 불안, 초조 불면, 위장병, 위염, 대장염에 효능이 있다고 한다. 〈우리술사전〉

419. 용안주(龍眼酒, 여신주)

용안 나무는 무환수과의 상록교목으로 중국, 일본, 대만, 인도 등지에서 자생한다. 열매, 씨를 이용한다. 용안의 과육은 반투명한 한천상으로 되어 있으며 매끈매끈하고 맛은 달콤하다. 용안육 200g과 소주 1.8ℓ를 용기에 넣고 밀봉하여 둔다. 2개월쯤 두면 용안육의 성분이 우러나 용안주가 되는데 건더기는 건져낸다. 자양강장, 건위, 진정, 불면, 신경 쇠약, 정신불안, 병후 쇠약에 효능이 있다고 한다. 〈우리술 사전〉

420. 우담소주(牛膽燒酒)

〈조선무쌍신식요리제법〉에 기록되어 있다.

백소주 2고리에 갓잡은 소의 쓸개를 더운 김이 날 때 한개 넣고, 꼭 봉하여 두었다가 수십일 만에 열어 보면 빛이 푸르고 향취가 대단하고 속에 매우 유익하다고 하였다. 여름에는 쓸개가 상하기 쉬우니 겨울에 말렸다가 소주 1고리에 쓸개 1/2, 설탕 반근을 넣고 끓여 받쳐 두었다가 몇일만에 먹으면 좋다고 하였다.

421. 우방주(牛旁酒)

〈임원16지〉 〈요록〉에 기록되어 있다.

우방근(牛蒡根)을 편으로 썰어서 술에 담갔다 마시는 것이다. 이 술은 여러 가지 독을 다스리고 허리 아픈 것을 치료한다고 하였다.

422. 우슬주(牛膝酒)

〈임원16지〉에 기록되어 있다.

재료와 술 빚는 법에 대한 기록은 없고, 이 술은 골격을 튼튼히 하고 비장을 건강하게 하고, 허한 것을 보호해주며 오래된 질병을 치료해 준다고 하였다.

423. 우엉술

우엉은 국화과의 일년초이며 전국 각지에서 재배하고 있다. 뿌리나 열매를 이용한다. 우엉 600g을 깨끗이 씻어 물기를 뺀 뒤에 적당히 썰어서 항아리에 담고 소주 1.8ℓ를 부어 밀봉하여 냉암소에 3~4개월 보존한 후에 마신다. 소변불리, 방광염, 이뇨, 양기부족 등에 효능이 있다고 한다. 〈우리술사전〉

424. 원지주(遠志酒)

애기풀의 뿌리를 원지 또는 영신초라고 한다. 원지과의 다년초이다. 전국 각지의 저산지대나 평지에 자생하거나 재배한다. 뿌리를 이용한다. 2~3년 이상 된 애기풀 뿌리(원지) 600g을 봄이나 가을에 채집하여 깨끗이 씻어 햇빛에 말려 쓰거나 날것 그대로 적당하게 썰어 항아리에 담고 소주 1.8ℓ를 붓고 밀봉하여 냉암소에 보관한 후 5~6개월 후에 마시는데 일년 이상 된 것이 더욱 좋다고 한다. 소화불량, 정력증강, 식욕증진, 피로회복, 강장, 보혈에 효능이 있다고 한다. 〈우리술사전〉

425. 원추리술

원추리, 왕원추리, 들원추리라고 하며 백합과의 다년초이다. 중부이남의 산지에 자생한다. 풀 전체를 이용한다. 옛날부터 원추리꽃을 먹으면 근심걱정을 잊어버린다 하여 망우초(忘憂草)라고 하였다. 초가을 원추리 600g을 뿌리째 채집하여 깨끗이 씻어 물기를 뺀 뒤 적당히 썰어 항아리에 담는다. 소주 1.8ℓ를 붓고 밀봉하여 냉암소에 3~4개월 보관한 후에 마신다. 간질환, 이뇨, 소화, 황달에

효능이 있다고 한다. 〈우리술사전〉

426. 월귤주(越橘酒)

월귤나무는 진달래과의 상록 소관목으로 전국의 깊은 산에 자생한다. 6～7월경 붉은색 꽃이 피고 9～10월경 5～6mm의 열매가 빨갛게 익는다. 전체가 작은 복숭아같은 모양을 하고 있다. 월귤나무의 열매 200～250g을 깨끗이 씻어 물기를 완전히 제거한다. 용기에 넣고 소주 1ℓ, 설탕 5～10g을 넣고 밀봉한 다음 시원한 곳에서 6개월 이상 숙성시킨다. 색이 곱고 맛이 좋은 약술이 완성된다. 방광염, 요도염, 이뇨(利尿)에 효능이 있다고 한다. 〈우리술사전〉

427. 유자주(柚子酒)

〈조선무쌍신식요리제법〉에 기록되어 있다.

유자를 술에 넣으면 맛이 시기 쉬우니, 껍질만 벗겨 주머니에 넣어 독 속에 한 손가락 높이에 달면 향취가 기이하다고 하였다. 만일 껍질을 술에 넣으면 얼마 못되어 술이 쉬어서 못먹는다고 하였다.

428. 유카술

유카는 백합과에 속하는 숙근성 식물이다.

아메리카 서부, 북부 사막 지역이 원산지이고 우리 나라 남쪽지방의 오래된 정원, 학교 정원 등의 관상수이다. 잎, 줄기를 이용한다. 유카 줄기 600g을 물에 깨끗이 씻어 적당한 크기로 썬다. 용기에 담고 소주 1.8ℓ를 붓고 밀봉하여 냉암소에다 1년이상 보관한 후에 마신다. 해독, 장질환, 악취제거, 위장병, 양기부족 등에 효능이 있다고 한다. 〈우리술사전〉

429. 유하주방(流霞酒方)

〈임원16지〉〈음식디미방〉〈수운잡방〉에 기록되어 있다.

정월에 백미 1말을 씻어 불렸다가 가루로 만들어 물로 반죽하고 오리알 크기로 빚어서 솔잎, 짚 등으로 싸서 1주일 두었다가 햇볕에 말린다. 3월 초순에 백미 3말을 씻어 불렸다가 가루로 만들어 물로 반죽하여 구멍떡을 만들어 삶아서 쌀 1말에 누룩 3되의 비율로 넣고 술을 빚는다고 〈임원16지〉에 기록되어 있다.

430. 유학주(愈虐酒)

〈임원16지〉에 기록되어 있다.

4월 초파일에 물 1석(石)에 누룩 가루 1근을 넣고 7말이 되도록 끓여서 식힌 후 누룩 4근을 넣어 하룻저녁 담아 둔다. 쌀 1석을 씻어 불려서 쪄서 식힌 다음 누룩 물에 섞어 항아리에 담아 두면 3일 후면 술이 익는다고 하였다. 이 술은 여러 가지 질병을 치료할 수 있다고 하였다.

431. 유화주(柳花酒)

〈음식디미방〉〈역주방문〉〈수운잡방〉에 기록되어 있다.

백미 2말 5되를 백세하여 재워 세말하여 물 2말 5되로 반만 익혀 식히고 누룩 가루 2되 5홉, 진말 1되를 고루 섞어 독에 넣는다. 10일 후에 백미 5말을 백세하여 하룻밤 재워 익게 쪄서 식힌 다음 탕수 5말을 끓여 식혀서 섞어 밑술에 합하였다가 15일 후에 쓴다고 하였다.

〈수운잡방〉에는 백미 2말 5되를 씻어 물에 하룻밤 담갔다가 곱게 가루 내어 끓는 물 2말 5되로 반쯤 익게 죽을 쑤어 차게 식혀서 누룩 가루 3되와 밀가루 1되를 같이 섞어 독에 넣는다. 7일 후 백미 5말을 씻어 물에 담갔다가 왼이로 쪄서 끓는 물 5말에 밥을 말아 차게 식혀서 먼저 빚은 술을 내어 같이 섞어 독에 담는다. 14일 후 익으면 쓴다고 하였다.

432. 육병주

〈양주방〉에 기록되어 있다.

멥쌀 1말을 씻어 가루를 만들어서 물 6병에 개어 누룩 가루 2되와 밀가루 7홉을 섞어서 항아리에 담아 둔다. 한창 괴어 거품이 일 때 멥쌀 3되로 죽을 쑤어서 식혀 누룩을 알맞게 넣어 버무려 밑술에 합하여 익으면 쓴다. 넘기를 잘하니 자주 보라고 하였다. 물 6병을 넣었다고 해서 육병주라는 이름이 붙었다.

433. 육종용주(肉從蓉酒)

육종용은 열당과에 속하는 기생성 다년초이며 사철쑥 뿌리에 기생한다. 중국이 원산지이며 태백산을 비롯한 전지역의 고산 그늘밑에 자생한다.

줄기는 살찌고 기둥모양이며 잎은 비늘 조각같이 어긋나는데 꽃은 자갈색으로 여름철에 피며 꽃필 무렵에 풀 전체를 채취하여 건조시켜 술을 담근다. 잘게 썬 육종용 300g을 용기에 넣고 소주 1ℓ를 부은 다음 밀봉하여 시원한 곳에 보관한다. 처음 4~5일은 1일 1회 가볍게 흔들어 준다. 7일 후에 마개를 열어 액을 천으로 거른다. 액은 용기에 다시 담고 설탕 150g과 벌꿀 100g을 넣어 잘 녹인다. 생약 찌꺼기 1/10을 다시 용기에 넣고 밀봉하여 시원한 곳에 보관한다. 1개월 후에 마개를 열어 액을 여과지로 거른다. 흑갈색의 특이한 향기와 달콤한 약술이 완성된다. 정력 증강, 발기 불능, 조루증, 낭습증, 여성 불감 등에 효능이 있다고 한다. 〈우리술사전〉

434. 육즙주(肉汁酒)

〈지봉유설〉에 기록되어 있다.

재료와 술 빚는 법에 대한 기록은 없고, 파사(波斯)에 있는 술이라고만 하였다.

435. 율무주(의이인주, 薏苡仁酒)

율무는 1년생 식물로 키는 1m가 넘으며 가늘고 길며 율무의 열매를 의이인(薏苡仁)이라 한다. 여름철에 꽃이 피고 열매는 타원형으로 그 알맹이는 율무쌀이라 하여 식용과 한약재로 쓰인다. 율무쌀 300g과 대추 200g을 깨끗이 씻어 물기를 뺀다. 율무쌀은 겨가 많으므로 까불러 깨끗이 씻고 체에 받쳐야 한다. 용기에 넣고 소주 1.8ℓ를 부어 밀봉하여 서늘한 곳에 저장한다. 2개월쯤 되면 예쁜 색깔에 대추향과 율무쌀 특유의 향내와 맛이 감싸주어 마시기 좋은 술이 된다. 율무쌀은 보건식으로 오래 먹으면 몸이 가벼워지고 정신이 맑아지며 또한 피부에 윤기가 나고 피부병에 걸리는 일이 없다고 한다. 그리고 맹장염의 특효약으로 전해오고 있다. 내장의 모든 결석, 특히 담석이나 신장 결석을 소멸시켜 주며 이뇨, 고혈압, 각기, 신경통, 결핵, 신장염 등에 좋다. 율무주를 오래 음용하면 각기병과 신경통에 효과가 있다고 한다.

《임원십육지》에 기록되어 있다. 《본초강목》에 의하면 의이인은 우리말로 율무를 뜻하는데 비장을 튼튼히 하고 위와 폐를 보하고 해열에 좋은 것으로 기록되어 있다. 율무주를 빚기 시작한 것은 200년 전으로 추정되며 저온에서 제조기간은 길게 하여 빚는 술로 최종 담금에 율무를 집어넣어 상용 약주로서 세 번 담금을 하여 주도는 꽤 높고 저장성도 있다. 강원도 횡성군 율무주는 향토(전통) 민속주로 허가를 받았다. 밑술은 멥쌀을 물에 불려 빻은 후 끓인 물로 반죽하여 누룩을 넣어 10일 경과한다. 덧술은 멥쌀가루를 끓인 물로 반죽한 상태에서 누룩을 넣고 밑술과 합한다. 덧술 후 30일 경과한 다음 율무와 멥쌀을 합하여 쪄서 누룩을 넣어 2차덧술을 완료한다. 한 달 후 압착 여과하여 독특한 향의 주도 높은 율무주를 채취한다. 술 빚을 때 10~17도의 저온 상태에서 발효시키는 것이 좋다. 〈우리술사전〉

436. 은행주(銀杏酒)

은행은 볶아 껍질을 벗겨 500g을 용기에 넣고 설탕 200g, 소주 1.8ℓ를 부은 다음 밀봉하여 저장한다. 1년 정도 지나면 숙성이 완료되어 마실 수 있다. 호흡기질환, 고혈압, 성인병 예방에 효능이 있다고 한다. 〈우리술사전〉

437. 이강고(梨薑膏), 이강주(梨薑酒)

〈임원16지〉에는 이강고방, 〈군학회등〉 〈조선무쌍신식요리제법〉에는 이강고, 〈조선고유색사전〉에는 이강주로 기록되어 있으며, 〈증보산림경제〉에도 기록되어 있다.

재료 수는 4가지였다. 큰 배를 거피하고 즙을 취해 생강즙, 꿀과 함께 섞어 소주에 넣고 중탕한다고 하였다.

이강주는 전북(全北)의 전통 민속주로 지정되었다. 이강주는 상류 사회에서 애음되어 왔으며 조선조 중엽까지 제조가 성행되었던 것으로 추정되나, 근대화와 주세 행정의 영향으로 그 명맥이 끊어지고 문헌에만 전해지고 있다. 기능보유자인 조정형(男, 1941년생) 씨는 5대 선친으로부터 전주에 안착하면서 전주 근교

이서(伊西)배와 봉동, 생강을 주원료로 하여 만든 술로서 특히 조부(祖父)께서 익산 및 완주 군수로 계실 때는 내객에게 많은 호평을 받았으며, 옛날에는 상류층에 많이 애용되어 제조하였던 술로서, 지금은 가주(家酒)로서 제조하여 전승을 이어 오고 있다고 한다.

그림 18 이강주의 재료 및 이강주 내리기

조정형의 배합 비율은 배 5개, 생강 87.5g, 울금 18.75g, 계피 18.75g, 사탕 750g, 소주 18ℓ이다. 배와 생강은 즙을 내고 울금과 계피는 소주 2홉에 끓여서 침출시켜 배즙, 생강즙, 설탕과 함께 소주에 넣는다. 가을철(10월)부터 이듬해 봄철(5월경)까지 담그며 저장 1년 후에 마신다.

438. 이모로주방(耳麰露酒方)

〈임원16지〉에 기록되어 있다.

귀리 10말을 마대에 싸서 흐르는 시냇물에 3일간 담갔다가, 쌀 3말과 같이 섞어 밥을 지어 뜸을 들여 식혀서 밀겨 누룩 8말과 함께 항아리에 담고, 익으면 상법(常法)으로 소주를 만든다고 하였다.

439. 이조흑주(李朝黑酒)

이조흑주는 1500년대 이래 우리 나라의 대표적인 약주인 백하주(白霞酒)를 현대인의 입맛에 맞게 개량한 술이다. 흑주는 우리 나라 전통누룩이 일본누룩에 비하여 색깔이 검은 점에 착안하여 붙여진 이름이다. 이 술은 발효주 업계를 주도하면서 전통누룩의 개량에 힘써온 대표적인 발효제 전문회사 국순당 술도가(배상면 씨)가 1988년 시중에 내놓은 첫 작품이다. 고려시대 술을 의인화한 임춘(林春)의 국순당 술도가는 누룩과 술을 빚는 집이라는 뜻이다. 이 술의 양조법은 제조 전과정 동안 열을 가하지 않고 원료인 쌀을 생쌀 그대로 발효시켜 술을 빚는 독특한 기술이다. 밑술은 쌀, 누룩, 감초가 전부이다. 섭씨 25도의 상온에서 6개월 동안 잘 띄운 누룩을 깨끗한 물로 3시간 동안 걸러 물누룩을 만든다. 쌀가루 1 : 물누룩 49의 비율로 혼합하여 1차담금을 하여 이틀간 발효시킨다. 여기에 쌀가루, 누룩, 감초, 효모를 혼합해 덧술을 한다. 4일이 지나면 술이 익는데 이를 여과하여 1만 3천ℓ들이 대형 탱크 2대에 담아 5℃로 100일간의 숙성과정을 거치면 흑주가 완성된다. 〈우리술사전〉

440. 이화주(梨花酒)

〈주방문〉〈술 만드는 법〉〈산림경제〉〈조선무쌍신식요리제법〉〈수운잡방〉〈양주방〉〈오주연문장잔산고〉〈요록〉〈부상록〉〈문견별록〉〈역주방문〉〈고사십이집〉에는 이화주, 〈음식디미방〉에는 이화주법, 〈임원16지〉에는 이화주방, 〈김승지댁주방문〉에는 이화주방문으로 기록되어 있다.

재료 수는 1, 2, 3, 4가지였다. 재료는 멥쌀, 누룩, 물, 찹쌀, 솔잎 등이었다. 〈음식디미방〉에는 이화주법(여름 술: 1말 비지, 2말 비지, 봄 술: 닷말 비지) 등 4종류가 기록되어 있다.

이화주법 여름 술은 복숭아꽃이 필 때 쌀을 씻어 담갔다가 작말하여 누룩을 만들어 띄워 두었다가, 여름에 백미 백세하여 구멍떡을 만들어 잘 익게 삶아 쳐서 식거든 쌀 1말에 누룩 2~3되를 체에 쳐서 넣는다. 누룩을 3되 넣으면 오래 두어도 괴지 않으나, 2되를 넣으면 오래 두지 못한다고 하였다. 체에 친 누룩 무거리는 넣지 않는다고 하였다. 〈임원16지〉와 〈조선쌍무신식요리제법〉에서는 일명 백설향(白雪香)이라고도 한다고 하였다.

〈수운잡방〉에는 백미 1말을 씻어 곱게 가루 내어 깁체(고운 명주 체)로 거듭 치고 구멍떡을 빚어 터질 때까지 무르게 삶아 익혀, 차게 식거든 누룩은 바깥 껍질을 벗겨 버리고 가루 내어 고운 체에 거듭친 것 1되 3홉을 섞어 넣고 매우 힘껏 치대어 항아리에 넣고 두꺼운 종이로 위를 봉하고 공기가 통하도록 작은 구멍을 낸다. 15일만에 쓴다. 맛은 매우 달며 향기 또한 강하다. 냉수에 타서 마신다고 하였다.

〈수운잡방〉에 다른 방법은 백미 1말을 씻어 가루 내어 깁체로 가루를 거듭 쳐서 죽을 쑤고 차게 식거든 누룩도 아주 곱게 고운체로 거듭친 것 1되 5홉을 섞어 항아리에 빚어 넣는다. 작은 공기 구멍을 낸다. 5~6일이 되면 쓴다. 맛은 매우 좋다고 하였다.

441. 익모초주(益母草酒)

익모초는 순형과의 이년초이다. 전국 각지의 들판 야산에 자생한다. 전초를 꽃필 무렵에 채취하여 그늘에 말려 사용한다. 익모초 100g을 잘게 썰어서 설탕 100g, 소주 1.8ℓ와 함께 용기에 넣고 밀봉한다. 숙성 초기에는 익모초가 위로 떠오르기 때문에 가끔 용기를 흔들어 주면 익모초가 가라앉는다. 2개월 가량 지나면 익모초의 성분이 완전히 우러난다. 마시기 전에 건더기를 건져내고 마신다. 산후의 생리이상, 일반 생리불순, 부인의 보건약에 효능이 있다고 한다. 〈우리술사전〉

442. 인동주(忍冬酒)

인동덩굴의 꽃을 금은화(金銀花)라고 하며 인동과의 낙엽활엽 덩굴나무이다. 전국 각지의 산야에 자생한다. 잎, 덩굴, 꽃봉오리를 이용한다. 인동꽃봉오리 500g을 깨끗이 씻어 물기를 완전히 말린 후 설탕 200g과 함께 차곡차곡 용기에 담는다. 4~5일 정도 경과한 후 소주 1.8ℓ를 붓는다. 1개월 정도가 되면 담황색의 빛을 내는 술이 된다. 마시기 전에 건더기를 제거하고 마신다.(=금은화주) 이뇨, 방광염, 신장병, 각기병, 각종 피부병에 효능이 있다고 한다. 〈우리술사전〉

443. 인동주(忍冬酒)

〈음식법〉〈요록〉에 기록되어 있다.

인동을 손으로 걷어다가 질그릇에 달인다. 쌀로 지에밥을 지어 인동 달인 물을 뿌리고, 누룩도 인동 달인 물에 풀어서 술을 빚는다고 하였다.

444. 인삼 대추술

인삼에 대추, 생강을 같이 넣고 소주를 부어 담근 술인데 백삼, 홍삼, 미삼 어느 것도 좋나. 수삼을 쓰기도 하는데 진이 나와 밋이 덜하다.

미삼 50g은 깨끗이 씻어 물기를 말린다. 대추 10개는 씻어 마른 행주로 물기를 닦는다. 생강 50g은 껍질을 벗겨 얇게 썬다. 넓은 용기에 위의 재료를 넣고 설탕 150g을 넣은 다음 하루 두었다가 소주 1.8ℓ를 부어 밀봉한다. 6개월 후부터 마시기 시작한다. 정력 강장에 효능이 있다고 한다. 〈우리술사전〉

445. 인삼주(人蔘酒)

〈임원16지〉에 기록되어 있다.

재료와 술 빚는 법에 대한 기록은 없고, 이 술은 기운을 돋우는 효력이 있다고 하였다.

인삼은 오갈피나무과의 다년초이고 전국에서 재배하고 있다. 뿌리를 이용한다. 약용주 중 인삼주는 특이한 것으로 한국 고유의 술이라고 볼 수 있다.

인삼 100g은 수염뿌리까지 잘 씻어서 햇볕에 3일 정도 말린다. 병에 인삼을 넣고 설탕 100g과 소주 1.8ℓ를 넣어 밀봉해서 서늘한 곳에 보관한다. 숙성기간 6개월 정도면 진누런색을 띤다. 불로강정, 발육촉진, 식욕부진, 원기부족, 설사, 자주 피로를 느낄 때, 허약 체질, 무기력한 체질의 개선에 효능이 있다고 한다. 〈우리술사전〉

446. 인유향방(麟乳香方)

〈임원16지〉에 기록되어 있다.

백미 2말을 세말하여 탕수 20사발에 죽을 쑤어서 누룩 가루 2되, 내면 1되를 합하여서 겨울이면 5일, 여름이면 3일 후에 백미 5말, 술 1사발, 끓인 물 8사발, 누룩 가루 2되를 합하여 밑술에 첨가하면 특별히 좋은 향기가 도는 술이 된다고 하였다.

447. 인진주(茵蔯酒)

〈임원16지〉에 기록되어 있다.

인진호(茵蔯蒿) 1석(石)을 노랗게 볶아 멥쌀 1석, 누룩 3근으로 상법(常法)으로 양조한다고 하였다. 이 술은 풍증과 근골 경련에 효력이 있다고 하였다.

448. 인천 칠선주(七仙酒)

칠선주는 〈규합총서〉〈산림경제〉〈양주방〉 등에 기록되어 있다. 1777년 조선조 22대 정조 원년에 빚어진 기록이 있으므로 적어도 200년 이상의 전통이 있다. 칠선주는 일반 약주와 동일하게 빚어지는데 밑술에 여러 가지 약재가 들어가므로 칠선주라 이름지어 졌으며 보주(補酒)로서 상용 약주(藥酒)이다. 일제 때 쌀 공출령으로 맥이 끊긴 뒤 애주가 이종희(인천시 남구 옥련동)씨가 옛문헌 고증 등 10여 년의 연구끝에 1980년 그 맛의 효능을 재현하는데 성공하였다. 1990년 칠선주 제조비법 기능 보유자로 인정받으면서 본격적으로 제조되기 시작하였다. 밑술은 멥쌀 1말을 잘 씻어 3시간 동안 물에 담근 후 물기를 뺀 다음 쌀을 쪄서 식혀 누룩 2되를 섞고 물 1말을 넣어 2~3일간 둔다. 덧술은 멥쌀 4말을 잘 씻어 쪄서 누룩 4되와 물 6말을 섞어 밑술과 합친다. 덧술을 넣은 후 3일 후 칡, 인삼, 더덕, 구기자, 모과, 당귀, 감초 등 7가지 한약재 35근을 물 3말에 넣고 물 1말이 될 때까지 달인다. 이 달인 물을 식혀 넣어 4~5일 경과하면 주도 16도 정도의 칠선주가 된다. 〈우리술사전〉

449. 일년주(一年酒)

〈시의전서〉〈규합총서〉에 기록되어 있다.

초밑은 선달에 찹쌀 1되를 가루로 하여 끓는 물을 넣고 버무려 범벅으로 하여 밀가루 1되, 누룩 가루 1되를 넣고 버무려서 항아리에 담는다. 중밑은 정월 묘일에 멥쌀 2말 반을 씻어 가루로 만들어서 끓는 물로 개어 식혀서 초밑에 첨가한다. 2~3월에 괴면 넘을 것이니 복숭아 나뭇가지로 젓는다. 3월 초생에 찹쌀 7말을 씻어 쪄서 진말 5홉과 끓는 물을 짐작하여 부어 버무려 첨가하고 술독을 꼭 봉하였다가 6월 초생에 떠서 쓰라고 하였다.

450. 일두사병주

〈양주방〉에 기록되어 있다.

멥쌀 1말을 씻어서 가루로 만들어 물 3병으로 죽을 쑤어 식혀 누룩 가루 1되, 밀가루 1되, 엿기름 1되를 섞어 독에 넣어 싸맨다. 이튿날 막 괴거든 찹쌀 1되에 물 1병을 부어 죽을 쑤어 식혀서 밑술에 섞는다. 막 익거든 쓴다. 괼 적에 넘을 것이니 큰그릇에 빚으라고 하였다.

451. 일야주(一夜酒)

〈역주방문〉에 기록되어 있다.

백미 1되를 백세하여 물에 담갔다가 맷돌에 갈아 풀을 만드는데, 마치 세탁용 풀같이 묽게 만든다. 누룩 가루 2홉을 따뜻한 물에 타서 체로 받쳐서 위의 풀과 골고루 섞어 미음과 같이 만들어서 병에 담아 따뜻한 온돌방에 놓아 둔다. 술이 익으려 할 때 그 술병을 몇 차례 흔들어 요동시키고 다시 온돌에 놓아 둔다. 밤 3시경에 이와 같이 3~4차례하고, 다음날 아침에 사용하면 빛깔은 비록 담담하지만 맛이 준렬하다. 빚은 날짜가 짧기 때문에 잠깐 취했다가 즉시 깬다고 하였다.

452. 일일주(一日酒)

〈주방문〉〈음식디미방〉〈술 만드는 법〉〈산림경제〉〈규합총서〉〈술 빚는 법〉〈부인필지〉〈수운잡방〉〈군학회등〉〈요록〉〈증보산림경제〉〈고사십이집〉〈양주방〉〈임원16지〉〈고려대규곤요람〉 등에 기록되어 있다.

재료 수는 2, 3, 4가지였다. 재료는 술, 멥쌀, 누룩, 물, 찹쌀 등이었다.

찹쌀 2되를 씻어 불려서 가루 내어 물을 붓고 죽을 쑤어 누룩 가루 5홉을 섞어 항아리에 담고, 대나무로 젓기를 두 시간만 하면 거품이 일어날 것이니 항아리 부리를 두껍게 매어 따뜻한 곳에 두면 저녁에 술이 되어 몹시 청렬(清烈)하고 개미가 위에 뜬다고 하였다.

〈수운잡방〉에는 물 3말, 좋은 누룩 2되, 좋은 술 1사발을 같이 섞어 물이 새지 않는 잘 구어진 독에 담고 백미 1말을 깨끗이 씻어 익게 찌고 김이 나가기 전에 물소리를 내지 않고 독에 담아서 젓지 말고 따뜻한 곳에 둔다. 아침에 빚으면 저녁에 익고, 저녁에 빚으면 아침에 익는다고 한다.

453. 일해주(一亥酒)

〈주방문〉에 기록되어 있다.

쌀 1말을 백세하여 작말하여 물 1동이를 붓고 풀을 쑤어 식거든 누룩 가루 7홉을 섞어 항아리에 담는다. 익은 다음 쌀 2말을 백세하여 지에밥 쪄서, 식은 물 1동이 반에 풀어 식혀서 밑술에 첨가하여 익힌다. 빛이 파랗고 밥알이 뜨고 좋으며, 술 못먹는 이도 좋다고 하였다. 더울 때는 담그지 말라고 하였다.

454. 임금주(林檎酒)

〈조선무쌍신식요리제법〉에 능금술, 임금주로 기록되어 있다.

능금이 익은 것으로 껍질을 벗기고 씨를 뺀 후에 짜서 즙을 내어 그 즙에 물을 섞어 하룻밤 두면 찌꺼기는 가라앉고 맑은 즙은 위에 떠오르니, 윗물을 따라서 꼭 봉한 후에 일년 동안 묻어 두면 능금술이 된다고 하였다.

455. 임안주(臨安酒)

〈한국외래주유입사연구〉에 기록되어 있다.

중국 절강성(浙江省) 항주(杭州)에 옛이름을 좇아 붙여진 술이다. 조선 중기에 유입된 외래주이다. 〈열하일기〉를 인용하여 임안주는 너무 싱겁다고 한 것으로 미루어 주정도가 낮았던 것으로 짐작되고, 항주 지방의 특 주이고 최상급주까지 미치지는 못한 청주류라고 하였다.

456. 의이인주〔薏苡仁酒〕

〈임원16지〉에 기록되어 있다.

재료와 술 빚는 법에 대한 기록은 없고, 이 술은 풍습(風濕)을 제거하고 건위강골(建胃强骨)하는 효력이 있다고 하였다.

457. 자귀나무술

자귀나무는 콩과식물에 속하는 낙엽활엽교목이다. 전국 각지의 산기슭에 자생한다. 꽃, 뿌리를 사용한다. 꽃은 아름다운 붉은 색으로 7월에 핀다. 자귀나무 꽃 600g을 물에 씻어 항아리에 담고 소주 1.8ℓ를 붓는다. 밀봉하여 냉암소에서 3~4개월간 보존한다. 이뇨, 강정, 불면증에 효능이 있다고 한다. 〈우리술사전〉

458. 자근주(柘根酒)

척근 20근, 창포 5말을 각각 물 1석에 삶아 5말의 즙을 취한다. 철(鐵) 20근을 불에다 빨갛게 달구어 즙에 담근다. 쌀 2석, 밀가루 2말, 물 1석 5말로 상법(常法)으로 술을 담근다. 술이 익으면 진자석(眞磁石) 3근을 분말로 갈아서 술독에 3일간 담그었다가 마신다고 한다. 〈우리술사전〉

459. 자두주(紫豆酒)

자두나무는 앵두과에 속한 낙엽고목으로 우리 나라 도처에서 재배되고 있다.

자두의 큰 것은 달걀만하며 작은 것은 앵두 크기 정도이다. 신선도가 높고 과일이 단단하고 8부정도로 조금 덜 익은 것이 산이 많이 함유되어 있어 술맛이 좋다. 먼저 잘 익고 단단한 자두 600g을 깨끗이 씻은 후 물기를 닦아내고 상한 것은 골라낸다. 용기에 넣고 소주 1.8ℓ를 부어 밀봉하여 서늘한 곳에 저장한다. 약 4개월쯤 후에 마실 수 있으나 알맹이는 그대로 두고 사용함이 더욱 좋다. 덜 익은 과실로 만들면 떫은맛과 신맛이 강한 술이 된다. 마실 때는 산미가 강하므로 감미를 하는 것이 좋다. 식중독, 더위 먹은 데, 이질, 설사, 대소변 불리에 효능이 있다고 한다. 〈우리술사전〉

460. 자소주(紫燒酒)

〈지봉유설〉에 기록되어 있다.

재료와 술 빚는 법에 대한 기록은 없고, 자소주를 지나치게 마셔 사람이 그 자리에서 죽은 일이 있어 그 해독이 참혹한 것이라 하였다.

461. 자실술(개오동술)

개오동나무는 능소화과의 낙엽 활엽 교목으로 열매는 민간약으로 많이 쓰여 왔다.

잘게 썬 개오동 열매 200g을 용기에 넣고 소주 1ℓ를 붓는다. 밀봉하여 시원한 곳에 보관한다. 10일 후에 다시 마개를 열어 천으로 액을 거른 후 액을 용기 속에 다시 넣고 설탕 150g을 넣어 녹인다. 여기에 생약 찌꺼기 1/5을 넣고 밀봉하여 시원한 곳에 보관한다. 1개월 이상 지나면 개봉하여 여과지로 거른다. 투명하고 담백한 약술이 완성된다. 이뇨, 부종에 효능이 있다고 한다. 〈우리술사전〉

462. 자주(煮酒)

〈주방문〉〈산림경제〉〈조선무쌍신식요리제법〉〈도문대작〉〈고사 십이집〉〈영접도감미면색의궤〉〈요록〉〈역주방문〉에 기록되어 있다.

재료 수는 3, 4가지였다. 재료는 멥쌀, 술, 누룩, 찹쌀, 물, 호도, 황밀, 후추, 황납 등이었다.

좋은 청주 5대야에 후추 가루 3돈, 황밀 3돈을 얇게 저며 넣고, 병 부리를 중탕하여 황밀이 다 녹거든 내어서 쓴다. 여름에 더 좋고, 후추는 적어도 괜찮다고 하였다. 소주는 백미 1말 찹쌀 1말을 백세 작말하여 죽을 쑤어 누룩 6되 5홉을 섞어 항아리에 담고 더운 데 둔다. 3일 후에 찹쌀 2말을 백세하여 지에밥을 쪄서 밑술에 합한다. 소줏고리 밑에 물 4복자를 먼저 부어 끓이다가 술을 부어 소주를 곤다. 이 방법은 쌀 1되에서 소주 1되가 나는 법이라고 〈주방문〉에 기록되어 있다.

463. 작약주(芍藥酒)

작약은 함박꽃 뿌리를 말하며 목련과의 낙엽 활엽 소교목이고 전국 각지 산야에 자생하거나 재배한다. 뿌리와 꽃을 이용한다. 가을에 채집한 작약 뿌리 600g을 물에 깨끗이 씻어 썰지 말고 그대로 담거나 돌절구나 나무절구에 쇠붙이가 닿지 않게 짓찧어 담는 것이 제일 좋다고 한다. 항아리에 담고 소주 1.8ℓ을 붓는다. 밀봉하여 냉암소에서 4~5개월 보관한 후에 마신다. 오래될수록 더욱 좋다. 체력보강, 산후병, 사지무력, 피로회복에 효능이 있다고 한다. 〈우리술사전〉

464. 잡곡주(雜穀酒)

〈산림경제〉〈조선무쌍신식요리제법〉에는 잡곡주, 〈임원16지〉에는 잡곡주방, 〈증보산림경제〉에 잡곡주로 기록되어 있다.

재료 수는 6, 9가지였다. 재료는 멥쌀, 누룩, 찹쌀, 물, 차조, 찰칡, 메기장, 찰피, 진말, 수수, 차기장, 촉(蜀: 접시꽃), 진국, 잡곡 등이었다.

수수, 기장, 차조, 메기장, 촉 등을 섞어서 1말을 가루로 하여 물 2병을 넣고 끓여 죽을 쑤어 식힌다. 누룩 가루 2되, 진국(眞麴) 2되를 넣어 항아리에 담는다. 3~4일 후 다시 혼합한 가루 3말에 물 7병을 넣고 죽을 쑤어 식혀서 첨가시킨다. 7일 후에 찹쌀이나 기장 3~4되를 가루로 내어 끓는 물에 버무려 첨가하면, 술이 더 강렬하다고 〈임원16지〉에 기록되어 있다.

465. 잣술(해송자주)

잣(해송자)은 소나무과에 속하는 잣나무의 여문 씨를 말린 것이다. 약으로는 굳은 껍질을 벗기고 쓴다. 잣은 우리 나라 북부, 중부의 활엽수들과 침엽수림에 섞여서 저절로 자라거나 유지림을 조성할 목적으로 심어서 기른다. 원산지는 우리 나라이며 가을에 씨가 익었을 때에 잣송이를 따서 씨만을 모아 햇볕에 말린다. 잣 400g은 살짝 헹구어 물기를 빼고 마른 행주로 닦아둔다. 용기에 넣고 소주 1.8ℓ를 부어 밀봉하여 냉암소에 보관한다. 3개월쯤 되면 담황색의 잣 향기 그윽한 잣술이 된다. 알맹이는 건져 체에 밭치고 맑은 술은 다른 병으로 옮겨 보존한다. 〈우리술사전〉

466. 장미꽃술

장미는 서양의 꽃이었는데 문헌에는 중국에도 오랜 옛날부터 있었다고 한다. 물론 오늘날의 장미는 거의가 서양 장미이다. 재배도 일반화해서 전국 곳곳에 장미가 없는 곳이 없을 정도이고 관상용은 물론 생화용으로도 그 재배가 어느 꽃보다 활발하다. 넝쿨 장미 작고·중간의 꽃으로 향기가 좋은 것 100g을 골라 1cm 정도로 꼭지를 붙여서 병에 넣고 설탕 10g, 소주 0.9ℓ를 붓는다. 약 1주일이 지나서 꽃을 건져내고 액체는 여과해서 다시 병에 담아 계속 숙성시킨다. 강장, 변비, 이뇨, 피로회복에 효능이 있다고 한다. 〈우리술사전〉

467. 장송주(長松酒)

〈임원16지〉에 기록되어 있다.

재료와 술 빚는 법에 대한 기록은 없고, 이 술은 모든 풍(風)과 허(虛)를 보한다고 하였다.

468. 장춘주(長春酒)

〈임원16지〉〈오주연문장전산고〉에 기록되어 있다.

당귀, 천궁, 반하(半夏), 청피모과, 백작약, 황기는 꿀로 볶음, 오미자, 육계(肉桂)는 거피(去皮)함, 숙지황, 감초, 백복령(百茯苓), 의이인(薏苡仁), 백두구인(白荳蔻仁), 축사(縮砂), 빈랑(檳榔), 백출(白朮), 귤홍(橘紅), 비파잎〔枇杷葉〕은 거피하고, 인삼, 맥얼(麥蘖)은 볶음, 심향(沈香), 목향(木香), 초과인(草果仁), 두충(枓沖)은 볶고, 신국(神麴), 남향(南香), 상백피(桑白皮)는 꿀에 볶음, 후박(厚朴), 강(薑), 정향(丁香), 창출(蒼朮)은 뿌리는 제거하여 위의 것을 각각 3전씩 20등분하고, 가제 주머니 속에 넣어서 술 1말에 1등분씩의 분량으로 넣는다. 봄에는 7일, 여름에는 3일, 가을은 5일, 겨울은 10일간 담갔다가 매일 아침, 저녁마다 1잔씩 마시면 습(濕)을 제거하고 실비(實脾), 거담(去痰), 통체(通滯)하는 효능이 있으며, 보혈(補血), 강골(强骨)하는 효력도 있다고 하였다.

469. 저주(楮酒)

〈주방문〉에 기록되어 있다.

닥주와 같은 술인데, 술 이름의 표기가 한문으로 되었을 뿐이다.

470. 적선소주방(謫仙燒酒房)

〈신간구황촬요〉〈김승지댁주방문〉에는 적선소주법, 〈임원16지〉〈고사촬요〉에는 적선소주방으로 기록되어 있다.

재료 수는 4가지였다. 재료는 멥쌀, 누룩, 찹쌀, 물, 송순(松筍) 등이었다.

쌀 1되 5홉을 씻어 가루로 만들어 물 4말을 섞어 죽을 쑤어 식혀서 누룩 가루 3되와 항아리에 담는다. 3일 후(겨울이면 5일 후) 찹쌀 1말을 씻어 물에 하룻저녁 담갔다가, 시루에 쪄서 첨가한다. 술이 익으면 4등분하여 끓여 1등분당 소주 4되가 나오게 한다고 〈임원16지〉에 기록되어 있다.

〈고사촬요〉에는 송순을 많이 꺾어다가 끓여서, 송순은 건져버리고 체로 받쳐서 그 물로 술을 담그면 여름이 지나도 좋다고 하였다.

471. 적설주(積雪酒, 지명주, 地明酒)

적설초는 꿀풀과의 다년생 만초이고 전국 각지의 평지나 야산에서 자생한다. 줄기, 잎 전체를 이용한다. 10월경에 전초를 채집하여 물에 깨끗이 씻어 물기를 뺀 뒤 썰어 600g을 항아리에 담고 소주 1.8ℓ를 붓고 밀봉하여 냉암소에 보존한다. 한 달 정도면 마실 수 있으나 3개월이 지나야 술이 완숙된다. 당뇨병, 강정

에 효능이 있다고 한다. 〈우리술사전〉

472. 절주(節酒)

〈주방문〉〈음식디미방〉에는 절주, 〈임원16지〉에는 절주방, 〈김승지댁주방문〉에는 절주방문, 〈양주방〉에 절주로 기록되어 있다.

재료 수는 3, 4, 5가지였다. 재료는 멥쌀, 누룩, 찹쌀, 물 등이었고, 〈김승지댁주방문〉에는 엿기름, 약재 등이었다.

백미 1말을 백세 작말하여 쪄서 탕수 1동이에 풀고 누룩 2홉을 섞어 항아리에 담아 서늘한 곳에 둔다. 3일 후에 찹쌀 3되를 밥 짓고 진가루 3순가락을 섞어 첨가하였다가, 2일 후에 쓴다고 〈주방문〉에 기록되어 있다. 〈음식디미방〉에는 무조(無燥: 마르지 않은 것) 누룩을 사용하면 변치 않는다고 하였고, 또 독 밑에 닥나뭇잎을 깔고 그 위에 술을 넣고 닥나뭇잎으로 덮어두라고 하였다.

473. 점감주

〈음식디미방〉에 기록되어 있다.

찹쌀 2되를 밥 지어 누룩 가루 4홉을 섞어 더운 곳에 싸두고 자주 보아서, 거품이 나거든 내서 식히면 꿀같다고 하였다.

474. 점강청주

〈음식디미방〉에 기록되어 있다.

찹쌀 1말을 백세하여 죽쑤어 차지 않을 때, 누룩 2되를 냉수에 섞어 죽에 풀어서 항아리에 담는다. 솜옷으로 술항아리를 두껍게 싸서 하룻밤 재워, 익거든 짜서 쓰라고 하였다.

475. 점주(粘酒)

〈주방문〉〈음식디미방〉〈색경〉〈양주방〉에 기록되어 있다.

재료는 멥쌀, 누룩, 찹쌀, 물 등이었다.

백미 1되를 백세하여 하룻밤 물에 담갔다가 작말하여 구멍떡을 만들어 삶아서, 제 물에 쳐서 누룩 가루 1되를 섞어 항아리에 담는다. 3일 후에 찹쌀 1말을 백세하여 물에 담갔다가 쪄서, 끓인 물 1말에 풀어서 밑술에 섞어 7일 후에 쓴다고 〈음식디미방〉에 기록되어 있다.

476. 정금술

정금은 전국적으로 산이나 언덕에 많이 자생하는 석남과의 활엽관목으로 5~6월경 가지 끝에 맑은 홍백색의 꽃이 피고 9~10월경 지름 6~7mm의 공모양을 한 열매가 까맣게 매달린다. 정금나무의 열매는 낱알로 따지 말고 가지 채 따서 물에 씻고 물기를 제거한다. 용기에 400~500g을 넣고 소주 1.8ℓ와 설탕 20g을 넣는다. 밀봉하여 시원한 곳에서 6개월 이상 숙성시킨다. 강정, 강장, 피로 회복에 효능이 있다고 한다. 〈우리술사전〉

477. 정향주(程鄕酒)

〈지봉유설〉에 기록되어 있다.

재료와 술 빚는 법에 대한 기록은 없고, 이 술을 마시고 천리길을 가면 비로소 취한다고만 기록되어 있다.

478. 정향주(丁香酒)

〈수운잡방〉에 기록되어 있다.

백미 1되를 백세하여 구멍떡을 만들어 삶아 식혀서 누룩 1되를 넣고 섞어서 항아리에 담는다. 3일 후에 백미 1말을 백세하여 물에 담갔다가 쪄서 물 1사발을 붓고 버무려 밑술에 첨가하여 따뜻한 곳에 두었다가 3주 후면 쓸 수 있다고 하였다.

다른 방법은 백미 1되를 여러번 깨끗이 씻어 물에 하룻밤 담갔다가 가루 내어 구멍떡을 만들어 무르게 익혀서 차게 식거든, 밤이슬 맞힌 누룩 1되와 작은 그릇에 같이 섞어 놓는다. 제 3일에 백미 1말을 씻어 물에 하룻밤 재웠다가 물 1사발로 무르게 푹 익을 때까지 여러 번 물을 뿌려가며 쪄서, 차게 식거든 먼저 빚은 밑술에 섞어 항아리에 담아 따뜻한 곳에 둔다. 21일 후면 쓴다. 오래 둘수록 맛은 달다고 하였다.

479. 제백주(諸白酒)

〈한국외래주유입사연구〉에 기록되어 있다.

〈지봉유설〉〈부백록〉을 인용하여 17~18세기에 일본 강호시대(江戶時代)의 술이 유입된 외래주라고 하였다. 제백 상등지주(諸白上等之酒)로 제백은 삼원(지금의 廣島), 아도(지금의 長崎), 남도(泰良)에서 양조되는 가장 좋은 술이다. 일본에서는 주(酒)를 가가호호에서 빚을 수 없고, 반드시 주가(酒家)에서 사야만 했으며 주가도 많지 않다.

제백주는 백미로 누룩을 만들고 백미반(白米飯)을 술밥으로 하여 술을 빚어서 맛이 심히 향기롭고 강열하며, 색은 청(淸)하지도 않고 백(白)하지도 않은 짙은 황색으로 우리 나라 약주류와 비슷한 주색이다.

480. 제비꽃술

제비꽃은 봄을 대표하는 꽃으로서 전국 각지의 산과 들에 자생하며 보라빛 꽃을 피운다. 제비꽃을 씻을 수 없으므로 손을 깨끗이 씻고 꽃을 딴다. 젖은 천으로 꽃이 뭉개지지 않도록 조심하면서 먼지를 닦아 낸다. 꽃잎 400~500g을 용기에 넣고 30도 짜리 소주 1.8ℓ를 붓는다. 설탕 20g을 넣고 밀봉한다. 6개월 이상 숙성시킨다. 오래 숙성시킬수록 맛이 부드러워진다. 숙성된 후에도 꽃을 건져 낼 필요가 없다.

혈압 강하, 거담, 쾌면에 효능이 있다. 〈우리술사전〉

481. 제주 오메기술(일명 좁쌀약주)

누룩 가루와 차좁쌀 가루를 익반죽하여 담아 둔 술독에서 윗국만 떠낸 술로 제주에서는 원래 청주라 불려졌는데 요즘은 오메기떡으로 술을 빚는다 하여 오메기술이라 통용되고 있다. 좁쌀이 누룩에 쉽게 삭게 하기 위해 좁쌀을 쪄서 오메기떡을 만들어 다시 삶는다. 1990년 5월 제주도 무형문화재 3호로 지정된 오메기술은 주로 남제주군 표선면 성읍리에서 성행하여 왔다. 술제조 기능보유자인 김을정씨는 20세 때 장태보씨 집안에 시집와 술을 빚는 기법을 배웠다고 한다. 차좁쌀을 8시간쯤 미지근한 물에 담갔다가 곱게 빻아 가루를 만든다. 그

가루를 익반죽하고 난 후 주먹만큼씩 떠내어 문고리처럼 생긴 오메기떡을 만들어 푹 삶는다. 떡이 삶아지는 동안 솥바닥에 눌지 않게 댓잎을 깔아 놓기도 한다. 삶아 낸 오메기떡을 큰 그릇에 넣어 식히면서 방망이와 손으로 떡의 형태가 없어질 정도로 충분히 다진뒤 그 위에 누룩 가루를 넣고 물을 부어가며 손으로 반죽이 되게 이리저리 잘 섞는다. 이것을 술독에 물 20되쯤 붓고 뚜껑을 덮어 방 구석에 보름쯤 놓아두면 거의 발효된다. 농익은 술독에서 맨 위에 맑은 윗국을 떠내면 청주이다. 마셔 없어지는 대로 바로 참누룩가루와 오메기떡으로 덧술을 넣기만 하면 묵힌 것과 같이 쉽게 발효된다. 〈우리술사전〉

482. 조롱술

조롱나무의 꽃이 많이 피면 풍년이 온다고 해서 만작(萬作)이라고 불려 왔으며 한방명은 금루매(金鏤梅)라고 한다. 조롱술은 색깔이 곱고 향기가 좋아 축하용 술로도 쓸 수 있다. 꽃은 씻을 수 없으므로 처음부터 손을 깨끗이 씻고 꽃을 딴다. 꽃잎 300～400g을 용기에 넣고 소주 1.8ℓ를 붓는다. 설탕 10g을 넣고 밀봉한다. 시원한 곳에서 6개월 정도 숙성시킨다. 치형, 치질, 분위기 전환에 효능이 있다고 한다. 〈우리술사전〉

483. 조릿대 술

조릿대는 조리의 재료로 쓰여 왔으며 지금도 여러 가지 공예품 재료로 이용되고 있다. 열매가 열리는 때도 있는데 가뭄이 심하여 모든 농작물이 말라 죽을 때 백성들의 구호식량이 되었다고 한다. 실제로 조릿대 열매에는 영양분이 많이 들어 있고 엽록소가 많아 병균에 대한 저항 능력을 높여 준다. 조릿대의 잎 100～130개을 젖은 천으로 가볍게 닦아내고 용기에 담고 소주 1.8ℓ를 붓고 설탕 5～20g을 넣는다. 시원한 곳에서 6개월 이상 숙성시키면 깨끗하고 맑은 황색의 약술이 완성된다. 재료를 건져 낼 필요는 없다. 피로 회복, 위가 더부룩한 증상의 해소에 효능이 있다고 한다. 〈우리술사전〉

484. 조피술

약용주의 일종으로 11월경에 조피 열매를 따서 술을 빚는다. 조피열매 3홉,

소주 1.8ℓ, 설탕 1/2 홉을 섞어 밀봉하여 둔다. 1~2개월이 지나면 숙성되어 조피술이 된다. 고혈압, 신경통에 효능이 있다고 한다. 〈우리술사전〉

485. 주부본법(酒腐本法)

〈산림경제〉〈군학회등〉에는 작주부본법(作酒腐本法), 〈임원16지〉에는 조부본방(造腐本方)으로 기록되어 있다.

재료 수는 2, 3가지였다. 재료는 멥쌀, 누룩, 물, 술 등이었다.

백미 1말을 깨끗하게 씻어 3일간 물에 담근 다음 쪄서 누룩을 섞어 겨울은 10일, 봄, 가을은 5일 동안 항아리에 넣고 밀봉하여, 겨울에는 따뜻한 곳에 여름에는 시원한 곳에 둔다.

또 다른 방법은 백미 2되를 깨끗이 씻고 물에 담갔다가 끓는 물과 함께 항아리에 넣어 휘저어 주고 밀봉하여, 다음날 아침 쌀을 건져 익혀서 원래의 물과 술 1~2숟가락, 누룩 등을 넣는다. 쌀 5되에 부본(腐本) 반되로 술을 빚는다고 〈임원16지〉에 기록되어 있다.

〈산림경제〉에는 청명 및 곡우 때의 물로 술을 빚으면 색이 붉고 강하며 오래 저장할 수 있는데, 이것은 절기(節氣)의 기운(氣運)을 받아서이기 때문이라고 하였다.

486. 죽력고(竹瀝膏)

〈군학회동〉〈조선무쌍신식요리제법〉에는 죽력고, 〈임원16지〉에는 죽력고방으로 기록되어 있으며, 〈증보산림경제〉에도 기록되어 있다.

재료 수는 4가지였다. 재료는 술, 죽력, 꿀, 생강즙 등이었다.

죽력과 꿀을 소주에 적량을 넣고 용기에 담아 끓는 물에다 중탕하여 생강즙을 넣는다고 〈임원16지〉에 기록되어 있다.

487. 죽순주(竹筍酒)

죽순은 땅속줄기에서 돋아나는 연한 싹이며 대의 순으로 비늘 모양의 껍질에 싸여 겉으로 내민다. 죽순의 성질은 평온하고 맛은 달며 독이 없다. 생죽순 600g과 소주 1.8ℓ를 용기에 붓고 밀봉한다. 1개월 정도 지나면 숙성이 완료되어 마실 수 있다. 기호에 알맞게 단맛을 내려면 설탕이나 꿀을 첨가하기도 한다. 신경통 치료, 중풍제거 및 예방, 소변불리에 효능이 있다고 한다. 〈우리술사전〉

488. 죽엽주(竹葉酒)

〈음식디미방〉〈임원16지〉〈요록〉〈역주방문〉에 기록되어 있다.

백미 4말을 백세하여 물에 담가 무르게 쪄 식히고 끓여 식힌 물 9사발, 누룩가루 7되를 섞어 항아리에 담아 서늘한 곳에 둔다. 20일 후에 찹쌀 5되를 무르게 쪄 식혀, 진말 1되를 섞어 밑술에 첨가하여 7일 후면 술빛이 댓잎같고 맛이 향기롭다고 〈음식디미방〉에 기록되어 있다. 〈음식디미방〉에는 이름만 죽엽주이고 죽엽은 들어있지 않고, 〈임원16지〉에는 죽엽을 따다 삶은 즙으로 상법(常法)대로 술을 담는다고 하였다. 이 술은 풍과 열을 제거하고, 정신이 맑아지게 하는 효력이 있다고 하였다.

489. 죽엽춘(竹葉春)

〈임원16지〉에는 죽엽춘방, 〈조선무쌍신식요리제법〉에는 죽엽춘으로 기록되어 있다.

백미 1말을 가루로 하여 떡을 만들어 쪄서 익혀 누룩 가루 1되 5홉, 끓인 물 3병과 섞어 항아리에 담아 익힌다. 술이 익은 후 백미 5말을 가루 내어 익혀서 첨가하고 항아리를 밀봉하여 두었다가 1개월 후에 취하면 오래 두어도 향긋한 맛이 변하지 않으며 색이 죽엽(竹葉)과 같다고 〈임원16지〉에 기록되어 있다.

〈조선무쌍신식요리제법〉에는 술이 익거든 위에서 맑은 것 한그릇 뜨고 가운데서 맑은 것 한그릇 뜨고 밑의 찌꺼기는 이화주같이 물을 쳐서 먹으라고 하였다.

490. 죽절인삼주(竹節人蔘酒)

오갈피과의 다년초인데 땅속 줄기가 굵고 마디가 있다. 마치 대나무 줄기같이 생겼기 때문에 죽절인삼이라고 하며 한방명은 토삼(土蔘)이다. 인삼(人蔘)의 대용으로 사용하며 파낙스 사포닌과 같은 유효 성분을 함유하고 있다. 덩이뿌리를 씻은 다음 정성껏 물기를 제거하거나 1~2일 그늘에 말린다. 죽절인삼의 뿌리 400~500g을 용기에 넣고 소주 1.8ℓ와 설탕 20~30g을 넣어 밀봉한다.

시원한 곳에서 6개월정도 숙성시킨다. 익은 다음에도 재료를 건져 낼 필요가 없다. 〈우리술사전〉

491. 죽통주(竹筒酒)

〈임원16지〉에는 죽통주방, 〈조선무쌍신식요리제법〉에는 죽통주로 기록되어 있다.

〈임원16지〉에는 생죽절(生竹節)을 파서 와송주법(臥松酒法)과 같이 양조한다고 하였고, 〈조선무쌍신식요리제법〉에는 청대를 굵은 것으로 마디 있게 잘라 구멍을 뚫고, 술을 빚어 넣는 것인데, 이 술은 운치와 향기와 맛이 와송주와 같다고 하였다.

492. 준순주(浚巡酒)

〈임원16지〉〈지봉유설〉에 기록되어 있다.

재료와 술 빚는 법에 대한 기록은 없고, 〈지봉유설〉에는 금시에 만들어지는 술이라 하였고, 〈임원16지〉에서는 허약한 것을 보하고 기운을 돋구어 주며 모든 풍과 습기를 몰아낸다고 하였다.

493. 중산주(中山酒)

〈지봉유설〉에 기록되어 있다.

재료와 술 빚는 법에 대한 기록은 없고, 이 술에 취하면 천일만에 깨는 술이라고만 기록되었다.

494. 지모주(知母酒)

지모는 백합과의 다년초이고 전국에 자생한다. 뿌리를 이용한다. 가을에 지모 뿌리 600g을 채집하여 물에 깨끗이 씻어 물기를 뺀다. 적당하게 썰어서 항아리에 담고 소주 1.8ℓ를 붓는다. 밀봉하여 냉암소에 4~5개월 보존한 후에 마실 수 있는데 6개월 이상 두면 더욱 효과가 크다고 한다. 이뇨, 해열, 거담, 당뇨병에 효능이 있다고 한다. 〈우리술사전〉

495. 지부자술 · 지실주(地實酒)

대싸리, 비싸리, 공갱이의 열매를 생약지부자라고 한다. 명주과에 속하는 일년초이다. 전국 각지 논밭 근처에 자생하고 있다. 지부자 1되에 설탕 1되의 비율로 독한 술을 재료의 배로 붓는다. 항아리에 담아 밀봉하여 냉암소에 2~3개월 보존한 후에 마신다. 강정, 신허요통, 소변불리, 양기부족 등에 효능이 있다고 한다. 〈우리술사전〉

496. 지주(地酒)

〈산림경제〉에 지주, 〈임원16지〉에 지주방, 〈군학회등〉에는 지주법으로, 〈증보산림경제〉 〈고사십이집〉에도 기록이 있다.

재료는 백미, 누룩, 솔잎〔松葉〕 등이었다. 백미 1말, 누룩 가루 3되, 솔잎 1되를 상법(常法)대로 술을 담아 항아리에 담고 땅에 묻어 두었다가 7개월 후에 파서 마신다고 〈임원16지〉에 기록되어 있다.

497. 지치술

지치는 전국 각지의 산야에 자생한다. 뿌리를 이용한다. 지치 뿌리 600g을 깨끗이 씻어 적당하게 썰은 후에 소주 1.8ℓ에 담가 밀봉하여 냉암소에다 보관하는데 6개월 이상 두면 술이 완숙된다. 뿌리가 선홍색이므로 술에 담가 3~4일 지나면 술이 빨갛게 되고 오래 두면 다시 검정색으로 변한다. 경기, 심장병, 경단, 요통, 어혈, 타박상에 효능이 있다고 한다. 〈우리술사전〉

498. 지황주(地黃酒)

〈산림경제〉 〈임원16지〉 〈수양총서유집〉 〈증보산림경제〉 〈농정회요〉에 기록되어 있으나 재료와 술 빚는 법에 대한 기록은 없다.

〈수운잡방〉에는 흰머리를 빨리 검게 하는 처방이라고 하고, 굵은 지황 썬 것 대두 1말을 찧어 부수고, 찹쌀 5되는 푹 익도록 밥을 짓고, 누룩 큰되로 1되, 이 세 가지를 함께 소래기에 넣어 잘 주무르고, 물이 새지 않는 잘 구운 항아리에 넣어 담고 진흙으로 봉한다. 봄, 여름은 21일, 가을, 겨울에는 35일이면 익는다. 날이 채워져서 익으면 한잔 한다. 그 액은 진국이니 우선 이것을 마신다. 나머지는 천으로 짜서 저장해 두고 쓰며, 조청과 같이 매우 달다. 불과 3일이 지나면 칠(漆)과 같이 검게 익는다. 만약 우슬즙(牛膝汁)을 섞어 된죽을 끓여서 하면 더욱 좋다. 가장 꺼리고 싫어하는 것인 백발을 없앤다고 하였다.

499. 진달래술(두견주)

진달래는 진달래과에 속하는 낙엽활엽관목이다. 전국각지의 산야에 자생한다. 꽃잎을 이용한다. 진달래꽃은 철쭉꽃과 비슷하여 혼동하기 쉬우며 잘못 판단하면 독이 있는 것을 채집할 수 있다. 독이 있는 것은 꽃송이 아래 부분에 즙액이 나와 진득진득하므로 주의해야 한다. 철쭉꽃에도 독이 있다. 진달래꽃이 만발할 때 따서 꽃술은 빼고 다듬어 그늘진 곳에서 말린다. 진달래 400g과 설탕 300g을 한 켜씩 용기에 넣은 후 3~4일 두었다가 소주 1.8ℓ를 붓는다. 2개월 가량이 지나면 숙성이 되나 곧바로 마시는 것보다 2개월 정도 재숙성시킨 뒤 마시는 것이 맛과 향취가 더욱 좋다. 혈액순환, 혈압강하, 피로회복, 천식, 냉증에 효능이 있다고 한다. 〈우리술사전〉

500. 진도 동방주

누룩을 막걸리에 담가 두었다가 사용하는 특이한 방법을 쓰는데 누룩의 공내를 제거할 목적으로 고급 청주의 경우는 밤이슬을 맞혀서 쓴다. 참나무 통에 디디어서 만든 누룩 1되를 곱게 빻아 막걸리 3되에 담가 놓는다. 찹쌀 3되를 쪄서 식기 전에 막걸리에 담가 놓은 누룩이 부풀어 오르면 누룩을 짜서 찹쌀밥과 합한다. 물량은 술밥을 넣은 항아리에 손을 담가 보아 가운데 매듭까지 올라올까 말까 할 정도로 부어 둔다. 어느 정도 발효가 시작되면 볕에 말린 진도 구기자 80~100g을 넣는다. 〈우리술사전〉

501. 진도 박문주

누룩은 초봄에 통밀을 가루내어 물과 잘 버무려 참나무로 홈을 파고 그 참나무 통에 디디어 성형시켜 3개월 띄운다. 밑술은 찹쌀 1되를 시루에 쪄서 식혀 누룩가루 1되와 혼합하여 미리 준비해 둔 항아리에 차곡차곡 재어 밀봉한 다음 따뜻한 아랫목에 7일간 저장해 둔다. 덧술은 찹쌀 9되를 시루에 쪄서 식힌 다음 밑술에 붓고 비빔밥을 만들어 내듯이 잘 쳐서 용수를 박아 항아리에 재인다. 용수는 밑술로 쳐낸 찹쌀의 찰기로 인해 달라붙는 현상을 막기 위해 1시간 정도 미리 찬 물에 담가서 독에 잴 때는 용수 주위를 빙 둘러 무너지지 않게 정성을 다해 재어 놓는다. 약 보름간 아랫목에 묻어 두면 색깔 찬연한 진도 박문주를 보게 되는데 진도 고금면에서 성내리로 시집왔다는 허화자 씨는 지금까지도 박문주를 빚어 내려오고 있다. 〈우리술사전〉

502. 진도 홍주(紅酒)

홍주는 지초주(芝草酒)라고도 한다. 고려 시대부터 전해지는 술이다.

조선 9대 성종(成宗) 때 윤비(尹妃) 폐출이 있었다. 어전 회의가 있었던 날, 허종(許琮)에게 부인이 독한 홍주를 권해 취하게 하여 출사(出仕)가 사직교(社稷橋)에서 낙마하여 입궐하지 못하였다. 그 후 윤비의 소생 연산군의 보복으로 윤비 폐출에 가담한 신하들을 죽이는 갑자사화가 일어날 때 허종만은 죄를 면하였다는 일화가 있다. 그 후 5대손 허대(許岱 : 1586~1662)는 진도(珍島) 표목동(票木洞 : 지금의 고군면(古郡面))에 선대로부터 물려받은 고소리(소주고리)를 가지고 내려와 허씨 집안에서부터 진도 홍주를 빚어 내려왔다고 한다. 누룩 만들기는 두 단계로 한다. 1단계는 보리쌀 1kg을 분쇄하여 2할 정도의 물을 주어 누룩을 둥글게 만든다. 2단계는 보리쌀 1.75kg을 1시간 이상 물에 담근 후 1시간 이상 찐다. 쪄낸 보리쌀은 2.9kg 정도 되는데 여기에 1단계 누룩 200g을 섞어 네모지게 만든 누룩 상자에 넣고 띄운다. 7일이면 노랗게 누룩이 뜬다. 밑술은 누룩용 보리쌀 2.75kg에 물을 부어 3일 후 술이 괴어오르므로 5~6일에 덧술을 한다. 덧술은 보리쌀 8kg을 하룻밤 재운 뒤 쪄낸 덧밥에 우물물 22.8ℓ를 부어 두면 12일 후 숙성된다. 소주를 내릴때 소주 떨어지는 입에 지초 100g을 놓고 그 위에 증류 이슬이 떨어지게 한다. 지초를 통과한 소주는 붉은 색이 나는 까닭에 홍주라 한다. 〈우리술사전〉

503. 진맥소주(眞麥燒酒)

〈수운잡방〉에 2가지 방법이 기록되어 있다.

진맥 1말을 씻어 쪄서 누룩 5되와 합하여 찧어서 항아리에 담고, 물 1바리를 넣어서 젓고 5일 후에 소주를 취한다고 하였다.

다른 방법으로는 밀 1말을 깨끗이 씻어 김이 오르게 쪄서 누룩 5되와 함께 찧어 독에 담고 물 1동이를 부어 저어 둔다. 5일째 되는 날에 술을 고으면 4복자(四鍑子)가 나오는데 매우 독하다고 하였다.

504. 진상주(進上酒)

〈수운잡방〉〈역주방문〉에 기록되어 있다.

백미 2되를 백세하여 하룻밤 물에 담갔다가 세말하여 죽을 쑤어 식혀서 누룩가루 2되와 섞어 항아리에 담는다. 겨울이면 7일, 봄, 가을이면 5일, 여름이면 3일 후에 점미 1말을 백세하여 쪄서 식혀 밑술에 첨가하였다가 7일 후에 쓴다고 〈수운잡방〉에 기록되어 있다.

505. 진양주(眞釀酒)

조선 중엽에 궁중에서 빚어졌던 술이다. 관계 문헌은 남아 있지 않으나 현재 이 술을 제주(祭酒)와 전통 가양주로 빚고 있는 최경자씨는 남편 임씨의 증조할머니가 친정 서(庶)할머니로부터 전수받았다 하는데 서할머니는 헌종 때 궁중에서 술을 담그는 일을 하다가 폐출되어 궁 밖에서 살던중 사간원 벼슬을 지낸 예양군 임씨가 전주에서 기거할 때 후처로 삼고 이때 궁중에서 담그던 진양주를 빚어 마셨으며 그 맛이 뛰어나 본댁인 전남 영암 구림리에 데리고 돌아와 민가에서는 그때부터 빚어지기 시작하였다고 전해진다. 지금부터 180년 전의 이야기인데 이제는 임씨 집안도 번창하여 영암 덕정리에서도 가양주로 빚어지고 있다 한다. 밑술은 찹쌀 1되에 물 5되를 붓고 눌지 않게 죽을 쑤어서 식혀 누룩 2되와 함께 항아리에 붓고 모포로 주둥이를 싸서 5일 동안 아랫목에 두었다가 6일 이후 발효 정도를 보아 가면서 덧술을 한다. 덧술은 쌀 8되로 고두밥을 쪄서 항아리에 차곡차곡 재어서 6일 정도 아랫목에 두었다가 8일 지나면 5

되의 물을 부어 용수를 박아 떠낸다. 총 제조일수는 보름 정도이며 늦가을이나 겨울에 담그는 술이며 늦봄이나 여름에는 담그지 않는다. 현재 전남 영암 월출산 정기를 타고 큰 바위 흑석산의 깊은 바위 틈에서 나오는 물이 고여진다는 큰솔 마을 덕정리에서 6대째 집안 제주(祭酒)와 가양주로 빚고 있는 최경자 씨가 전통맥을 잇고 있다. 〈우리술사전〉

506. 진장주

〈술방문〉에 기록되어 있다.

1말을 빚으려면 진미(陳米: 묵은 쌀) 1되를 백세하여 밥을 질게 하여 서늘하게 식거든, 누룩 3되를 넣어 버무렸다가 3일 후에 진미 1말을 백세하여 쪄서 식혀 밑술에 첨가한다. 또 3일 후에 물 2되를 붓고 또 3일 후에 용수를 꽂아 놓았다가 또 3일 후에 떠먹는다고 하였다.

507. 진피주(陳皮酒)

진피(陳皮)는 감귤의 껍질을 말린 것이다. 진피 400g을 잘게 썰어 용기에 넣고 소주 1.8ℓ, 설탕 200g을 넣는다. 밀봉하여 시원한 곳에 보관한다. 처음 4~5일 동안에는 1일 1회 가볍게 액을 흔들어 준다. 10일 후에 뚜껑을 열어 천으로 거른 다음 액은 다시 용기에 붓는다. 여기에 생약 찌꺼기 1/10을 다시 넣고 밀봉하여 시원한 곳에 보관한다. 약 1개월 후에 뚜껑을 열어 천 또는 여과지로 액을 거른다. 맑은 황갈색의 향기가 좋고 약간 씁쓸한 맛이 나는 약술이 완성된다. 건위, 식욕 부진, 오심(惡心), 헛배 부름, 구토에 효능이 있다고 한다. 〈우리술사전〉

508. 집성향(集聖香)

〈임원16지〉에는 집성향방, 〈양주방〉〈조선무쌍신식요리제법〉에는 집성향으로 기록되었으며, 속명(俗名) 사절주(四節酒)라고 하였다.

재료 수는 4, 5가지였다. 재료는 멥쌀, 찹쌀, 물, 진면, 진말 등이었다.

백미 1말을 씻어 가루로 하고 시루에 쪄서 누룩 가루 2되 5홉, 진면 5홉, 끓인 물 3병을 넣고 섞어서 항아리에 담는다. 봄, 가을에는 4~5일 후, 여름철에는 3~

4일 후 백미 2말을 익혀서 첨가한다. 1주일 후면 청주 3병, 탁주 1바리를 얻을 수 있으며, 탁주의 맛이 마치 이화주와 비슷하다고 〈임원16지〉에 기록되어 있다.

509. 찔레술(영실주, 營實酒)

찔레나무의 열매를 영실이라 한다. 장미과의 낙엽활엽 관목이다. 전국 각지 산이나 개울가 등지에 자생한다. 꽃 열매를 이용한다. 10월에 찔레의 열매 600g을 따 모아 소주 1.8ℓ을 부어 담근다. 2개월 후부터 마실 수 있으나 6개월 이상 걸려야 완전히 숙성된다. 찔레꽃으로도 술을 빚는데 5월경에 꽃을 채취하여 3배의 술을 붓고 3개월 숙성시킨다. 이질, 설사, 장이 나쁜 데, 이뇨, 강정, 당뇨병에 효능이 있다. 〈우리술사전〉

510. 차나무술

원산지는 중국이며 우리 나라에는 삼국시대 불교의 전래와 더불어 들어왔다. 현재도 불교 선학에서 다도의 극치를 이루고 있다. 잎술은 새로 돋는 싹 300g을 4~5잎 붙은 채 손으로 딴다. 찜통에 1분간 찐다. 찐 잎과 설탕, 소주 1.8ℓ를 넣고 밀봉하여 냉암소에 보관한다. 2주일 경과 후, 여과하여 다시 숙성시킨다. 꽃술은 꽃 300g을 가제 주머니에 넣어 소주 1.8ℓ, 설탕 40g과 함께 담근다. 밀봉해서 냉암소에 두며 때때로 주머니를 흔들어 준다. 2주일 후 주머니를 들어내고 다시 2개월 이상 숙성시킨다. 〈우리술사전〉

511. 차조기술

〈양주방〉에 기록되어 있다.

차조기 1되를 슬쩍 볶아 찧어 생비단 주머니에 넣어서 맑은 술을 3말 넣은 항아리에 담아 두었다가 3일 후에 건져내고 마신다. 이 술은 가슴에 가래낀 듯한 기운이 시원해지고, 오장을 보호하여 기운을 내리치며, 허한 것을 보하며, 살이 찌고 건강해지며, 심지와 체지를 조화케 하고 담증을 없앤다고 하였다.

512. 차주법

〈음식디미방〉에 기록되어 있다.

맑고 좋은 술 1병에 대추, 실백자 각각 20개, 후추 30개를 작말하여 주머니에 넣고 꿀 한돈, 계피 조금을 넣고 물을 부어 끓이되, 아침에 앉히면 오후 내내 끓여서 맛보아 달고, 고소하고 술맛이 적어지면 내놓는다고 하였다.

513. 참깨술

참깨는 인도, 아프리카가 원산지이나 아열대인 중국, 터키, 버마, 북미, 우리나라, 일본 등지에 분포하고 있다. 참깨 200g을 살짝 볶아서 절반 정도 찧은 다음 주머니에 넣어 소주 1.8ℓ, 설탕 50g을 같이 용기에 담은 후 밀봉한다. 3개월 정도 지나면 숙성이 되어 마실 수 있다. 숙성기간 중 가끔 용기를 흔들어 준다. 자양, 강장, 강정, 신경통에 효능이 있다고 한다. 〈우리술사전〉

514. 찹쌀소주

〈음식디미방〉에 기록되어 있다.

찹쌀 1되, 멥쌀 1되를 작말하여 정화수 40복자에 풀어 죽을 쑤어 식혀서, 누룩 4되를 넣어 섞어서 항아리에 담고 따뜻한 곳에 두었다가, 이튿날 찹쌀 1말을 쪄서 밑술에 첨가하였다가 7일 후에 곤다. 16복자 또는 18복자를 얻을 수 있다고 하였다.

515. 찹쌀청주

〈김승지댁주방문〉에 기록되어 있다.

찹쌀 1되를 백세하여 물에 담갔다가 쪄서 냉수를 끓여 식혀서 쌀 1말에 12복자, 누룩 10복자를 넣어 섞어, 주물러서 항아리에 넣어서 겨울에는 덮어 두고, 봄에는 넓은 마루에 놓아 두고 극열은 피하라고 하였다.

516. 창출주

〈양주방〉에 기록되어 있다.

창출 뿌리를 캐어 껍질을 벗겨 30근을 방아에 찧어 나른하여지거든, 동으로 흐르는 물 30말에 풀어 그릇에 담아 둔다. 20일 후에 건져 꼭 짜서 백항아리에 넣어 이슬 맞는 데에 5일을 둔다. 빛깔이 벌겋거든 그 물에 누룩을 풀어 지에밥을 섞어 빚어서 익힌다. 아침마다 양(量)대로 맞추어 먹으면 10일만에 병이 헐해지고, 흰머리가 도로 검어지고, 얼굴빛이 윤택해지고, 일생을 장복하면 늙는 줄 모른다. 이 술을 먹을 때 먹지 말 것은, 복숭아와 오얏과 새고기와 조개와 돼지고기와 배추와 청어와 닭이라고 하였다.

517. 창포주(菖蒲酒)

〈임원16지〉〈고사십이집〉〈농정회요〉〈양주방〉에 기록되어 있다.

창포 뿌리를 씻어 짓찧어 즙을 내어 5말을 만들고, 찹쌀 5말을 씻어서 지에밥을 찐다. 누룩 가루 5되를 창포즙에 섞어 백항아리에 넣어 단단히 봉하여 둔다. 21일 후에 내어 5홉들이 잔으로 하루 3번씩 마신다. 기운이 화하고 무병하여진다고 〈양주방〉에 기록되어 있다.

〈임원16지〉에서는 혈액 순환을 돕고 풍 및 마비 증상에 효과가 있으며, 눈과 귀를 밝게 한다고 하였다.

518. 척근주(拓根酒)

〈임원16지〉에 기록되어 있다.

척근 20근, 창포 5말을 각각 물 1석(石)에 삶아 5말의 즙을 취한다. 철(鐵) 20근을 불에다 빨갛게 달구어 즙에 담군다. 쌀 2석, 밀가루 2말, 물1석 5말로 상법(常法)으로 술을 담는다. 술이 익으면 진자석(眞磁石) 3근을 분말로 갈아서 술독에 3일간 담갔다가 마신다고 하였다.

519. 천궁주(川芎酒)

천궁은 미나리과에 속하는 다년초로 뿌리 줄기는 덩어리 모양으로 비대하고 마디가 있으며 향기가 있다. 천궁은 뿌리 줄기를 그대로 또는 잔뿌리를 없애고 끓는 물에 담갔다가 말린 것인데 특이한 자극성 향기가 있으며· 맛은 좀 쓰다. 천궁은 지방에 따라서 천궁이, 궁궁이 등으로 불리기도 한다. 천궁은 기름을 뺀 것이라야 한다. 기름을 빼지 않은 천궁은 뜨물이나 맹물에 이틀쯤 담갔다가 사용한다. 천궁주는 약용목적으로 마시는 술이다. 천궁 80g과 소주 1.8ℓ, 설탕

300g을 용기에 담고 밀봉하여 둔다. 2개월쯤 지나면 생약성분이 우러나는데 이때 건더기는 건져낸다. 약 냄새가 독하여 감미를 많이 하여야 한다. 진통, 진정, 강정에 효능이 있다고 한다. 〈우리술사전〉

520. 천금주(千金酒)

〈고사촬요〉〈치생요람〉〈양주방〉〈임원16지〉〈오주연문장전산고〉에 기록되어 있다.

재료 수는 3, 4가지였다. 재료는 멥쌀, 누룩, 물, 박나무껍질, 천금목피(千金木皮) 등이었다.

찹쌀 볏짚을 솥에 넣고 끓이다가 볏짚을 제거하고, 천금목피를 넣고 다시 끓인다. 이 물에 쌀죽과 누룩 가루를 넣어서 담은 술이다. 술맛이 감미롭고, 상복하면 종기를 치료한다고 〈임원16지〉에 기록되어 있다.

521. 천마주(天麻酒)

천마는 난초과에 속하는 기생성 다년초로서 정풍초(定風草)라고도 부른다. 우리 나라 중부이남 깊은 산지나 계곡에 자생한다. 뿌리 줄기는 타원형으로 감자처럼 생겼는데 겉이 비늘조각이 덮여 있다. 이 뿌리줄기를 가을에 채취하거나 새순을 이용한다.

뿌리로 술을 담글 때는 가을에서 이른 봄 새순이 올라올 때까지 사이에 채집한다. 천마 600g을 깨끗이 씻어 물기가 빠지면 적당하게 썰어 소주 1.8ℓ를 붓는다. 공기가 통하지 않도록 밀봉하여 냉암소에 6개월 이상 일 년 정도 보관한다. 대개 2~3개월 후부터 마실 수 있다. 불안불면, 우울증, 신경쇠약, 두통 등에 효능이 있다. 〈우리술사전〉

522. 천매주(天梅酒)

천매(天梅)는 깊은 산이 아니면 좀처럼 보기 힘들어서 천매라는 이름이 붙은 것 같다. 모양은 범의귀과 구즈베리와 비슷하지만 천매에는 가시가 없고 크기가 작다. 4월경 녹색의 꽃이 피고 꽃이 진 다음 잔털이 빽빽히 박혀 있는 타원형의 열매가 열린다. 천매의 열매 400~500g을 물에 잘 씻어 물기를 완전히 제거한다. 용기에 넣고 소주 1.8ℓ를 붓는다. 설탕 20g을 넣고 밀봉한다. 시원한 곳에서 6개월 이상 숙성시킨다. 오래 익힐수록 맛이 부드러워진다. 독특한 맛의 노란색 약술이 완성된다. 혈액 순환 장애, 중풍, 부인병에 효능이 있다고 한다. 〈우리술사전〉

523. 천리주(千里酒)

〈임원16지〉에 천리주방, 〈유원총보〉에 기록되어 있다.

천선자(天仙子), 천오(川烏), 관상(管象)을 각각 1냥, 진피(陳皮) 5전, 감초 1전 등을 가루로 빻는다. 찹쌀 1되를 작말하여 소주 5사발에 죽을 쑤어 식혀서 항아리에 담고 준비한 생약을 넣어 밀봉한다. 21일 후에 이것을 취해서 누룩을 노랗게 볶아 가루로 만들어 꿀을 섞어 앵두 크기로 만들어서 수유금박(酥油金泊)을 입힌다. 이것을 끓는 물에 풀어 가하면 곧 술이 된다고 하였다.

524. 천문동주(天門冬酒)

〈산림경제〉〈임원16지〉〈증보산림경제〉〈농정회요〉에 기록되어 있다.

재료와 술 빚는 법에 대한 기록은 없고, 이 술은 오장을 윤활케 하고 혈액 순환을 도우며 상처와 간질을 치료한다고 〈임원16지〉에 기록되어 있다.

525. 천대홍주(天台紅酒)

〈임원16지〉에는 천대홍주방으로 기록되어 있다.

찹쌀 1말당 홍국 2되, 누룩 1냥반~2냥의 비율로 담는다. 찹쌀을 씻어서 찹쌀 1홉을 끓인 물 5되에 하룻밤, 겨울에는 이틀 밤을 담갔다가 밥을 짓는다. 홍국은 가루로 만들어 따뜻한 물 1되에 담근다. 항아리에 찰밥, 누룩 물, 찹쌀을 담갔던 물을 붓고 휘젓는다. 2일 후 다시 저어 주고 4~5일이 되면 술을 취할 수 있다. 술을 취하고 남은 주조(酒槽)를 항아리에 넣고 다시 찹쌀 1되, 물 3되로 죽을 쑤어 식혀서 넣으면 1~2일 후면 술이 익는다고 〈임원16지〉에 기록되어 있다.

526. 천야홍주방(天冶紅酒方)

〈오주연문장전산고〉에 기록되어 있다.

참쌀을 물에 담궈서 더울 때는 한 밤, 추운 때는 두 밤을 재웠다가 쪄서 홍국가루를 더운 물 1되에 버무려 밥과 함께 섞어서 항아리에 넣어 익힌다고 하였다. 대체로 홍주(紅酒)는 홍국(紅麴)으로 빚은 술이라고 하였다.

527. 천일주(千日酒)

〈연세대규곤요람〉〈요록〉〈음식보〉〈유원총보〉에 기록되어 있다.

멥쌀 3되를 흰무리 찌듯 쪄서 식은 후에 누룩 가루 1되를 넣고 섞어 물을 치면서 짓이겨, 묽은 고추장하듯 하여 항아리에 담고, 노인을 대접하듯 불한불열(不寒不熱)하게 하면 추울 때는 8~9일, 더울 때에는 7~8일이면 술이 된다. 이 밑술을 다른 그릇에 쏟으면 항아리에 테두리가 있을 것이니, 그 테두리대로 물을 잡아서 찹쌀 1말을 쪄서 물과 함께 밑술에 첨가하여 불열불한하게 둔다. 성냥을 켜서 독 속에 넣어서 불이 꺼지지 않으면 술이 다 된 것이니 시원한 곳에 놓고 용수를 박아 첫물을 떠낸다. 첫물에 떠낸 술은 일년을 두어도 맛이 변하지 않고 술빛이 점점 더 맑아진다고 하였다. 첫물을 뜨지 않았을 때만큼 물을 부어서 두번째 술을 떠내고, 첫물을 뜨기 전보다 물을 더 붓고 오래 두었다가 용수를 박아 세번째 술을 떠낸다. 세번째 술맛이 싱거우면 첫번째 뜬 술을 탄나.

이 술은 9~10월이나 동지 섣달 또는 정, 이월에 담그고, 늦은 봄과 여름은 못 담근다고 〈연세대규곤요람〉에 기록되어 있다.

528. 천주주(千廚酒)

〈유원총보〉에 기록되어 있다.

재료와 술 빚는 법에 대한 기록은 없다.

529. 천축주(天竺酒)

〈한국외래주유입사연구〉에 기록되어 있다.

〈본초강목〉의 해설을 인용하여 광랑(桄榔: 야자과에 속하는 교목)의 열매즙을 자연 발효시켜 술을 만든 다음 증류한 과실주라고 하였다. 〈규합총서〉를 인용하여 천축주는 인도 지방의 유명주인 동시에 수타락(水駝酪)이라고도 하고 반야탕(般若湯)이라고도 불려진 15～16세기에 유입된 외래주이다.

530. 청각술

청각은 동해안 남해안 해저 암벽에 자생한다. 잎 부위를 이용한다. 청각의 생김새는 사슴뿔과 비슷하여 바닷가에 사는 어민들은 청각을 녹각채라고 하며 녹용 같은 효과가 있다고 한다. 하룻밤 물에 담가 두어 뒷날 건진 다음 하루 종일 그늘에서 말린다. 물기가 완전히 빠지면 청각 800g을 항아리에 담고 꿀 300g을 붓는다. 잘 밀봉하여 냉암소에 보존하는데 기간은 약 1개월 정도면 술이 완숙된다. 간경화, 간병 일체, 심장병, 정력제에 효능이 있다고 한다. 〈우리술사전〉

531. 청주 대추술(大棗酒)

충북 청주시 산성동 상당산성의 한옥마을에서 대대로 빚어오던 대추술은 1991년 10월 국세청의 제조 승인으로 본격 시판에 임하고 있다. 마을 주민들의 공동출자로 양조장이 건립된 이후 청주시는 물론 충남북 대전지역으로 판매량을 확대, 충청인의 토속주로 자리를 굳혀가고 있다. 현재 마을주민을 대표해 양조장을 운영하고 있는 서정만씨는 옛부터 마을에 대추나무가 많아 집집마다 대추술을 빚어오면서 마을 전체에 맛을 내는 비법이 전해져 왔다며 어릴적 마을 어른들께서 위장이 약해지거나 특히 여름철에 원기가 부족해지면 이 약술을 마셔 효험을 보았다고 한다. 찹쌀 10kg과 멥쌀 80kg을 12시간 물에 불려서

그늘에서 말린 솔잎 5kg과 섞어 2시간쯤 고두밥을 찐다. 한편에선 대추 5kg을 물 60ℓ 정도에 넣어 대추가 완전히 퍼져 맛이 우러날 때까지 10시간씩 3～4차례 삶아낸 대추물 40ℓ를 준비한다. 이렇게 준비한 고두밥과 대추물을 큰 독에 담고 누룩 30kg을 넣고 산성약수 160ℓ를 혼합하여 약 20도 정도의 온돌방에서 13일간 숙성시킨다. 알콜농도 13%의 자주빛 대추술이 완성된다. 〈우리술사전〉

532. 청호주(靑蒿酒)

〈임원16지〉에 기록되어 있다.

청호를 찧어 즙을 취하고 끓여서, 다른 주재(酒材)와 함께 양조한다고 하였다. 이 술은 허약함, 피로함을 치료하고 오래된 학질을 치료한다고 하였다.

533. 청국재제주(淸國再濟酒)

〈한국외래주유입사연구〉에 기록되어 있다.

〈계산기정(薊山紀程)〉〈연행기록(燕行記錄)〉〈오주연문장전산고〉 등을 인용하면서, 증류주를 바탕으로 초(草), 근(根), 목(木), 피(皮)의 약재, 과일 등을 곁들여 취로(取露) 혹은 침지법(沈漬法) 등으로 색, 풍미를 보강한 중국의 제재주가 19세기에 유입되었다.

534. 청감주(淸甘酒)

〈술 만드는 법〉〈산림경제〉〈시의전서〉〈임원16지〉〈치생요람〉〈고사십이집〉에 기록되어 있다.

재료 수는 3가지였다. 재료는 찹쌀, 누룩, 술 등이었다.

점미 1말을 익게 쪄 누룩 가루 5홉을 좋은 술 1병 반에 버무려 빚어서 3일만에 먹으라고 〈술 만드는 법〉에 기록되어 있다.

535. 청강주

〈음식방문〉에 기록되어 있다.

점지 1말을 밥 짓고 곡말 5홉을 좋은 청주 한병(반말 한되)을 섞어 겨울은 7일, 봄, 가을은 5일, 여름은 3일 후에 점미 1말을 백세하여 담갔다가 익혀서 식히고, 끓인 물 1말에 버무려 밑술에 섞어서 7일 후에 쓴다고 하였다.

536. 청명주(淸明酒)

〈주방문〉〈술 만드는 법〉에 청명주, 〈임원16지〉에 청명주방, 〈김승지댁주방문〉에 청명주방문으로 기록되어 있으며, 〈음식보〉〈양주방〉에도 기록되어 있다.

재료 수는 4, 5가지였다. 재료는 멥쌀, 찹쌀, 누룩, 물, 진말 등이었다.

점미 3말을 백세하여 담그고 건져서 작말하여, 물은 쌀 1말에 9되씩 마련하여 끓이고, 3되는 찬물로 가루에 넣어 풀어서 끓는 물에 망울지지 않게 저어 가며 끓여서 항아리에 담아 하룻밤 둔다. 다음날 누룩 가루 2되 1홉과 진말 3되를 항아리에 첨가하여, 막대기로 저어서 항아리를 싸맨다. 다음날 씻어서 담근지 3일되는 쌀 3되를 찐다. 밑술은 체에 걸러서 찐밥과 거른 술은 항아리에 붓고 나무로 저은 다음, 밑술을 거른 찌꺼기를 붓고 4~6번 저어서 항아리를 싸맨다. 2~3월에는 한달만에 뜨고, 4월에는 21일만에 뜬다. 쌀 1말에 누룩 가루 7홉, 진말 1되의 비율로 담근다. 이 술은 장류수(長流水: 늘 흐르는 물)로 하고 우물물은 못쓴다고 〈술 만드는 법〉에 기록되어 있다.

537. 중원 청명주

청명주는 청명(淸明)날을 기해서 쓸 수 있도록 담는다는 뜻에서 생긴 이름이다. 누룩은 통밀을 곱게 갈아 밀가루만을 반죽하여 공 모양으로 만들어 띄워 두었다가 사용한다. 이 술은 가금면 창동리에 거주하는 김씨가(金氏家)에서 선조대로부터 비방으로 만들어 음주 복용하고, 귀빈에게 접대도 하고 진상주(進上酒)로도 썼다고 한다. 이 술의 제조 기능자인 권정순(權貞順)씨에 의하면, 양조용수는 달천강, 남한강의 강물이며, 직전에 빻는다. 찹쌀죽을 쑤어 누룩무거리를 섞어 복숭아나무 작대기로 저어 주면 새콤하고 달작지근한 술이 된다. 찹쌀 고두밥, 누룩 가루, 밀가루, 밑술을 7 : 1 : 1 : 1의 비율로 술을 담그어 50일 발효시키고 50일 후숙시킨다. 용수를 박아 속에 괸 술을 떠낸다. 이 술의 수율은 45~50%이고, 알콜 농도는 18~20%이다.

538. 청명향

〈양주방〉에 기록되어 있다.

멥쌀 3되를 씻어 가루로 만들어 죽을 쑤어 식힌다. 식은 죽에 누룩 가루 3되를 섞어 둔다. 술이 익으면 찹쌀 3말을 씻어서 담갔다가, 시루에 쪄서 시루째 놓고 냉수로 차게 식혀서 밑술에 넣고 2주 후에 내면 빛이 맑고 맛이 콕 쏘게 매워서 좋다고 하였다.

539. 청서주(淸署酒)

〈산림경제〉〈군학회등〉〈조선무쌍신식요리제법〉에는 청서주, 〈임원16지〉에는 청서주방, 〈치생요람〉에 청서주로 기록되어 있다.

재료 수는 3가지였다. 재료는 찹쌀, 누룩, 물 등이었다.

찹쌀 1말과 누룩 가루 2되를 아침에 물에 담근다. 저녁에 찹쌀을 건져 시루에 찌고 물 반병을 부어 저어 준다. 누룩 담는 것에서 찌꺼기를 제거하고, 누룩물을 밥에 붓고 저어서 항아리에 담아 익힌다. 큰 그릇에 차가운 물을 담아 항아리 위에 올려놓고 매일 2~3번씩 물을 갈아 준다. 이 방법은 여름철에만 한다고 〈임원16지〉에 기록되어 있다.

540. 청전핵주(靑田核酒)

〈지봉유설〉에 기록되어 있다.

재료와 술 빚는 법에 대한 기록은 없고, 오손(烏孫)에 있는 술이라고만 기록되어 있다.

541. 청주(淸酒)

〈고려대규곤요람〉〈조선무쌍신식요리제법〉〈부상록〉〈지봉유설〉에 기록되어 있다.

찹쌀 1되 5홉을 쪄 익히고, 멥쌀 1되를 밥 짓고, 누룩 가루 2홉을 섞어 버무려 항아리에 담는다. 7일만에 물을 새로 길어다 거른다고 〈조선무쌍신식요리제법〉에 기록되어 있다. 〈고려대규곤요람〉에는 청명일에 밑술을 빚고, 곡우 날에 술을 담그면 백화주와 같다고 하였다.

542. 초백주(椒栢酒)

〈임원16지〉에 기록되어 있다.

섣달 그믐날 초(椒) 7알과 동쪽을 향한 백엽(柏葉) 7개를 따서 술에 넣어 마신다고 하였다. 이 술은 전염성이 강한 질병을 예방하는 데 효과가 크다고 하였다.

543. 총시주

〈부상록〉에 기록되어 있다.

재료와 술 빚는 법에 대한 기록은 없다.

544. 총이주(聰耳酒)

〈해동죽지〉에 기록되어 있다.

재료와 술 빚는 법에 대한 기록은 없고, 옛 풍속에 정월에 대보름날이면 사람마다 술을 마시는데, 이름을 귀밝이술이라 한다고 기록되어 있다.

545. 추로백주(秋露白酒)

〈고사십이집〉에 기록되어 있다.

재료와 술 빚는 법에 대한 기록은 없고, 가을에 이슬이 많이 맺힐 때 그릇에 받아서 술을 빚으면, 술 이름을 추로백이라 하며 술맛이 가장 향기롭고 독하다고 하였다. 중원(中原) 사람이 이 술을 잘 빚는데, 진흙으로 주둥이를 봉하되 극히 가는 구멍으로도 새어나가지 않도록 저장하면, 수년이 되어도 그 맛이 아름답게 되나 조금이라도 새어 나간다면 못쓰게 된다고 하였다.

546. 추모주(秋麰酒)

〈임원16지〉〈군학회등〉〈증보산림경제〉〈오주연문장전산고〉에 기록되어 있다.

가을 보리를 도정하여 물에 담갔다가, 하루 후 새 물을 갈아 10일간 담궈 둔다. 반쯤은 부패한 보리를 시루에다 찌고 짓이긴 것 1사발에 누룩 가루 1주먹의 비율로 항아리에 담고 밀봉하여 서늘한 곳에 둔다. 보름 후 항아리를 열면 향기가 실내에 충만하고 술맛이 좋다고 〈임원16지〉에 기록되어 있다.

547. 추해당화주(秋海棠花酒)

추해당은 중국이 원산지이고 여러해살이 식물이다. 땅 속에 덩이뿌리가 있고 줄기는 육질(肉質)과 즙이 풍부하다. 9월경 꽃이 핀다. 꽃을 씻을 수 없으므로 손을 깨끗이 씻고 꽃을 딴다. 먼지가 있으면 젖은 천으로 살짝 닦아낸다. 용기에 꽃 500g을 넣고 소주 1.8ℓ, 설탕 20g을 넣는다. 밀봉하여 시원한 곳에서 6개월 이상 숙성시킨다. 강심, 거담(祛痰), 진해(鎭咳)에 효능이 있다고 한다. 〈우리술사전〉

548. 축사주(縮砂酒)

〈임원16지〉에 기록되어 있다.

사인(砂仁)을 볶아 가제 주머니 속에 넣어 술에 담갔다가 마신다. 이 술은 소화를 촉진하고 복통을 멈추게 하는 효력이 있다고 하였다.

549. 춘란주(春蘭酒)

춘란(春蘭) 가운데 가장 유명한 것이 제주도에서 나는 춘란이다. 반출이 금지되어 있어 좀처럼 보기 힘들지만 그 우아한 자태와 향기는 경이롭다. 꼭 춘난이 아니더라도 난초의 꽃잎은 대개 술을 담글 수 있다. 난의 꽃잎을 되도록 잘 감상하기 위해 전체가 투명한 용기를 준비한다. 병 속에서 멋있는 모양이 되도록 넣을 때 조심한다. 춘란의 꽃 500g, 소주 1.8ℓ, 설탕 20g을 넣고 잘 봉한다. 반드시 비닐테이프 등으로 입구를 봉해야 한다. 도중에 열거나 공기가 들어가면 색이 바래진다. 시원한 곳에서 6개월 이상 숙성시킨다. 향긋한 황갈색 또는 붉은색의 약술이 완성된다. 강장, 건위, 이뇨에 효능이 있다고 한다. 〈우리술사전〉

550. 춘주(春酒)

〈동악집〉〈지봉유설〉〈임원16지〉에 기록되어 있다.

춘주는 정월달의 강물로 담근다. 누룩 1말, 쌀 7말, 물 4말의 비율로 담근다고 하였다. 또 상시춘주법(上時春酒法)은 기장 누룩 1말, 쌀 1석, 물 1말 5되의 비율로 담그는데, 10월 서리가 내린 후의 물을 사용한다고 하였다.

551. 출주(朮酒)

〈요록〉에 기록되어 있다.

창출이나 백출 30근을 누른 껍질을 벗기고, 깨끗이 씻어서 적당하게 부수어 그릇에 담고 동쪽으로 흐르는 물 30말에 담가 둔다. 20일이 지난 후 눌러 짜고 찌꺼기는 버리고 짜 놓은 즙은 사기 그릇에 담아 놓는다.

밤에 유성이 지나갈 때를 기다려 자기 성명을 기록하여 즙 속에 놓아 두면 밤 5경쯤 되어 즙의 집(농도가 짙은 용액 상태)이 변하여 피와 같이 될 것이다. 이때 누룩을 섞어 술을 빚는다. 10일 동안 복용하면 모든 병이 없어지고, 100일 동안 복용하면 백발이 다시 검어지고, 빠졌던 이가 다시 나오고, 얼굴에 광택이 나고 수명이 연장된다고 하였다.

552. 취화초술(臭花草酒)

노박덩굴 줄기를 취화초라하며 노박덩굴과의 낙엽활엽식물이다. 전국 각지 양지쪽에 자생한다. 줄기, 열매를 이용한다. 열매로 술을 담글 때는 10월경에 열매가 익는데 열매의 껍질이 터지기 전에 채집하여 담는다. 열매껍질이 터지면 열매의 속살이 빨갛게 드러나 보인다. 덩굴로 술을 담글 때는 9~10월경 열매가 채 익기 전에 채집하여 취화초(줄기 또는 열매) 600g을 물에 씻은 후 응달에서 말려 적당히 썰은 다음 항아리에 담고 소주 1.8ℓ를 부어 밀봉하여 냉암소에서 2~3개월간 보존한 후에 마신다. 중풍, 사지마비, 현기증, 구토, 풍습 제거, 고혈압 등에 효능이 있다고 한다. 〈우리술사전〉

553. 층층지주

〈양주방〉에 기록되어 있다.

누룩 1되 반을 찬물 3사발에 풀어 항아리에 넣어 우물에 담근다. 이튿날 멥쌀 1말을 씻어 빻아서 찐 다음 식히지 말고 누룩 물에 버무려 항아리에 넣었다가 3일만에 쓴다. 좋은 누룩을 반씩 쪼개어 독 속에 들이쳐 두면 아무리 오래 되어도 변하지 않는다고 하였다.

554. 치산박주작호주(治酸薄酒作好酒)

〈임원16지〉에 치산박주작호주방으로 기록되어 있다.

방계(方桂) 1냥, 백봉령 1냥, 진피 1냥, 백지(白芷) 1냥, 축사(縮砂) 1냥, 양강(良薑) 1냥, 감초 5전, 백단(白亶) 3전, 침향(沈香) 조금을 주머니에 넣고 물 큰 되로 5되를 넣고 끓인다. 주머니를 제거하고 꿀 6냥을 즙에 넣어 다시 끓여서 술에 적당량 가하여 마신다고 하였다.

555. 치자주(梔子酒)

치자나무의 열매는 산치자라고 하며 꼭두서니과의 상록활엽관목이다. 해안 지방(경남, 전남)에서 자생하고 있다. 꽃과 열매를 이용한다. 치자꽃으로 담글 때는 7~8월경에 따다가 깨끗이 씻어 담는다. 치자꽃은 처음에 피었을 때는 하얀색이나 조금 시일이 지나면 노랗게 변한다. 술은 노랗게 변한 다음에 따다가 담는다. 치자(꽃 또는 열매) 600g을 항아리에 담고 소주 1.8ℓ 밀봉하여 냉암소에 보관하는데 기간은 2~3개월 정도면 마실 수 있다. 열매로 술을 담글 때는 11월경 열매의 색깔이 적황색을 띠었을 때 열매의 모양이 둥글둥글한 것을 골라 담는다. 소변불통, 시력장애, 황달, 가슴이 두근거릴 때, 어혈, 타박상에 효능이 있다고 한다. 〈우리술사전〉

556. 치황주법(雉黃酒法)

〈김승지댁주방문〉에 기록되어 있다.

점미 1말을 백세하여 물에 담갔다가 이튿날 찌고, 연한 황육 3돈, 생치 3돈을 섞어 익게 쪄서 누룩 가루를 섞어 상법(常法)대로 술을 빚어서 익혀 먹는다. 이 술은 혈기가 있게 하고 혈색이 누렇던 사람이 윤택이 난다고 하였다.

이 술은 다른 술과는 아주 색다른 점이 있다. 즉 동물성 재료인 쇠고기와 꿩고기를 이용하는 점이다. 이 술을 장복하면 혈기가 화열하고 안색이 누렇던 사람도 윤택해 진다고 구전되어 왔다. 찹쌀 1말을 씻어 물에 담갔다가 이튿날 쪄내고 연한 황육(黃肉 : 쇠고기) 3근과 생치(生雉 : 익히지 않은 꿩) 3근을 잘게 썰어 섞어서 쪄내어 차게 식혀 누룩가루 1되를 섞어 빚어 넣는다. 〈우리술사전〉

557. 칠두주(七斗酒)

〈수운잡방〉에 2가지 방법이 기록되어 있다.

백미 2말 5되를 백세하여 하룻밤 물에 담갔다가 세말하여 탕수 3말을 붓고 죽을 쑤어 식혀서 누룩 5되, 진말 2되에 합하여 항아리에 담는다. 3일 후 백미 4말 5되를 백세하여 쪄서 탕수 5말과 합하여 밑술에 넣고 익기를 기다려 술을 뜬다고 하였다. 다른 방법으로는 백미 2말 5되를 씻어 물에 하룻밤 담갔다가 곱게 가루 내어 탕수 3말로 죽을 쑤어 차게 식거든 누룩 5되, 밀가루 2되를 섞어 독에 담아 술을 빚는다. 3일 후 백미 4말 5되를 씻어 왼이로 찌고 탕수 5말로 고루 섞어 먼저 빚은 술에 섞어 넣는다. 익으면 용수를 박는다고 하였다.

558. 칠두오승주

〈수운잡방〉에 2가지 방법이 기록되어 있다.

일명 도잠(陶潛)이라고 한다. 백미 7말 5되와 물 9말 그리고 누룩 9되, 백미 1말 5되를 씻어 가루를 내어 마르니로 찌고, 물 2말을 끓여 뜨거울 때 같이 섞어 죽을 만들고 차게 식거든 좋은 누룩 2되를 섞어 독에 술을 빚어 넣는다. 4~5일 후 백미 4말을 씻어 왼이로 찌고 물 4말 5되를 끓여, 여기에 섞어 차게 식거든 누룩 4되 5홉과 먼저 빚은 술에 덧술하여 익으면 용수를 박는다.

다른 방법으로는 쌀을 씻어 가루 내어 찌고 죽을 쑤어 차게 식거든 누룩을 넣고, 날짜에 따라 덧술하는 것은 앞의 법대로 한다. 쌀, 물, 누룩의 양은 다음과 같다.

1차: 백미 1말을 가루로 만듦, 숙수(熟水: 끓인 물) 1말 3되, 누룩 가루 1되 3홉

2차: 백미 1말을 가루로 만듦, 숙수 1말 7되, 누룩 가루 1되 7홉

3차: 백미 3말을 가루로 만듦, 숙수 3말 5되, 누룩 가루 3되 5홉

559. 칠보주(七寶酒)

구기자(拘杞子) 20g, 토사자(免絲子) 30g, 파호지(破胡紙) 20g은 그대로 사용하고, 하수오(何首烏) 40g, 복령(茯笭) 20g, 당귀(當歸) 15g, 우슬(牛膝) 15g은 잘게 썰어 용기에 넣고 소주 1ℓ를 붓는다. 밀봉하여 시원한 곳에 보관한다. 4~5일 동안 1일 1회 액을 흔들어 준다. 10일 후에 마개를 열어 액을 천으로 거른다. 액은 용기에 다시 붓고 설탕 100g과 과당 80g을 넣어 녹인다. 여기에 생약 찌꺼기 1/5을 다시 넣고 밀봉하여 시원한 곳에 보관한다. 1개월이 지나면 마개를 열어 윗부분의 맑은 액만 딸아 내고 나머지 액은 여과지나 천으로 걸러 앞의 액과 합친다. 독특한 감칠맛을 지닌 흑갈색의 약술이 완성된다. 노화 예방, 피로 회복, 무기력, 노화로 인한 모든 증상에 효능이 있다고 한다. 〈우리술사전〉

560. 칠석주방(七夕酒方)

〈임원16지〉에 기록되어 있다.

7월 7일에 누룩 1석으로 떡을 만들어 항아리에 넣고 밀봉한다. 2주일 후 이것을 꺼내 햇볕에 말리고, 쌀 1석으로 밥을 지어 누룩과 버무려서 항아리에 넣는다. 쌀 1석으로 술 3석이 나온다고 하였다.

561. 칠일주(七日酒)

〈음식디미방〉〈고려대규곤요람〉〈조선무쌍신식요리제법〉〈요록〉〈증보산림경제〉에 기록되어 있다.

재료 수는 3, 4가지였다 재료는 멥쌀, 찹쌀, 누룩, 물 등이었다.

백미 1말을 백세하여 작말하고, 탕수 1말로 죽을 쑤어 누룩 1되와 섞어 항아리에 담는다. 3일 후에 백미 2말을 백세 작말하여 탕수 6말에 죽을 쑤어 식혀서 누룩 2되에 버무려 밑술에 넣는다.

또 다른 방법으로는 백미 3되를 작말하여, 물 반동이만 끓여 쌀가루를 풀어 죽을 쑤어 식혀서 누룩 1되 7홉을 섞어 항아리에 담는다. 3일 후에 찹쌀 2말을 쪄서 밑술에 합하여 7일 후에 쓴다고 〈음식디미방〉에 기록되어 있다.

562. 칡꽃술

전국 각지의 산야 특히 경사면에 흔히 볼 수 있는 다년생의 낙엽 만성초(蔓性草)이다. 가을에 잎이 난 곳에서 15cm정도의 총상화서(總狀花序)를 내고 자홍색의 등(藤)꽃과 흡사한 꽃이 핀다. 칡의 꽃과 봉오리 300g을 소쿠리에 담아 물을 끼얹으며 씻어내고 바람에 말려서 물기를 없앤다. 설탕 60g, 소주 1.8ℓ와 함께 병에 담아서 밀봉하여 냉암소에 보관한다. 20일 쯤 경과 후 꽃을 건져내고 여과한다. 술은 다른 병에 옮긴다. 숙취, 멀미에 효능이 있다고 한다. 〈우리술사전〉

563. 침향주(沈香酒)

침향나무는 팔 꽃나무과에 속하는 상록교목이다. 중국이 원산이고 줄기뿌리를 이용한다. 항아리에 침향 600g을 담고 소주 1.8ℓ를 부어 밀봉한다. 4~5개월 정도 냉암소에 보관한 후 마신다. 조금씩 오래도록 상음하면 간병이 걸리지 않는다고 한다. 〈우리술사전〉

564. 탁주(濁酒)

〈조선무쌍신식요리제법〉〈조선고유색사전〉〈역어유해〉에 기록되어 있다.

재료 수는 3, 5가지였다. 재료는 멥쌀, 찹쌀, 누룩, 물, 진말 등이었다.

탁주는 막걸리, 탁백이, 막자, 큰술이라고도 부른다. 하등 쌀이나 싸래기 1말을 절구에 찧어 굵은 체에 쳐서 쪄내어 식은 후에 누룩 4장(여름에는 반장쯤 더 넣는다)을 찧어 섞되, 물은 맑은 술보다 더 질게 버무렸다가, 먹을 때 물을 치지 말고 바짝 짜서 얼음 한덩이를 띄워 먹으면 시원하고 문배 썩은 맛과 같다고 한다.

삼복 더위에 4~5탕기를 마시면 상쾌한 것이 천하에 없으나, 많이 마시면 나중에 배가 아픈 것은 할 수 없다고 〈조선무쌍신식요리제법〉에 기록되어 있다.

565. 탱자주(지실주, 枳實酒)

운향과에 속하는 낙엽활엽의 작은 교목으로 줄기는 2m 가량이고 녹색이며 5cm 가량의 가시가 있다. 5월경에 백색 오판화가 하나씩 피며 가을에 3~5cm의 둥근 장과(漿果)가 노랗게 익는다. 중국이 원산지로 우리 나라에서는 산울타리로 심고 과실은 약재로 쓰여지고 있다. 탱자 300g을 물에 깨끗이 씻어 물기를 제거하여 용기에 넣고 소주 1.8ℓ를 부어 밀봉하여 저장한다. 2개월 정도 지나면 술빛이 노랗게 된다. 이때 찌꺼기는 건져내고 술은 따로 보관한다. 소화불량, 위장병 일체에 효능이 있다고 한다. 〈우리술사전〉

566. 토목통주(土木通酒)

으름난초의 생김새가 목통과 비슷하여 땅에 붙은 목통이란 뜻에서 토목통이라 하는데 산과 들의 숲과 그늘에 자생한다. 전체가 갈색이고 키는 약 1m, 잎은 퇴화하여 없다. 여름에 꽃이 피고 가을에 타원형의 과실이 열려 빨갛게 익는다. 이 과실을 말린 것이 토목통(土木通)이다.

으름난초의 과실 400~500g을 잘 씻어 물기를 완전히 제거하여 용기에 넣고 소주 1.8ℓ와 설탕 20g을 넣는다. 밀봉하여 시원한 곳에서 6개월 이상 숙성시킨다. 익은 후에도 재료를 건져 낼 필요가 없다. 강정, 강장, 이뇨(利尿)에 효능이 있다고 한다. 〈우리술사전〉

567. 토사자주(兎絲子酒)

제주도 토속어로는 새삼 열매라고 한다. 토사자는 새삼의 씨앗이다. 메꽃과의 덩굴생 이년초이다. 전국 각지에 자생하고 있다. 씨앗을 이용한다. 토사자 300g을 용기에 넣고 소주 1.8ℓ를 붓는다. 밀봉하여 시원한 곳에 보관한다. 1주일 후에 마개를 열어 액을 천으로 거른 후 액은 용기에 다시 담는다. 설탕 300g을 넣어 녹인다. 여기에 생약 찌꺼기 1/5을 다시 넣고 밀봉한 후 시원한 곳에 보관한다. 1개월 후에 마개를 열어 액 전체를 천이나 여과지로 거른다. 갈색의 약간 매운 맛이 있는 약술이 완성된다. 쇠약해진 사람의 보익(補益), 요통, 하반신 무력, 강장에 효능이 있다고 한다. 〈우리술사전〉

568. 통초주(通草酒)

〈임원16지〉에 기록되어 있다.

통초자(通草子)를 삶은 즙에 누룩, 쌀로 빚은 술이라고만 기록되어 있다. 이 술은 오장과 십이경맥을 순통한다고 하였다.

569. 파초술

파초는 파초과에 속하는 다년초이다. 중국이 원산이고 우리 나라 남부지방의 온실에서 관상수로 재배한다. 뿌리를 이용한다. 파초 뿌리 600g을 채집하여 깨끗이 씻어 적당하게 썬다. 항아리에 담고 소수 1.8ℓ를 부어 밀봉한다. 냉암소에 3～4개월 정도 두었다가 마신다. 감기, 위장병, 복통, 각기병에 효과가 있다고 한다. 〈우리술사전〉

570. 팔진주(八珍酒)

팔진주의 원방(原方)은 팔진탕(八珍湯)이다. 기력을 보충하는 사군자탕(四君子湯)과 피를 보충하는 사물탕(四物湯)을 합친 것이 팔진탕으로 여기에 알콜의 효능이 더해진 것이다. 인삼(人蔘) 15g, 백출(白朮) 15g, 복령(茯笭) 15g, 자감초(炙甘草) 10g, 숙지황(熟地黃) 10g, 당귀(當歸) 10g, 천궁(川芎) 10g, 작약(芍藥) 10g을 잘게 썰어 용기에 넣고 소주 1ℓ를 붓는다. 밀봉하여 시원한 곳에 보관한다. 처음

4~5일간 매일 1회 액을 가볍게 흔들어 준다. 10일 후에 마개를 열어 액을 천으로 거른 다음 액을 용기에 다시 넣는다. 이때 설탕 100g과 벌꿀 50g을 넣고 생약 찌꺼기 1/5을 다시 넣고 밀봉한 후 시원한 곳에 보관한다. 1개월이 지나면 마개를 열어 윗부분의 액만 딸아 내고 나머지 액은 여과지로 걸러 앞의 액과 합친다. 흑갈색의 독특한 향기를 지닌 약술이 완성된다. 식욕부진, 무력, 권태감, 원기부족, 만성피로, 허약체질, 혈색불량에 효능이 있다고 한다. 〈우리술사전〉

571. 편주(扁酒)

〈역주방문〉에 기록되어 있다.

찹쌀 1말을 백세하여 물에 담갔다가, 3일 후에 밥을 지어 안반 위에 헤쳐 놓았다가 물 1동이를 끓여서 누룩 가루 7홉으로 반죽하여, 안반 위에서 밥과 주물러 떡을 만들어 항아리에 담고, 공기가 통하도록 체로 덮는다. 술이 익을 때가 되면 곧 봉해서 싸매 주고 익으면 찹쌀이 뜬다.

572. 포도주(葡萄酒)

〈유원총보〉〈농정회오〉〈양주방〉〈지봉유설〉〈산림경제〉〈임원 16지〉〈군학회등〉〈조선무쌍신식요리제법연구〉〈수운잡방〉에 기록되어 있다.

재료 수는 1, 2, 3가지였다. 재료는 포도, 찹쌀, 누룩, 술, 꿀, 물 등이었다.

잘 익은 포도를 즙을 내어 찹쌀로 밥을 짓고, 누룩을 넣어 섞어 두면 자연히 좋은 술이 된다고 〈군학회등〉에 기록되어 있다. 또 〈임원16지〉에는 포도주에 소주로 만든 것과 양조한 것 두가지가 있다. 양조한 것은 포도즙을 누룩과 기타 주재(酒材)로 일반적인 방법으로 만든다. 양조한 포도주는 다른 종류의 술보다 달고, 취하여도 곧 깰 수 있다고 한다. 또 포도를 오랫동안 저장해 놓으면 술이 되는데, 이 술은 달뿐 아니라 매우 독하며 진짜 포도주라 할 수 있다고 하였다. 또 다른 법은 포도즙 1말에 누룩 3냥을 항아리에 넣고 저어 주고 밀봉하면 자연히 술이 되고 향기가 그윽하다고 하였다.

〈수운잡방〉에는 백미 3말을 씻어 곱게 가루 내어 죽을 쑤어 차게 식거든, 누룩 가루 7되를 같이 섞어 독에 넣는다. 술이 익거든 백미 5말을 씻어 왼이로 찌고 차게 식거든 누룩 3되와 포도 가루 1말을 먼저 빚은 술에 섞어 담는다. 익으면 쓴다. 다른 방법으로는 포도를 짓이겨 놓고, 찹쌀 5되로 죽을 쑤어 식거든 누룩 가루 5홉과 같이 섞어 독에 담아 빚고 맑기를 기다려 쓴다. 양주자사(涼州刺史)의 자리도 걸어볼 만하다고 하였다.

573. 포도소주방(葡萄燒酒方)

〈임원16지〉에 기록되어 있다.

포도 수십근과 누룩을 항아리에 담고, 술이 익을 때 소주를 넣고 끓이면 붉은 색의 술이 된다. 이 술은 원래 서역(西域)의 것으로, 당나라가 고창(高昌)을 정복할 때 전래된 것으로 소주보다 매우 독하다고 기록되어 있다.

574. 포성주(泡盛酒)

〈한국외래주유입사연구〉에 기록되어 있다.

〈부상록〉〈오주연문장전산고〉를 인용하여 유구국(琉球國)의 소주를 일명 포성주라 한다고 하였다. 17~18세기에 유입된 외래주이다.

575. 표고술

원산은 일본 남부이며, 16세기에 식용된 기록이 있다. 표고균(菌)은 참나무, 밤나무 등 광엽수의 고목에 기생하고 자연상태로는 봄, 가을 두 계절에 버섯을 발생시킨다. 연중 양산된다. 표고 500g(마른 버섯은 중간 것 10개)은 깨끗이 다듬어서 물에 씻는다. 2~3일 햇볕에 말려 뿌리는 없애고 3~4쪽으로 자른다. 설탕 100g, 소주 1.8ℓ을 병에 담아서 밀봉하여 냉암소에서 2~3일간 숙성시켜 내용물을 건져내고 여과한다. 이때부터 음용이 가능하게 된다. 허약체질 개선, 항암작용, 강장, 동맥경화 예방, 신경안정에 효능이 있다고 한다. 〈우리술사전〉

576. 하동이백주방(河東頤白酒方)

〈임원16지〉에 기록되어 있다.

쌀 4말을 씻어 물에 담갔다가, 밤에 일어나 밥을 짓고 뜸을 들였다가 이른 아침에 이것을 기장밥 7말과 섞어 멍석에 널어서 식혀 누룩 가루 1말, 끓인 물

3말과 섞어 항아리에 담는다. 뚜껑을 덮지 않고 오후에 다시 쌀 3말을 씻어 4시경에 밥을 짓고 식혀서 밑술에 첨가하면 다음날 술이 익는다. 이 술은 6~7월경에 담는데, 6월에는 3~5일이 걸리고 7월에는 더 걸린다. 북쪽을 바라보는 집에서 담으면 더욱 좋으나 그렇지 않으면 서늘한 곳에 두면 된다. 주의할 점은 해가 뜨기 전에 담아야 한다고 기록되어 있다.

577. 하삼청(夏三淸)

〈임원16지〉에는 하삼청방, 〈조선무쌍신식요리제법〉에는 하삼청으로 기록되어 있다.

재료 수는 3가지였다. 재료는 멥쌀, 물, 누룩 등이었다.

끓인 물 1말에 누룩 가루 3되를 저어서 항아리에 담고 다음날 찌꺼기를 제거한다. 백미 1말을 가루로 하여 익혀서 누룩 물에 넣으면 3일 후에 술이 익는다. 이 법은 여름철에 적합하다고 〈임원16지〉에 기록되어 있다.

578. 하수오주(何首烏酒)

은조롱 나무의 뿌리가 하수오(적하수오 : 여귀과의 은조롱 뿌리, 백하수오 : 박주가리의 은조롱 뿌리)이며 덩굴성의 단년초이다. 전국 각지의 산야에 자생한다. 뿌리를 이용한다. 새박 뿌리라고도 부른다. 춘추전국 시대에 하공이라는 군주가 이 약초를 복용하고 난 뒤부터 백발이 흑발로 변하고 젊어지므로 그의 부인도 이것을 복용하여 얼굴이 처녀처럼 아름다워졌고 회춘하였다고 한다. 즉 하공의 머리가 검게 되었으므로 하수오(何首烏)라 부르게 되었다고 한다. 생약 하수오 150g을 소주 1.8ℓ와 함께 용기에 넣고 밀봉한다. 숙성되려면 4개월 걸리는데 이때 건더기를 건지는 것이 좋다. 신장, 간장, 양기부족, 조루증, 피부미용에 효능이 있다고 한다. 〈우리술사전〉

579. 하양주(荷釀酒)

〈요록〉〈역주방문〉에 기록되어 있다.

백미 1말을 백번 씻어 곱게 가루로 만들어, 끓는 물 7사발을 부어 죽을 쑤어 식힌 후 누룩 가루 4되와 밀가루 4홉을 섞어 놓는다. 3일 지난 후 백미 3말을 백번 씻어 가루로 만들어, 끓는 물 2말 5되와 섞어서 식은 후, 밑술에 섞어서 7일 후에 내어 쓴다고 〈요록〉에 기록되어 있다.

580. 하엽청(荷葉淸)

〈임원16지〉〈군학회등〉에 하엽청방으로 기록되어 있다.

백미를 백세하여 물에 하룻밤 담갔다가 시루에 쪄서 쌀 1말에 누룩 가루 7홉, 끓는 물 2병의 비율로 담가 항아리에 연잎을 깔고 담는다.

연잎은 가을 서리가 내리기 전의 것을 사용해야 향기가 나고 여름에도 변하지 않으며, 생수(生水)가 들어가서는 안된다고 기록되어 있다.

581. 하일락법(夏日樂法)

〈수운잡방〉에 기록되어 있다.

백미 3말을 백세 세말하여, 물 7동이를 붓고 죽을 쑤어 식혀서 녹말가루 5되와 합하여 항아리에 담는다. 3일 후 백미 4말, 점미 1말을 백세하여 쪄서, 물 5말과 합해서 식거든 밑술에 첨가하였다가 7일 후에 익으면 사용한다고 하였다.

582. 하일약주

〈수유잡방〉에 2가지 방법이 기록되어 있다.

백미 3말을 씻어 곱게 가루 내어 탕수 7사발로 죽을 쑤고 차게 식거든 누룩 5되를 섞어 술을 빚는다. 3일 후 백미 4말과 찹쌀 1말을 씻어 왼이로 쪄 탕수 5말을 섞어 차게 식거든 먼저 빚은 술에 섞어 덧술한다. 7일이 지나면 쓴다.

다른 방법으로는 백미 1말을 씻어 곱게 가루 내어 탕수로 익게 쪄서 술거리(밑술: 아직 발효시키지 않은 익힌 곡류 또는 배합된 상태의 것을 말한다. 〈음식디미방〉에는 백화주에서 술거리를 담(擔)으로 표현하였다. 〈온주법〉에는 신방주에서 술거리를 담으로 표현하였다)를 만들어, 차게 식거든 누룩 5되와 밀가루 5홉을 섞어 술을 빚어, 익으면 찹쌀 2말을 씻어서 알의 법대로 빚어서, 익으면 쓴다고 하였다.

583. 하일점주(夏日粘酒)

〈수운잡방〉〈요록〉에 기록되어 있다.

점미 2말을 백세하여 항아리에 담고 물 1바리를 부어 둔다. 3일 후에 물에서 건져 쪄서 밥을 식히고, 누룩 4되에 버무려 쌀을 담궜던 물을 끓여 부으면 7일 후에 술이 된다. 다른 법은 점미 1말을 백세하여 항아리에 담고 끓인 물을 부었다가 3일 후 쌀을 건져 쪄서, 누룩 1되에 쌀을 담궜던 물을 부으면 7일 후에 술이 된다. 또 다른 법은 백미 2되를 백세하여 하룻밤 물에 담갔다가 가루를 만들어 쪄서 누룩 2되에 탕수는 쌀 담궜던 물을 끓여 식혀서 붓고 항아리에 담는다. 3일 후 점미 2말을 백세하여 물에 하룻밤 담갔다가 쪄서 밑술에 첨가하여 술이 익으면 쓴다고 하였다.

〈수운잡방〉에는 찹쌀 2말을 씻어 탕수 1동이와 같이 독에 담아 3일간 두었다가 이 물을 다시 끓이고, 쌀은 지에밥으로 쪄서 차게 식혀서 다음날 누룩 가루 4되와 같이 섞어 술을 빚는다. 7일이면 잘 익는다. 다른 방법은 찹쌀 1말을 씻어 끓인 물 1말과 같이 독에 넣는다. 3일 후에 쌀은 익게 찌고 그 찌던 물과 누룩 1되를 섞어 술을 빚는다. 7일 후에 맑게 가라앉고 술구더기가 뜬다. 또 다른 방법은 백미 2되를 다시 쓸어서 씻고, 물에 하룻밤 담갔다가 가루를 내고 깁체로 쳐서 끓는 물로 술 거리를 만들어서 차게 식거든 좋은 누룩 2되를 섞어 술을 빚는다. 제 3일이 되는 날 찹쌀 2되를 씻어 물에 하룻밤 담갔다가 푹 쪄서 차게 식기를 기다려, 먼저 술에 덧술하여 빚어 시원한 곳에 둔다. 맑게 익으면 쓴다.

584. 하일청주(夏日淸酒)

〈수운잡방〉〈요록〉에 기록되어 있다.

점미 3말을 백세하여 탕수 2바리에 담갔다가 3일 후에 건져 쪄서 담갔던 물에 누룩 2되를 풀고 찐밥과 함께 버무려 항아리에 담아 익힌다고 하였다.

〈수운잡방〉에는 찹쌀 3말을 씻어 탕수 1동이에 3일간 담갔다가 걸러 내어 무르게 찌고, 앞의 물을 다시 끓여 찐밥에 섞어 차게 식거든 누룩 6되를 섞어 술을 빚는다. 술개미(蟻浮: 술이 익으면 밥알이 식혜처럼 술 위에 뜨는 것으로, 술구더기, 주의(酒蟻), 록의(綠蟻), 주저(酒詛)라고도 한다. 〈음식디미방〉에는 술개미를 '귀덕이 뜨고'라고 표현하였다. 〈규합총서〉에는 술개미를 개미, 개야미라고 표현하였다)가 뜨면 익었으므로 쓴다. 누룩은 주머니에 싸 넣어 담으면 오래 되어도 맛이 변하지 않는다. 술의 많고 적음을 보아 가며 마음대로 빚는다.

585. 하절주(夏節酒)

〈음식디미방〉에 기록되어 있다.

백미 1말을 백세 작말하여 쪄서 식히고, 누룩 가루 2되를 끓여 식힌 물 1말에 풀어 재워서 가는 베에 걸러 찌꺼기는 버리고, 누룩 물에 찐 떡을 섞어 항아리에 부었다가 3일 후에 내어서 쓰라고 하였다.

586. 하절삼일주(夏節三日酒)

〈음식디미방〉에 기록되어 있다.

끓인 물 1말에 누룩 2되를 섞어 독에 넣고, 하룻밤 재워 고운 주대(紬袋)에 넣고 짜서 찌꺼기는 버린다. 백미 1말을 백세 작말하여 쪄 식혀 누룩 물에 섞었다가 3일만에 쓴다고 하였다. 또 다른 법은 겨울이면 정화수를 갓 길은 것으로 하고, 여름이면 더운 물을 식혀서 그 물에 누룩 가루 2되를 풀어 항아리에 넣어 두고, 다음날 백미 2말을 백세 작말하여 죽을 쑤어, 식거든 항아리에 붓고 고루 저어 두었다가 3일만에 쓴다고 하였다.

587. 하향주(荷香酒)

〈주방문〉〈음식디미방〉〈산림경제〉〈임원16지〉〈군학회등〉〈증보산림경제〉〈양주방〉〈치생요람〉〈음식방문〉에 기록되어 있다.

재료 수는 3, 4가지였다. 재료는 멥쌀, 물, 찹쌀, 누룩 등이었다.

백미 1되를 작말하여 구멍떡을 만들어 익게 삶아 식혀서 누룩 5홉을 섞어 항아리에 담는다. 3일 후에 찹쌀 1말을 물을 뿌려가며 쪄서 식혀 밑술에 섞고, 날물을 금하면 3일 후에 쓴다고 하였다.

588. 한산 소곡주(少麯酒)

우리 전통 향토주 중에 문헌상으로 가장 오래된 술로 백제 때부터 빚어진 듯하다.

《삼국사기》〈백제 본기〉에 다안왕(多晏王) 11년 추곡의 흉작으로 식량이 부족하므로 민가 사양주(四釀酒)의 하나인 소국주를 전면 금지한 바 있고 무왕(武王) 37년(635년) 3월에는 왕이 신하들과 더불어 백마강변의 기암괴석이 아름다운 강 위에서 술을 마시고 흥이 극치에 달하였다는 기록이 있다. 소국주는 조선 초기부터 가장 많이 알려진 술인데 다른 술과는 달리 누룩을 적게 쓰는 까닭에 소국주라 하였다. 쌀가루를 쪄서 누룩물에 풀고 그 후에는 다시 누룩을 쓰지 않는다. 백제 유민의 한이 서린 소국주는 그후 한산 지역주민들에 의해 면면히 이어져 오다 한때 정부의 밀주단속으로 거의 자취를 감추다시피 하였다. 그러나 김영진(충남 서천군 한산면) 씨가 충청남도 무형문화재 3호로 지정받으면서 비로소 햇빛을 보게 된 것이다. 누룩은 밀을 맷돌로 갈아서 나온 건더기만을 모아서 물과 혼합하여 좀 되게 반죽하여 삼베 보자기에 넣고 꼭꼭 밟는다. 성형된 누룩을 쑥으로 덮고 누룩 밑에도 쑥을 깔아 놓아 바람이 잘 드는 응달에 놓아둔다. 누룩 속까지 골고루 바람이 스며들도록 엎었다 뒤집었다를 반복한다. 그리고 보름 정도 서늘한 곳에 보관한다. 밑술은 누룩 2되를 누룩의 1.5배~2배 정도 물에 담그어 불린다. 멥쌀 2되는 쪄서 고두밥을 만들어 차갑게 식혀 누룩과 합한 물에 넣어 잘 섞이게 젓는다. 여름에는 햇빛이 안들고 시원한 장소에 겨울에는 아랫목에 며칠 보관하면 부글부글 끓으면서 발효가 시작된다. 덧술은 찹쌀 1말을 시루에 쪄서 고두밥을 지어 적당한 물과 함께 첨가한다. 그리고 엿기름, 날콩, 국화꽃, 통고추를 누룩 2되가 담긴 물에 넣고 비벼서 발효가 진행되고 있는 독에 넣고 창호지로 봉하여 뚜껑을 덮는다. 발효를 위해 독을 땅에 완전히 묻어 100일 동안 땅속에서 발효 및 숙성시킨 후 용수를 박아 술을 떠내면 그 향과 맛이 일품이라고 한다. 한산 소국주의 알콜 도수는 18도이다. 〈우리술사전〉

그림 19 한산 소곡주

589. 한산춘(韓山春)

〈규합총서〉에 기록되어 있다.

찹쌀 1말을 백세하여 물에 담갔다가 쪄서 식힌다. 누룩 7홉을 끓인 물에 담궈 하룻밤 지낸 후, 명주 술자루에 넣어 짜서 찌꺼기는 버린다. 누룩 물에 찐밥을 버무려 항아리에 담고 자작자작할 만큼 물을 잡는다. 실백자 5홉을 2쪽 내고, 후추 1돈을 가루 내어 주머니에 넣고, 대추 21개를 씨를 발라서 넣고, 항아리 부리를 두꺼운 종이로 단단히 매고, 쟁반이나 항아리 뚜껑이나 유기로 눌러 덮어서, 차지도 덥지도 않은 곳에 둔다. 3일 후에 백소주 7복자를 부어 6~7일 후면, 위는 틱틱하여도 가장자리에 물이 돌거든 헤쳐 보면 잣과 개미가 뜨고 몹시 감렬하다고 하였다.

590. 한주(翰注)

보통 40되 드는 술독에 메좁쌀이 12되, 누룩을 빚는 밀이나 보리 10되 정도가 소요된다.

〈누룩 디디기〉

밀이나 보리를 멧돌에 갈아 그 가루를 미지근한 물에 타서 덩어리 지지 않을 정도로 보통 4되에 8홉 정도의 물로 반죽한다. 반죽한 것을 누룩 틀에 넣어 단단하게 밟는다. 그 위에 헝겊이나 짚 등을 덮어 차곡차곡 쌓아 뜨기 시작하면 덮었던 짚이나 헝겊을 걷어 내고 차차 건조시킨다. 부엌 구석이나 쥐를 방지하기 위하여 짚 따위를 둥그렇게 쌓아 둔 자리에 묻어서 20일 정도 띄운다. 햇빛에 말린 후 망태기에 담아서 술을 빚을 때까지 벽에 걸어 두거나 멧돌에 대강 으깨서 항아리에 담아 보관해 두기도 한다.

〈술빚기〉

메좁쌀을 8시간쯤 물에 담가 두었다가 갈고 그 가루에다 적당히 물을 뿌리면서 시루에 담아 찐다. 시루에서 쪄낸 술떡을 큰 그릇에 놓고 한 시간 쯤 식힌 후 그 위에 누룩가루와 물을 간간히 뿌려가며 덩어리 지지 않게 반죽하고 손으로 잘 섞는다. 이것을 30되들이 술독에 담아 놓고 그 위에 물 20되 정도 부어서 뚜껑을 덮는다. 방 또는 부엌 구석에 10여일 동안 놓아두면 발효되는데 동짓날에 담근 술독은 다음 해 4월까지 윗국은 청주로 퍼마실 수 있다. 또 마셔 없어진 만큼 술독에 누룩가루와 술떡을 반죽하여 놓기만 하면 묵혀둔 것과 쉽게 섞여 발효한다. 이것을 술 살린다 또는 술 깨운다고 한다. 〈우리술사전〉

591. 함양 국화주

국화는 예로부터 불로장수 및 성스러운 영초(靈草)로서 숭상되어 왔다. 국화주는 우리 나라 재래의 술의 하나로서 함양 국화주는 국화와 생지황, 구기자 나무 껍질을 놓고 찹쌀로 빚은 술인데 이 술은 음력 9월 9일 중양절에 즐겨 마셨다고 한다. 일제 때 우리문화 말살정책으로 맥이 끊긴 후 1986년 경남 함양군 함양읍 삼산리가 고향인 김광씨(지리산국화주 대표)의 끈질긴 노력으로 80여 년만에 그 맛과 향이 재현되면서 1987년 정부가 전통민속주로 지정하였다. 밑술은 찹쌀 2되를 물에 잘 불려서 가루를 만들어 시루에 찌고 백설기에 잘게 부수어 누룩가루 1되를 넣어 혼합한 후 물 3되를 붓는다. 잘 섞어서 온도 20~30℃에서 4~5일 두면 밑술이 된다. 덧술은 찹쌀 8되를 물에 불려 시루에 찐 후 식힌다. 식힌 밥에 누룩가루 4되를 넣어 잘 혼합한다. 감국화 혹은 야생국화, 생지황, 구기자의 뿌리, 껍질 등을 각각 1되 정도와 물 2말에 넣어 물 1말이 될 때까지 달여 식힌다. 이와 같이 완성된 고두밥과 야생국화 등의 액제를 밑술 독에 넣어 혼합시킨다. 22℃ 전후에서 5~6일 경과하면 숙성되고 이것을 맑게 거르면 향기좋은 국화주가 되는데 주도는 보통 16도 정도 된다. 색깔은 담황색을 띠는 명약주로서 현재 향토 민속주로 지정되어 경남 함양에서 이승리씨가 이 술을 빚고 있다. 〈우리술사전〉

592. 합주(合酒)

〈주방문〉에 기록되어 있다.

비록 탁주이나 훈감(맛이 진하고 냄새가 아름답다)하여 보통 술과 다르다고 하였다. 쌀 1되에 누룩 5홉을 쓴다고 하였다.

유명한 청주가 생산된 곳에선 으레 좋은 합주도 만들어져 대중에게 더 친숙

한 술이 되었다. 탁주의 일종이라고 볼 수 있는데 탁주보다는 희고 신맛이 적으며 감미와 매운맛이 강하고 주정분은 11~12%로 약주와 탁주의 중간 술이다. 백미 5되를 백세하여 지에밥을 쪄내고 서늘한 곳에서 헤쳐 식힌 다음 누룩 5홉을 섞어 빚어서 더운 곳에 둔다. 7일이 지나면 술이 다 익을 것이니 깨끗한 물을 주어가며 걸러 베헝겊을 대고 받아서 쓴다. 〈우리술사전〉

593. 해남 진양주(眞釀酒)

진양주가 해남에 처음 전해진 것은 조선 헌종때 어주를 빚던 최씨성을 가진 상궁 한 사람이 폐출된 후 사간원 벼슬을 지낸 김 권의 소실로 들어가면서부터이다. 최씨는 애주가 김 권에게 궁중술을 빚어주는 한편 본처의 손녀에게 술 만드는 법을 가르쳐 주고 후에 해남군 계곡면 덕정리의 임씨 문중에 시집간 손녀(1844~1906)가 전수받은 술을 빚기 시작하였다. 약간 짠맛이 있는 덕정리 샘물로 빚은 이 술은 이때부터 6대째 인근 주민들의 사랑을 받으며 이어져 내려오고 있으며 현재 이 마을에 사는 임씨 집안의 최옥림씨에 의하여 그 맥을 잇고 있다. 밑술은 찹쌀 1말과 누룩 2되, 덕정리 생수 10되가 필요하다. 찹쌀 1되를 물 5되에 섞어 죽처럼 끓인 후 누룩 2되를 섞어 5일쯤 발효시킨다. 이때 항아리 주둥이를 얇은 이불로 덮고 따뜻한 아랫목에 묻어둔다. 너무 꽉 막아두면 술이 시어지기 때문에 조심하여야 한다. 덧술은 밑술이 발효되면 찹쌀 9되를 술밥으로 쪄서 함께 섞고 또 일주일쯤 숙성시킨다. 술이 숙성되면 물 5되를 붓고 3일 정도 묵힌 뒤 용수로 걸러내면 맛좋은 진양주가 탄생한다. 〈우리술사전〉

594. 해당화주

해당화는 우리 나라의 각지 일본, 중국 등지에 분포하고 있는 장미과의 낙엽활엽관목이다. 해변가 모래 땅이나 해변 가까운 산야에 자생한다. 5~6월경에 향기로운 분홍빛 꽃이 피고 열매는 8월경에 익는데 빛깔은 붉은 색으로서 이 열매로 술을 담근다. 잘 익은 해당화 열매 600g을 이용한다. 소쿠리에 담아서 물을 끼얹으면서 씻는다. 물기를 빼고 꼭지를 따서 병에 담고 소주 1.8ℓ를 넣고 밀봉하여 냉암소에 보관한다. 음용은 2개월 후부터 한다. 숙성은 내용물을 그대로 두고 6개월 이상 둔다.

강정, 신장병, 방광염, 귀울림, 당뇨병에 효능이 있다고 한다. 〈우리술사전〉

595. 해바라기술〔向日葵酒〕

해바라기는 국화과의 일년초이다. 원산지는 북미이다. 전국 각지에서 재배하고 있다. 씨앗을 이용한다. 해바라기씨 600g을 살짝 볶거나 날것을 항아리에 넣고 소주 1.8ℓ을 붓는다. 꼭 밀봉하여 냉암소에 보관하는데 3~5개월 정도면 완숙된다.

1년 이상 두면 더욱 좋다고 한다. 류머티스, 관절염, 소변불통, 신경통, 부인병, 생식기 질환에 효능이 있다고 한다. 〈우리술사전〉

596. 해일주

〈양주방〉에 기록되어 있다.

정월 첫 돼지날에 멥쌀 2말 반을 씻어 가루 내어, 물 2말 반에 7되는 찬대로 가루를 풀고, 1말 8되는 끓여서 가루를 익게 개어 누룩 가루 2되, 밀가루 2되를 섞어 놓는다. 둘째 돼지날에 멥쌀 3말 반을 씻어서 가루 내어 끓인 물 4말 반에 개어, 식거든 밑술에 합한다. 셋째 돼지날에 멥쌀 5말을 씻어 담갔다가 쪄서 끓인 물 5말에 섞어, 식거든 밑술에 합한다. 날씨에 따라 너무 차게도 덥지도 않게 두었다가 3월 보름쯤 따라서 쓴다고 하였다.

597. 해조주(海藻酒)

〈임원16지〉에 기록되어 있다.

해조 1근을 깨끗이 씻어 술에 넣는다. 이 술은 원기를 돋구어 준다고 하였다.

598. 핵도주(核桃酒)

〈임원16지〉에 핵도주방으로 기록되어 있다.

재료와 술 빚는 법에 대한 기록은 없고, 호도주를 담는 방법은 잣술법과 같다고 하였다.

599. 햅쌀술

〈양주방〉에 기록되어 있다.

햅쌀 1말을 씻어 가루 내어 흰무리떡을 찌고, 끓인 물 2말을 독에 붓고 흰무리 찐 것을 독에 넣어 더울 때 고루 풀어 둔다. 다음 날 햇누룩 가루 3되, 밀가루 3홉을 섞어 버무려 넣었다가, 3일 후에 햅쌀 2말을 씻어 하룻밤 물에 담갔다가 쪄서 차게 식힌다. 끓인 물 1말을 식혀 찐밥과 함께 밑술에 합하였다가, 10일 후에 맑거든 따라 먹으면 맛이 맵고도 달다고 하였다.

600. 행기회생주(行氣回生酒)

향부자는 우울한 기분을 풀어주는 약으로 널리 쓰이고 있다. 향부자는 부인에게 많이 사용하며, 진통(鎭痛)과 기체(氣滯)로 인한 동통(疼痛)에 특히 효과적이다. 창출은 건위(健胃), 이뇨(利尿)작용, 천궁은 진통작용, 치자는 이담(利膽), 소염(消炎)작용을 맡고 있으며 여기에 알콜이 가해져 기를 열어 주는 효과가 한층 강해진다. 향부자(香附子) 25g, 천궁(川芎) 25g을 잘게 썰어 용기에 넣고 소주 1ℓ를 붓는다. 밀봉하여 시원한 곳에 보관한다. 4, 5일간은 1일 1회 액을 가볍게 흔들어 준다. 10일이 지나면 마개를 열어 천으로 액을 거른다. 액은 용기에 다시 담고 설탕 100g과 과당 80g을 넣어 녹인다. 여기에 생약 찌꺼기 1/5을 넣고 밀봉하여 시원한 곳에 보관한다. 약 1개월 후에 개봉하여 윗부분의 맑은 액만 용기를 기울여 딸아 내고 나머지 액은 천이나 여과지로 걸러 앞의 액과 합친다. 적갈색의 독특한 맛을 지닌 약술이 완성된다. 우울증, 초조감과 짜증, 복통, 트림, 오심(惡心), 가슴의 통증에 효능이 있다고 한다. 〈우리술사전〉

601. 행화춘주(杏花春酒)

밑술은 백미 4말을 백세 작말하여 끓인 물 6말로 버무려서 차게 식으면 누룩가루 6되를 섞어 독에 넣는다. 덧술은 4일만에 찹쌀 1말을 잘 씻어 지에밥을 쪄 차게 식힌 후 밀가루 5홉을 섞어 밑술에 넣었다가 이레후에 맑은 술을 뜬다. 이 술은 잘 넘는 술이니 4말을 10말쯤 빚는 독에다 빚어야 실수가 없다. 〈우리술사전〉

602. 행화춘주(杏花春酒)

〈음식디미방〉에 기록되어 있다.

백미 4말을 백세 작말하여 끓인 물 10말에 개어 식거든 누룩 가루 6되를 섞어 큰 독에 넣는다. 4일 후에 찹쌀 1말을 백세하여 쪄서 식거든 진말 5홉을 섞어 밑술에 첨가한다. 7일 후에 술을 떠낸다. 이 술은 잘 넘는 술이니 4말을 빚으려면 6말을 빚을 독에다 술을 빚으라고 하였다.

603. 향교방

〈수운잡방〉에 기록되어 있다.

백미 5말을 씻어 3일간 물에 담갔다가 곱게 가루 내어 익게 찌고 끓는 물 7말을 섞어 차게 식거든 누룩 가루 7되, 밀가루 3되를 섞어 술 빚어 넣고 단단히 봉하여 익기를 기다렸다가, 백미 10말을 씻어 3일간 물에 담갔다가 왼이로 쪄서 탕수 8말, 누룩 가루 5되를 먼저 빚은 밑술에 섞어 빚는다고 하였다.

604. 향로주

〈양주방〉에 기록되어 있다.

멥쌀 1말을 씻어 3일을 물에 담갔다가 가루로 만들어 물 1말 4되에 섞어 죽을 쑤어, 식거든 누룩 가루 1되 4홉, 밀가루 6홉을 섞어 꽤 치대어서 항아리에 넣고 봉한다. 7일 후에 멥쌀 2말을 씻어 3일을 물에 담갔다가 지에밥을 쪄서 끓인 물 1말 6되를 부어 섞고, 식으면 누룩 가루 1되를 넣고 밑술에 섞어서 봉한다. 7일 후에 따라서 쓰면, 맛이 훈감하고 향긋하여 기특하다. 법대로 하면 너무 독하여 한 잔에 장부가 어지러워지고, 온갖 마디마디가 녹는 듯하여 사람이 상하니, 물을 짐작하여 더 넣는다. 이 술은 예사 술법과 다르다. 겨울에 빚는 술이라고 하였다.

605. 향부자주(香附子酒)

향부자는 사초(莎草) 또는 작두향(雀頭香)이라고도 부르는 다년초이다. 바닷가 모래땅이나 냇가에 자생한다. 여름철에 다갈색의 꽃이 피고 가을에 군데군데 덩이줄기를 맺는데 살은 희고 향기가 난다. 향부자는 이 덩이뿌리 잔털을 없애고 껍질을 벗겨 말린 것이다. 향부자 100g, 소주 1.8ℓ를 용기에 넣고 밀봉하여 둔다. 2개월이 지나면 성분이 완전히 우러나는데 이때 건더기는 건져 내고 마신다. 신경성 위염, 소화불량 등 위장병 일체, 통경, 자궁병, 수족냉증에 효능이 있다고 한다. 〈우리술사전〉

606. 향설주(香雪酒)

〈임원16지〉에는 향설주방, 〈조선무쌍신식요리제법〉에는 향설주로 기록되어 있으며, 〈농정회요〉에도 기록되어 있다.

재료 수는 2, 3가지였다. 재료는 멥쌀, 찹쌀, 누룩, 밀가루 등이었다.

찹쌀 1석을 준비하여 우선 9말을 깨끗이 씻어 항아리에 담고 물을 부어 둔다. 나머지 찹쌀 1말은 밥을 지어서 쌀 담근 항아리에 붓고 뚜껑을 덮어둔다. 20일 후에 밥알이 물 위로 뜨면 건져 놓고, 생쌀을 건져 쪄서 밀가루 20근과 쌀 담근 물을 섞어서 다시 항아리에 담는다. 날씨가 더우면 1주일, 10일 후, 3번 항아리 뚜껑을 열었다 닫는다고 〈임원16지〉에 기록되어 있다.

607. 향양주(香釀酒)

〈임원16지〉에 기록되어 있다.

재료와 술 빚는 법에 대한 기록은 없고, 향양(香釀)이라 함은 화엽(花葉) 및 향료를 넣어 만든 술을 말한다고만 하였다.

608. 향온주(香醞酒)

〈음식디미방〉〈고사십이집〉〈임원16지〉〈역주방문〉〈요록〉〈영접도감미면잡록의궤〉에 기록되어 있다.

재료 수는 4, 5가지였다. 재료는 멥쌀, 물, 찹쌀, 누룩, 밀가루 등이었다.

백미 10말, 찹쌀 1말을 백세하여 쪄 더운 물 15병을 섞어, 그 물이 다 밥에 스며들거든 차게 식혀, 누룩 1말 5되에 밑술 1병을 섞어 빚는다고 하였다. 누룩은 밀을 갈아서 가루를 치지 말고, 밀 1말에 빻은 녹두 1홉씩을 섞어서 만든다고 〈음식디미방〉에 기록되어 있다.

609. 향훈주

〈술방문〉에 기록되어 있다.

백미 2되를 정하게 씻어 물 10사발을 부어 죽을 쑤어 식혀 누룩 1되 반을 넣고 버무려 항아리에 담는다. 하룻밤 지난 뒤 점미 1말을 씻어 물에 담궈 하룻밤 지난 뒤 찌고 식혀 밑술과 합하여 봉한다. 너무 더운 데 두면 잡맛이 생기기 쉬우니 온기만 있는 데 두고, 7일 후에 물 1말을 끓여 부어서 3~4일 후에 쓴다고 하였다.

610. 현삼주(玄蔘酒)

현삼은 원삼이라고 하며 현삼과의 다년초이다. 전국 각지에 재배 또는 저산지대 평지에 자생한다. 뿌리를 이용한다. 가을에 현삼 뿌리를 채취하여 깨끗이 씻은 후 그늘에서 3~4일 정도 말린 후에 적당히 썰어서 담기도 하고 생것을 담그기도 하며 술을 뿜어 시루에 한 번 쪄서 다시 말린 후에 술에 담그는 등 여러 방법이 있으나 효능은 모두 같다고 한다. 준비된 현삼 뿌리 600g을 항아리에 담고 소주 1.8ℓ을 붓고 밀봉하여 냉암소에 6개월 이상 보존한 후에 마신다. 1년에서 3년까지 둘 수 있다. 호흡기 질환, 신경통, 양기부족, 천식에 효능이 있다고 한다. 〈우리술사전〉

611. 호골주(虎骨酒)

〈임원16지〉에 기록되어 있다.

호골을 노랗게 볶아 빻아서 누룩, 쌀과 함께 상법(常法)으로 술을 담그거나 호골을 술에 담궈도 무방하다고 하였다. 이 술은 팔 다리가 아픈데, 신장이 약한데, 관절염에 효과가 크다고 하였다.

612. 호도주(胡桃酒)

〈수운잡방〉에는 호도주, 〈산림경제〉에는 호도주양법(胡桃酒釀法)으로 기록되었다. 〈임원16지〉의 핵도주도 호도주이나 한문 표기로 핵도주라 하였다.

〈산림경제〉에는 잣술과 같은 방법으로 빚는다고만 하였다. 〈수운잡방〉에는 오로칠상(五勞七傷)을 치료하고 기 부족을 보한다고 하였다.

백미 1말을 씻어 곱게 갈아 가루 내어 솟구치게 끓는 물 1말을 섞어 떡을 만들어, 차게 식거든 깐 호도알 5홉을 곱게 갈아 누룩 5되와 고루 섞어 독에 넣어, 익거든 기다렸다가 백미 3말을 씻어 지에밥을 찌고, 물 3말을 고루 섞어 차게 식거든 누룩 3되와 깐 호도 1되 5홉을 곱게 갈아 먼저 빚은 술독에 섞어 넣어 익으면 쓴다고 하였다.

613. 호산춘(壺山春)

〈산림경제〉〈고사십이집〉〈고려대규곤요람〉〈조선무쌍신식요리제법〉에는 호산춘, 〈임원16지〉에는 호산춘방으로 기록되어 있으며, 〈양주방〉에도 기록되어 있다. 여산(礪山)에서 전래된 것으로 여산 땅의 별명이 호산(壺山)이라고 한다.

재료 수는 3, 4가지였다. 재료는 멥쌀, 물, 누룩, 밀가루 등이었다.

매달 초하루에 백미 1말 5되를 여러번 씻고 가루를 만들어 냉수 7되를 넣어 젓는다. 다음에 끓는 물 1말 8되를 넣고 저으면 묽은 아교와 같이 되는데, 이것을 식혀서 누룩 가루 2되, 내면 2되를 넣고 항아리에 담는다. 13일 후에 다시 백미 2말 5되를 씻어 가루로 하여 끓는 물 2말 5되를 넣고 저어서 식혀 밑술에 첨가한다. 다시 13일 후 백미 5말을 씻어 시루에 쪄서 끓는 물을 넣고 저어서 식혀 누룩 가루 2되, 내면 1근과 섞어 항아리에 첨가한다. 항아리를 덥지도 차지도 않은 곳에 옮기면 뚜껑을 덮지 않아도 맛이 변하지 않고, 2~3개월이 지나면 술이 익는다고 〈임원16지〉에 기록되어 있다.

614. 혼주

〈역어유해〉에 기록되어 있다.

재료와 술 빚는 법에 대한 기록은 없다.

615. 혼돈주(混沌酒)

〈조선무쌍신식요리제법〉〈양주방〉에 기록되어 있다.

혼돈주는 막걸리에 소주를 타서 먹는 것이다. 좋은 소주 한 잔을 합주(찹쌀로 담근 여름에 먹는 막걸리)에 가만히 한 옆으로 1분 동안 따르면, 소주가 속으로 들어가지 않고 위로 맑게 떠오르니, 그 때 마시면 다 마시기까지 합주와 소주가 같이 들어오니, 합주는 차고 소주는 더워야 좋고, 소주는 홍소주를 타면 빛이 곱게 된다. 맛은 매우 좋으나 아무리 대주객이라도 5잔을 더 마시지 말 것이며, 다른 술보다 매우 취한다고 하였다.

616. 홍국주(紅麴酒)

〈임원16지〉에 기록되어 있다.

재료와 술 빚는 법에 대한 기록은 없고, 홍국을 물에 담갔다가 끓여먹는다고 하였다. 이 술은 뱃속의 어혈과 산후의 어혈을 치료한다고 하였다.

617. 홍나주

〈술방문〉에 기록되어 있다.

백미 1말 백세하여 물 3말을 붓고 죽 쑤어 누룩가루 1되, 진말 5홉을 섞고 독에 넣는다. 3일 후에 찹쌀 2말을 백세하여 익게 쪄서 식거든, 밑술에 첨가하면 2일만에 빛이 거울같다고 하였다.

618. 홍로주

〈치생요람〉에 기록되어 있다.

재료와 만드는 법에 대한 기록은 없다.

619. 홍주(紅酒)

〈조선고유색사전〉에 기록되어 있다.

재료와 술 빚는 법에 대한 기록은 없고, 붉은색이 나는 술이라고만 기록되어 있다.

•▶ 진도 홍주

홍주를 지초주(芝草酒)라고도 한다.

세조 때의 경상도 절도사 허종(許琮)의 부인이 홍주를 만드는 비결을 알고 있어서 후손에 전해졌다고 한다. 허종은 이 홍주에 취해 말에서 떨어져, 연산군의 갑자사화를 면했다고 한다. 그 후 허종의 후손이 소줏고리를 갖고 진도로 낙향하여 진도 홍주를 만들었다고 한다.

제조 기능자 이이자(李二子)씨에 의하면 누룩은 너무 곱지 않게 빻아 찐 보리쌀에 섞어 누룩 상자에 넣어 약 7일간 띄운다. 주모는 누룩 상자의 누룩을 술독에 넣어 우물물을 넣어 발효시켜서 얻는다. 다음은 찐 보리쌀에 주모와 물을 넣어 빚은 술밑을 12일간 발효시킨다. 이 술밑을 솥에 넣고 소줏고리를 얹어서 곤다. 소주가 떨어지는 입에는 작은 단지를 대고, 베 헝겊을 덮어 꼭 매고, 그 위에 지초를 놓아 소주 이슬이 떨어지게 한다. 지초를 통과한 술은 홍옥과 같은 붉은색이 나므로 홍주라 한다. 소주 특유의 은은한 향기가 있고 맛이 매워서 알콜 농도는 45~48도이다.

620. 홍소주(紅燒酒)

〈영접도감미면색의궤〉에 기록되어 있다.

재료와 술 빚는 법에 대한 기록은 없다.

621. 홍화주(紅花酒, 잇꽃술)

홍화는 이꽃이라고도 한다. 엉거시과에 속하는 1년생이다. 이집트, 중국이 원산이며 근래는 남쪽에서 재배하고 있다. 꽃송이 전체를 이용한다. 홍화꽃 100g을 살짝 헹구어 물기를 빼고 가제주머니 속에 봉한다. 홍화는 부풀어 오르므로 주머니는 약간 넉넉하게 만드는 것이 좋다. 주머니를 용기 속에 넣고 소주 1.8ℓ를 붓는다. 2개월쯤 서늘하고 어두운 곳에 저장한다. 다 익으면 주머니를 건져내고 짜서 걸러낸다. 색깔은 진한 갈색이며 맛은 쌉쌀하고 은은한 향내와 광택있는 술이 다른 약술 중에도 뛰어난 것으로 알려져 있다. 부인병 일체, 냉증, 산전 산후, 혈액순환, 월경불순에 효능이 있다고 한다. 〈우리술사전〉

622. 후주(後酒)

〈조선고유색사전〉에 기록되어 있다.

술 재강에 물을 넣고 다시 빚은 술이라고만 하였다.

623. 화국주(火麴酒)

〈치생요람〉에 기록되어 있다.

멥쌀 1되를 백세 작말하여 정화수 1말을 끓여 식힌 후, 누룩 1되 5홉을 섞어 7일 후에 멥쌀 2말을 백세 작말하여 익힌 후 3~7일 후에 쓴다고 하였다.

624. 화사주(花蛇酒)

〈임원16지〉에 기록되어 있다.

백화사(白花蛇) 1마리를 주머니에 싸서 누룩과 함께 항아리 밑에 담고 그 위에 찹쌀밥으로 덮어 두었다가, 20일 후 술이 익으면 마신다고 하였다. 이 술은 풍증, 마비증, 경련 및 부스럼 등을 치료하는 데 효과적이라고 하였다.

625. 황감주(黃柑酒)

〈시의전서〉〈양주방〉〈음식방문〉에 기록되어 있다.

점미 1말을 백세하여 담갔다가 작말하여 떡을 빚어 익게 삶아 누룩 가루 1되를 섞어 항아리에 담는다. 이튿날 물을 뿌리지 말고 술밑을 냉수 1사발에 걸러 수건에 받쳐 그 밥을 항아리에 넣어 두면 2~3주일 후면 달고 맵고 좋다고 하였다.

626. 황금주(黃金酒)

〈음식디미방〉에는 황금주, 〈김승지댁주방문〉에는 황금주법으로 기록되어 있으며, 〈요록〉〈양주방〉〈수운잡방〉에도 기록되어 있다.

재료 수는 4가지였다. 재료는 멥쌀, 물, 찹쌀, 누룩 등이었다.

백미 2되를 백세하여 물에 담궈 밤을 재워 작말하여, 끓인 물 1말에 죽을 쑤어 차게 식거든, 누룩 가루 1되를 섞어 넣었다가 여름이면 3일, 봄, 가을이면 5일, 겨울이면 7일만에 찹쌀 1말을 백세하여 찌고 식혀, 밑술에 넣었다가 7일 후에 쓴다고 〈음식디미방〉에 기록되어 있다.

〈수운잡방〉에는 백미 2되를 씻어 물에 하룻밤 재워 곱게 가루 내어 물 1말로 술거리를 만들고(혹은 죽을 만들라고도 한다), 차게 식거든 누룩 1되와 같이 술을 빚는다. 겨울이면 7일, 여름이면 3일, 봄, 가을이면 5일 후에 찹쌀을 씻어 왼이로 찌고, 차게 식거든 먼저 빚은 술에 어울려 섞어 빚는다. 14일 후에 내어 쓴다고 하였다.

627. 황기주(黃耆酒)

황기는 콩과식물의 다년초이다. 가을철에 뿌리를 채취하여 코르크층을 벗겨서 말린 것을 이용한다. 중부 이북, 영월, 경기, 황해도에 자생한다. 잘게 부순 황기 300g을 용기에 넣고 20도 짜리 소주를 부은 다음 밀봉하여 시원한 곳에 보존한다. 매일 한 번씩 살짝 흔들어 준다. 10일 후에 마개를 열고 흰 천으로 거른다. 딸아 낸 액은 다시 용기에 붓고 생약찌꺼기 약 1/10을 다시 용기에 넣는다. 여기에 설탕 200g을 넣어 잘 저은 다음 밀봉하여 시원한 곳에 보관한다. 1개월이 지나면 개봉하여 윗부분만 딸아 낸 다음 남은 부분은 천이나 여과지로 거른다. 맑은 황갈색의 담백한 맛을 지닌 약술이 완성된다. 현기증, 빈혈, 혈액 순환, 근골강화, 부인병, 도한, 기관지병에 효능이 있다고 한다. 〈우리술사전〉

628. 황봉주(黃封酒)

〈한국외래주유입사연구〉에 기록되어 있다.

중국의 관주(官酒)가 18세기말 조선조 중기에 유입된 외래주이다. 〈연행록(燕行錄)〉을 인용하여 주질(酒質)과 양조법에 대한 언급이 없었으나, 고급 청주류의 일종으로 중국의 관주였다고 한다.

629. 황련주(黃連酒, 깽깽이술)

황련을 깽깽이풀이라 하며 매자나무과의 다년초이다. 이북, 경기, 강원도 등에 분포한다. 뿌리를 이용한다. 깽깽이풀(황련)은 뿌리에 수염뿌리가 많다. 술을 담글 때는 황련 600g를 깨끗이 씻어 물기가 빠지면 잘게 썰어서 항아리에 담고 소주 1.8ℓ을 부은 다음 밀봉하여 냉암소에 보관하여 2~3개월 지난 후에 먹는데 조금씩 기호에 따라 즐긴다(뿌리만으로 담그면 더욱 효과가 좋다고 한다). 혈압장애, 정력감퇴, 위장장애, 구토, 이질, 설사에 효능이 있다고 한다. 〈우리술사전〉

630. 황백주(黃伯酒)

황경피나무(섬황경피, 황벽나무, 털황경피)의 껍질을 황백이라 한다. 운향과의 낙엽 활엽 교목이다. 충남을 제외한 전국 각지의 깊은 산에 자생한다. 나무의 껍질을 7~8월에 채취하여 겉껍질을 벗기고 말린 것이나 뿌리를 이용한다. 황백나무의 속껍질(황백) 400~600g을 3~5cm 정도로 썰고 용기에 넣는다. 소주 1.8ℓ와 설탕 10g을 넣고 밀봉하여 시원한 곳에 보관한다. 6개월 이상 숙성시켜 마신다. 씁쓸하면서도 독특한 맛을 지닌 약술이 완성된다. 이질, 설사, 황달, 간병, 방광염, 요도염에 효능이 있다고 한다. 〈우리술사전〉

631. 황주(黃酒)

〈한국외래주유입사연구〉에 기록되어 있다.

〈표해록(漂海錄)〉〈연행록(燕行錄)〉에 기록되었는데, 황금이 짙은 곡주계 양조주로서 찹쌀과 멥쌀로 빚은 중국 전래의 곡주가 15~16세기에 유입된 외래주이다.

632. 황소주(黃燒酒)

〈조선고유색사전〉에 기록되어 있다.

재료와 술 빚는 법에 대한 기록은 없고, 누른 빛이 나는 소주라고만 기록되어 있다.

633. 황정주(黃精酒)

〈농정회요〉〈임원16지〉에 기록되어 있다.

재료와 술 빚는 법에 대한 기록은 없고, 이 술은 골격을 튼튼히 하고 정수를 넘치게 하여 머리를 검게 하는 효력이 있다고 하였다.

634. 황화주(黃花酒)

〈요록〉에 기록되어 있다.

찹쌀 1말을 백번 씻어 무르게 쪄서 익히는데, 물을 뿌려 가며 푹 익도록 한다. 식은 후 누룩 가루 5홉과 골고루 섞어서 항아리에 담아 놓고, 소주 3병을 섞어 놓는다. 항아리 뚜껑을 단단히 봉해서 김이 새지 못하게 하였다가, 7일 후에 사용하면 달고 쓴맛을 함께 갖추어 매우 좋다고 하였다.

635. 회산춘(回山春)

〈시의전서〉에 기록되어 있다.

백미 2말을 씻어 담갔다가 작말하여, 떡을 찌고 물 30그릇을 끓여 식혀서 붓고 누룩 5~6되를 넣어 버무려 항아리에 담는다. 찹쌀 4말을 씻어 담갔다가 지에밥을 쪄서 물 30그릇을 끓여 식혀서 지에밥과 함께 부어 식거든 밑술에 합한다. 술이 익으면 윗국은 뜨고 나머지는 짠다고 하였다.

636. 회화나무술

회화나무는 콩과에 속하는 낙엽 활엽교목이다. 전국 각지에 자생한다. 수피나 근

피를 이용한다. 뿌리의 껍질 600g을 적당한 크기로 썰어서 항아리에 담고 소주 1.8ℓ를 붓고 밀봉하여 냉암소에서 4~5개월간 둔 후에 술이 익으면 마신다. 고혈압, 뇌출혈, 중풍, 혈압조정, 장출혈, 자궁출혈에 효능이 있다고 한다. 〈우리술사전〉

637. 후박주(厚朴酒)

후박나무는 녹나무과에 속하는 상록 활엽 교목이다. 제주도 울릉도 등 남부 지방의 바닷가와 섬지방에 많다. 껍질, 뿌리, 새순을 이용한다. 뿌리의 껍질과 나무의 껍질을 같은 방법으로 담는다. 후박(뿌리 껍질 새순) 600g에 소주 1.8ℓ를 붓고 밀봉하여 냉암소에 보관하여 5~6개월 지난 후에 마신다. 호흡기 질환, 이질, 설사, 감기, 두통, 소화기병에 효능이 있다고 한다. 〈우리술사전〉

638. 흑문자주(黑文字酒)

흑문자나무는 이쑤시개나무라는 별명이 있는 것처럼 예로부터 이쑤시개로 많이 사용하여 왔다. 줄기는 황록색으로 미끌미끌하고 검은 무늬가 있으며 가지와 잎을 훑으면 매우 좋은 향기가 난다. 흑문자의 잔 가지나 열매 400~500g을 준비한다. 잔가지는 2~3cm로 자른다. 용기에 1/3 정도 재료를 넣고 소주 1.8ℓ를 채운 다음 설탕 20g를 넣는다. 향기가 진하므로 너무 넣지 않도록 주의한다. 밀봉하여 시원한 곳에서 1년 이상 숙성시킨다. 익은 후에도 재료를 건져낼 필요가 없다. 어느 계절이나 담글 수 있으나 가을에 낙엽이 지고 새순이 나오는 때에 담그는 것이 손질하기도 좋으므로 가장 적당하다. 강정(强精), 건위, 식욕 증진에 효능이 있다고 한다. 〈우리술사전〉

639. 회향주(茴香酒)

〈임원16지〉에 기록되어 있다.

회향(茴香)을 술독에 담갔다가 마시는 것이다. 이 술은 신기(腎氣)를 조정하며, 복통에 효력이 있다고 하였다.

제 6 장
전통주의 빚는 법

1. 양조곡주(釀造穀酒)

1) 순곡주류(純穀酒類)

(1) 거르는 방법에 따라

① 탁주(濁酒) - 막걸리

탁하게 빚은 술을 탁주라고 하는데 재주(滓酒) 또는 회주(灰酒)라고 불러왔다. 우리 나라에서는 가장 역사가 오래된 술이다. 탁주는 원래 지에밥에나 누룩을 섞어 빚은 술을 오지그릇 위에 정(井)자 모양의 걸치게를 걸고 체로 막걸러 뿌옇고 텁텁하게 만든 술이다.

탁주류에도 일반 탁주류와 특별 탁주류가 생기게 되었다. 일반 탁주류는 밀누룩이 쓰이고 특별 탁주류에는 쌀누룩을 사용하는 것이 다른 점이다. 일반 탁주류는 탁배기라고 불러왔다. 흔히 말하는 막걸리라는 것은 양조 후에 술을 떠내고 나머지에 물을 둘러 얻어진 것을 말한다. 고려시대 이후 이화주(梨花酒)로 알려진 술이 대표적인 탁주였다. 이것은 막걸리용 누룩을 배꽃이 필 무렵에 밟는다고 하여 유래하였다. 이화주는 맑은 술이 아니고 된죽과 같고 빛깔은 흰데, 물을 타서 마셨던 탁주이다.

〈조선주조사(조선주조협회 1935)〉에는 "중국에서 전래된 막걸리는 처음으로 대동강 일대에서 빚어지기 시작해서 나라의 성쇄를 막론하고 국토의 구석구석까지 전파되어 민족의 고유주가 되었다. 그 진부를 가리기는 어려우나 막걸리가 우리의 역사를 담고 있는 술임은 틀림이 없다. 좋은 막걸리는 감(甘), 산(酸), 신(辛), 고(苦), 삽미(澁味)가 잘 어울리고 적당히 감칠맛과 청량미가 있었다. 이 청량미는 땀 흘리고 일한 후에 갈증을 멎게 하는 힘도 있어 농주(農酒)로서 애용되어 왔다"고 한다. 한편 술재강에 물을 넣어 거른 탁주는 모주(母酒)이다.

〈막걸리에 관한 우리 나라의 신화〉

단군께서 백성들에게 농사짓는 법을 가르치셨다. 가을에 신곡이 수확되면 높은 산에 올라서 여러 신에게 제사를 지냈다. 제사에는 신곡으로 만든 떡과 술, 그리고 소를 잡아서 제단에 올렸다고 한다. 농사를 천하지대본(天下之大本)이라고 했거니와 이 제사를 신이 가르쳐 주신 농사법에 의해서 지은 곡식을 가지고 드리는 것이라는 뜻에서 신농제(神農祭)라고 했으며 소는 양념을 넣지 않고 국으로 끓여 참배한 백성들에게 나누어 먹게 했다. 먹을 때 소금만으로 간을 맞추어 먹게 했는데, 이 국을 신농탕(神農湯: 이것이 지금의 설농탕의 기원이란 설도 있다)이라고 했으며, 햇곡으로 빚은 제주를 신농주(神農酒)라 일컬었다고 한다. 또한 이 술은 현재의 막걸리와 같은 것이었을 것이며 오늘날 농촌에서 막걸리를 농주라고 하는 것도 이 신농주에서 유래된 것이라고 볼 수 있다.

그림 20 막걸리

② 청주(淸酒) - 약주(藥酒)

술이 다 된 탁주 독에 용수를 박고 맑은 술을 얻은 것이 청주의 시초가 되었다. 청주가 언제부터 약주라고 불렸는지는 알 수 없으나, 지금으로부터 약 150년 전의 일이라고 본다. 서유구가 지은 〈임원16지〉에 처음으로 약주를 찹쌀로 빚었다고 기록되어 있다.

서유구는 아호를 약봉(藥峰)이라고 했으며 그가 살던 곳이 약현(藥峴: 지금의 서울 중림동)이었기 때문에 그 술을 '약현에서 나는 술' 또는 '약봉이 만든 술'이라고 하여 크게 소문이 나자 부르기 쉽게 약주로 변해버린 것이 그 유래라고 한다. 약주는 구한말에서 일제 초기까지는 주로 서울 부근의 중류 이상 계급에서 소비했다(이성우 1984).

그림 21 용수와 술독에 용수를 박은 모양

표 5 단양주의 재료의 종류와 양, 곡물의 처리형태, 숙성기간

술이름	곡물의 종류 및 양			곡물의 처리 형태					누룩의 양	물의 양	숙성 기간	비고
	멥쌀	찹쌀	밀가루	가루	풀, 죽, 범벅	구멍떡	흰무리	지에밥				
1. 감저주			감자, 고구마									
2. 급시주	1말			○			○		1되 5홉	반동이	3일	
3. 급 주	1말			○			○		2되	3사발		
4. 급청주		5되	○							탁주1동이	3일	
5. 납 주	2말	2석						○	40근	200근		*섣달에 담는다.
6. 내국향온법	10말	1말						○	1말 5되	15병, 부본1병		
7. 무국주	1말	콩가루 1되	1홉	○	○							*누룩없이 빚는술
8. 백수환동주		1말						○	2되	2동이	21일	
9. 백화춘방		1말						○	5홉	1말	3~4일	
10. 벼락술		5되	5홉					○	5홉	막걸리 1동이	3일	
11. 보경가주		2말			○			○	2되	1동이, 4병	7일	
12. 부렵주		2되						○	1되	탁주 1동이	3일	
13. 부의주		1말						○	1되		3일	
14. 사절칠일주	1말		5홉	○			○		1근	3병		
15. 삼구주	9말								9말	9말	17일	*3월3일에 담는다.
16. 삼일주	1말				○				2되	1말	3일	
17. 소서주		1말							2되	2병	18~21일	
18. 시급주		5되	5홉						5홉	탁주	3일	*청주 3병을 얻는다.
19. 여름디주	1말			○			○		3-4홉	1말	3일	
20. 왜례주	1말							○	1말	1말 1되		
21. 왜미림주		3되						○	2되	소주 2말	21일	
22. 왜백주		7되						○		술 1말		
23. 유하주	1석							○	5근	1석	3일	*4월 초파일에 빚는다.
24. 이화주	1말					○			1되 3홉		15일	
25. 일야주	1되			멧돌에 간다	○				2홉		1일	
26. 일일주①		2되		○	○				5홉		1일	
②	1말							○	2되	술 1사발	1일	
27. 점감주		2되						○	4홉			
28. 점강청주		1말			○				2되		1일	
29. 주부본법	1말						○	○	○	○		*청명, 곡우의 물
30. 지황주		5되	대두 1말				○	○	1되			
31. 찹쌀청주		1말						○	10복자	12복자	21~35일	
32. 천대홍주		1말							홍국 2되 누룩1냥 반 2냥	5말	4-5일	*홍국사용

술이름	곡물의 종류 및 양			곡물의 처리 형태					누룩의 양	물의 양	숙성 기간	비고
	멥쌀	찹쌀	밀가루	가루	풀, 죽, 범벅	구멍떡	흰무리	지에밥				
33. 청감주		1말						○	5홉	술 1병반	3일	
34. 청서주		1말						○	2되	반병		
35. 청 주	1되	1되 5홉						○	2홉		7일	*청명, 곡우에 담금
36. 추모주			보리 1사발					○	1주먹		15일	
37. 춘 주	7말							○	1말	4말		*정월 강물
38. 칠석주	1석							○	1석			*술 3석을 얻는다. *7월 7일에 누룩을 디딘다.
39. 탁 주	1말								4장	○		
40. 편 주		1말							7홉	1동이		
41. 하삼청	1말								3되	1말	3일	*3월 3일에 담는다.
42. 하일점주		2말						○	4되	1바리	7일	
43. 하일청주		3말						○	2되	2바리		
44. 하절주	1말			○			○		2되	1말	3일	*청주 3병을 얻는다.
45. 하절삼일주	1말			○			○		2되	1말	3일	
46. 합 주	5되							○	5홉	○	7일	
47. 황화주		1말						○	5홉	소주 3병	7일	
48. 향설주		1석	20근					○		○	37일	

표 6 이양주의 재료의 종류와 양, 곡물의 처리형태, 숙성기간

술이름	곡물의 종류 및 양			곡물의 처리 형태					누룩의 양	물의 양	숙성 기간	비고
	멥쌀	찹쌀	밀가루	가루	풀, 죽, 범벅	구멍떡	흰무리	지에밥				
1. 감주		2되		○		○			2되			
		2말										
2. 감향주①		4되		○		○			1되			
		1말						○			21일	
②	2말			○	○				1되	1말		
		2말						○				
③	5되		5되	○		○						
		5말								1동이	5~6일	
④		1되		○	○				1되			
		1말						○				
3. 건조향주	2되			○	○				1되	1말		
		1말									11~15일	
4. 녹자주	1되				○				1되	2되		
		1말						○	3홉		10일	
5. 녹파주①	1말			○	○				2되	2말		
		2말								3말		
②	1말		3홉	○	○				5홉	30사발		
		2말	5홉					○	7홉			
③	1말		5홉	○	○				1되	3말		
		2말						○			12일	

술이름	곡물의 종류 및 양			곡물의 처리 형태					누룩의 양	물의 양	숙성 기간	비고
	멥쌀	찹쌀	밀가루	가루	풀, 죽, 범벅	구멍떡	흰무리	지에밥				
6. 경면녹파주	1말			○	○				2되	2말		
		2말								3말		
7. 경액춘		혈찬 7말	3되	○	○				7되	7말		
	10말								5되	8말		
8. 경장주	1말	1말		○	○			○	1말			
	2말	2말		○	○			○	2되		7일	
9. 광제주	1말							○	3홉	40당기		
		3되		○					적당히		5~6일	
10. 급수청방	2말			○			○		3근반	4말		*청주 7~8병
		4말 4근	1근								7일	탁주 1대야
11. 남성주	3말 5되		1되	○					5되 5홉	2말 5되		
	3말 5되							○		2말	7일	
12. 남경주	2말 5되		1되	○	○				2되 5홉	2말 5되		
	5말							○		5말	21일	
13. 내주		1말	○	○	○				2되			
	3말							○				*5월5일에 쓴다.
14. 노산춘	1말	1말		○	○			○	1되	3말		
	2말	2말		○	○			○	2되	6말	1주일	
15. 댓잎술	1말			○			○		1되반	3병		
	5말						○				7일	
16. 동양주①	2되			○	○	○			2되			
(冬陽酒)		2말						○				
②	1되			○		○			2되			
		1되						○		1말		
17. 동양주 (東陽酒)	2되			○		○			2되			
		2말						○				
18. 동정춘	1되			○		○		○	1되	1사발		
		1말										
19. 동하주	5말			○				○	5되	5말		
	10말							○		10말	14일	
20. 두강주①	1되		5홉	○	○				5홉			
		1말						○		1말	7~9일	
②		1말		○	○				1되	9사발		
	1말										7~9일	
③	3되			○	○				3되			
		1말								2사발	7~9일	
④	5말			○	○				1말	14사발		*수운잡방에는 삼양주이다.
	5말											
	5말							○			10일 이상	
21. 두광주		2되반		○	○				2되반			*찹쌀과 멥쌀을 반반으로 해도 좋음.

술이름	곡물의 종류 및 양			곡물의 처리 형태					누룩의 양	물의 양	숙성 기간	비고
	멥쌀	찹쌀	밀가루	가루	풀, 죽, 범벅	구멍떡	흰무리	지에밥				
		1말	3-4홉					○				*석임 1되
22. 당백화주	1말		1되반	○	○				1되반	1말		
	2말							○		2말	10일후	
23. 목욕주	2되			○		○			1되			*닥잎을 덮는다.
		2말						○			25일	
24. 모주(보리주)	1말							○	5되		14~15일	
			보리 4말									
25. 무시주	1말			○	○				2되	3말		
	2말		4홉					○		1말		
26. 백로주①	1말		1되반	○					1되반	3병		
	2말							○	1되	6병	11~12일	
②	1말		1되반	○					1되반	3병		*부본 1되
	2말							○	1되	6병	11~12일	
27. 백료주	1석								2근			
	3말										8일	*9월 중순후에 담는다.
28. 백하주①	1말		보리 1되반	○	○				1되반			*부본 1되
	1되			○	○				1되			*9월~10월에 담는다.
②	1말		1되반	○					1되반	3병	11~12일	*부본 1되
	2말							○	1되	6병		
③	1말		1되	○	○				1되	3병, 1사발		
	2말							○		6병	14일	*9월말~10월초
29. 벽향주①	3말 5되		2되 6홉	○	○				2되 6홉	2동이		
	3말 5되									1동이반	2개월	
30. 벽매주	1말 5되			○	○				1말 5되			
	15말										10일	
31. 백환주	1말		7홉	○	○				1되	10복자		
	2말							○		16복자		
32. 별향주	2말		1되	○	○				3되	4동이		
33. 부의주①	4말			○					3되	3말		
	5되		1되					○	1되			
		1말	1되					○	3되	4동이		
34. 분국 백료주		○										*한식이전에 담는다.
	○								1되 5홉	3말		
35. 사시주	1말			○	○							
	2말		3홉					○	1되반	3말		
36. 사시 통음주	1말 1되			○	○							
	2말		3홉					○	1되	8동이		*정월 첫 말날
37. 사오주	1말		7되	○			○					둘째 말날

술이름	곡물의 종류 및 양			곡물의 처리 형태					누룩의 양	물의 양	숙성기간	비고
	멥쌀	찹쌀	밀가루	가루	풀, 죽, 범벅	구멍떡	흰무리	지에밥				
	5말			○			○		7홉			
38. 삼칠일주	1말		7되	○								
		1말										
39. 삼월주	1말		1되	○	○				1되	3병		
		○		○		○				1병		
40. 성탄향	2되			○	○				1되	1말		*봄, 가을 5일후, *여름 3일
		1말										겨울 7일후 덧술한다.
41. 세신주 ①	2말 5되		1되	○	○				2되	2말 5되		
	5말							○		5말	15일	
②	5말			○	○				1말	10말		
	10말							○	5되	5말		
42. 소곡주 ①	1말			○					1되 5홉	2병		
	2말									4병	28일	
②	5되			○			○		7홉	8되		*정월 첫해일에 밑술
	1말						○			7-8되	28일	2월 해에 덧술
43. 사절소곡주	1말		7홉	○	○				7홉	1말 3되		
	2말						○			2말반		
44. 삼칠 소곡주	30 식기			○			○		10식기			
	20 식기							○			21일	
45. 신상주	2되			○	○				1되	1말	11~18일	
		1말										
46. 석탄주	2되			○	○					1말		*봄, 여름 3~4일, 가을 겨울에는
		1말									14일	6~7일 덧술
47. 십일주	1말			○			○		2되	2동이		
	2되							○	1되		11일	
48. 아황주	3말			○	○				6되	3말		
	3말							○	3되			
49. 약산춘	5말			○			○		5되	5병		*정월 상해일에 담는다.
	5말									20병		
50. 어전향주	1말			○	○				2되	3바리		
	2말								2되	6바리	14일	
51. 유하주	1말			○		○						
	3말			○		○			9되			
52. 오두주	5말			○	○				1말	10만		
		5되						○				
53. 오병주	1말			○	○				7홉	10되		
		5되			○						8~10일	
54. 오후주 ①	1말		1근반	○	○				1근반, 부본	5병		
		1되		○	○				5홉			
②	7되		1되	○					1되	1병		

술이름	곡물의 종류 및 양			곡물의 처리 형태					누룩의 양	물의 양	숙성 기간	비고
	멥쌀	찹쌀	밀가루	가루	풀, 죽, 범벅	구멍떡	흰무리	지에밥				
	3되		1되								11일	
55. 유화주 ①	2말 5되		1되	○					2되 2홉	2말 5되		
	5말									5말	25일	
②	2말 5되		1되	○	○				3되	2말 5되		
	5말							○		5말	24일	
	5말			○			○				1개월	
56. 육병주	1말		7홉	○					2되	6병		*물6병을 넣어서 육병주
	3되				○					20사발		
57. 인유향방	2말		1되	○	○				2되			
	5말								1되	8사발, 술1사발		
58. 일두사병주	1말		1되	○	○				1되	3병		
		1되			○				엿기름 1되	1병		
59. 일해주	1말			○	○				7홉	1동이		*더울 때 담그지 말것
	2말							○		1동이반		
60. 저주		1되	5홉	○		○			5홉	1되		
	6되	6되						○		1말반	5일	
61. 절주	1말			○					2홉	1동이		
		3말	3 순가락					○			6일	
62. 점 주 ①	1되			○		○			1되			
		1말								1말	11일	
②		1되		○	○				1되	3되		
		1말						○		1복자	21일	
63. 정향주 ①	1되					○			1되			
	1말							○		1사발	25일	
②	1되			○		○			1되			
	1말									1사발	25일	
64. 죽엽춘	1말			○		○			1회 5홉	3병		
	5말			○			○				1개월	
65. 정향주	1되			○		○			1되			
	1말							○		1사발	25일	
66. 진상주 ①	2되			○	○				2되			
	1말	1말						○			12~16일	
②	3말			○	○				7되	7말		
	10말							○		8말		
67. 진장주	1되							○	3되			
	1말							○		2되	13일	
68. 집성향	1말		5홉	○			○		2되 5홉	3병		
	2말										11~13일	
69. 천대홍주		1말						○	1냥반 -2냥	5되, 1되		
		1되		○					홍국 2되	3되	7일	
70. 천일주	3되			○			○		1되	독에맞게		*1,2,9,10,11,12월에 담그고

술이름	곡물의 종류 및 양			곡물의 처리 형태					누룩의 양	물의 양	숙성 기간	비고
	멥쌀	찹쌀	밀가루	가루	풀, 죽, 범벅	구멍떡	흰무리	지에밥				
		○										늦은봄 여름은 안된다.
71. 청강주		1말						○	5홉	청주반말 1되		
		1말						○		1말	11~15일	
72. 청명향	3말	3되		○	○				3되		2주일	
		3말						○				
73. 충충지주	1말			○			○		1되반	3사발	3일	
74. 칠두주	2말 5되		2되	○	○				5되	3말		
	4말 5되							○		5말		
75. 칠일주	1말			○	○				1되	1말		
	2말			○	○				2되	6말		
76 하동이백주	4말		기장 7말					○	1말	3말		*해뜨기전에 담는다.
	3말							○			3~5일	
77. 하양주	1말		4홉	○	○				4되	7사발		
	3말			○						2말 5되	7일	
78. 하일락법	3말		녹말 5되	○	○					7동이		
	4말	1말						○		5말	11일	
79. 하일약주	3말			○	○				5되	7사발		
	4말	1말						○		5말	11일	
80. 하양주	1되			○			○		5홉			
		1말									7일	
81. 행화춘주	4말			○					6되	10말		
		1말	5홉					○			12일	
82. 햅쌀술	1말		3홉	○			○		3되	2말		
	2말									1말	15일	
83. 향교방	5말		3되	○			○		7되	7말		
	10말							○	5되	8말		
84. 향로주 ①	1말		6홉	○	○				1되 4홉	1말 4되		
	2말							○	1되	1말 6되	20일	*겨울에 빚는다.
85. 향온주 ①	10말	1말						○	1말 5되	15병		
										밑술 1병		
②		1말	5홉		○				5홉	3말		
		2말						○		2말	12일	
86. 혼돈주	6되			○					1되, 석임1되	2병		
		4되						○			1주일	
87. 홍나주	1말		5홉		○				1되	3말		
		2말						○			6일	
88. 화국주	1되			○					1되 5홉	1말		
	2말			○							11~15일	
89. 황감주	2되				○				1되	1말		
	1말							○		1-2되		
90. 황금주	2되			○	○				1되	1말		
		1말						○			11~15일	
91. 회산춘	2말			○			○		5-6되	30그릇		
		4말						○		30그릇		

③ 특수 약주

상용 약주는 단양 또는 이양주인데 비하여 섬세한 방법으로 여러 번 덧술하여 순후한 맛이 나도록 빚어내는 약주를 특수 약주라 한다.

㉠ 삼해주(三亥酒): 정월 첫 돼지날에 밑술 빚어 넣고 둘째 돼지날에 1차 덧술하고 세째 돼지날에 2차 덧술하여 빚은 삼양주(三釀酒)이다.

㉡ 서양모유옥경향주: 멥쌀을 찌고 찹쌀가루로 죽을 쑤어 섞어 독에 넣고, 3일 후에 멥쌀을 찌고 찹쌀가루로 죽을 쑤어 누룩가루를 섞어 1차 덧술을 한다. 7일 후 찹쌀을 쪄서 넣어 2차 덧술을 하여 빚은 삼양주이다.

(2) 빚는 방법에 따라

① 일반주

㉠ 단양주: 단양주라고 하는 것은 곡물에 누룩과 물을 넣어 빚어서 숙성시킨 술이다. 단양주는 48종류이다. 단양주의 재료의 종류와 양, 곡물의 처리 형태, 숙성 기간은 〈표 5〉와 같다.

곡물은 48종류 중 23종류는 멥쌀, 27종류는 찹쌀, 그 밖에 1종류는 감자, 고구마, 1종류는 보리를 사용하였다. 그 중 사절칠일주는 멥쌀과 밀가루, 벼락술, 시급주, 향설주는 찹쌀과 밀가루, 납주, 내국향온법, 청주는 찹쌀과 멥쌀을 함께 사용하였고, 지황주는 찹쌀과 대두를 사용하였나. 무국주는 누룩이 없는 술로서 멥쌀, 콩가루, 밀가루를 사용하였다.

곡물의 처리 형태는 가루상태 9회, 풀 죽 범벅 상태가 6회, 구멍떡 상태 1회, 흰무리 상태 8회, 지에밥 상태가 27회로 지에밥을 쪄서 빚는 경우가 많았다.

곡물: 누룩: 물의 비율은 멥쌀 1말에 대한 누룩의 양은 3~4홉, 1되 1홉, 1되 3홉, 2되, 3되, 1말, 물의 양은 2병, 반동이, 1동이, 2동이, 5말이었고, 찹쌀 1말에 대한 누룩의 양은 5홉, 7홉, 1되, 2되, 물의 양은 3사발, 반동이, 1말, 1말 1되였다. 숙성 기간은 1일, 3일, 3~4일, 4~5일, 7일, 15일, 17일, 18~21일, 21일, 21~35일, 37일 등으로 하루만에 빚는 술로부터 37일간 빚는 술까지 있다.

㉡ 이양주: 이양주라고 하는 것은 곡물에 누룩과 물을 넣어 빚은 밑술에 다시

곡물을 익힌 것 또는 누룩, 물을 넣어 덧술을 하여 숙성시킨 술이다. 이양주가 91종류로 전통 민속주를 빚는 방법은 이양주가 가장 많음을 알 수 있다. 이양주의 종류, 재료의 종류와 양, 곡물의 처리 형태, 숙성 기간은 〈표 6〉과 같다.

이양주에 사용되는 곡물은 멥쌀, 찹쌀, 밀가루, 보리, 기장, 녹말, 혈 찬 등이다. 곡물의 처리 형태는 가루 110회, 풀, 죽, 범벅이 65회, 구멍떡 17회, 흰무리 19회, 지에밥 73회로 지에밥을 쩌서 빚는 방법이 가장 많았고 그 다음이 가루로 하여 풀, 죽, 범벅을 하여 빚는 방법이다. 밑술과 덧술에 사용한 곡물은 밑술과 덧술에 모두 멥쌀을 사용한 경우가 54회, 밑술에 멥쌀, 덧술에 찹쌀을 사용한 경우가 39회, 밑술과 덧술에 모두 찹쌀을 사용한 경우가 7회, 밑술에 찹쌀, 덧술에 멥쌀을 사용한 경우가 4회, 밑술과 덧술에 멥쌀과 찹쌀을 함께 사용한 경우가 6회, 밑술에 멥쌀, 덧술에 보리를 사용한 경우가 1회, 밑술에 찹쌀과 밀가루를 함께 사용한 경우가 8회, 밑술에 멥쌀과 밀가루를 함께 사용한 경우가 42회로 이양주에는 밑술과 덧술에 멥쌀을 사용하여 빚은 술이 많음을 알 수 있다.

밑술에는 곡물의 양을 적게 하고 누룩과 물을 넣어 빚은 후 덧술하는 곡물의 양이 밑술 때보다 많음을 알 수 있다. 누룩과 물은 밑술에만 사용하고 덧술에는 누룩과 물을 사용하지 않았으나 덧술에도 누룩이나 물을 넣어서 빚은 술도 있었다.

숙성 기간은 3일, 3～5일, 5일, 6일, 5～6일, 7일, 8일, 7～9일, 10일, 8～10일, 11일, 11～12일, 11～13일, 11～15일, 12일, 13일, 14일, 15일, 14～15일, 12～16일, 11～18일, 20일 21일, 24일, 25일, 28일, 1개월, 2개월 등으로 3일부터 2개월간 빚는 술까지 있었다.

㉢ 삼양주: 삼양주라고 하는 것은 곡물에 누룩과 물을 넣어 빚은 밑술에 다시 곡물을 익힌 것 또는 누룩, 물을 넣어 1차 덧술을 하고 다시 곡물을 넣어 2차 덧술을 하여 숙성시킨 술이다. 삼양주는 28종류로 단양주와 이양주보다는 적은 편이다. 삼양주의 종류와 재료의 양, 곡물의 처리 형태, 숙성 기간은 〈표 7〉과 같다.

삼양주에 사용된 곡물은 멥쌀 61회, 찹쌀 17회, 밀가루 19회, 기장 6회, 수수 2회, 메기장 2회, 촉 2회 등이다. 멥쌀이 가장 많이 이용되었다.

표 7 삼양주, 사양주, 오양주의 재료의 종류와 양, 곡물의 처리형태, 숙성기간

술이름	곡물의 종류 및 양			곡물의 처리 형태					누룩의 양	물의 양	숙성 기간	비고
	멥쌀	찹쌀	밀가루	가루	풀, 죽, 범벅	구멍떡	흰무리	지에밥				
1. 갱미주	○			○			○				4주	
2. 건창홍주		1석						○		1석 2말		*11/20~1/20일 까지
		2말							효모 3사발			
		5말							4근반	8말		
3. 구기오가피	5말							○				*지황 1말
삼투주	2말							○				대마자 1말
	2-3말							○				
4. 단양주			기장3말 3되					○	3말 3되	3말 3되		
	3말							○				
	9말							○				
5. 동미명주	1말			○					1근	1석		
	2말							○				
	2말							○	15근	4말		
6. 두강춘	3말			○	○				3되 5홉	3말 5홉		
	3말			○	○				3되 5홉	4말		
	3말											
7. 무릉도원주		1말						○	20냥	1말	9~15일	
	2말							○				
	3말							○				
8. 벽향주	1말 5되	1말 5되	5되	○	○				5되	4말		
	8말								1말	9말		
	4말							○		5말	28일	
9. 법 주			기장 1석						1석	1석		
10. 백일주		1말	1되			○			1되	구멍떡		
	2말			○			○			삶은물 2말	정월첫 해일~ 4월초	
	2말	2말						○				
11. 별 주	3말			○	○				6되	3말		
	3말			○								
	2말	1말										
12. 분국상락주			기장 9말					○		9말		
			9말					○				

술이름	곡물의 종류 및 양			곡물의 처리 형태					누룩의 양	물의 양	숙성 기간	비고
	멥쌀	찹쌀	밀가루	가루	풀, 죽, 범벅	구멍떡	흰무리	지에밥				
			9말					○				*9월 9일에 담근다.
13. 사절주	1말			○	○				4되반	5말		
	3말			○	○					5말		
	3말											
14. 삼선주	1말		1되	○	○				1되	10되		
	2말		1되	○				○	1되	2말		
		2말								5말		
15. 삼오주 ①	5말		5되	○			○			8동이		*녹말 5되
	5말			○			○					
	5말			○			○					
②	5말		3되	○	○				3되			
	5말			○		○						
	5말			○		○						
16. 소곡주	3말		5되	○	○				5되	3말		
	6말			○	○					6말		
	6말							○		6말		
17. 석 술		1말						○	7홉		10일 =3주	
18. 삼해주 ①	2되		1되	○	○							
	2말 5되			○		○			2되			
	1말 5홉			○			○					
②	3되		3되	○					3되	2병		
	3말									9병		*1병은 4-5되
	6말							○		18병	100일	
19. 속미주	1석							○	1말	8말	28일	
20. 순향주	4말		1되 8홉		○				6되	4말		
	6말		1되 2홉						4되	10말		
	4되	6되			○	○			1되			
21. 일년주		1되	1되		○	○			1되			
	2말반											
		7말	5홉									
22. 아황주	1말 5되	1말 5되		○	○				1말	4말		*봄, 가을이 좋다.
	4말			○	○				○	5말		
	5말			○	○					6말		
23. 잡곡주	수수, 기장, 메기장, 촉1말			○	○				4되	2병		

술이름	곡물의 종류 및 양			곡물의 처리 형태					누룩의 양	물의 양	숙성 기간	비고
	멥쌀	찹쌀	밀가루	가루	풀, 죽, 범벅	구멍떡	흰무리	지에밥				
	수수, 기장, 메기장, 촉3말			○	○					7병		
	3-4되 기장											
24. 청명주		3말		○	○					27되	2~3월 1달	쌀 1말에 누륵 7홉
									2되 1홉		4월 21일	지말 1되의 비율
	3되		3되				○					
25. 칠두오승주	1말			○	○				1되 3홉	1말 3되		
	1말			○	○				1되 7홉	1말 7되		
	3말			○	○				3되 5홉	3말 5되		
26. 향훈주	2되				○				1되반	10사발		
		1말								1말	13~14일	
27. 호산춘	1말 5되		2되	○					2되	2말 5되		
	2말 5되			○						2말 5되		
	5말		내면 1근					○	2되		3~4개월	
28. 해일주	2말반		2되	○					2되	2말반		*정월 첫해일
	3말반			○						4말반		둘재해일
	5말									5말		셋재해일
사양주(四釀酒)												
1. 도화주	6되	3되	2되	○	○				2되			*정월 진일
	5말							○		5말		*이월 야당잎이 싹틀때
	4말									4말		
	3말									3밀		
2. 삼오주			7되						7되	4동이		*정월 첫 오일
	5말							○				둘째 오일
	5말							○				셋째 오일
	5말							○				넷째 오일
오양주(五釀酒)								4냥	재료가 젖을 정도			
1. 동파주	3말							3냥	재료1 : 물3			
	5되							3냥				
	5되							3냥				
	5되							3냥				
	5되							3냥			30일	

이양주에 이용된 곡물은 밑술과 덧술에 사용하는 곡물이 다른 종류인데 비해서 삼양주는 밑술, 1차, 2차 덧술에 사용하는 곡물이 같은 종류인 술이 많은 것이 특징이다.

곡물의 처리 형태는 가루 37회, 풀, 죽, 범벅 25회, 구멍떡 6회, 흰무리 6회, 지에밥 25회였다.

숙성 기간은 9～15일, 13～14일, 10～21일, 28일, 1개월, 3개월, 100일, 3～4개월 등이다.

㉣ 사양주: 사양주라고 하는 것은 곡물에 누룩과 물을 넣어 빚은 밑술에 다시 곡물 익힌 것과 물을 넣어 1차 덧술을 하고 다시 곡물을 넣어 2차, 3차 덧술을 하여 숙성시킨 술이다. 사양주는 도화주, 삼오주 등 두 종류이다. 사양주의 재료의 종류와 양, 곡물의 처리 형태, 숙성 기간은 〈표 7〉과 같다.

도화주는 멥쌀, 찹쌀, 밀가루가 사용되었고, 가루로 하여 죽을 쑤거나 지에밥을 쪄서 넣었다. 삼오주는 멥쌀과 밀가루를 사용하였고 지에밥을 쪄서 넣었으며 밑술은 정월 첫째 오일(午日), 1차 덧술은 둘째 오일, 2차 덧술은 셋째 오일, 3차 덧술은 넷째 오일에 넣었다.

㉤ 오양주: 오양주라고 하는 것은 곡물에 누룩과 물을 넣어 빚은 밑술에 다시 곡물과 누룩과 물을 넣어 1차, 2차, 3차, 4차 덧술을 하여 숙성시킨 술이다. 오양주는 동파주 하나 뿐이다. 곡물은 멥쌀만 사용하였다. 숙성기간은 30일이다.

② **이양주(異釀酒)**

보통의 술 빚는 방법이 아닌 특이한 발효 기법을 이용하여 빚은 술이다. 보통 술은 처방대로 재료를 혼합해서 항아리에 빚는데 숙성 과정에 특별한 방법을 써서 빚는 경우가 있다. 즉 생나무통을 이용하거나 살아 있는 대나무의 대롱을 사용하거나 또 술항아리를 땅 속에 묻거나, 물속에 담궈 술을 숙성시키는 등 특별한 방법을 쓰는 경우가 있다. 이러한 방법에 따라 숙성시켜 만드는 술을 이양주라고 한다.

㉠ 와송주(臥松酒): 비스듬히 누운 큰 소나무에 빚은 술이다. 소나무의 몸통

을 말 밥통 모양으로 뚫어서 그 속에 술을 빚어 넣고 소나무 판자로 뚜껑을 만들어 덮은 다음 진흙으로 덮는다. 그 위에 풀을 덮어서 비가 들어가지 않게 하여 익힌다. 이 술을 마시면 맑은 향기가 입을 가득히 채운다고 한다.

㉡ 죽통주(竹筒酒): 살아 있는 대나무의 마디 사이에 구멍을 내고 술을 빚어 넣는다. 대나무로 구멍을 막고 진흙으로 개어 발라 빗물이 들어가지 않게 하여 익힌다. 또는 굵은 청대를 마디 있게 잘라 구멍을 뚫고 술을 빚어 넣어 숙성시킨다.

㉢ 지주(地酒): 술 빚은 항아리를 땅 속 깊이 묻어 익히는 술을 말한다.

밑술에 덧술을 3번하여 빚은 4양주이다. 9월 해일(亥日)에 독을 땅에 묻고 냉수 10말, 누룩가루 1말을 넣고 동쪽으로 향한 복숭아 가지로 젓는다. 10월 7일에 멥쌀 3말 3되로 1차 덧술을 하고 17일에 3말 3되로 2차 덧술하고 27일에 3말 3되로 3차 덧술하였다가 그믐쯤부터 쓴다.

㉣ 청서주(淸署酒): 술 항아리를 찬물에 채워서 술을 익히는 방법으로 여름철의 양조별법이다.

㉤ 송하주(松下酒): 동짓날 밤에 소나무 밑을 파고 술을 빚어 넣은 항아리에 소나무 뿌리를 넣고 봉해 두었다가 이듬해 늦가을에 파내어 마시는 술

그림 22 죽관을 통한 증류(이성우: 한국식품사회사, 교문사)

ⓑ 동과주: 동아의 머리를 베고 속을 발라내고 술을 넣고 벤 뚜껑을 맞추어 덮고 밀을 녹여 봉하여 빚는 술.

ⓢ 신선벽도춘(神仙碧桃春): 일명 송복양(松腹釀)이라고도 한다. 소나무의 속을 파서 항아리 모양으로 만들고, 멥쌀 가루를 찐 흰무리에 누룩을 함께 버무려 소나무 속에 넣고 흙으로 밀봉하여 빚는 술.

2) 혼양곡주류(混釀穀酒類)

(1) 약용곡주(藥用穀酒)

① 약용주의 개념

허준은 술이 여러 종류가 있으되 미주를 약용하니 마땅히 나미(糯米)와 백국(白麴)으로 지은 것이 진정한 것이다. 정서에 가로되 "주례를 만들려면 국얼을 쓰라"하였으니 국얼이 들지 아니하면 술이 아름답지 못한 것이라고 하였다. 이와 같이 한방에서 옛부터 생각하고 있었던 약용주의 개념은 미주라야 하고 그것도 찹쌀과 백국으로 마련된 술이라야 약용주로서 받아들일 수 있는 원천적인 개념이라는 것을 말한 것이다.

② 약용주의 이원성

약용주에는 약재를 곁들이지 않았지만 사람들의 건강을 도와 주는 소극적인 의미에서의 건강용 약용주와 약재 위주의 치료용 약용주로 이원화되고 있다. 한방 치료를 위하여 이용되었던 치료용 약용주는 각각 특정한 병 증세에 따라 처방의 일환으로 음용되어 왔다. 한의학에서 약재 위주의 치료법보다 약효를 향상시키기 위하여 상용주를 약재 치료에 곁들여 치료 효과의 상승 작용을 꾀하는 면이 있었으니,

1) 약재를 청주에 넣어 달여서 마시는 경우
2) 약재를 뜨겁게 끓인 술에 타서 마시는 경우
3) 약재를 맑은 청주에 조제하여 마시는 경우
4) 약재를 더운 술로 삼키는 경우 등이다.

즉 술에 약재 성분을 추출하여 약재와 술의 효과를 동시에 누리는 방법이라든가 약재를 술에 섞어 마시거나 각각 복용하여 약재의 효과로 상승시키려는 방법 등이다.

③ 술에 약재를 넣은 약용주

술에 약재를 넣은 약용주의 약재와 약효는 〈표 8〉과 같다. 술에 약재를 넣은 약용주의 종류는 60종인데 술에 약재를 넣은 것이 주이고, 또는 누룩, 남등즙, 당귀즙, 미골 삶은 물, 청고즙, 물을 넣기도 하였다. 술에 넣은 약재는 생강 5회, 계피, 누룩, 인삼, 황납, 꿀, 후추, 백출, 당귀, 오미자 2회, 용뇌, 단사리 별, 과라, 괴지, 구기자, 지황, 사슴 머리, 오두, 적출, 방풍, 완계, 촉초, 길경, 대황, 팥, 도인, 재, 백부근, 복분자, 대나무잎, 천남성, 사근, 미림, 선묘, 인, 천오, 홍두, 소자, 오가피, 자금피, 용뇌, 고기, 우방근, 천궁, 반하, 모과, 작약, 황기, 육계, 숙지황, 감초, 백복령, 의이인, 백두구인, 축사, 빈랑, 귤홍, 비파잎, 맥얼, 심향, 목향, 초과인, 두충, 남향, 상백피, 후박, 정향, 창출, 차조기, 대추, 실백, 초, 백엽, 사인, 방계, 백복령, 진피, 백지, 축사, 감초, 백단, 침향, 해근, 회향 등이다.

숙성 기간이 술마다 기록된 것은 아니나 1일, 1~2일, 3일, 3~4일, 3~10일, 20일이다. 약효는 풍, 두통, 무릎, 허리, 허약, 피로 회복, 미용, 장수, 머리를 검게, 마비증상, 강정, 강장, 손발을 덥게, 냉기, 음허, 빈뇨, 골수의 풍독 치료, 원기 회복, 관절염, 오로칠상 치료, 열을 식힘, 우울증, 건위, 반신불수, 묵은 병 치료, 두통, 갈증, 이질, 혀, 각기, 사지 경련, 눈과 귀를 밝게 함, 해독, 골격 튼튼, 비장, 거담, 보혈, 강골, 담증, 학질 치료, 질병 예방, 소화 촉진, 병 치료, 얼굴 광택, 수명 연장, 산후 어혈 치료, 신장, 복통 등에 효과가 있다고 한다.

④ 곡물과 약재를 넣어 빚은 약용주

곡물과 약재를 넣어 빚은 약용주의 종류, 재료의 양, 곡물의 상태, 약재, 숙성기간, 약효는 〈표 9〉와 같다. 단양 약용주가 26종류, 이양 약용주가 4종류로 단양 약용주가 많았다.

표 8 술에 약재를 넣은 약용주

술이름	누룩	물	술	약 재	숙성기간	약효
1. 강주				생강		풍, 두통
2. 거승주			5말	용뇌1주먹, 생강2냥		풍, 허, 무릎, 허리
3. 계피주		100g		계피 4g, 단사리별1g	3~4일	
4. 고본주						피로회복, 허, 머리를 검게, 미용, 장수
5. 과라양			○	과라		
6. 괴지주			○	괴지		마비증상
7. 구기주			○	구기자, 지황		허약체질, 강정, 강장, 손발을 덥게
8. 남등주	○	남등즙				풍기, 냉기, 마비, 강장
9. 녹용주			○	사슴머리		음허, 빈뇨, 허약
10. 당귀주		당귀즙	○			
11. 도소주			○	오두2전5분, 적출7전5분, 방풍1냥, 완계5전, 촉초5전7분, 길경5전7분, 대황7분, 팥14알		
12. 도인주			3병	도인 500개		
13. 마인주				대마자씨		골수의 풍독치료
14. 무술주						원기회복
15. 무회주				재		
16. 미골주			○	미골 삶은 물		건강에 좋음
17. 백부주			○	백부근		
18. 백엽주						풍증, 마비증, 관절염
19. 복령주						
20. 복분주			○	인삼, 분분자		오로칠상(五勞七像)을 치료
21. 봉래춘 ①			1병	황납7분, 후추1전		
②			1말	황납2전, 대나무잎5편, 천남성 반알	1~2일	
22. 사근주			○	사근 1근		열을식힘, 우울증
23. 생강주	○			생강, 미림		
24. 서여주						풍증치료, 건위강정
25. 선령비주						양기, 무릎, 허리찰 때, 반신불수
26. 선묘주			○	선묘		양기, 무릎, 허리
27. 선장주						이 술에 취하면 10일만에 깬다.
28. 섬라소주						묵은병이 낫는다.
29. 소병주			○	인, 홍두, 천오		두통, 갈증
30. 소자주			○	소자	3일	이질, 혀보호
31. 송액주						풍증, 마비증상, 각기병
32. 신선주	1병			오가피 2냥, 자금피 6전, 당귀 6전	1일	사지경련, 풍습

술이름	누룩	물	술	약 재	숙성기간	약효
33. 양고주						원기보, 위, 신장
34. 어아주				용뇌, 고기		
35. 엽감주						풍증
36. 오미자술	1말 2되			오미자 5되		오장을 보함, 눈과 귀를 밝게해줌
37. 온눌제주						양기, 정수를 보함
38. 요주						위건강, 눈을 밝게함
39. 우방주	○			우방근		해독, 허리통
40. 우슬주						골견튼튼, 빈장, 허
41. 인삼주						기운을 돋구어 줌
42. 의이인주	1말			당귀, 천궁, 반하, 모과, 작약, 황기, 오미자, 육계, 숙지황, 감초	3~10일	습제거, 비장, 거담
43. 자소주				백봉령, 의이인, 백두구인, 축사, 빈랑, 백출, 궐홍, 비파잎		통대효능, 보혈, 강골
44. 장송주				인삼, 맥얼, 심향, 초과인, 두충, 신국, 남향, 상백피		
45. 장춘주				후박, 생강, 정향, 창출, 각각 3전씩		
46. 정향주						천리를 가야 취한다.
47. 준순주						풍, 습기제거, 기운, 허을 보함.
48. 중산주						천일만에 깬다.
49. 차조기술	3말			차조기 1되	3일	오장의 보, 담증을 없앰
50. 차주법	1병			대추20개, 실백20개, 후추30개, 꿀1돈, 계피		
51. 천문동주						오장윤활, 혈액순환, 간질
52. 청고주				정고즙		허약함, 피로함, 학질치료
53. 초백주	○			초7알, 백엽 7개		질병예방
54. 축사주			○	사인		소화촉진, 복통은 멈춤.
55. 출 주	30말			창출(백출)30근	20일	병치료, 백발이 검게됨.
56. 치산박주작호주	5되		○	방계1냥, 백봉령1냥, 진피1냥, 백지1냥, 축사1냥, 생강1냥, 감초5전, 백단3전, 침향, 꿀6냥		얼굴광택, 수명연장.
57. 해조주			○	해근1근		원기회복
58. 홍국주				홍국		산후어혈 치료
59. 황정주						골격튼튼, 머리를 검게함
60. 회향주			○	회향		신장, 복통에 효력

곡물의 종류는 멥쌀 15회, 찹쌀 17회, 밀가루 8회, 기장 2회 등이다. 곡물의 상태는 죽 8회, 지에밥 12회였다.

약재는 천문동, 생강, 후추, 잣, 감초, 계피가 3회, 정향, 목향, 백출, 곽향, 백지, 영향, 당귀, 구기자, 대추, 창포즙이 2회, 세신, 천오, 천금, 부자, 오두, 축사, 백단, 감초, 광령, 참외, 연화, 사밀, 꿀, 효모, 용뇌두, 백령등, 축사인, 항령, 천초, 관계, 단향, 오수유, 행인, 우슬, 하수오, 녹말, 맥문동, 숙지황, 생지황, 인삼, 육계, 오가피, 인동, 인진고, 산사, 창출, 척근, 철, 진자석, 북나무껍질, 천선자, 천오, 관상, 진피, 황육, 생치, 통초자즙, 호골, 백화사, 오가피, 상수리, 도토리, 황정, 솔잎 등이 1회였다. 숙성 기간은 7일, 7~8일, 10일, 14일, 20일, 21일, 25일, 28일, 29일 등이다.

약효는 백병, 허약, 갈증, 몽지, 보정보기, 풍증 치료, 수명 연장, 머리를 검게, 회산 효능, 회춘, 장수, 근골 경련, 풍습 제거, 건위강골, 소화, 얼굴 윤택, 혈액 순환, 무병, 마비, 눈 귀가 밝아짐, 혈기, 혈색, 오장, 12경맥 순통, 팔 다리, 신장, 관절염, 부스럼 치료, 허기증 치료 등이다.

⑤ 〈동의보감〉에 기록된 약용주의 치료 효과

조하주(糟下酒): 성(性)이 완(緩)하고 온(溫)하게 하여 풍한(風寒)을 막는다. 거르지 않은 술이다.

두림주(豆淋酒): 풍경(風痙)이 각궁장(角弓張)을 다스린다.

총고주(蔥鼓酒): 풍한을 화해하고 상한(傷寒)에 땀을 낸다.

포도주(葡萄酒): 안색을 머무르게 하고 신장을 덥게 한다.

상심주(桑葚酒): 오장을 돕고 눈, 귀를 밝히니 즙을 취하여 술을 빚는다.

구기주: 허를 보하고 비장을 건강하게 해 준다.

지황주(地黃酒): 피를 깨끗이 하고 안색을 머물게 한다.

무술주(戊戌酒): 양기를 크게 보한다.

송엽주(松葉酒): 각기와 풍비(風痹)를 다스린다.

송절주: 역절풍(歷節風)을 다스린다.

표 9 곡물과 약재를 넣어 빚은 약용주

술이름	멥쌀	찹쌀	밀가루	곡물의 상태	누룩	물	술	약재	숙성 기간	약효
단양주										
1. 건주	5말				7근반	1말		생각5냥, 부자3냥, 오두5냥, 계피5냥, 축사5냥	7일	백병
2. 계명주		3되		죽		6되		생강½전, 계피½전, 후추½전, 세신½전, 천오½전, 천금½전, 정향½전		
3. 노주		5승			7홉	오가피물 3병			7~8일	
4. 녹두주	○				○					허약, 갈증, 몽지, 보정보기
5. 만전향주		5근	100근		5근			묵향반냥, 백출 10냥, 백단5냥, 감초5냥, 곽향5냥, 백지2냥반, 정향2냥반, 광령2냥반, 영향2냥반, 참외100개, 연화200타	49일	
6. 문동주		2말			2되			천문동 2말	28일	
7. 밀 주 ①		1근			5냥	5근		사밀 1근	1주일	
②					4냥		9되	꿀4되, 효모1냥, 용뇌1두	1주일	
8. 백령등주		3말			9근	1석		백령등 10근		풍증치료
9. 백주		5말		지에밥	37냥 5전	3~3.5말		당귀, 축사인, 묵향, 곽향, 향령, 영향, 천초, 백출, 관계, 단향, 백지, 오수유, 감초, 행인 각 1냥		
10. 백출주	3말				5되			백출 5되		수면연장, 머리를 검게
11. 신선고본주 ①										머리를 검게함, 회산효능
②		2말	2되					우슬8냥, 하수오, 녹말6냥, 구기자4냥, 천문동2냥, 맥문동2냥, 숙지항2냥, 생시황2냥, 당귀2냥, 인삼2냥, 육계1냥		머리를 검게함, 회춘
12. 오가피주	5말			죽	5되			오가피 1말		*독약이니 주의
13. 오종주		1말		지에밥	1되	2사발 반	소주45복자	후추가루1돈, 계피가루1돈, 생강1돈, 대추1되, 잣1되	1주일	장수
14. 안동주	○			지에밥	○			인동		
15. 인진주	1석				3근			인진고 1석		풍중, 근골경련, 풍습제거, 건위강골, 해독이 참혹, 풍, 허를보함
16. 산사주	기장밥				반쪽		소주1병	산사 3말		소화를 돕는다.
17. 창출주				지에밥	○	30말		창출 30근	25일	흰머리가 검게됨, 얼굴이 윤택
										*복숭아, 오얏, 새고기, 조개, 돼지고기, 배추, 청어, 닭을 피할 것

술이름	멥쌀	찹쌀	밀가루	곡물의 상태	누룩	물	술	약재	숙성 기간	약효
18. 창포주		5말		지에밥	5되			창포즙 5말	21일	기운 이화, 무병, 혈액순환
19. 척근주	2석		2말			1석 5말		척근20근, 창포5말, 철20근, 진자석 3근		풍, 마비에 효과, 눈, 귀가 밝아짐.
20. 천금주		1말	4되		4되			북나무 껍질	7일	병이 낫는다.
21. 천리주		1되		죽	○		소주5사발	천선자, 천오, 관상 각1냥, 진피 5전, 감초1전	21일	
22. 치황주		1말		지에밥				황육 3돈, 생치 3돈		혈기가 생김, 혈색이 윤택
23. 통초주	○				○			통초자즙		오장, 12 경맥순통
24. 한산춘		1말		지에밥	7홉		소주7복자	실백자5홉, 후추1돈, 대추21개	10일	
25. 호골주	○				○			호골		팔, 다리, 신장, 관절염에 효과
26. 화사주		○		지에밥		○		백화사 1마리	20일	풍증, 마비증, 경련, 부스럼 치료
이양주										
27. 문장주	1말		5홉	죽	부본5홉	10병		오가피 1근 10냥		
	2말			지에밥		오가피물				
28. 상실주 ①	5되			지에밥	7되			상수리 3말		
	기장1말			죽	2되					
②		6말		죽	24되			도토리 1섬		여행, 매사냥, 다리에 힘이 난다.
29. 오정주	5말		1되	죽	7되	30말		황정4근, 천문동2근, 솔잎6근, 백출4근, 구기자5근		
	10말			지에밥						허기증치료, 백발이 검게 된다.
30. 옥지주	1말		5홉	죽	2되	9병				
		3되	2홉	지에밥	5되 2홉			백자 19개	14일	

창포주: 풍비를 다스리고 년수를 늘린다.

서두주(庶頭酒): 기혈을 보한다.

고아주(羔兒酒): 비건(肥健)하여진다.

밀주(蜜酒): 보익하고 풍진을 다스린다.

춘주(春酒): 대체로 미주(美酒)인데 지금의 삼해주(三亥酒)이다.

무회주(無灰酒): 다른 물질이 섞이지 아니한 술로, 순주(醇酒)이다.

병자주(餠子酒): 찹쌀가루에 모든 약을 화합하여 누룩을 만들어 빚은 술이다.

황연주(黃連酒): 주독을 풀고 사람을 상하지 아니한다.

국화주(菊花酒): 연년(延年), 익수(益壽)하고 풍현(風眩)을 다스린다.

천문동주(天門冬酒): 기를 보하고 연년한다.

섬라주(暹羅酒): 적(積)을 부수고 충을 죽인다.

홍국주(紅麴酒): 열하고 독이 있으니 장기(章氣)를 물리치고 타상을 다스린다.

동양주(東醸酒): 술맛이 맑고 향기로운 것이 예로부터 유명하다.

금분주(金盆酒): 순미(醇美)한 것이 좋기는 하나 동양주만 못하다.

소주소병주(蘇州小瓶酒): 국(麴)에 열약(熱藥)을 넣은 것이니 마시면 두통이 나고 갈증이 난다.

남경금화주(南京金花酒): 맛이 너무 달므로 많이 먹으면 속에 머물러서 적(積)이 모인다.

유안녹두주(惟安綠豆酒): 국(麴)에 녹두가 든 것이니 해독하는 좋은 술이다.

강서마고주(江西麻姑酒): 샘에서 붙은 이름으로 맛이 매우 좋다.

소주(燒酒): 원나라 때부터 생긴 것인데 맛이 극히 신열(辛熱)하여, 먹으면 사람을 상하게 한다.

자주(煮酒): 맛이 좋으니 여름에 먹으면 좋다.

이화주(梨花酒): 색이 희고 맛이 순하니 봄, 여름에 적당하다.

⑥ 한의서 중의 약용주

장수 주류: 고본주, 오발주, 창포주, 천문동주, 무술주, 지황주

귀병 치료주: 침사주(鍼砂酒)

허리병 치료주: 신국주(神麴酒)

백발 치료 주류: 중산환동주(中山環童酒), 경험오발주(經驗烏髮酒), 신선고본주(神仙固本酒)

풍병 치료 주류: 송엽주, 송절주, 독활주(獨活酒), 두마주, 조하주, 총두주

응달 치료 주류: 당귀주, 원지주(遠志酒), 괴화주(槐花酒), 인동주

나창 치료 주류: 백화사주(百花蛇酒), 오사주(烏蛇酒)

두진 치료 주류(痘疹治療酒類): 고타주(古妥酒)

오장 보약 주류: 상심주

안색 보호 주류: 포도주

기혈 보약 주류: 서두주(庶頭酒)

흥건용 주류: 어아주

풍진 치료주: 밀주

적치료 주류: 진라주(進羅酒)

타상 치료 주류: 홍국주

해독용 주류: 황연주, 녹두주

기타 약용 주류: 춘주, 무회주, 병자주, 동양주, 금분주, 산동추로백(山東秋露白), 소주소병주, 남경금화주, 강서마고주, 소주, 이화주

⑦ 술에 약재 넣는법(酒中沈藥法)

〈임원16지〉에서는 부록으로 약양제품(藥釀諸品)이라 하고, 고인들은 약술을 담아 질병을 치료하고 연연익수(年年益壽)하였으며, 그 방(方)이 또한 매우 많이 있다고 하였다. 또 주중지약법(酒中漬藥法)이라 하여 생약재를 넣을 때는 약재를 잘게 썰어 가제 주머니 속에 넣고 술독에 담아 밀봉하는데, 술 1병당 생약재는 3냥을 넣어서 봄이면 5일, 겨울이면 10일간 담아 둔다고 하였다.

〈산림경제〉에서는 주중지약법(酒中漬藥法)이라 하여, 〈임원16지〉의 방법과 똑같이 기록되었고, 〈군학회등〉에는 지약주중법(漬藥酒中法)이라 하여, 약재를 잘게 썰어 생견(生絹) 자루에 담아 술독에 넣고 봄에는 5일, 여름이면 3일, 가을이면 7일, 겨울이면 10일간 밀봉하였다가 우러났나 보아서 약재를 꺼내고 그 약재는 햇볕에 말려서 다시 쓴다고 하였다.

햇볕에 말린 약재 가루를 진말(塵末)이라고 한다.

〈증보산림경제〉에서는 잘게 썰어서 생비단 주머니에 넣어 술에 담그고 밀봉하여 봄에는 5일, 여름에는 3일, 가을에는 7일, 겨울에는 10일 후에 그 짙은 정도를 보아 걸러서 복용하고, 찌꺼기는 다시 말려서 쓴다고 하였다.

⑧ 근래의 약용주

근래에 와서 우리 나라의 약용주라면 일반적으로 통용되고 있는 인삼주(人蔘酒)를 들게 되었다. 인삼주는 한국에서만 생산되는 고유의 술이기도 하다.

인삼주가 처방에 처음 나타난 것은 중국의 〈천금방(千金方)〉이다. 인삼주에 쓰이는 약재로서 상당인삼(上黨人蔘)이라는 말이 나온다. 이 상당인삼이란 태백산맥에서 나오는 상품 인삼을 뜻하는 말이었으나 태백산맥산이 멸종되어 가고 고려인삼의 약효가 인정되자 나중에는 고려인삼의 대명사로 쓰이기도 했다. 〈천금방〉에는 처음에 인삼주라는 말이 쓰여지지 않고, 이주(夷酒), 신선연수주(神仙延壽酒), 고본가령주(固本仮令酒), 장춘주(長春酒), 서여주(薯蕷酒), 삼주(蔘酒) 등으로 되어 있다(이서래 1986).

〈임원 16지〉 속에는 중국 문헌을 빌어서 처음으로 인삼주가 기록되어 있다. 중국에서는 명나라 말기 경의 〈본초강목〉에 인삼주의 약효와 제법이 기록되어 있다. "補中益氣 通治諸虛 用人蔘末 同麯米釀酒 或袋盛浸酒 煮飮"이라 하였으니, 인삼주는 원기를 보하고 더해 주며 심신의 허를 다스리는 데 쓰인다고 하였다. 한편 그 제법에서는 인삼을 가루 내어 누룩, 찹쌀과 함께 상법에 따라 술을 빚거나 별법으로 인삼가루를 주머니에 담아서 술에 담갔다가 끓여서 마신다고 하였다(장지현 1977).

인삼주는 술이라기보다는 약이라는 인식이 강했기 때문에 부유층에서만 자가 양조했던 것이다. 그러다가 19세기 말엽에 일본인들이 들어와서 인삼의 독점 매매를 하고 총독부에서 전매제를 실시했지만 인삼주라는 이름의 술을 만들지는 않았었다(이서래 1986).

(2) 가향곡주

술에 독특한 향을 주기 위해 꽃이나 식물의 잎 등을 넣어 빚은 술이다. 가향주에는 일반 술 빚는 법에 가향 재료를 넣어서 함께 빚는 것과 이미 만들어진 곡주에다 가향 재료를 우려내게 하는 법 가향입주법(加香入酒法)이 있다.

〈임원16지〉에서는 꽃잎이나 모든 향료를 이용하여 빚은 술을 향양주(香釀酒)라 하였다. 꽃이나 잎 등이 갖는 독특한 향미를 우려서 새로운 술로 만들었던 것이다. 고려시대 이후에 문헌에 나오는 것으로 보아 가향주가 만들어진 역사는 상당히 오래된 것 같다. 고려시대에 대표적인 것으로 화주(花酒)가 있는데 이것은 여러 가지 꽃을 이용해서 담근 것의 통칭명으로 되어 있다. 가향주의 종류, 재료와 분량, 숙성 기간, 가향 재료는 〈표 10〉과 같다.

① 술에 가향 재료를 우려낸 가향주

매화주, 민괴주, 송국주

② 곡류와 가향 재료를 넣어 빚은 가향주

단양 가향주: 국화주, 두견주, 송령주, 송엽주, 송자주, 연엽주, 하엽청

이양 가향주: 경향옥액주, 도로양방, 도화주, 송절주, 송지주, 송순주(松荓酒), 송순주(松荀酒), 복사꽃술, 연화주, 죽엽주, 송화주, 닥주

삼양 가향주: 백화주

사양 가향주: 방문주, 도화주

가향주에 이용된 곡물은 멥쌀 31회, 찹쌀이 17회, 밀가루 6회였다.

곡물의 처리 상태는 가루 11회, 죽 6회, 구멍떡 3회, 흰무리 1회, 지에밥 7회였다.

표 10 가향주의 재료와 분량, 숙성시간

술이름	곡물의 종류 및 양			곡물의 처리 형태					누룩	물	가향재료	숙성기간	비 고
	멥쌀	찹쌀	말가루	가루	죽	구멍떡	흰무리	지에밥					
단양주													
1. 국화주		5말						○	○	5말	국화, 생지황, 구기자 각각 5근		
2. 두견주 ①	2말반		7홉	○					1되 3홉	2말반			
②	3말	3말						○		60그릇	진달래꽃 1말		*정췰 첫해일
3. 매화주											매화	2~3주	
4. 민괴주											장미꽃		
5. 송국주											감국, 송엽		
6. 송령주	1말								3되	3동이	솔방울 1말		
7. 송엽주	1말								5홉	솔잎물 2말	솔잎 6말, 물 6말을 끓여서 2말을 낸다.	14일	
8. 송자주	5되								2되	2동이	솔방울 1말, 물 3동이에 끓여 2동이를 낸다.		

술이름	곡물의 종류 및 양			곡물의 처리 형태					누룩	물	가향재료	숙성기간	비 고
	멥쌀	찹쌀	말가루	가루	죽	구멍떡	흰무리	지에밥					
9. 연엽주	1말							○	7홉	2병	연잎	28일	
10. 하엽청	1말							○	7홉	2병	연잎		
이양주													
11. 경향옥액주		2말						○	2말	2말			*2월20일후에 빚는다
	2말			○		○			2말		솔순 반점	28일	
12. 도로양방				○	○				7되	3말	송화 5되		
	10말							○	3되	5말	송화 1말	27일	*정월에 빚는다
13. 도화주	2말 5되		1근	○	○				1근	2말 5되			*복숭아꽃이 필무렵
	3말	3말								6말	복숭아꽃 2되	2~3개월	
14. 송절주	5되			○						5되	송절2말		
	5되	1말						○		송정 삶은 물2말			
15. 송지주		2말			○				3냥		찹쌀1말에 송지 14냥의 비율		
		○						○	40냥	6말 5되		9~10일	
16. 송순주		5말		○	○				3되 5홉		송순 5-6치 길이		
		5말						○		소주		10일	
17. 송순주	2되								1되	소주40			
(松荀酒)		1말						○		복자			
18. 복사꽃술	3되			○					1되	3되			
	1말										복사꽃 1되		
19. 연화주	3되							○			청호, 닥나무잎		
	3되							○					
20. 죽엽주	4말							○	7되	9사발			
		5되	1되					○			죽엽		
21. 송화주		5말		○	○				7되	3말	송화 5되		
	10말							○	3되	5말	송화 1말	20일	
22. 닥 주		1되	5홉	○		○			5홉	1되			
	10되	6되									닥나무잎		
삼양주													
23. 백화주		2되		○		○			1되		매화, 동백, 국화, 복숭아, 살구, 연꽃, 구기, 냉이꽃		
	4되								1되				
	5되	1말반	3홉						한줌	2되			
사양주													
24. 방문주	1말								1되 3홉	1말 2되			
	2말									20되		22일	
	3되						○		6홉	3되			
	1말									1말		21일	
25. 도화주	6되	3되	2되	○	○				2되				
	5말							○		5말			
	4말							○		4말			
	3말									3말			

가향 재료는 꽃은 국화, 진달래꽃, 연꽃, 냉이꽃, 매화, 장미꽃, 복숭아꽃, 동백꽃, 살구꽃이고, 잎이나 열매는 감국, 송엽, 솔방울, 솔잎, 연잎, 솔순, 송화, 송절, 송지, 죽엽, 닥나무잎, 청호, 송순, 약재는 생지황, 구기자 등이다.

숙성 기간은 9~10일, 10일, 14일, 2~3주, 20일, 21일, 22일, 27일, 28일, 2~3개월 등이다.

(3) **술에 향기 내는 법**(花香入酒法)

문헌에 기록된 술에 향기 내는 법은 〈표 11〉과 같다.

3) 과실주(果實酒)

과일주라면 과일류를 자연발효시킨 것을 생각하게 되나 우리 나라의 과일주는 전혀 다른 것이다. 나무 열매의 맛 또는 성분을 우려내어 만들었기 때문에 일종의 가향주와 비슷한 것이다. 과일주의 재료와 분량, 곡물의 상태는 〈표 12〉와 같다.

① **술에 과일을 넣은 과일주**: 석류주, 야자주, 유자주, 임금주

② **곡물과 과일을 넣어 빚은 과일주**:
단양 과일주: 포도주, 백자주
이양 과일주: 포도주, 핵도주(호도주)
재래의 술 빚는 방법에 과일류를 곁들여서 빚은 술로 별미를 맛보거나 약용의 목적으로 이용되었다. 과일주의 첫기록은 〈고려사〉 충렬왕 11년 1285조이다.

포도주는 원(元)나라의 세조가 사위되는 고려 충렬왕에게 포도주를 하사한 기록이 있을 뿐이다. 곡주에 익숙한 우리 나라 사람들의 구미에 맞지 않아 별로 관심을 갖지 않게 된 것 같다. 〈음식디미방〉 〈규합총서〉 〈산림경제〉 등에 나와 있는 포도주는 재래주에 포도즙을 섞은 양조법으로서 포도의 향미가 조금 가미된 정도이다.

표 11 술에 향기를 내는 법

책 이 름	화 향 입 주 법
임원16지	화엽(花葉)및 향료(香料)를 넣어 만든 술을 향양(香釀)이라 한다.
규합총서	국화가 만발할 때 술 1말에 꽃 2되를 주머니에 넣어 술독에 달아 두면 향내가 가득하니 매화, 연꽃 등 향내가 있고 독이 없는 꽃은 다 이 법을 쓴다. 꽃을 위에 뿌려도 좋되 유자는 술맛이 실 것이니 술 속에 넣지 말고 유자껍질을 주머니에 넣어 달고 술독 위를 단단히 덮어 익히면 향내가 기이하다.
고려대규합총서	국화가 필 때 술이 1말이면 꽃 2되를 주머니에 넣어 술독에 달아 두면 향내가 가득하니 매화, 연꽃 등 향이 있고 독이 없는 꽃은 다 이 법을 쓰것이나 꽃을 위에 뿌려도 좋으나, 유자는 술맛이 쓸 것이니 술속에 넣지 말고 유자껍질을 주머니에 넣어 달고 술독 위를 단단히 덮어 익으면 향취가 그윽하다.
증보 산림경제	가을 국화가 한창 필 때 따서 햇볕에 말려 술에 넣는다. 항상 술 1말에 국화 2냥을 생비단 부대나 엉근 베 포대에 담아서 술에 걸어 놓되 약 한손가락 높이로 매달고 항아리 입을 봉하여 하룻밤을 지내고 꽃 담은 포대를 버리면 술에서 국화 향기가 난다. 12월의 매화나 모든 향기있는 꽃들도 이 같은 방법으로 한다. 술을 해 넣고 익으려 할 때 국화 꼭지는 버리고 생생한 것 두 냥을 술에 넣고 고루 저어 다음날 일찍 짜서 취하면 그 맛이 향기롭고 아름답다. 모든 향기있고 독이 없는 꽃들도 이처럼 하면 된다. 생유자 열매를 껍질을 벗기고 짓찧어서 부대에 담아 술에 달아 위의 방법대로 한다. 만일 껍질을 벗기지 않고 술 속에 넣어 두면 오래지 아니하여 술맛이 시고 나쁘다.
오주연문 장전산고	9월에 국화가 만개할 때, 황국의 냄새가 향기로운 때를 골라 따서 그늘에 말려 청주 1말에 국화 2냥을 생견 주머니에 넣어 술독에 술 위 손가락 하나 높이에 매달아 놓고 술병 주둥이를 밀봉하여 자고 나서 꽃주머니를 꺼내면 그 맛이 향기롭고 달다. 목향(木香)이나 납매(臘梅)같이 향기가 있는 꽃 일체를 위와같은 방법으로 하면 좋다.
수운잡방	황국(黃麴)은 향기롭고 맛이 단 것을 골라 따서 햇볕에 쪼여 말린다. 청주 1말에 국화 3냥씩을 생명주 주머니에 넣은 것을 술의 윗면에서 약 한손가락 높이에 매달고 항아리 주둥이를 단단히 봉한다. 하룻밤 지나서 꽃을 들어낸다. 술맛은 향기롭고 달다. 모든 향기가 있는 꽃은 이와 같이 한다.

표 12 과일주의 재료와 분량, 곡물의 상태, 숙성기간

술이름	멥쌀	찹쌀	곡물의 상태	누룩	물	과일	숙성기간	비 고
1. 석류주						석류		*부남안에 있는 술
2. 야자주						야자		*가능에 있는 술
3. 유자주						유자		
4. 임금주						능금주		
5. 포도주 ①		5되	죽	5홉		포도		
②	3말		가루, 죽	7되				
	5말		지에밥	3되		포도 1말		*수운잡방에는 이양주
6. 핵도주	1말		가루	5되	1말	호도 5홉		*오로칠상치료, 기부족을 보함
(호도주)	3말		지에밥	3되	3말	1되 5홉		
7. 백자주 ①	1말		가루		1말 1되	잣1되		백병치료
②	1말 5되	1말 5되			4말	잣1말	1일	신중, 방광, 두풍, 백사, 귀매

과일주는 멥쌀이나 찹쌀을 가루로 하여 죽을 쑤거나 지에밥을 지었다.

과일은 석류, 야자, 유자, 능금, 포도, 호도, 잣 등이다. 숙성 기간의 기록이 없고 백자주만 1일이다. 과일주의 치료 효과는 오로칠상 치료, 기 부족을 보함, 백병 치료, 신중, 방광, 두풍, 백사, 귀매 등이다.

4) 혼성주(混成酒)

곡물에 소주를 넣어 빚은 술로서 소주도 아니고 약주도 아닌 중간형의 술을 말한다. 과하주가 있다. 과하주의 재료 및 곡물 처리 형태, 숙성 기간은 〈표 13〉과 같다.

2. 증류수(蒸溜水)

대표적 증류주인 소주(燒酒)는 탁주나 약주보다 역사가 깊지 않다. 왜냐하면 탁주나 약주는 일차적 과정만으로 되지만 소주는 일차적으로 된 밑술을 다시 증류해서 만들기 때문이다.

소주는 어디서 만들기 시작해서 어떤 경로로 우리 나라에 들어왔을까? 시대적으로나 지리적으로 보아 페르시아에서 몽고, 만주를 거쳐서 우리 나라로 증류법이 들어왔다고 본다. 소주가 우리 나라에 들어왔을 때는 고급주로 취급되었다.

조선조 성종(成宗) 21년(1588) 때 사간(司諫)인 조효동(趙孝同)은 일반 민가에서 소주를 만들어 음용하는 것은 사치스러운 일이니 소주 제조를 금지하는 령을 내리라고 왕에게 아뢴 사실이 있다. 또 문종(文宗)이 서거한 후에 단종(端宗)은 몸이 허약해서 중신들이 약으로 소주를 고아 올렸다는 기록이 있다. 이처럼 소주는 사치스러운 것, 약으로 쓰이는 것으로 취급되었던 것이다. 이때의 소주는 약소주라고도 불렀다.

표 13 과하주의 재료와 분량, 곡물의 처리상태, 숙성기간

책이름	찹쌀	멥쌀	가루	풀, 죽, 범벅	흰무리	지에밥	누룩	물	소주	숙성기간	비 고
1. 음식지마방	1말					○	2되	1병	14복자	11일	
2. 치생요람	1말					○	5홉	3되	8되	7일	
3. 산림경제	1말		○		○		5홉	8-9홉	9복자	7일	
4. 음식보	5되					○	1되	2되	1말 8되	10일	
5. 민천집설	1말		○		○		5홉	8-9홉	9복자	7일	
6. 증보산림경제 ①	1말		○		○		5홉	8-9홉	9복자	7일	
②	1말					○	5홉	3-4홉	○		
③	9되	2되				○	7홉	3사발	10사발	20일	
7. 고사신서 ①	1말		○		○		5홉	8-9홉	9복자	7일	
②	1말					○	5홉	3-4홉	○		
8. 감자중식법 ①	1말		○		○		5홉	8-9홉	9복자	7일	
②	1말					○	5홉	3-4홉	○		
9. 고사십이집 ①	1말		○		○		5홉	8-9홉	9복자	7일	
②	1말					○	5홉	3-4홉	○		
10. 온주법	1말	1되				○	7홉	3대야	1대야	20일	
11. 고대규곤요람 ①	1말					○	6홉	6복자	○	27일	*이양주
②	5되					○	5홉	3사발	6-7석기	27일	
	3되					○	2홉				엿기름 3-4홉
12. 해동농서 ①	1말		○		○		5홉	8-9홉	9복자	7일	
②	1말					○	5홉	3-4홉	○		
13. 규합총서		2되	○	○							*이양주
	1말					○			20복자	7일	
14. 의방합편	1말		○		○		5홉	8-9홉	9복자	7일	
15. 주방문 ①	1말					○	5홉	9대야	3-4대야	7일	
②	9홉	2되				○	7홉	3대야	11대야	20일	
16. 입원십육지 ①	1말		○		○		5홉	8-9홉	9복자	7일	
②	1말					○	5홉	3-4홉	○		
③	9되	2되				○	7홉	3사발	10사발	20일	
17. 농정회요 ①	1말		○		○		5홉	8-9홉	9복자	7일	
②	1말					○	5홉	3-4홉	○		
③	9되	2되				○	7홉	3사발	10사발	20일	
18. 양주방	1말					○	1되		20대야	15~20일	
19. 고대규합총서		2되	○	○			5홉				*이양주
	1되					○			20복자	7일	
20. 산림경제촬요	9되	2되				○	7홉	3사발	10사발	20일	
21. 역주방문 ①	9되	2되				○	○	○	11복자	20일	
②	1말					○	5홉	8-9홉	○	3일	
22. 홍씨주방문	1말					○	1되	7되	1말	7일	
23. 주찬 ①	1말					○	5홉	4되 1복자	9선	3일	
②	9되	2되				○	6-7홉	3선	11선	20일	
③	2되					○	1되		9선		
④	1되						5홉	4되	8-9되	7일	

1) 순곡증류주

곡물에 누룩과 물을 넣고 빚어서 숙성시킨 술을 증류한 술로 단양소주, 이양소주, 삼양소주가 있다. 순곡증류주의 재료와 분량, 곡물의 상태, 숙성 기간은 〈표 14〉와 같다. 단양소주는 9종류, 이양소주는 5종류, 삼양소주는 1종류이다.

순곡 증류주에 이용된 곡물은 멥쌀 10회, 찹쌀 9회, 보리 6회, 메밀 1회, 밀 2회, 수수 1회, 옥수수 1회, 귀리 1회이다. 곡물의 상태는 가루 6회, 죽 4회, 지에밥 8회, 흰무리 1회이다. 숙성 기간은 5일, 7일, 8일, 1～2주이다.

2) 소주에 약재를 넣은 약용소주

약용소주의 재료와 분량, 곡물의 상태, 숙성 기간은 〈표 15〉와 같다.

소주에 약재를 넣은 약용소주는 10종류이다. 소주에 넣은 약재는 꿀 3회, 자초 2회, 관계, 용안육, 진피, 방풍, 정향, 계피, 설탕, 소 쓸개, 배즙, 생강즙, 단향, 포도, 누룩, 뽕나무 열매 1회이다.

3) 곡물과 약재를 넣어 빚은 약용소주

곡물과 누룩, 물과 함께 약재를 넣어 빚어서 증류한 술로서 단양증류주 3종류, 이양증류주 2종류가 있다. 곡물은 멥쌀 3회, 찹쌀 5회, 모밀 1회이다. 곡물의 상태는 가루 2회, 지에밥 4회, 죽 2회이다.

숙성 기간은 6일, 56일이다. 약재는 꿀 3회, 후추, 대추 2회, 생강, 고추, 계피, 설탕, 지치, 당귀, 용안육, 숙지황, 앵도즙, 저편, 치자, 단향, 유향, 목향, 천궁, 몰약, 정향, 인삼, 호도, 황밀, 송순즙 각 1회이다. 약용소주의 약용 효과는 장기, 습, 비위, 냉적, 한기, 조습담, 울결, 설사, 벌레, 통변, 눈, 귀, 오장에 좋다고 한다.

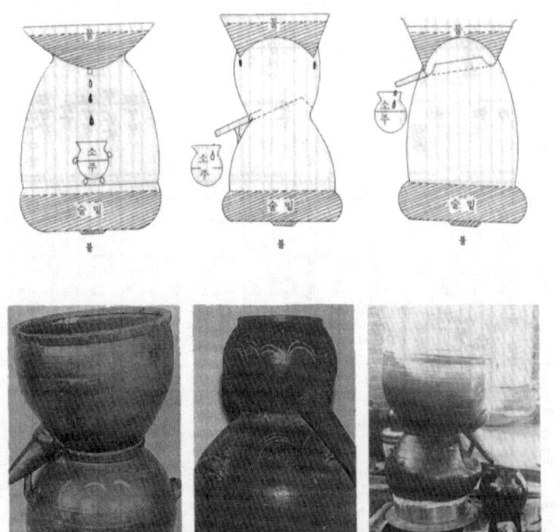

그림 23 우리 나라의 소줏고리

표 14 단양소주, 이양소주, 삼양소주의 재료와 분량, 곡물의 상태, 숙성기간

술 이 름	멥 쌀	찹 쌀	보 리	곡물의 상태	누 룩	물	숙성기간	기타
단양소주								
1. 교맥노주	메밀 4-5말		1말 5되	죽				
2. 국미주			1말	밥	4되			
3. 모미소주			1말		4되			
4. 삼오노주	1말			죽	3되		1~2주	
5. 소맥노주			밀1말		5되	1동이	5일	
6. 수수소주			수수					
7. 옥수수소주			옥수수					
8. 이모로주	3말		귀리 10말	지에밥	8말			
9. 진맥소주			밀1말					
이양소주								
10. 노주이두방	1되	1되		가루	9되	8말		
		2말						
11. 모소주 ①	1되	1되		가루	4되	2사발		
		1말		지에밥				
②			1되		1되			*솔잎
			○	지에밥				
12. 사철소주	2되반			가루	3홉	5되		
	1말	5되		지에밥		3되	7일	
13. 찹쌀소주	1되	1되		가루, 죽	4되	40복자		
		1말		지에밥			8일	*16-18복자를 얻는다.
14. 소주특방	1되	1되		가루		9되		
		2말		지에밥			7일	
삼양소주								
15. 모소주	1되 5홉			가루, 흰무리	1되 5홉			*닥나무잎
			1말	지에밥				
	5홉			죽	5홉			

표 15 약용소주의 재료 및 분량, 곡물의 상태, 숙성기간

술 이 름	멥쌀	찹쌀	곡물의 상태	누룩	물	숙성기간	소 주	약 재	기 타
소주에 약재를 넣은 약용소									
1. 감홍로							○		
2. 관서감홍로							1고리	관계1냥, 용안육1냥, 진피1돈, 방풍5푼, 정향3푼	*평양산 소주
3. 관서계당주							○	자초1냥, 꿀	*홍로주중 상품
4. 내국홍로주							1병	지초1냥	
5. 노주소독방							○	꿀, 계피, 설탕	
6. 우담소주							○	소의 쓸개	
7. 이강주							○	배즙, 생강즙, 꿀	
8. 진라주							○	단향	*외래주
9. 포도조수							○	포도, 누룩	
10. 상심주							1고리	뽕나무 열매 2되의 즙	*누른빛술
곡물과 약재를 넣어 빚은 약용소									
단양 증류주									
1. 삼합주	모밀1말	1말		1말				꿀1되, 후추3돈, 생강3돈	장기, 습, 비이
2. 소주	1말		지에밥	5되	2말	6일		고추, 꿀, 계피, 설탕, 지치, 당귀, 용안육, 대추, 숙지황, 앵도즙, 저편, 치자	*뽕나무, 밤나무, 참나무, 냉적, 한기, 조습담, 울결, 설사, 벌레, 장기, 통변, 눈
3. 오향소주		5말	지에밥	15근		56일	3항아리	단향, 유향, 목향, 천궁, 몰약 각1냥5전, 정향5전, 인삼4냥, 백당15근, 호도200개, 대추3근	눈, 귀, 오장
이양증류주									
4. 자주	1말	1말	가루, 죽	6되 5홉			5대야	후추3돈, 황밀3돈	
		2말	지에밥						*쌀1되에 소주1되 나옴.
5. 적선소주방	1되 5홉		가루, 죽	3되			4말		
		1말	지에밥					송순삶은물	

제 7 장
술 빚을 때 유의할 일

우리 나라에서는 술을 빚는 방법을 육재(六材)라 하며 다음과 같이 6가지 사항을 잘 선택해야 하는 것으로 전해져 오고 있다.

1) 쌀을 고를 때는 벼가 팬 때부터 고르게 익은 것을 선택한다.
2) 누룩은 여름에 잘 뜬 것을 골라야 한다.
3) 쌀과 누룩을 섞어서 술을 담글 때 깨끗하게 다루어야 한다.
4) 좋은 샘물을 골라야 한다.
5) 좋은 그릇을 사용해야 한다.
6) 술이 잘 익게 온도를 맞추어야 한다.

이러한 비법은 오랜 경험에서 얻어진 것들이어서 과학적으로 보아도 합리적이라 할 수 있다.

1. 조주상의 유의사항

문헌에 기록된 조주상의 유의사항은 〈표 16〉과 같다.

표 16 조주상의 유의사항

책이름	유의할점
지봉유설	술 담그는 재료로 찹쌀은 상(上), 피(稷)를 중(中), 조(粟)를 하(下)로 치며, 멥쌀은 쓰되 차조는 쓰지 않는다. 출미(秫米)를 누른 쌀이라고 하는데 이것으로 술을 빚으면 가장 맛이 좋다. 멥쌀 재료는 오직 우리 나라 뿐인 듯하다.
규합총서	술에 가지나무 재가 들어가면 변하여 물이 된다.
임원16지	술을 담글 때 사용하는 미(米) 강(糠) 심(瀋) 즙(汁) 분(饙) 반(飯) 등은 사람이 먹던 것 또는 개, 쥐가 입에 댄 것을 사용하면 안된다. 또 가지나무를 태운 재가 들어가면 물로 변한다.
조선무쌍신식요리제법	누룩을 부숴 밥알만큼씩 만들어 볕을 여러 날 쬐고, 밤이면 이슬을 맞히며 잘 익은 독을 물에 담근 지 사흘만에 정히 씻고 짚을 때어 그 연기로 말리고 담글 때에 부정한 사람과 몹쓸병 든 사람과 아이 밴 부인과 효자와 중을 모두 금한다. 만일 콩나물을 기르거든 술독을 한방에 놓지 말지니, 술은 괜찮으나 콩나물이 흠뻑 썩으니라. 그릇은 정히 씻어야 하며 누룩이 많으면 맛이 쓰다. 물을 끓여 식혀서 밥과 누룩을 반죽하면 술이 시지 않는다. 술이 짠 것을 만나면 풀어지는 것은 술의 성품이 위로 오르고 짠 것은 아래로 흐르는 까닭이다. 술이 지구(枳椇)와 칡꽃과 붉은 팥과 녹두를 두려워하는 것은 찬 것이 더운 것을 이기는 까닭이며, 술이 한참 괴어 오를 때에 뚜껑을 열어 기운을 빼고 다시 닫으면 나중에 씩씩하다.
부인필지	술에 가지나무 재가 들어가면 변하여 물이 된다. 술밥을 차게 식혀서 하면 신맛이 없고, 누룩은 바래면 잡맛이 없고, 그릇은 정하게 하여야만 변하지 아니한다. 소주를 고을 때 꿀을 소주받는 그릇 밑에 발라서 받으면 독이 없다.

2. 조주일의 길흉

문헌에 기록된 조주일(造酒日)의 길흉(吉凶)은 〈표 17〉과 같다.

그 중 〈증보산림경제〉와 〈조선무쌍신식요리제법〉에는 월별 길일과 기일이 〈표 18〉에 기록되어 있다.

표 17 조주일의 길일과 기일

책 이 름	길 일	기 일
고려대 규합총서	정묘, 경오, 계미, 갑오, 을미, 춘저, 하항, 추규, 동위, 책력의 28숙, 만성개일	무자, 갑진, 멸몰일, 수흥일, 정유일
지봉유설		유일(酉日), 두강이 죽은날
규합총서	정묘, 경오, 계미, 갑오, 을미, 청명, 곡우	무자, 갑진, 멸몰일(滅沒日), 수흥일, 정유일
증보산림경제	정묘, 경오, 계미, 갑오, 기미, 꽃이 만발할 때	무자, 갑진, 정유, 일식하는 날
조선무쌍신식 요리제법	정묘(丁卯), 경신(慶申), 계미(癸未), 갑오(甲午), 기미(己未)	무자, 갑인, 정유, 멸몰일

표 18 월별 조주 길일과 기일

책명	증보산림경제	조선무쌍신식요리제법	
달	길 일(吉日)	길일(吉日)	기일(忌日)
정월	정묘, 을유, 갑진, 정미, 병진, 기미	정묘(丁卯), 무진(戊辰), 을유(乙酉), 정미(丁未), 기미(己未)	축(丑)
2월	기사, 정사	기사(己巳), 정 사(丁巳)	미(未)
3월	기사, 병자, 경자, 을사	병자(丙子), 을사(乙巳)	인(寅)
4월	을축, 정묘, 정축, 신묘, 을묘	을축(乙丑), 정축(丁丑), 신묘(辛卯), 을묘(乙卯), 신축(辛丑)	유(酉)
5월	병인, 갑신, 경신	병인(丙寅), 갑신(甲申), 경신(慶申)	묘(卯)
6월	임신, 무인, 기묘, 정유, 기유	임신(壬申), 무인(戊寅), 기묘(己卯), 기유(己酉)	유(酉)
7월	경오, 무자, 무술, 경술	경오(慶午), 무자(戊子), 무술(戊戌), 경술(慶戌)	진(辰)
8월	기사, 정해, 계사, 기해	정해(丁亥), 계사(癸巳), 기해(己亥)	축(丑)
9월	신사, 무자, 병신, 무신, 신해, 경신	신사(辛巳), 무자(戊子), 병신(丙申), 무신(戊申), 신해(辛亥)	사(巳)
10월	정묘, 갑술, 기묘, 계사, 갑오, 경자, 기미	정묘(丁卯), 갑술(甲戌), 을미(乙未), 경사(慶巳)	해(亥)
11월	기축, 무인, 갑신, 을미, 임인, 무신, 갑인	기축(己丑), 무인(戊寅), 갑신(甲申), 을미(乙未), 임인(壬寅), 무신(戊申), 갑인(甲寅)	오(午)
12월	정묘, 임신, 기묘, 갑신, 경자, 임인, 을묘, 경신	기묘(己卯), 갑신(甲申), 경자(慶子), 임인(壬寅), 무신(戊申), 갑인(甲寅)	자(子)

3. 주조용수(酒造用水)

술 빚는 데 사용하는 물은 특별히 신경을 썼다. 깨끗한 물을 반드시 끓여 식혀서 사용하였다. 문헌에 기록된 택수는 〈표 19〉와 같다.

표 19 주조용수의 택수

책 이 름	택 수
증보산림경제	샘물을 써야 술맛이 맑고 달다. 샘물의 맛이 좋지 아니하면 술맛 역시 아름답지 못하다. 청명 날이나 곡우 날에 흐르는 강물로 술을 빚으면 술빛이 맑고 맛이 매우 오래갈수 있으나 기후에 맞는 때를 취함이라. 가을에 이슬이 짙게 내릴 때 이슬을 받아서 술을 빚으면 술맛이 맵다. 술 빚는 물은 끓여서 식혀 쓰고, 밥이나 누룩은 쉬지 않아야 하고, 여름철에는 더욱 조심해야 한다.
술 만드는 법	우물물은 못쓰고, 장류수(長流水)로 한다.
조선무쌍신식요리제법	물은 샘물이나 정화수를 백번 고부쳐 끓여 식혀서 쓴다.
규합총서	물맛이 사나우면 술이 또한 아름답지 않은 법이다. 청명일, 곡우일에 강수로 술을 빚으면 빛과 맛이 특별히 아름다우니 때의 기운을 받기 때문에 그러하다. 또 가을에 이슬이 많이 내릴적에 그릇에 이슬을 받아 술을 빚으면 이름이 추로백(秋露白)이니 특히 향기롭고 톡 쏘는 맛이 있다.

4. 술맛과 길흉(吉凶)

술을 빚어 넣고 그 술의 맛이 좋고 나쁜 것으로 그 집 주인의 길흉과 연결시키기도 하였다.

〈규합총서〉에 "소동파(蘇東坡)의 계주송(桂酒頌)에는 술은 천록(天祿)이다. 술이 잘되고 못되는 것이나, 맛이 좋고 나쁜 것으로써 그 집 주인이 길하고 흉할 것을 점칠 수 있는데, 술맛이 시고 나쁜 집에는 액운이 있다"고 하였다.

〈미암일기(眉巖日記: 1567-1577)〉에서는 "부인이 세주(歲酒)를 빚었는데 맛이 좋다. 이것은 새해의 길비(吉非)를 가리키는 것이다"라고 하였다.

이 같이 술맛이 좋고 나쁜 것을 주인의 운세와 연결시켰으므로 맛있는 술을 빚기 위하여 온갖 정성을 기울였다. 그리하여 더디 고이는 술을 빨리 고이게 하는 법이나 지나쳐서 시어진 술의 신맛 고치는 법도 전해지고 있다.

5. 술 빨리 고이게 하는 법

〈규합총서〉에는 술이 더디 괴거든 좋은 술을 가운데 조금 부으면 즉시 괸다고 하였다.

〈임원16지〉에서는 의주제법(醫酒諸法)이라는 항목에 치주불배법(治酒不醅法)이라 하고, 술을 담고 온도 조절이 잘 안되어 술이 익지 않으면 중앙 부분을 뚫고 술을 약간 넣으면 곧 익는다고 하였다.

〈산림경제〉에는 구주불비법(救酒不沸法)이라 하고, 술을 담고 온도 조절을 잘못하여 3~4일이 경과하여도 술이 익지 않을 때는 항아리 중앙 부분을 파고 양질의 술을 부으면 곧 익는다고 하였다.

〈증보산림경제〉에는 구주불비법이라 하고, 술 빚은 것을 잘못 차게 두면 3~4일이 되어도 익지 않으니 즉시 술 밑 중앙을 헤치고 좋은 술을 부어 두면 고쳐진다고 하였다.

6. 신술 고치는 법(救酸酒法)

술 빚는 동안 온도를 잘못 맞추거나 기일이 지나 시어진 술의 고치는 방법은 앞의 〈표 20〉과 같다.

표 20 신 술 고치는 법

책이름		신 술 고 치 는 법
산림 경제	구산주법	팥을 검게 볶아 주머니에 싸서 술독에 넣는다.
규합 총서	술 신맛 구함 법	팥을 볶아 주머니에 넣고 술독 중앙에 넣는다.
군학 회등	구산주법	1) 붉은팥을 볶아서 자루에 넣어 술에 담근다. 2) 납(鉛)을 불에 달구어 술에 담근다.
시의전서		붉은팥 2되를 볶아 주머니에 넣어 더울 때 술 가운데 넣는다.
증보 산림 경제	구산주법	1) 술 1병에 팥 1~2되를 볶아서 주머니에 담아 술에 담근다. 2) 술 1항아리에 감초 1냥, 관계 5전, 사인 5전을 갈아서 넣고 3~5일을 둔다. 3) 술 항아리에 납 1조각을 구어서 술에 넣고 1주일을 둔다. 4) 검은콩 1되를 볶고, 석회 2되를 누렇게 구워 넣고, 1~2일 후에 거른다.
임원 16지	요산주법 (拗酸酒法)	1) 검은콩 1~2되, 석회 2~3되를 볶아 뜨거울 때 항아리에 넣고 섞으면 2~3일 후 돌아온다. 2) 술병에 팥 1되를 볶아 주머니 속에 넣어 술항아리에 넣는다. 3) 감주 반말, 흑엿 1근을 뜨겁게 하여 항아리에 넣는다. 4) 소분(韶粉)을 넣으면 신맛을 제거한다. 5) 술 1말에 생계란 1개, 석고 반냥을 짓이겨 사인(砂仁) 7개와 함께 3일간 항아리에 넣는다. 6) 납 2근을 뜨겁게 하여 넣는다. 7) 석회와 물을 섞어 떡을 만들어 빨갛게 달궈 넣는다. 8) 두부를 주머니에 담아 술독에 넣는다. 9) 감초 1냥, 관주(官柱) 5전, 사인 5전을 빻아 술항아리에 넣는다.
	치산변미방 (治酸變味方)	목회(木灰), 강목(橿木), 해석류목(海石榴木), 거목(欅木)을 태운 숯을 물에 하루 담갔다가 그 물을 사용함)를 넣는다.
	해백주산법 (海白酒酸法)	석결명(石決明)을 불에 달구어 가루로 만들어 술에 넣고 젓는다.
	치산박주작 호주방 (治酸薄酒作 好酒方)	방주(方柱), 백화령(白花苓), 진피(陳皮), 백지(白芷), 축사(縮砂), 생강 각 1냥, 감초 5전, 백단(白檀) 3전, 심향(沈香) 약간을 주머니에 넣고 물 5되와 함께 삶아 주머니는 건져내고 그 즙에 끓인 물 6냥을 붓고 다시 끓여서 기름 4냥을 끓여 즙에 넣고 다시 끓인 것을 술에 넣는다.
주방문		1) 석회가루를 떡같이 만들어 불에 구워 붉어지거든 술항아리에 넣는다. 2) 두부 비지를 주머니에 넣어 술독에 넣는다. 3) 좋은 누룩을 빻아 대추 크기 만하게 만들어 술독에 넣는다.

7. 술맛 고치는 법(變濁酒爲淸酒法)

술맛이 변한 술을 고치는 법은 〈표 21〉과 같다.

표 21 술맛 고치는 법

책 이 름		술맛 고치는 법
임원16지	탁주위청주방(濁酒爲淸酒方)	탁해진 술은 탁주로 걸러서 항아리에 담고 탁주 1말에, 찹쌀 3되로 밥을 짓고 누룩 1되를 버무려 5~6개의 덩어리로 만들어 탁주 항아리에 넣으면 3일 후면 술이 맑아진다.
	치수주법(治水酒法)	물이 많아서 묽은 술은 기와를 불에 달구어 술항아리에 넣었다 꺼내고 찌꺼기를 제거한다.
	소주번황주법(燒酒燔黃酒法)	1) 황주(黃酒: 변한 술)를 솥에 넣고 끓여서 빈병에 담는다. 2) 변한 술에 소주를 넣고 끓인다.
군학회등	구주법(救酒法)	술이 덜 고인 때에 떠 쓰면 전부가 탁해져서 맑지 못하다. 체를 술독에 박고 찰밥에 누룩을 섞어서 경단을 만들어 5~6개를 술독 속의 체 속에 넣으면 3일 후면 맑아진다.
	수잡주청미법(收雜酒淸味法)	진피 3~4냥을 술에 넣고 봉하였다가 3일 후에 건져낸다.
증보산림경제	변탁주위청주법(變濁酒爲淸酒法)	탁한 술은 체에 걸러서 독에 넣고 찹쌀 3되로 밥을 지어 누룩 1되를 주먹같이 만들어 5~6개를 독에 넣으면 3일 후면 맑아진다.
	수잡주법(水雜酒法)	진피 2~3냥을 술에 넣고 3일 후에 진피를 건져내면 그 맛이 향기롭고 아름답다.

8. 술 항아리 저장법

술 빚는 항아리를 저장하는 법은 〈표 22〉와 같다.

표 22 술 항아리 저장법

책이름		술 항아리 저장법
임원 16지	수주불훼법(收酒不毁法)	누룩 1덩어리나 1근을 항아리 밑에 놓고 돌로 눌러 그 위에 술을 붓고 저장하면 변질되지 않는다.
	수중양법(水中釀法)	술이 들어 있는 항아리를 놓고 큰 항아리를 엎어서 술 항아리를 덮고 사석(沙石)으로 둘레에 덮어 물을 구덩이에 붓는다.
	잡기(雜忌)	술을 오랫동안 동기(銅器)에 담아 두면 안 된다.
	수로주법(收露酒法)	소주는 항상 뚜껑을 닫아 김이 빠지지 않게 하여야 하며 따뜻한 곳에 둔다. 채소 등으로 마개를 하면 술맛이 약해진다.
	수잡주법(收雜酒法)	순(錞), 박(薄), 미(美), 열(劣) 등 각기 상이한 술을 한 곳에 두려면 진피(陳皮) 3～4개를 술에다 3일간 넣었다 꺼내면 좋다.
	소로잡법(燒露雜法)	소주 담는 항아리를 꿀로 닦으면 소독도 되고, 술맛도 좋아지나 꿀이 너무 많으면 안 된다.
	봉양법(封釀法)	좋은 술은 흙으로 밀봉하여 저장하면 수년이 지나면 더욱 맛이 좋다.
	치수주법(治水酒法)	물이 너무 많으면 기와를 불에 달구어 항아리에 넣었다가 꺼내고 찌꺼기를 제거하면 오랫동안 저장이 가능하다.
	포양법(抱釀法)	겨울철에 술을 담글 때는 사람들이 술항아리를 잠시 동안 차례로 안아 주게 하면 술이 빨리 익고 맛이 좋다.
조선무쌍신식요리제법		1) 술항아리를 땅을 파서 넣고, 큰 항아리로 덮은 후 틈을 진흙으로 바르고 샘물을 술 항아리에 들어가지 않을만큼 많이 채워서 익히면 술맛이 좋다. 2) 술 항아리를 손으로 두드려 보아서 소리가 얕고 긴 것은 술이 좋은 것이고, 소리가 무겁고 짧은 것은 맛이 쓴 것이고, 소리가 울리지 않는 것은 잘못된 술이다. 3) 술은 주석그릇(錫器)에 담아서 오래 두면 비상 독(砒毒)이 생겨 사람이 죽는다. 또 구리그릇에 담아서 밤을 지내지도 말 것이다.
음식디미방		1) 술독은 잘 익은 관독이 가장 좋고 노란독도 좋다. 2) 독 안팎을 씻고 청솔가지를 많이 넣어 솥에 거꾸로 엎어 쪄서 식혀 술을 빚는다. 3) 추울 때는 짚으로 독의 몸을 감아서 엮어 옷을 입히고 독 밑에 두꺼운 나무를 놓고 독을 놓으면 구들이 더워도 온기가 오르지 못하여 좋다.

9. 술 병(病)을 예방하는 법

조선조 전기에 걸쳐서 증류주의 음용이 성행되었던 탓으로 이로 인한 피해도 적지 않았던지 이의 대응책으로 본초학 분야에서는 소주독이 거론되었고, 〈동의보감〉을 위시한 본초학계 책에서는 소주독을 다스리는 처방들과 함께 술에 취하지 않는 처방이 기록되어 있는가 하면 술을 빨리 깨게 하는 처방마저 구급법에서 다루어지고 있었으며 남성들의 소주 독을 걱정한 나머지 소주의 음용 방법까지 기록되고 있었다.

술 병을 예방하는 법은 〈표 23〉과 같다.

표 23 술 병을 예방하는 법

책 이 름		술 병을 예방하는 법
산 림 경 제		1) 술을 마실 때 한초(漢椒) 2～3알을 삼키고 마시면 병이 나지 않는다. 2) 술을 마신 후에는 반드시 입을 가신다. 3) 술 한잔 마시고 입을 가시면 취하지 않고 몸이 상하지 않는다. 4) 저녁 때 또는 밤중에 취하는 것은 주독이 몸 속에 정체되어 내장을 버린다.
고려대규곤요람		추운 겨울 먼 길을 갈 때 백복령을 세말하여 3돈씩 술에 타서 마시면 극한에도 땀이 난다.
임원16지	음주방병법(飮酒防病法)	밀가루 음식을 먹은 뒤 술을 마실 때 씨를 뺀 한초 2～3알을 먹으면 좋다.
군 학 회 등	음주방병법	1) 술을 마시기 전에 한초(漢椒: 한나라의 후추) 2～3알을 삼키고 술을 마신다. 2) 밥을 먹을 때 밥 한번에 술 한모금으로 양치하여 마신다. 3) 밤늦도록 술을 마시면 크게 취하고, 밤을 새워 마시면 몸에 해롭다. 4) 그믐날 술을 마시면 크게 취한다. 5) 정유일(丁酉日)에는 술을 마시지 않아야 하며, 유일(酉日)에는 손님을 맞지 않아야 한다. 6) 많이 취한 후 포식하지 말고, 포식한 후 몹시 취하지 말 것이며, 술에 취하여 말을 타지 말아야 한다. 7) 술을 좋아하는 자는 오래되면 반드시 병에 걸리게 되며, 이로 인하여 죽을 수도 있다. 8) 여름철에 취하면 도행류(挑杏類)를 먹으면 좋고, 더위나 학질을 구

책 이름		술 병을 예방하는 법
		할 수 있다. 9) 많이 취하였다가 깨어서 냉수를 마시면 해롭다. 10) 초과말(草果末)을 술잔에 넣고 술을 마시면 즉시 취한다.
규합총서	취향보(醉鄕寶)	갈근, 백두구, 축사(縮砂),정향은 각 5전, 백약전(白藥煎), 감초는 각 2전 반, 모과 4냥, 초염(炒塩) 1냥을 갈아서 더운 물로 먹으면 술이 깨고, 술을 못해도 한 돈을 타 먹으면 능히 술을 마시게 된다.
	유황배 만드는 법(硫黃盃法)	사기 그릇에 호도를 문지르고 모래 없는 겨자, 황색 석류황(石硫黃)을 깨어 그릇에 넣고 뭉근한 불로 녹여 물이 되게 한다. 여기에 백반을 빻아 넣고 젓는다. 무명으로 받쳐 거재(去梓: 찌꺼기를 제거)하면 엉긴다. 다시 불에 녹여 포도를 넣으면 푸르게 되고, 주사(朱砂)를 넣으면 붉어진다. 더운김에 그릇에 부어서 식거든 칼로 썰어 종이에 싸서 땅 속에 묻었다가 하룻밤 후에 속새로 닦아 빛을 내어 물에 씻는다. 매일 아침 더운 술을 2잔씩 먹으면 풍담(風痰)에 신기하다.
	자로배법(紫露杯法)	석류황을 주머니에 넣어 위에 달아매고, 자배부평(紫背浮萍)을 열번 끓여낸 물에 진주 10냥, 호박(琥珀), 주사, 우황, 유황, 유향(乳香), 양기석(陽氣石), 적석지(赤石脂), 편뇌자분(片腦紫粉), 백지(白芷), 감송(甘松), 삼내자(三柰子), 목향, 혈갈(血渴), 몰약, 소뇌(韶腦), 안식향 각 1전, 사향 7푼, 금박(金薄) 10편을 곱게 갈아 구리그릇 속에 함께 넣어 뭉근한 불로 끓여 녹여서 사기 잔에 분지를 덮고 가운데 구멍을 내어 흘려 부어 고르게 하여 돌려 냉수에 넣어 뺀다 이 잔에 술을 먹으면 사귀를 물리치고〔辟邪〕, 노채(勞瘵)에 신효하다.
	성주불취법(醒酒不醉法)	1) 대취(大醉)하면 밀실(密室) 안에서 뜨거운 물로 세수하고 머리를 수십 번 빗질하면 깬다. 2) 소금물로 이를 닦고 더운 물로 양치를 3번 하면 통쾌해진다.
	신선불취단(神仙不醉丹)	갈화(葛花), 갈근, 백복령, 소두화(小豆花), 목향, 천문동(天門冬), 축사, 목단피, 인삼, 관계(官桂), 구기자, 진피, 택사(澤瀉), 감초, 백염을 각각 등분하여 가루로 만들어 꿀에 저어 탄자(彈子) 크기로 만들어서 더운 술에 씹어 삼키면 한 알에 열 잔을 먹어도 취하지 않는다.
	만배불취단(萬盃不醉丹)	갈근 4냥을 소금물에 담갔다 꺼내어 볕에 말리고, 은행육과 푸른 움〔百果芽〕 한냥을 꿀물에 담갔다가 기와에 볶아 말리고 세아다(細芽茶) 4냥, 녹두화 4냥을 그늘에 말리고, 갈화(葛花) 1냥을 동변(童便: 어린아이 오줌)에 담가 7일 후에 볶고, 진피 4냥을 소금물에 하루 담갔다 볶고, 피기 전 국화 4냥, 완두꽃 5전, 진우황(蕙牛黃) 1전, 청염(青塩: 호렴(胡塩)) 4냥을 쇠쓸개 속에 넣어 쪄 향 1자루를 쓸개 껍질과 같이 곱게 가루내어 쇠쓸개에 화합하여 오동씨 크기로 환을 지어 술 마시고 만취한 뒤 이 환약 한 알을 삼키면 술기운이 풀리고, 해가 지나도 취하지 않는다.

10. 술 끊는 방법(斷酒方)

〈규합총서〉에는 술 끊는 방문이 기록되어 있다.

1) 술 7되를 병에 넣고 주사(朱砂)를 곱게 간 것 5돈을 한데 넣어 부리를 단단히 막아 돼지우리 속에 두어 돼지가 제멋대로 뭉개고 흔들게 두었다가 7일 후에 내어 먹이면 스스로 다시는 술을 먹지 않게 된다.
2) 우물에 거꾸로 난 풀을 물에 달여 먹이면 즉효가 난다.
3) 댓잎(竹葉) 위에 있는 이슬을 술에 섞어 먹이면 신효하나 먹는 사람에게는 알리지 말아야 한다.
4) 매〔鷹〕 똥 사른 재 1돈을 술에 타 먹이면 즉효한다.

11. 소줏불 끄는 법

소줏불 끄는 법은 〈표 24〉와 같다.

표 24 소줏불 끄는 법

책이름	소숫불 끄는 법
임원16지 (治露酒火焰法)	술에 불이 붙으면 청포(青布)를 씌운다.
규합총서	소주 고을 때 받는 그릇에 불이 가까우면 인화하기 때문에 초탕에 불이 나면 끌 수가 없으니 푸른보로 덮치면 즉시 꺼진다.
부인필지 (소주 골 때 알아 둘 일)	1) 소주를 많이 먹어 불이 날 때 냉수를 먹으면 죽나니, 더운 물을 먹이고 황초(荒草: 거칠게 자라서 무성한 풀)로 배꼽을 에워싸고 더운 물을 부으면 깨어난다. 2) 소줏불 난 데 푸른 베를 덮으면 꺼진다.
조선무쌍신식 요리제법	부드러운 베로 덮고 콧구멍에 물이 나올 때 냉수를 먹으면 죽으니 더운 물로 적시고, 황촉(黃燭))으로 배꼽을 에워싸고 더운 물을 부으면 깨어난다.
	입에 불이 나면 좋은 초를 입에 흘려 넣거나, 소금물을 흘려 넣거나 배꼽 위에 푸른 헝겊을 덮고 그 위에 소금을 뿌리고 다리미질을 한다.

제 8 장

음주예법(飮酒禮法)

유럽에서 19세기 말까지 성경(聖經) 다음으로 잘 팔린 책을 꼽는다면 〈살레르노의 양생훈(養生訓)〉을 빼놓을 수 없다고 한다. 이 책 가운데 저녁식사 때 술을 마실 때는 취하지 않게 마시라는 말이 적혀 있다. 또 공자 〈논어(論語) 향당편(鄕黨編)〉에도 술 양을 미리 정해 놓고 마시지는 않았지만 소란을 피울 정도로 많이 마시지는 않았다고 하였으니, 동서 고금을 막론하고 술을 마실 때는 취하지 않을 정도로 마셔야 한다는 경고가 있었음을 알 수 있다.

술은 잘 마시면 약이요, 잘못 마시면 독이다. 적당히 술을 마시면 머리 속의 대뇌피질을 자극해 정신적 긴장에서 해방되고 스트레스가 없어져 활력소가 될 수 있다. 그러나 많이 마시면 위나 간에 좋지 못한 영향을 주고 더 나아가 알코올 중독이 되기 쉽다. 그러므로 술과 건강을 생각할 때 우선 필요한 것이 음주예법이다.

술을 마실 때의 예의를 일컬어 주도(酒道) 혹은 주례(酒禮)라고 한다.

이는 술을 마시는 사람의 마음씨이며 그들이 지켜나가야 할 예의범절이다. 서도(書道), 다도(茶道), 주도(酒道) 등은 일본식 표현이며 우리 나라에서는 서예, 다법, 주법이라는 말을 많이 사용하기도 한다(어문각 신한국전집 44권 1983).

술을 어떻게 따르며 어떻게 마시는가의 주법 차이로 세 가지 문화권으로 나눌 수 있다고 한다. 첫째가 제 술잔에 제가 손수 따라 마시는 독작(獨酌) 문화권이다. 주로 구미(歐美) 사람들이 독작을 한다. 둘째가 서로 술을 따라 놓고 같이 마시고 건배를 하는 대작(對酌) 문화권이다. 대작에는 마시기 전에 건배하는 음전대작(飮前對酌)과 마신 후에 건배하는 음후대작(飮後對酌)이 있다. 러시아 사람들이 주로 음전대작을 하고, 중국 사람들이 주로 음후대작을 한다. 셋째가 마시는 사람끼리 술잔을 주고 받거나 술잔을 돌려 마시는 수작(酬酌) 문화권이다. 세상 사람들은 세 가지 문화권의 어느 한 문화권에 속할 수 있으며, 한국 사람들은 수작 문화의 배경 때문에 타의에 의해 음주 스피드가 높다(서돈영 1986).

그림 24 술잔과 술병

1. 주도(酒道) · 주법(酒法)

유교 문화의 영향으로 우리 나라는 일상의 예속법이 매우 엄한 편 이었다. 식사법도 그렇고 술을 마시는 법도도 그렇다. 유교의 제사에 선 술은 선조에 대한 제물의 하나로서, 초헌(初獻), 아헌(亞獻), 종헌(終獻)으로 3회 봉헌하게 되어 있다. 샤머니즘의 영향이 강하게 남아 있는 지역이나 가정에선 술은 사기(邪氣)를 뿌리치는 힘이 있다고 믿어 왔다. 그래서 무녀는 자기가 마시거나 흙에 붓기도 하여 귀신이나 병균을 물리치기도 한다. 즉 술은 사람을 재난으로부터 지켜

주는 힘이 있다고 믿어왔던 것이다. 농가에선 농사일을 하기 전에 풍년을 기약하기 위해 농주를 마시는 일이 단순히 힘을 얻기 위한 것뿐 아니라 술의 힘이 갖는 힘에 대한 생각도 겸했던 것이다.

가정에서 술을 마실 때 가장의 허가 없이는 마시지 못했었다. 어른 들 앞에선 음주를 삼가는 것이 원칙이었고 어른 앞에서 술을 마실 때 에는 얼굴을 옆으로 돌려 마시는 것이 예법으로 전래되었다. 손님 접 대를 하기 위한 술과 음식을 대접할 때에 남성객에 대해서는 여성이 상을 내올 수는 없고 더더구나 술을 따르는 일이 없었다.

술과 음식을 대접하는 남성이 상을 가지고 가서 술도 따랐던 것이다.

고전(古典)과 명사(名士)들의 주도론(酒道論)을 살펴본다.

1) 공자(孔子)의 논어(論語)에서(차주환 역 1983)

"술을 마실 경우 양을 미리 정해 놓고 마시지는 않으나 소란을 피울 정도로 많이 마시지는 않는다(唯酒無量不及亂)."하였고 "향리(鄕里)의 사람들과 술을 마실 때에는 지팡이를 짚은 노인이 나가면, 그제서야 나갔다(鄕人飮酒杖者出斯出矣)."하였다

2) 임어당(林語堂)의 〈생활의 발견〉(김병길 역 1984)

주론(酒論), 주령(酒令)에서 주법(酒法)을 논(論)한 대목이 있다.

"공식석상에서 마시는 술은 조용히 한가하게 마실 것, 마음 놓고 마실 수 있는 술은 품위를 갖추면서도 통쾌하게 마실 것, 병자의 술은 소량이라야 하며 마음이 슬픈 사람은 취하기 위하여 마실 것, 봄 술은 뜰 앞에서, 여름 술은 들에서, 가을 술은 조각배 위에서, 겨울 술은 집안에서 마실 것"이라고 하였다.

3) 사소절(士小節)(이덕무 1982)

"남에게 술을 권하지 말 것이며 어른이 나에게 굳이 권할 때는 아무리 사양해

도 안되거든 입술만 적시는 것이 좋다.” 또한 “술이 아무리 독하더라도 눈쌀을 찌푸리고 못마땅한 기색을 해서는 안 된다.” 그리고 “술은 빨리 마셔도 안 되고, 혀로 입술을 빨아서도 안 된다”고 하였다.

4) 소학(이기상 역해 1982)

술이 들어오면 자리에서 일어나 주기(酒器)가 놓인 곳으로 가서 절하고 술을 받아야 한다. 감히 제자리에 앉은 채로 어른에게서 술을 받을 수 없기 때문이다. 그러나 어른이 이를 만류하면 비로소 제자리에 돌아와서 마신다. 어른이 술잔을 들어서 아직도 마시지 않았으면 젊은이는 감히 마시지 못한다. 어른이 마시고 난 뒤에 마시는 것이 아랫사람의 예의이다.

우리 나라 사람들은 어른을 모시고 술을 마실 때는 특히 행동을 삼가는데, 먼저 어른에게 술잔을 올리고 어른이 술잔을 주시면 반드시 두 손으로 받는다. 또 어른이 마신 뒤에야 비로소 잔을 비우며, 어른 앞에서 술을 마시지 못하는 것이므로 돌아앉거나, 상체를 뒤로 돌려 마시기도 한다. 술잔을 어른께 드리고 술을 따를 때 도포의 도련이 음식물에 닿을까 보아 왼손으로 옷을 쥐고 오른손으로 따르는 풍속이 생겼다. 이런 예법은 현대에 이르러 소매가 넓지 않은 양복을 입고 살면서도 왼손으로 오른팔 아래에 대고 술을 따르는 풍습으로 지금껏 남아 있다.

술은 임금에서부터 천민에 이르기까지 남녀노소할 것 없이 즐겨 마셨기 때문에 주례(酒禮)를 매우 중하게 여겼다고 전한다. 잔치 때 신분이 높은 사람은 식탁에 음식을 차려 놓고 의자에 앉아서 술을 마신다. 그러나 신분이 낮으면 좌상(坐床)에 음식을 놓고 두 사람이 마주 앉아서 마신다. 잔치에 객이 많으면 좌상을 늘인다.

기명(器皿)은 구리로 만든 것을 쓰고, 어포(魚脯), 육포(肉脯), 생선, 나물 등을 늘어놓는다. 그리고 주행(酒行)에 절도가 없어서 많이 권하는 것을 예(禮)로 안다.

5) 박지원의 〈양반전〉

술 마실 때 수염까지 빨지 말라 하였다. "술을 마셔 얼굴이 붉게 해서도 안되며, 손으로 찌꺼기를 긁어먹지 말고 혀로 술 사발을 핥아서도 안 된다. 남에게 술을 굳이 권하지 말며, 어른이 나에게 굳이 권할 때는 아무리 사양해도 안 되거든 입술만 적시는 것이 좋다"고 하였다.

남에게 술을 따를 때는 술잔에 가득 부어야 하며, '술은 술잔에 차야 맛'이라고 하는 말이 지금도 쓰인다. 그래서 '술은 차야 맛'이라 할 때는 술을 차게 해서 마시는 것이 좋다는 뜻도 되고, 술은 술잔에 가득 차야 된다는 이중의 의미를 가진다. '술은 차야 맛이고 임은 품안에 들어야 맛'이라는 속언도 이런 데서 생긴 것이리라.

또 예전에는 술과 담배는 어른 앞에서 먹지 못하게 되어 있었다. 그러나 술만은 어른이 허락해 줄 때면 마실 수 있는 예외가 적용되었다. 이 때 나이가 어린 사람은 반드시 얼굴을 좌측으로 돌려서 마셔야 했다.

또 술을 마시는 데도 순서가 있었다. 상민들의 경우 지위가 없으므로 나이가 많은 사람이, 사회에서는 벼슬 높은 사람이 먼저 마시는 것이 예법으로 돼 있었다(이서구 조풍연 대담 1977).

그리고 옛 주막에서의 거래는 현금으로도 하지만 돈이 없는 경우에는 외상거래도 하는데 벽이나 기둥, 엄대라는 막대기에 금을 그어 표시를 해 두었다가 계산을 했다. 그래서 오늘날에도 술을 마시고 외상을 할 때는 흔히들 "그어 두라"는 말을 한다(배도식 1982).

팁이란 말은 18세기 영국의 다방에서 차(茶) 배달의 신속을 위한 급행료로서 To insure promptness의 머릿글자가 모여진 것인데, 옛날에도 팁이란 것이 없었던 것은 아니다. 그러나 오늘날처럼 배보다 배꼽이 더 큰 격으로 팁을 꼭 지불해야 되거나 달라고 손 내미는 주모도, 접대부도 없었다. 다만 손님의 기분에 따라 엽전이 있으면 두어 닢 집어 주었다.

또한 그 시절엔 통화량이 넉넉치 못하여 괴나리봇짐에서 쌀이나 한 됫박 떠

주거나, 무명이나 몇 자 끊어 주면 후한 팁이었다고 한다(이서구 1973).

6) 조지훈(趙之薰)의 〈주도유단(酒道有段)〉

술을 마시면 누구나 다 기고만대(氣高萬大)하여 영웅호걸이 되고 위인현사(偉人賢士)도 안중에 없는 법이다. 그래서 주정만 하면 다 주정이 되는 줄 안다. 그러나 그 사람의 주정을 보면 그 사람의 인품과 직업은 물론 그 사람의 주력(酒歷)과 주력(酒力)을 당장 알아낼 수 있다. 주정도 교양이다. 많이 안다고 해서 다 교양이 높은 것이 아니듯이 많이 마시고 많이 떠드는 것만으로 주격(酒格)은 높아지지 않는다. 주도(酒道)에는 엄연히 단(段)이 있다는 말이다.

첫째 술을 마신 연륜, 둘째 같이 술을 마신 친구, 셋째는 마신 기회,넷째 술을 마신 동기, 다섯째 술버릇이다. 이런 것을 종합해 보면 그 단의 높이가 어떤 것인가를 알 수 있다.

음주에는 무릇 18의 계단(階段)이 있다.

1) 불주(不酒): 술을 아주 못 먹진 않으나 안 먹는 사람(9급)
2) 외주(畏酒): 술을 마시긴 마시나 술을 겁내는 사람(8급)
3) 민주(憫酒): 마실 줄도 알고 겁내지도 않으나 취하는 것을 민망하게 여기는 사람(7급)
4) 은주(隱酒): 마실 줄도 알고 겁내지도 않고 취할 줄도 알지만 돈이 아쉬워서 혼자 숨어 마시는 사람(6급)
5) 상주(商酒): 마실 줄도 알고 좋아도 하면서 무슨 잇속(利益)이 있을 때만 술을 내는 사람(5급)
6) 색주(色酒): 성생활을 위하여 술을 마시는 사람(4급)
7) 수주(睡酒): 잠이 안 와서 술을 마시는 사람(3급)
8) 반주(飯酒): 밥맛을 돕기 위해서 마시는 사람(2급)
9) 학주(學酒): 술의 진경(眞境)을 배우는 사람(酒卒)(1급)
10) 애주(愛酒): 술의 취미를 맛보는 사람(酒徒)(초단)

11) 기주(嗜酒): 술의 진미에 반한 사람(酒客)(2단)

12) 탐주(耽酒): 술의 진경을 체득한 사람(酒豪)(3단)

13) 폭주(暴酒): 주도를 수련하는 사람(酒狂)(4단)

14) 장주(長酒): 주도 삼매(三昧)에 든 사람(酒仙)(5단)

15) 석주(惜酒): 술을 아끼고 인정을 아끼는 사람(酒賢)(6단)

16) 락주(樂酒): 마셔도 그만 안 마셔도 그만, 술과 더불어 유유자적하는 사람(酒聖)(7단)

17) 관주(觀酒): 술을 보고 즐거워하되 이미 마실 수 없는 사람(酒宗)(8단)

18) 폐주(廢酒), 리반주(涅槃酒): 술로 말미암아 다른 술 세상으로 떠나게 된 사람(9단)

불주(不酒), 외주(畏酒), 민주(憫酒), 은주(隱酒)는 술의 진경(眞境)을 모르는 사람들이요, 상주(商酒), 색주(色酒), 수주(睡酒), 반주(飯酒)는 목적을 위하여 마시는 술이니, 술의 진체를 모르는 사람들이 학주(學酒)의 자리에 이르러 비로소 주도(酒道)의 초급을 주고, 주졸(酒卒)이란 칭호를 줄 수 있다. 반주(飯酒)는 2급이요, 차례로 내려가서 불주가 9급이니 그 이하는 척주(斥酒) 반주당(反酒黨)들이다.

애주(愛酒), 기주(嗜酒), 탐주(耽酒), 폭주(暴酒)는 술의 진미(眞味), 진경(眞境)을 오달(悟達)한 사람이요, 장주(長酒), 석주(惜酒), 락주(樂酒), 관주(觀酒)는 술의 진미를 체득하고 다시 한번 넘어서 임운자적(任運自適)하는 사람들이다. 애주(愛酒)의 자리에 이르러 비로소 주도(酒道)의 초단을 주고 주도(酒徒)란 칭호를 줄 수 있다. 기주(嗜酒)가 2단이요, 차례로 올라가서 반주가 9단으로 명인급이다.

그 이상은 이미 이승 사람이 아니니 단(段)을 땔 수 없다.

···· 하략 ····

술 좋아하는 사람 쳐놓고 악인이 없다는 것은 그만큼 술꾼이란 만사에 악착같이 달라붙지 않고 흔들리기 때문이다. 그 때문에 모든 일에 야무지지 못하다.

7) 술 잘먹는 이의 금기 사항(조풍연 1983)

1) 술은 즐겁게 먹는 것, 무슨 까닭이 붙은(말하자면 향응에 속하는) 술은 피하는 것이 좋다.
2) 술 먹고 주정하려거든 술을 입에 대지 말라.
3) 주량에 꽉 찬 사람에게 자꾸 술을 권하는 것은 일종의 벌주(부도덕 행위)이다.
4) 상사에게 울분을 말할 때 음주 상태에서 하는 것은 술 그것을 욕되게 하는 것이다.
5) 자기 체질에 맞는 술을 마시라. 값이 비싼 술이 반드시 좋은 술은 아니다.
6) 술 취해서 너무 떠들어 주위 사람에게 혐오감을 주는 것은 질서 문란이다.

2. 향음주례(鄕飮酒禮)(강대형 1979)

향음주례는 (육례(六禮) 즉, 관례, 혼례, 상례, 제례, 상견례, 향음주례)의 하나로 사서오경(四書五經)의 하나인 〈한서(漢書)〉〈예기(禮記)〉(이상옥 역 1985: 243~261)에 따른 옛 선비들의 음주 예절로서 구한말까지 향교나 서원에서 학생들에게 교과 과목으로 가르치게 했던 것이다.

옛 선인들에게 술이란 천지 귀신에게 제사지낼 때 반드시 갖추어야 하는 숭고한 음식이었다. 늙고 병든 이의 혈기를 돋구는데 없어서는 안될 귀중한 약물이기 때문에 함부로 다루어서는 안 된다고 믿었다. 그러나 일부 사람들이 술을 한낱 환락의 도구나 객기의 근본으로 오용하여 질펀히 마시고 광태(狂態)를 자행한 끝에 가산을 탕진하고 부모를 섬기지 않고 건강을 해치는 사회 문제를 일으키자 성현들이 이를 막기 위해 향음주례를 제정하기에 이른 것이다.

이에 따르면 주인은 술잔 하나로 술을 돌려가며 손님에게 권해야 되는데 이는 주석총화(酒席總和)를 이루기 위해서라고 한다. 또 자기가 술을 마시지 않고 상대편에게 권하는 것은 큰 실례로 여겼다. 왜냐하면 취하는 술을 자기는 마시지 않고 상대편에게만 일방적으로 권하는 것은 벌주를 주는 것과 똑같기 때문이다.

이 향음주례는 일제의 침략을 받은 뒤에는 의병 모의를 하는 모임으로 이용되기도 했다. 일제는 우국지사를 모으는 방법으로 이 의식을 이용하는 것을 적발, 그 후 이 의식 거행을 금지해 버렸다.

그 후 74년만인 1979년 11월 10일 성균관대학교 명륜당 앞 뜰에서 한국청년유도회(당시 회장 서정홍)에 의해 3시간이나 소요되며 재현되었는데, 1) 주인이 손님을 청함 2) 손님을 모셔 옴 3) 손님을 맞이 함 4) 주인이 손님에게 술을 대접함 5) 손님이 주인에게 술을 권함 6) 주인이 손님에게 술을 권함 7) 주인이 여러 손님에게 술을 대접함 8) 주석의 사회자를 세움 9) 차례로 술을 권함 10) 두 사람이 여러 사람에게 술을 권함 11) 축제 음식을 거둠 12) 연회를 함 13) 손님이 돌아가기에 이르기까지 13단계에 걸쳐 거행되었다.

향음주례의 전통으로 오늘날까지도 남아 있는 우리의 음주예법을 다음과 같이 말할 수 있다(서정기 1984).

술과 음식을 너무 질편하게 하지 아니하며 안주는 자기의 접시에다 덜어다가 먹었던 것이며, 술잔을 돌리되 반드시 깨끗한 물에 잔을 씻어서 술을 채워 권하여 존경심과 친밀감이 전달되도록 한다. 술좌석에서 잔이 한바퀴 도는 것을 한순배(巡杯)라고 하는데, 술이란 대개 석잔은 훈훈하고 다섯잔은 기분 좋고, 일곱잔은 흡족하고 아홉잔은 지나치므로 일곱잔 이상은 권하여 돌리지 아니하였다.

3. 회음(回飮)

우리 조상들의 음주 예절은 두 가지가 있다. 향음주례와 회음(回飮: 술잔 돌리기)이다. 고려 인종 때에 향음주례를 행하도록 규정을 지은 바 있고(고려대 민속문화연구소 1980), 이조 성종 때에 일반화되었다고 한다.

향음주례에서도 잔 주고 받기가 있었고, 회음의 유적으로 남아 있는 경주 포석정에는 곡수를 흐르게 하여 술잔을 돌려 마신 신라의 유적이 있어 퇴폐적인 왕실 향락의 방편으로 오해를 받고 있으나, 이는 임금이 그가 거느린 신하들과 더불어 공동체 의식을 결속하는 일종의 정신적 계약 행위로서 복합적 의미가 내포되어 있었던 것이다. 또 조선시대 승문원에서 임금에게 문서를 올리는 날에는 임금께서 주식을 내리게 마련이었는데, 그 술을 고령종이라는 큰 술잔에 담아 돌려가며 마셨다한다.

이러한 관습에 의해 요즈음도 가끔 대포 잔을 돌리며 결속을 다지는 음주 행위가 남아있기도 하다.

술이란 강제로 권하는 게 아니었으며 권주(勸酒)는 기생이 권주가를 부르며 권하는 특별한 경우라면 술을 받았지만 무작정 마주앉아 술을 주거니 받거니 하는 것은 일본식이었다.

술을 마시는 데 있어 한국과 일본의 예법은 조금씩 달랐다. 한국에서는 나이 어린 사람이 어른에게 술을 올리는 것을 헌주(獻酒)라고 하는데 반해 일본에서는 윗사람이 아랫사람에게 술잔을 내려 주었다. 그래서 일본인 연회석엘 가면 아랫사람들이 윗사람을 찾아가 술을 간청하는 광경을 볼 수 있다. 그런데 요즘

그림 25 경주 포석정

관광이다, 상담이다 하여 일본인들이 우리 나라에 많이 찾아온다. 그들이 초대받는 자리에서 한국 사람이 먼저 술을 권하면 그들은 상대방이 자신을 낮게 보는 게 아닌가 하며 의아스럽게 생각하는 경우가 많다고 한다(이서구 조풍연 대담 1977).

이런 풍습은 대부분 없어졌다고 하는데, 일본의 잔 주고 받기〔헌작(獻酌), 겐샤구〕라는 것은 원래 하향, 즉 윗사람이 아랫사람에게 특별이 내리는 술을 받아 마신 다음에 다시 술잔을 올리는 잔 돌리기이다. 물론 같은 또래끼리도 주고 받기는 하지만 이 때에도 잔 씻기〔배세(盃洗), 하이센〕라는 게 있어서 형식적이나마 잔을 물에 씻고 돌리게 되어 있다.

반면에 우리의 경우 윗사람에게 다투어 잔을 올리고 윗사람은 잔을 안 올리면 불쾌하게 생각하는 수도 있다.

4. 우리 음주문화의 특징

우리 나라 사람들은 술을 마실 때 크게 격식을 차리지 않는다.

오히려 격식을 깨는 주법(酒法)을 더 멋스러워 한다. 그래서 밤거리에는 취객의 노래와 갈지(之)자걸음이 드물지 않고, 대체로 그러한 행동을 너그럽게 보아 넘긴다. 그러나 이러한 행동이 지나쳐서 사람들은 우리에게는 주도(酒道)와 음주문화가 없다고 탄식하기도 한다.

그러나 우리의 본래 음주문화에는 격식을 차리지는 않지만, 유일한 원칙은 사람을 생각하는 것이다. 사람이 술의 주인인 동안 술은 좋은 것이다. 잔을 돌리되 3번 이상 돌리는 것은 술을 못 마시는 사람을 괴롭히는 것이므로 천박하다고 보았다. 사람을 아끼는 문화가 우리 문화의 특성이듯, 우리 음주문화의 특성도 사람사이, 사람과 신 사이를 가깝게 해 주는 화합과 화해의 음주문화이었다. 그리고 예의와 절제 속에서도 딱딱해지지 않고, 마치 '흥에 겨워 부르는 춤' 처럼 자연스러운 파격이 있어야 멋있다고 하였다.

한국의 전통술은 중국술처럼 독하지 않고 일본술처럼 섬세하지도 않으며, 와인처럼 세련되지도 않고 보드카처럼 독하지도 않다. 그러나 과실주가 아닌데도 느껴지는 은은한 향, 자연스런 빛깔, 같은 주정도수라도 유난히 부드러운 느낌, 큰 차이는 아니지만 자꾸 마시다 보면 알게 되는 미세한 맛의 차이, 통음(痛飮) 후에도 두통이 없는 잔잔하고도 아름다운 우리의 전통술은 다른 어떤 술과도 다르다.

전통술을 알려면 느긋해야 한다. 고향집의 저녁노을에서도 아름다움을 느낄 줄 아는 사람이라면, 한국의 전통술은 어울리는 술이다. 도시의 화려함과 편리함 속에서 살더라도 가끔 자연으로 나아가 신선한 공기와 물을 마시기를 즐겨한다면, 우리의 전통술은 마시는 사람에게 참으로 알맞은 술이다.

5. 술 따르는 예의(한국일보 1983.7.13)

술을 따를 때의 예의에 대해서도 서로 평교(平交)할 수 있는 나이 차가 5살 미만의 처지에는 한 손이 무방하지만, 경어를 쓸 경우에는 반드시 두 손으로 따르고 받아야 된다는 의견도 있다. 도포 등 소맷자락이 긴 한복에서는 겨드랑이를 끌어 올리듯 하고, 양복을 입었을 때는 술병을 받쳐드는 것이 바른 자세라고 이야기하고 있다.

술병 잡은 오른손의 바닥이 위로 향하게 해서 따르는 것과 왼손으로 따르는 것은 주기 싫은 술을 받는 것 같아 기분이 나쁘므로 무관한 처지가 아니면 술좌석에서 상대편의 기분을 언짢게 만드는 행위는 삼가하는 것이 좋다.

여성이 주석에 낄 때(한국일보 1984.8.29)는 일부 양반 사회에서 여러 가지 금기가 있었지만, 서민층들은 옛날에도 대체로 자유롭게 마셨다.

술이 많지 않아 잔치 때나 마셨지만 마시는 이상은 흥겹게 잔을 주고받았다고 한다. 그러므로 여성들도 주석에서 자유롭게 술을 마실 수 있으며, 여성이 술을 따라 주고 안 따라 주고는 아무런 객관적 기준이 없으며 오직 분위기가 중요하다 하겠다.

술을 두 손으로 따르는 것은 서양에는 없는 한국의 예절로, 상대방을 공경하는 뜻에서 나온 것이므로 나이가 엇비슷하거나 연하라도 상대가 이성이면 공경해 주는 것이 예의이며 아름다운 일일 것이다.

6. 술을 받을 때의 예의

술을 받았을 때도 따를 때와 마찬가지로 술을 따르는 이의 연령과 지위 등을 고려하여 공손히 받아야 한다. 술잔을 받쳐 올리는 기준도 서로의 호칭에 맞추는 것이 별다른 실수를 하지 않는 방법이 될 것이다. 또한, 상대방의 술을 모두 받고 나서는 반드시 '감사합니다'라는 감사의 표시를 하며 한 모금 이상을 마신 다음에 탁자에 내려 놓는 것이 상대방의 마음을 흐뭇하게 해 주는 태도이다. 어른께서 술을 내렸을 경우 고개를 돌려 잔을 비우는 것도 술을 받는 예의 중 하나이다.

7. 술 마시는 예의(이훈종 1989)

약용이라 하여 소화를 돕기 위한 식사 때의 반주(飯酒), 잠이 오라고 마시는 수주(睡酒), 여름철 땀 흘리고 출입했다 돌아왔을 때의 약소주(藥燒酒) 등은 대개가 상대가 없어 주석 축에는 들지 않는다.

가장 대견하고 소중한 것은 손님 접대용이니, 봉제사, 접빈객(接賓客)은 규모 있는 가문의 기본 태도였다. 소동파의 부인처럼 "우리집에 담근지 오래된 말술이 있으니 언제라도 손님이 와도 좋다[我有斗酒, 藏之久矣, 以待子不時之須]"하게 되어야 현부인으로 꼽았었다.

제사 지내는 절차로 볼 때 초헌(初獻), 아헌(亞獻), 종헌(終獻)의 삼헌이 있고, 헌

그림 26 단원 김홍도의 〈기로세련계회도〉

작(獻爵) 때마다 적(炙)을 따로 올리며, 마지막 잔을 올리고 나서도 첨작(添酌)하여 더 권한 위에 반합(飯盒)을 열게 되어 있으니, 이것이 옛날 가장 정중하게 식사 대접하는 방식의 재현이다.

성균관의 대제에는 무악(舞樂)이 따르고, 헌작에 앞서 폐백드리는 절차가 있으니, 옛날 옳은 손님 대접에는 선물도 드리고, 음악이나 무용도 곁들여 보여 드려야 했던 것으로 보인다.

단원 김홍도의 〈기로세련계회도(耆老世聯稧會圖)〉라는 작품은 개성만월대에서 고로(古老)들을 모시어 연회하는 광경인데, 실제의 정경을 여실하게 그린 것이다. 그 중에서도 주안상은 각자가 따로따로 받았는데, 이것이 옛날의 옳은 격식이다. 그림에는 층계 아래로 손님을 모시고 온 인마(人馬)가 웅성거리는데, 손님은 적당한 때 자기의 상을 하인에게 물려주어, 다시 하인들대로 식사토록 했던 것이다. 또한 연회 마당 복판에 준소(樽所)를 차려 놓고, 술은 따로 떠서 들고 다니며 돌리는데 이것이 옛날의 옳은 법이다.

주석에는 부자가 한자리에 앉아 마시는 경우가 있다. 하나는 제사 끝난 뒤의 수조(受胙), 곧 제물을 내리어 자손들이 나눠 받는 음복(飮福)자리니, 그것이 자손

된 이의 도리였고 이 역시 차례대로 순서를 따라 마시었다. 둘째는 향음주례, 온 동리가 연령대로 순서를 따라 앉아서 또 차례대로 술 마시는 행사니, 동리의 협동과 질서를 다짐하는 모임으로서 〈농가〉에는 강신(降神)이라는 이름으로 나와 있다.

우리 나라 초학 교재(初學敎材)이던 〈천자문〉에는 '현가주연(絃歌酒讌), 접배거상(接杯擧觴)'이라고 나와 있는데, 접(接)자에 교(交)자와 같이 주고 받는다는 뜻이 있어, 접배를 잔을 주고 받는다는 뜻으로 해석한 이도 있으나, 꼭 지금과 같이 주고 받고 하는 행동이었는지 밝힐 길이 없다. 거상(擧觴)의 상(觴)이 술잔이라는 뜻이긴 하지만 설문에 '상(觴), 실일상(實日觴), 허일치(虛日觶)'라 하여, 술을 부어 채운 잔이라, 잔에 술을 채워 손님에게 드린다는 뜻이지 지금처럼 빈 잔을 주고 주전자를 들어서 부어 채우는 형식은 아니었던 것으로 보인다.

술자리에서는 자연히 대화가 부드럽게 풀리기는 하지만 자칫 감정이 격해지기 때문에 이야기를 주고 받기에 가장 신경이 쓰인다. 이태백(李太白)의 〈춘야연도리원서(春夜宴桃李園序)〉에도 '유상말사(幽賞未已), 고담전청(高談轉請)'이라고 나와 있다. 시정(市井)의 이해 관계나 출세, 시국과 정치의 비판 같은 것은 고상한 화제에도 들지 못하는 것이다. 되도록이면 그런 것은 피해 좌석을 부드럽게 화기 넘치는 분위기로 이끌어 가려는 노력이 필요하다.

역시 〈춘야연도리원서〉에 '개경연이좌화(開瓊筵而坐花), 비우상이취월(飛羽觴而醉月)'이라는 멋진 문구가 있어 이를 직역한 옛글에는 "아름다운 잔치가 열리니 꽃들이 앉았고, 술잔을 날리니 달이 취하는도다"라고 한 데도 있으나, 잔이 새처럼 날개가 돋은 형상에 맞춘 표현이지, 대각선으로 왔다갔다한 것으로는 보이지 않는다. 또 같은 글에서 '여시불성(如詩不成), 벌의금곡주수(罰依金谷酒數)'라 하였는데, 동석자 중에서 시를 이뤄내지 못한다면 벌로 술을 먹이겠다는 애교 있는 으름장이다. 본래 시회에서 모은 작품은 축(軸)으로 꾸며 보관하고 전사(轉寫)하여 나눠 갖는데, 실격 작품은 그 가운데 넣지 않는 것이다. "축에도 들지 못한다"는 말이 그래서 생긴 것이다.

어른을 모시고 술 마시는 좌석에서의 예절을 두고 〈예기〉에서는 이렇게 쓰고 있다. "시음어장자(侍飮於長者), 주진측기(酒進則起), 배수어존소(拜受於尊所), 장자사(長者辭), 소자반석이음(小者反席而飮), 장자거수작(長者擧受爵), 소자불감음(小者不敢飮)." 이처럼 어른 앞에서 술을 마실 때는 술잔이 오면 곧 일어나야 하고 존소에서는 절을 하면서 받아야 하고, 어른이 마시라고 말씀을 하시면 나이 어린 사람은 뒤로 돌아서 마셔야 하고 어른이 술잔을 들어 올리면 나이 어린 사람은 감히 마시지 못하였다.

8. 술자리 예절

술자리는 때와 분위기를 가리고, 이에 알맞은 예의를 갖추는 일이 필요하다. 몇 가지 상황에 대한 술자리 예절은 다음과 같다.

(1) 기뻐서 마실 때는 절제가 있어야 한다.

(2) 피로해서 마실 때는 조용하여야 한다.

(3) 점잖은 자리에서 마실 때는 품위가 있어야 한다.

(4) 난잡한 자리에 마실 때는 금약(禁約)이 있어야 한다.

(5) 새로 만난 사람과 마실 때는 한아(閒雅)하고 (한(閒)은 '한가하다'는 뜻이 아니라, 정숙함을 뜻한다.) 진솔하여야 한다.

(6) 잡객들과 마실 때는 재빨리 꽁무니를 빼야 한다.

이 6가지의 심득률(心得律)은 바로 자리의 분위기, 또는 몸의 컨디션을 가리는 중요한 명심 사항이다.

9. 술잔 돌리기

술은 제천의식에 사용되기도 했었지만 혼례, 관례, 상례, 제례에 쓰이는 중요한 음식이었다. 혼례 때 신랑이 든 술잔을 받아 신부가 마시고, 제사 때 올렸던 술은 참석자들이 돌아가며 마시는 음복(飮福)의 풍습이 생기게 되었다.

술을 마실 때 술잔을 돌리는 풍습은 우리 나라에 정착된 독특한 문화이다. 자기가 받은 잔을 비우면, 곧 그 술잔의 임자에게 다시 잔을 돌리는 것이다. 애초부터 좌석에 잔을 하나만 놓고 이것을 순서대로 돌아가며 권하는 풍습도 있었다.

중국사람은 잔을 돌리는 일이 없다. 또한, 일본사람들은 자작(自酌)하는 것이 보통이고, 권하더라도 각자의 잔에다가 술을 따르는 것이다. 술잔을 돌려 권하는 풍습은 우리의 관습으로 오랜 전통을 지녀 온 것이다. 점차 서구화되면서 술잔을 돌리는 풍습이 사라지고 있지만, 우리의 정을 나누고 격식을 허물어 인간관계를 돈독히 하는 아름다움도 있다.

10. 연석(宴席)에서의 습속(習俗)

큰상 앞에는 입매상을 차리는데, 몇 잔 반주 끝에 식사를 하게 마련이다. 몸상과 곁상으로 격식을 갖춰, 곁상에 술과 마른 안주, 과실 등을 올려 놓고, 선반주(先飯酒)가 끝나면 옆으로 밀어내고 몸상을 받아 식사하게 된다.

예전에는 점잖은 분 수연(壽宴)에는 원시(元詩)에 모두가 차운(次韻)하며 즐겼고, 그런 자리에는 영시(詠詩)할 줄 아는 기생을 배좌(陪坐)시켜 그것을 읊게 하여 모두가 음미하였다. 그러니까 시조 형식의 단가를 시조창 이전엔 까다로운 가곡으로 불렀고, 고려말에는 그 나름대로의 가기(歌妓)가 있어, 당시 주객간의 수약을 그 당시 곡조에 얹어 불렀을 것으로 보인다.

이런 자리는 매우 점잖아서, 처음 요리상을 대하여 몇 잔씩이 오가고 나면, 잠시 모두 안석에 기대어 물러앉고, 기생들은 좌장을 중심으로 빙 둘러앉아 노래 소리를 들려 주었다. 물론 가야금이나 춤을 보여 주기도 하였지만, 손님이 직접 부르거나 하는 일은 거의 없었다. 어쩌다 특별한 장기를 가진 멋쟁이 손님이 있으면, 그들쪽에서 한 곡조 일러줍소사고 청하여, 그에 수응해 들려 주는 것이 고작이었다. 그러다가 다시 상 가까이 다가앉아 몇 잔씩을 기울이고 나앉아 가무를 보는 것이 요리집의 풍속이었다.

다만, 주흥이 어지간히 높아지다 보면 갖가지 주령(酒令)을 내어 억지로 먹이다시피 하는데, 술 먹는 이를 지정하기도 하지만, 가장 힘든 것이 특기 자랑(당시 말로 목침(木枕)돌림)이었는데, 이상하고 야릇한 몸짓을 시켜 벌주는 물론 큰 잔으로 억지로 먹여 괴롭히는 일도 있었다고 한다.

11. 야외에서 놀이

답답한 실내에서 벗어나 자연의 품에 안기는 즐거움은 또한 격식을 차리지 않고 옷깃을 훌렁 벗어 던져 파탈(罷脫)하고 홀가분하게 놀 수 있어 좋다.

상차림은 한상에 몰아 차려 가자(架子) 틀에 얹어, 앞뒤에서 일꾼들이 가마 메듯 메고 내오는 식으로 행하였고, 또 요리집이 생기면서 몇 십원짜리 상이라고 하는 것이 보편화하면서, 교자상에 차리는 것을 당연한 것으로 여기게 되어, 말의 원뜻을 몰라 뒤섞여 앉는다고 교좌상(交坐床)이라고까지 하게 되었다.

난로회(煖爐會)라고 휘건(揮巾)과 갓두루마기의 방한 차림으로 산정에 모여 앉아 펄펄 날리는 눈발을 바라보며 마시는 설경 놀이가 있다. '벙거짓골'이라고 꼭 전 있는 모자같이 생긴 무쇠냄비 틀에 활활 핀 화로를 들여 앉히고 국물을 잡아 끓이며, 전으로 고기와 두부를 올려 놓아 익혀 먹고, 마지막에 밥이나 국수를 넣어 비벼먹고 일어나는 놀이다.

강에 배를 띄우고 노는 뱃놀이는, 손님이 앉는 좌선에 음식을 만들어 대는 종선이 한짝이 되어 강을 오르내리는데, 술이 순하여 멋에 겨워 먹다 보면 생각 못한 일이 벌어질 수도 있으니, 되도록이면 입에 대기 어려운 독주를 쓴다고 한다.

12. 성인식과 사발술

2월 초하룻날을 노비일(奴婢日)이라고 한다. 가을 추수가 끝나고는 오랫동안 농삿일이 없어 머슴들은 별로 뚜렷한 일이 없었지만, 이 달부터는 농사 준비가 시작되는 시기이니만치 앞일을 위하여 위로 겸 노비에게 하루를 즐겁게 쉬게 하고 주식(酒食)을 마련하여 농악을 치며 푸짐하게 즐긴다.

이 날 아직 장가들지 못한 나이 많은 노총각 머슴에게 큰 사발에 술을 주면서 "고개 돌이키지 말고 마셔라" 하고 술을 내린다. 이 술을 마신 머슴은 그로부터 어른과 맞품앗이를 하게 되었다. 소박하나마 일종의 성인식이었다.

13. 술꾼의 유형

다양화되는 사회활동 속에서 술이 필수 불가결한 것은 다 아는 사실이지만, 스트레스를 풀기 위한 음주가 이성을 마비시켜 사람에 따라 여러 가지 주정을 하게 만든다. 술을 마시고 취하는 양태는 여러 가지가 있다. 이것은 처음 술을 마실 때의 습관이 몸에 밴 경우가 꽤 많다고 한다.

(1) 다변형(多辯型) : 속에 있는 말을 가리지 않고 한다.

(2) 숙면형(熟眠型) : 술만 몇 잔 들어가면 고개를 숙이고 잔다.

(3) 울보형 : 술만 마시면 세상의 슬픔을 다 끌어안은 사람처럼 대성통곡을 한다.

(4) 만용형(蠻勇型) : 술만 들어가면 폭언과 폭력을 휘두른다.

(5) 쾌활형 : 보통 때는 평범한 사람이 술을 마시면 아주 쾌활해진다.

(6) 분위기 조성형 : 좌중(座中)의 분위기를 재치있게 이끌어 가며, 다른 사람들의 기분도 좋게 만든다.

영국의 극작가 토머스 머턴은 '술 취하는 방법의 8가지 패턴'을 제시하였는데 다음과 같다.

(1) 원숭이형 : 유쾌하게 노래를 부르거나 춤추면서 마시는 타입

(2) 사자형 : 술잔을 던지기도 하고, 싸움을 잘 걸고 난폭한 행동을 하는 타입

(3) 돼지형 : 몸놀림이 둔하고, 또 한잔이라고 소리치며 곧 잠들어 버리는 타입

(4) 양 형 : 이치를 따지려 드는 타입

(5) 기숙사형 : 사소한 일에도 감동하여 우는 타입

(6) 성 마틴형 : 술을 취하고서도 제정신이 있다고 가장하는 타입

(7) 산양형 : 여자에게 장난을 치는 등 호색적으로 되는 타입

(8) 여우형 : 자꾸 남에게 술을 권하는 타입

바커스가 그리스를 여행할 때 피로에 지쳐 돌에 걸터 앉아서 발밑을 보니, 예쁜 풀이 자라고 있었다고 한다. 풀을 캐어 가지고 걸어가다 보니 햇빛을 받아 말라 버리게 생겼으므로 새의 뼈를 주워서 그 안에 넣고 갔다. 그 동안 풀이 자라서 밖으로 나오자, 이번에는 사자의 뼈를 주워서 그 안에 넣었다고 한다. 풀이 계속 자라므로 이번에는 당나귀의 큰 뼈 안에 풀을 넣었다.

목적지에 도착하여 이것을 흙에 심으려고 하니 넝쿨져 있었다. 새뼈, 사자뼈, 당나귀뼈를 모두 함께 흙에 묻었는데, 이것이 자란 것이 포도나무라고 한다. 포도 열매를 가지고 만든 포도주를 마시면 처음에는 새처럼 노래하는데, 그 다음으로는 사자처럼 격렬해지고, 마지막엔 당나귀처럼 멍청해진다는 것이다. 동화 같은 이야기지만 술꾼의 타입을 재미있게 표현하고 있는 이야기이다.

14. 술을 마시면서 지켜야 할 원칙

일본 알코올 건강의학협회에서 제시한 알맞은 음주 10개조가 있다.

(1) 술을 마실 때는 즐거운 분위기에서 동료와 함께 웃고 이야기하며 마신다. 스트레스를 풀려고 마시면 안 된다.

(2) 술을 억지로 마시지 않으며, 동료에게 억지로 권하지도 않는다.

(3) 급히 마시지 않고, 시간을 갖고 천천히 마신다.

(4) 1차에서 끝낸다. 2차를 갈 수 밖에 없는 상황이 된다고 하더라도 중간에 1시간 이상 비알코올 음료를 마시며 쉬는 시간을 가져라.

(5) 안주가 없는 음주는 삼가야 한다. 영양가 있는 음식을 술을 마시기 전에 먹거나 먹으면서 마셔야 한다.

(6) 음주량은 가능한 술의 종류별로 표준 잔으로 1~2잔을 넘지 않도록 하는 것이 좋다. 소주, 맥주, 와인, 양주의 경우 모두 마찬가지이다. 자신의 주량만큼 마신다.

(7) 늦어도 마지막 대중교통수단을 이용하여 집으로 갈 수 있는 시간에 술자리를 끝내도록 한다. 늦어도 12시에 끝낸다.

(8) 매일 계속해서 술을 마시지 않는다. 최소한 1주일에 2일은 술 없는 날로 정한다.

(9) 다른 약물(진통제, 수면제, 안정제, 당뇨병 약 등)과 함께 마시지 않는다.

(10) 독한 술은 희석시켜 마신다.

제 9 장
술에 얽힌 풍속과 속담

1. 술에 얽힌 풍속

1) 차갑게 마시는 술

〈규합총서〉에 "밥먹기는 봄같이 하고, 국먹기는 여름같이 하며, 장(醬)먹기는 가을같이 하고, 술먹기는 겨울같이 하라"는 말이 있다. 다시 말하면, 밥은 따뜻한 것이 좋고, 국은 뜨거운 것이 좋으며, 장은 서늘한 것이 좋은데 반하여, 술은 특히 찬 것이 좋다는 것을 가리킨 말이다.

세시풍속에서 보더라도 정월 원일(元日)에는 세주(歲酒)를 마셨는데 반드시 냉주(冷酒)를 마시고, 정월 대보름날에는 이명주(耳明酒)로 청주 한 잔을 차게 해서 어른 아이 할 것 없이 마시는 풍속이 있었다. 이렇게 하면 기쁜 소식이 들리고, 노인은 귀가 밝아지게 된다 하여 '귀밝이술'이라고 한다(동국세시기). 이것이 벌써 술을 차게 마시는 풍속을 말해 주는 예이다. 이렇게 술을 차게 해서 마시는 풍습은 서양에서도 있는데, 서양에서는 술잔에 얼음을 집어넣어 술의 농도를 약하게 하면서 술을 차게 만들지만, 우리 나라의 술은 차가운 우물물이나 흐르는 냇물에 술병을 담가 두었다가 마시므로 농도가 약해지지 않은 채로 마실 수 있다.

2) 술독 간수하기

〈음식디미방〉에 술독을 고를 때는 잘 구워진 것을 고르며, 술을 담기 전에 독 안팎을 깨끗이 씻고 청솔 가지를 독 속에 가득히 넣은 다음, 끓는 물을 솥 위에 거꾸로 엎어서 얹고 불을 오래 때서 더운 김으로 술독 속을 소독한 후에 써야 술맛이 좋다고 했다.

김치나 장 등을 담아 두었던 독은 냄새가 날 뿐더러 술이 발효할 때 해로운 균이 작용하여 술맛을 그르치기 쉽다. 이런 독은 여러 날 우려서 솔가지를 넣고 쪄서 썼다. 독을 소독하는 또 한가지 방법으로는 지푸라기 덤불을 태워 그 연기가 독 안에 가득 들어가도록 엎어 놓았다가 식은 다음에 마른 수건으로 안팎을 잘 닦아, 불티나 그을은 것이 없도록 해서 썼다.

술을 빚은 독은 추운 때는 짚을 엮어 독 몸에 입히고 독 밑에는 두꺼운 널판지를 깔아야 구들이 더워도 온기가 오르지 않아 좋다고 했다. 술 독에 특히 족제비가 근접하지 못하게 했다. 만일 족제비가 술독에 앉으면 저절로 달아나기를 기다려야 했다. 몰아내거나 잡으려고 하면 족제비가 다급해서 방귀를 뀌게 되는데, 몇 달이 가도 이 방귀 냄새가 가시지 않기 때문에 술맛을 잃게 된다고 했다.

이렇게 술독을 잘 간수하여 독 안에서 술이 익으면, 술독을 두들겨 보아 술맛이 좋을지 나쁠지의 여부를 가늠해본다. 잘 익어 술맛이 좋은 술독은 소리가 맑고 길게 울리며, 소리가 탁하고 짧으면 술맛이 좋지 않다. 소리가 조금도 울리지 않을 때는 술은 아직 익지 않은 것이다. 술이 잘 익었는지 설익었는지는 성냥불이나 촛불로 시험하기도 하였다. 불을 켜 독 안으로 넣어 비쳤을 때, 익지 않은 술은 불이 꺼지지 않고, 술이 잘 익었으면 불이 붙는다. 이런 판별법은 지금까지도 전하여지고 있다.

3) 술이 사람을 안다

술은 개인의 인격을 나타내고 크게는 나라의 정치와 법을 알 수 있는 매개체임을 알 수 있다. 조선 후기 사람인 이덕무는 그의 저서 〈사소절〉에서 "훌륭한 사람은 술이 취하면 착한 마음을 드러내고, 조급한 사람은 술이 취하면 사나운 기운을 나타낸다"라고 적혀 있다. 그래서 항간에서는 "술이 사람을 안다"고도 얘기를 한다. 사위를 얻을 때 장인이 사위 될 사람을 불러 대작해 보는 것은 그 사람의 됨됨이를 알아보기 위한 가장 쉬운 방법이었기 때문이다. 한편 색시 집에 시험을 치르러 가는 사윗감은 아무리 많은 술을 마셔도 취하지 않으려고 집에서 소금 한 숟갈을 먹거나, 붕사(硼砂) 가루를 먹고 떠난다. "술마시기 전에 소금이나 붕사 가루, 미나리 강즙을 마시면 술에 취하지 않게 된다"는 민간 예방책이 전하여지고 있기 때문이다.

또 술을 마시는 양이 많으면 도량이 클 것이라는 관념으로 인하여 대주가(大酒家)가 되기를 원하여 팥꽃과 그 잎을 백일간 그늘에서 말려 가루로 만들어 매일 한 숟가락씩 더운 물에 타서 마셨다. 그러면 아무리 술을 마셔도 취하지 않는 대주가가 되기 때문이다(유태종 1977). 이런 풍습과 관념은 지금껏 전하여지고 있다.

4) 술잔 돌리기

조선 후기에 담배가 전래되면서 술과 담배는 한국인에게 없어서는 안 될 기호품이 되었다. 술은 제천 의식에 사용되는 제물이 되기도 하지만, 혼례, 관례 및 상례에 쓰이는 요긴한 음식이기도 하다. 혼례 때에도 신랑이 든 술잔을 받아 신부가 마셨다. 제사 때 제상에 올렸던 술은 나누어 마셔야 한다고 하여 참석자가 돌아가며 마시는 음복(飮福)의 풍습이 생기게 되었다.

술을 마실 때는 술잔을 주거니 받거니 하며 술잔을 돌리는 풍습이 있다. 우선 술잔을 돌리는 풍습이 독특하다. 자기가 받은 잔을 비우면 곧 그 술잔의 임자에게 다시 잔을 돌리는 것이다. 혹은 애초부터 좌석에 잔을 하나만 놓고 이것을 순서대로 돌아가며 권하는 풍습도 있다.

중국 사람들도 우리 나라 사람만큼 술을 좋아하기는 하지만 잔을 돌리는 일이 없다. 또 일본 사람들은 자작(自酌)하는 것이 보통이고, 혹 권하더라도 각자의 잔에다 술을 따르는 것이다. 이렇게 술잔을 돌려 권하는 풍습은 우리의 관습으로 오랜 전통을 지녀온 것이다.

5) 주주객반(主酒客飯)

원래 '주주객반'이란 주인은 손님에게 술을 권하고, 손님은 주인에게 밥을 권한다는 말로, 술에 독을 타지 않았다는 증거로 주인이 먼저 한 잔 들고 손님에게 권하는 예법에서 이루어진 말이라 한다. 이 말이 사용되게 된 기원은 확실하지 않지만, 술을 대접하는 우리 풍속의 일단에서 쓰여 온 말임에는 틀림없다.

조선시대에 쓴 〈여사서(女四書)〉 권 2에 '대객장(待客章)'에도 밥과 함께 술을 내며 객이 하직하고 갈 때도 이별하는 술을 내어야 한다고 기록하고 있다. 중국이나 일본 사람들이 차를 내어 손님을 대접하듯 우리 나라는 술을 더 일반적으로 사용하였으며, 또 자기 집의 비방으로 빚은 술을 자랑으로 여겼다.

옛부터 '남주북병(南酒北餠)'이란 말이 있다. 북촌의 부귀한 고장에서는 일반으로 음식 사치가 대단하여 그 솜씨가 발달하였는데, 남산 밑 구차한 샌님들과 시세 없는 호반(虎班)네들은 술 솜씨가 높았었다 한다(강인희).

이렇게 술이 손님 대접에 없어서는 안 되는 음식이었다. 한 가난한 선비의 집에 손님이 오자 그 아낙은 술을 살 돈이 없어 머리카락을 잘라 팔아 술을 사오다 돌에 부딪혀 술을 엎지르고 울었다. 지나가는 과객이 그리 슬피 우는 까닭을 물으니, 내 머리카락을 자른 것은 아깝지 않으나 술을 엎질러 손님을 대접하지 못하게 되어 안타까워 운다고 하였다는 민담까지 있을 정도이다.

6) 술떡과 외상술

막걸리를 빚으려면 찹쌀이나 멥쌀을 씻어 지에밥을 찐다. 이 지에밥 찐 것을 술떡, 술제떡이라 한다. 술떡은 햇볕에 말려서 꾸덕꾸덕해지면 술을 빚으므로 술떡 말리는 것을 보면 그 집에서 술을 빚는다는 것을 알 수 있었다.

철종(哲宗) 때 술떡에 얽힌 정수동(鄭壽銅)의 이야기가 있다. 돈이 없어 외상술을 잘 마시던 수동이 어느 해 세모(歲暮)가 되어 적적한 심정을 달래기 위해 단골 술집을 찾아갔다. 그러나 안주인은 섣달 그믐께라 외상을 거절하고 말았다. 마침 마당에는 술을 빚으려고 술 지에밥을 쪄서 멍석에 널어 놓았다. 그것을 본 정수동은 술 생각이 더 간절했다. 사랑 툇마루에 앉아 있는 수동은 안에서 술 마시는 사람들의 이야기만 듣고 있었다. 때마침 우리에서 돼지 한 마리가 뛰어나와 술떡을 마구 먹기 시작했다. 나중에 주인이 돼지를 쫓지 않은 수동을 나무랄 수밖에, 능청스런 수동은 천연덕스럽게 대답했다. "무슨 말씀이오? 돼지는 맞돈을 내고 먹는 줄 알았는데…… 그 말을 듣고 주인은 외상술을 주지 않을 수 없었다고 한다(유태종 1977).

7) 음주 금기(飮酒禁忌)

〈용재총화(慵齋叢話)〉에는 "하루의 환(患)은 묘시(卯時: 오전 8시경) 때 먹은 술이고, 1년간의 걱정은 작은 신〔靴〕이며, 일생의 걱정은 악처를 취하는 데 있다"고 하였다. 아침 일찍이 마시는 술을 금한 것이다.

금주에 대한 경계와 함께 조선 후기에는 술 먹은 다음에 금해야 할 음식 금기 풍속이 있었음을 알 수 있다. 〈규합총서〉에 따르면, 음주 후에 금해야 할 것을 다음과 같이 시직해 주고 있다.

술꾼〔酒客〕의 병은 계지탕(桂枝湯)을 먹지 못하는 법이니 양기(陽氣)를 얻은 즉 반드시 토한다. 그렇기 때문에 술꾼은 단맛을 즐기지 않는다. 막걸리를 먹고 국수를 먹으면 기운 구멍(氣孔)이 막히고, 취한 뒤 바람맞이에 누우면 하초(下焦)가 잘못 된다. 술 마신 뒤 목이 몹시 마르더라도 찬물을 먹지 말아야 하니, 찬 기운이 방광에 들어가면 수종(水腫), 치질, 소갈증이 생긴다. 홍시, 황률, 살구, 버찌, 조기 등의 음식은 상극이니 먹으면 안 된다. 탁주를 먹고 쇠고기를 먹으면 촌백충이 생기고, 더운 고기를 먹고 즉시 냉수를 먹으면 충이 생긴다.

8) 해장국과 해장술

술의 문화와 함께 빼 놓을 수 없는 것이 해장국과 해장술의 풍속이다. 주막에서는 첫새벽에 찾아오는 손님을 위하여 해장국을 끓여 준비한다. 해장국은 혹 '해정(解酊)국'이라 하여 숙취를 푸는 국의 뜻이라고도 한다. 해장국은 소의 뼈를 푹 고은 국물에 우거지와 선지를 넣고 끓인 별미 토장국의 하나이다. 첫새벽 장터 가까이에는 밤을 지새우며 찾아 들어온 장사꾼이 있고, 지난 밤 술을 마시며 지새운 술 손님들이 많다.

주막집 부뚜막에 걸린 큼직한 쇠솥에는 선지덩이가 푸짐하게 섞인 해장국이 펄펄 끓고 땅에 묻은 술독에는 해장술이 가득하다. 소박한 아낙이나 주인을 찾아온 손님을 마치 가까운 친지를 대하듯이 반기면서 손님이 청하는 대로 큼직하고 두둑한 뚝배기에 해장국을 듬뿍 떠서 대접한다. 여기에 밥과 장아찌, 깍두기가 함께 차려지기도 한다.

해장술은 이 해장국을 안주로 하여 먹는 것으로 술을 먹은 후 해장을 위해 마시는 술이다. 술을 술로써 다스리는 점이 특이하다. 술의 발달로 술을 마신 후 먹는 이런 해장술과 해장국이 나오게 되었음을 짐작할 수 있다.

9) 상둣술에 낯내기

장례식이 거행되면 꽃상여를 메는 상여꾼(상두꾼)이 오게 된다. 상여꾼은 고기와 술을 푸짐하게 대접받지 않으면 행패가 심하여 음식은 물론 돈까지도 요구하는데, 청하는 대로 주어야 하는 것이 풍속이었다. 특히 장지(葬地)가 멀 때는 며칠 몇 날 상여꾼이 걸어야 했으므로 때때로 내놓아야 하는 음식에 대단한 비용이 들었다. 그러나 남의 술이나 남의 쌀밥으로 후하게 대접하여 벗을 만들 수 있었기에 "상둣술로 벗 사귄다", "상둣술에 낯내기"라는 속담이 생겼다.

상여꾼들은 시체를 운반하는 일을 맡은 천한 사람들로, 신분상으로는 대접을 받을 수 없는 계급에 속하는 사람들이 많았다. 그러나 초상난 집에서 상여꾼을 위하는 양은 "장모 사위 위하듯 한다"고 할 정도로 극진하였다. 보통 때는 천민으로 지내다가 이렇게 상가에 오면 대접을 받았기 때문에, 그들은 울분 해소의 장으로서 상가에 행패부리기를 예사로 한 듯하다. 또 상여를 메고 가면서도 죽은 이의 노자가 없어 더 이상 발을 뗄 수 없다 하며 뜯어내는 노잣돈이 무척 많아 병폐를 이루기도 했다.

10) 금주령

술은 기호품으로 뿐만 아니라 사용처가 많아 식생활의 필수품이라고 할 만하였다. 각종 제사, 의례는 물론, 손님 대접을 위해서도 반드시 술을 사용하였다. 그러기에 '금주령'이 내려지면 밀주를 만드는 풍습이 전국을 휩쓸었으며, 주막 같이 술을 파는 곳에서는 밀주를 밀매하기도 하였다.

밀주는 몰래 마시는 것이겠으나 금주령 아래에서도 술을 떳떳이 마실 수 있는 기회는 있었던 것으로 보여지는데 금주령이 내리면 권력자는 어떤 핑계로든 이를 면하고, 백성들만 걸려들어 민원(民怨)이 높았다. 이것으로 미루어 금주령 아래서 특권 계급은 청주를 약효주 인양 사칭하면서 마시고 더욱 나아가서는 좋은 술인 청주를 약주라고 해버린 것이다(이성우 1978).

18세기만 해도 1733년, 1756년에 금주령이 내려졌다. 1734년에는 전국에 기아민이 71,900명이나 되었다고 한다. 또 1756년(영조 32년 丙子)에 내려진 금주령은 12년 뒤인 1767년(丁亥)에 풀렸으니, 당시 식생활의 사정을 알 만하다. 이 때의 실학자 홍대용(洪大容)은 중국에 가서도 국가의 금주령에 따라 술을 한 방울도 안 마셨다는 일기가 보인다(김태준 1982).

이러한 예들에서 보는 바와 같이, 조선 왕조에 들어와서 가뭄으로 여러 번 금주령이 내린 일이 있은 후부터 금주령 아래서 이를 어기는 핑계로 약주가 비밀리에 유행하기도 했다. 또 금주령 가운데서도 명절날, 결혼식, 제사 등에는 금주령을 발한 조정에서도 어느 정도 음주를 묵인하였으므로 떳떳하게 술을 마셨다고 한다.

우리 나라의 술은 대개 멥쌀이나 잡곡으로 빚었기 때문에, 절약을 필요로 하면 술을 마시지 못하게 하였다. 천재지변이 생겼거나, 국상이 있을 때에도 금주령이 내렸다. 그러나 제사를 존중히 여기는 우리 나라인만큼 제주(祭酒)만은 용서하여 주었다. 제사 때 음복의 절차에 따라 제사에 참여하였던 사람들은 술을 나누어 마실 수 있으나, 금주령이 가장 엄격한 때에는 제상(祭床)에까지도 금했다는 기록이 있다.

11) 술이 있는 손님상

"손님이 끊기면 그 집안 인심이 나쁘다"하고 지나는 과객이라도 재워 주고 먹이지 않으면 안주인 사람 됨됨이가 인색하다는 평판을 받았다. 항시 손을 맞을 준비를 하고 있어야 하는 주부에게 손님이란 그리 반가운 존재는 아니었을 것이다.

손님상에는 술이 올라가 있어야 됨은 당연하나, 손님 대접용 술은 대개 안주인이 집에서 손수 담아 내는 것을 예절로 삼아 술의 제조법이 또한 뛰어나고, 술 종류의 발달을 낳게 되었던 것 같다. 〈해동가요(海東歌謠)〉에도 술 대접의 풍속을 알려 주는 시조가 있다.

> 술 있으면 벗이 없고 벗이 오면 술이 없더니
> 오늘은 무슨 날로 술이 있자 벗이 왔네
> 두어라 이는 병이니 종일 취하리라.

속담에 "한 잔 술에 눈물난다", "한 잔 술에 인심 난다"라는 말이 있다. 손님을 대접할 때 사람마다 박하게 대접하고 후하게 대접하여 서로 불편한 사이가 되기도 하니, 손님 대접에 각별히 신경을 쓸 것을 부녀자들에게 경고하는 말이다.

박두세(朴斗世)의 〈요로원야화기(要路院夜話記)〉에는 충청도에서 있었던 조선 후기의 손님 대접 풍속을 만화경적으로 비판해 주고 있다. 손님 접대의 식단을 3등급으로 만들어 손으로 턱을 만지면 가장 조잡스러운 상차림을 내고, 코를 만지면 중간 상차림을, 이마를 만지면 가장 좋은 상차림을 내는 집안이 있었다

한다. 그래서 이를 눈치채고 골탕을 먹인 이야기가 있다(김동욱). 이와 비슷한 것으로 수염의 어디를 쓰다듬는가를 보아 상 차림의 경중을 판단했다는 주부의 이야기도 있어, 손님 접대로 인한 우스운 일화가 적지 않았음을 알 수 있다. 석학자로 칭송되는 우암(尤庵) 송시열 선생도 〈손 접대하는 도리〉라는 〈계녀서〉의 한 장에서 다음과 같이 훈계하고 있다.

내 집에 오는 손님이 원래 친척이 아니면 지아비의 벗이요, 시족의 벗이라. 음식 잘하여 대접하고 실과나 술이나 있는 대로 대접하되 손이 잘 먹지 못하여도 박대요, 지아비 나간 때는 종시켜 만류치 아니함도 박대니 일가를 청하여 주인노릇하고 일가 사람이 없으면 마을집 주인을 잡아 주고 잘 대접하여 보내라. 한번 두번 박대하면 그 손이 아니오며 다른 손도 아니 오리니, 손이 아니오면 가문이 자연 무식하고 지아비와 자식이 나가서 주인 할 일 없을 것이니, 부디 손 대접 극진이 하라. 옛 부인은 달구를 팔아 손을 대접하고 자리를 썰어 말을 먹였으니, 요사이 부인네는 손이 왔다 하면 싫어하고, 지아비나 자식이나 어디 가서 잘 먹었다 하면 그는 기뻐하니, 부디 명심 경계하여 잘 대접하되, 인심이 부귀한 손이 오면 조심하여 잘 대접하고, 빈천한 손이 오면 허술히 대접하니 이는 덕불한 행실이라, 노소는 분간하여 대접하려니와 귀천과 빈부는 분별치마라.

2. 술이 든 속담(진로그룹 홍보실 1988)

술이 든 속담은 무척 많다. 편의상 일련 번호를 매겨 속담과 그 뜻을 정리하면 다음과 같다.

1. 건넛 술막 꾸짖기

직접 그 사람의 잘못을 꾸짖지 않고 다른 사람의 잘못을 끌어다가 그것을 빌어서 꾸짖는다.

2. 계(契)술에 낯내기 / 상둣술에 벗 사귄다

공동의 소유물을 가지고 자기 얼굴을 세운다.

3. 공술에 술 배운다.

술이라는 것은 처음에는 반드시 남의 권유에 못 이겨 마시다가 배우게 된다.

4. 공술 한 잔 보고 십리 간다.

제 돈 안들이고 거져 생기는 것이라면 무엇이나 좋아한다.

5. 금주(禁酒)에 누룩 흥정

술을 먹지 않는다는 사람에게 누룩을 팔려고 흥정한다 함이니, 필요 없는 수고를 한다는 뜻이다.

6. 김씨가 먹고 이씨가 취한다.

무슨 일을 하거나 그 좋지 않은 결과에 대하여 남에게 책임을 지운다.

7. 남의 술에 삼십리 간다.

자기는 가고 싶은 생각이 없으나, 술을 받아먹자고 권하는 데 못 이겨 삼십리를 간다함이니, 무릇 저 하기 싫은 일을 남의 권유로 하게 됨을 일컫는다.

8. 당나귀 새끼가 보다, 술 때 아는 걸 보니

당나귀는 닭보다 더 잘 알며 술을 잘 먹어, 한번 술을 주면 그때만 되면 언제나 술을 달라고 소리지르고 발로 차고 한다 함이니, 술 잘 먹는 사람이 술 자리를 알아가지고 온다 하여 놀리는 말이다.

9. 더운 술을 마시면 코끝이 붉어진다.

술을 불면서 마시지 말라.

10. 뜨물 먹고 주정한다.

공연히 취한 체하고 건성으로 부리는 주정을 이름, 이치에 닿지 않는 생억지를 장난으로 이르는 말이다.

11. 모주 장사 열 바가지 두르듯

얼마 되지 않는 것을 겉으로만 많은 체하려 한다.

12. 미운 놈 보려면 술 장사하라.

술 장사를 하면 미운 사람을 많이 볼 수 있다 하여 하는 말이다.

13. 박한 술이 차보다 낫다.

없을 때는 좋지 않은 것이라도 낫게 여겨진다.

14. 반 잔 술에 눈물 나고 한 잔 술에 웃음 난다.

남에게 무엇을 주려면 푸짐하게 주어야지 그렇지 못하면 도리어 인심을 잃게 된다.

15. 보리로 담근 술, 보리 냄새 안 빠진다.

무엇이나 본성 그대로를 지닌다. 근원이 좋으면 결과도 좋고, 근원이 나쁘면 결과도 나쁘다.

16. 술 익자 체 장수 간다.

일이 우연히 잘 맞아감을 비유한 말이다.

17. 아전의 술 한잔이 환자(患者)가 석섬이다.

관리로부터 적은 신세를 지면 몇 곱으로 갚게 된다.

18. 아주머니 술도 싸야 먹는다.

아무리 친분이 있어도 이해 관계에 있어서는 명백히 따져본다.

19. 외모는 거울로 보고 마음은 술로 본다.

술을 먹으면 마음을 털어 이야기하기 때문에 이르는 말이다.

20. 이태백도 술병 날 때가 있다.

돈의 낭비가 있으니 술을 마시지 말라는 데 대하여 반대하는 말이다.

21. 좋은 술에 간판 없다.

술맛이 좋으면 주객은 멀리서도 찾아온다.

22. 주금(酒禁)에 누룩장사 / 금주에 누룩 흥정 / 주모 보면 염소똥 보고 설사한다.

술은 도무지 조금도 못한다.

23. 중매 잘하면 술이 석잔이고 못하면 뺨이 석대다.

혼인 중매를 잘하면 술 대접을 받지만, 못하면 뺨을 맞을 일이라 함이니, 곧 혼인은 억지로 권할 일은 못된다는 뜻이다.

24. 중 술 취한 것

아무 데도 소용이 없고 도리어 해로울 것을 이르는 말이다.

25. 초상 술에 권주가 부른다.

때와 장소를 분별 못하는 행동을 이르는 말이다.

26. 한 잔 술에 눈물 난다

사소한 일에 원함이 생기는 것이니, 사람에게 대접할 때 어떤 사람에게는 후하게 하고 어떤 사람에게는 박하게 하는 일이 없이 고르게 하라는 말이다.

27. 흰 술은 사람의 얼굴을 누르게 하고, 황금은 사람의 마음을 검게 한다.

술과 황금은 조화를 부려 잘못하면 사람을 나쁘게 하니 조심해야 한다.

28. 보리술이 제 맛 난다.

제 본성을 지닌다.

29. 사후(死後) 석잔 술 말고 생전에 한잔 술이 달다.

죽은 후 제사에 초헌, 아헌, 종헌 3잔 올리지 말고 생전에 1잔이라도 올리라.

30. 상둣술로 벗 사귄다 / 상둣술에 낯내기

남의 것을 가지고 제 것같이 생색을 낸다.

31. 상시(常時)에 먹은 맘이 취중(醉中)에 난다.

누구나 술에 취하게 되면 평소에 가졌던 생각이 언행에 나타난다.

32. 수풀의 꿩은 개가 내몰고 오장의 말은 술이 내몬다.

술만 마시면 마음 속에 있는 것을 모두 말해버린다.

33. 술값보다 안주값이 비싸다.

어떤 일에 있어서 주(主)가 되는 것보다 그에 딸린 것이 더 많다.

34. 술과 안주를 보면 맹세를 잊는다.

술 즐기는 사람은 늘 술이 몸에 해롭다 하여 끊으려고 하나, 보기만 하면 마시지 않고도 못 견딘다.

35. 술 담배 참아 소 샀더니 호랑이가 물어갔네.

돈을 모으기만 할 것이 아니라 쓸 데는 써야 한다.

36. 술 먹여 놓고 해장 가자 부른다.

일을 못되게 망쳐 놓고서 그 뒤를 도와 주는 체한다.

37. 술 먹은 개

술 취한 사람을 멸시하는 말이다.

38. 술 받아 주고 뺨 맞는다.

자기 돈을 써가면서 남을 대접하고 자기가 도리어 욕을 보게 되는 경우에 쓰이는 말이다.

39. 술 냄새 나는 주전자

상식(常識)으로는 판단할 수 없는 허망한 일을 바란다.

40. 술은 괼 때 걸러야 한다.

무슨 일에 있어서 최적(最適)의 기회가 있는 것이니 기회를 놓치지 말고 그 때를 보아서 해야 한다.

41. 술은 초물에 취하고 사람은 훗물에 취한다.

1) 술은 처음 마실 때부터 취하기 시작하나 사람은 한참 사귀고 나서야 그 사람의 장점을 발견할 수 있어 사이좋게 지낼 수 있다.
2) 사람은 전처보다 후처에게 더 혹한다는 것을 가리키는 말이기도 하다.

42. 술이 아무리 독해도 먹지 않으면 취하지 않는다.

무엇이나 해보지 않으면 아무런 결과도 나타나지 않는다.

제 10 장
술 빚는 데 사용된 계량 단위, 기구, 용어

1. 술 빚는 데 사용한 계량 단위

술 빚는 데 사용한 계량 단위는 〈표 25〉와 같다.

표 25 술 빚는 데 사용한 계량 단위

구부	번호	계량 단위	번호	계량 단위
용량단위	1	홉〔合〕	9	대야
	2	되〔升〕	10	수저(숟가락)
	3	말〔斗〕	11	주걱
	4	섬〔石〕	12	발이
	5	사말(식기,탕기)	13	박(바가지)
	6	동이	14	그릇〔器〕
	7	복자	15	주걱
	8	병		
중량단위	1	근〔斤〕		
	2	양〔兩〕		
	3	돈〔匁〕		
	4	전〔錢〕		

구분	번호	계량 단위	번호	계량 단위
수량단위	1	개〔個〕	7	속
	2	가지〔枝〕	8	쪽
	3	제	9	마리
	4	타〔朶〕	10	알
	5	장	11	짐
	6	편		
길이단위	1	푼〔分〕		
	2	촌〔寸〕		

계량 단위는 용량 단위 15가지, 중량 단위 4가지, 수량 단위 11가지, 길이 단위 2가지였다.

되는 용량을 재는 중간 정도의 분량을 잴 때와 많은 양이 아닌 곡물을 잴 때 흔히 쓰인 계량 단위이다. 많은 양의 분량은 근, 양, 돈, 전 등의 중량 단위를 사용하였다.

물의 양은 동이, 대야, 병 등의 용량 단위를 사용하였고, 소량의 물은 사발, 중발을 사용하였다.

2. 술 빚는 데 사용한 기구

술 빚는 데 사용한 기구는 〈표 26〉과 같다. 기구는 모두 41가지였다. 술 빚는 과정에 따라 사용된 기구를 분류하면 다음과 같다.

1) 누룩 누를 때: 체, 베 보, 주머니, 누룩 틀

2) 밑술 빚을 때: 항아리, 물통, 쟁반

3) 약재, 화향 재료를 넣을 때: 주머니, 포대

4) 술독을 보온할 때: 널, 짚방석, 유지, 초석, 솜옷

5) 건조시킬 때: 공석, 소삽, 삿자리, 멍석, 광주리

6) 재료를 섞을 때: 대야, 양푼, 동도지, 오지그릇, 푼주, 주걱, 함박, 자백이

7) 곡물, 약재, 화향 재료를 가열할 때: 시루, 솥, 소라, 곱운지

8) 술 빚을 때: 항아리, 독

9) 재료를 옮겨 담거나 계량할 때: 순가락, 푼주, 발이, 병, 되, 말, 홉, 섬, 양푼, 함박

10) 재료를 준비할 때: 멧돌, 절구

11) 술을 뜰 때: 용수, 주다

12) 증류시킬 때 : 고리, 관

표 26 술 빚는 데 사용한 기구

번호	기구	번호	기구
1	솥(물솥,가마솥)	18	주걱(막대기, 풀젓개, 동도지), 나뭇가지, 몽둥이
2	시루	19	함박
3	항아리(독, 단지), 단복지, 사항(砂缸)	20	섬
4	그릇(사기그릇, 식기, 유기)	21	초석(공석, 삿자리, 석, 짚방석, 두트리방석, 멍석)
5	숟가락	22	용수
6	푼주(푼자)	23	곱운지(물 끓이는 기구)
7	종이(두꺼운 종이, 유지, 비닐 종이)	24	바랭이
8	발이(오목주발, 중발, 사발)	25	주조(酒槽), 신주조(新酒槽)
9	닥나무잎, 참나무, 연잎	26	자백이
10	주머니(명주 자루, 헝겊주머니, 가제주머니, 모시주머니, 비단주머니, 생갑주머니, 깁전대, 전대(纏帶), 베주머니, 주대(紬袋), 가는 모시천, 갈베헝겊, 마른행주, 모시조각, 베보자기) 전구	27 28 29 30 31 32	광주리 물통, 준(罇=술통) 낫동이(양푼, 동이) 고리(소주) 솜옷 누룩틀
11	짚(보리짚, 밀짚, 왕겨)	33	쟁반(눌러 놓는 작용), 항아리 뚜껑
12	병(오지병, 사기병)	34	대(술 짜는 주머니)

번호	기구	번호	기구
13	멧돌	35	관(증발된 술 도입용)
14	복자	36	국자
15	되들이(되 만한 그릇), 뒷박,	37	쳇다리
16	되쪽박, 되	38	젓가락
17	소라(소래기)	39	안반

〈솥〉

〈소래기〉

〈자배기〉

〈술병〉

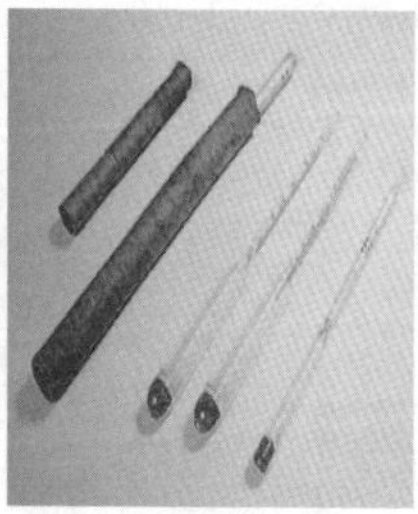
〈주정계〉

〈용수〉

〈누룩고리〉

〈소주고리〉

〈시루〉

〈술통〉

〈쳇다리〉

그림 27 술 빚는 데 사용한 기구

3. 술 빚는 데 사용된 용어

술 빚는 데 사용된 용어는 〈표 27〉과 같다. 용어는 씻는 과정 용어, 불리는 과정 용어, 다듬고 써는 과정 용어, 널어 말리는 과정 용어, 술 익히는 과정 용어, 술 익는 과정 용어, 술 뜨는 과정 용어 등으로 분류하였다.

표 27 술 빚는 데 사용한 조리 용어

조리 과정	용어
씻는 과정	씻다. 백세하다. 수세하다. 정세하다.
불리는 과정	담궈 두다. 물로 추기다. 물 뿌리다. 재우다(하룻밤). 담그다. 불리다. 바꿔 주다(물), 새물 갈아주다. 우린다(울그다. 우려내다). 쓴맛 제거하다. 건져 놓다(건지다).
써는 과정 (다듬는과정)	썰다(잘게). 베다. 심을 제거하다. (고추)째다. 속을 발르다. 다듬다. 껍질없이 하다. 껍질 벗기다. 외피를 제거하다. 모엽(毛葉)을 제거하다.
널어 말리는 과정	자주 뒤치다. 이슬 맞히다. 깔다(펴다). 덮다(덮는다, 덮어 널어 말려 거두다). 펴 널다. 마르다(말리다). 볏짚을 갈아주다. 널다. 햇볕에 말리다. 걸어 둔다. 뒤슬러 놓는다. (연잎을)깔아 준다.
준비과정	묻히다. 물을 친다. 물에 푼다. 버무리다. 반죽하다. 혼합하다. 눅게 만든다. 개다(갠다), 젓다(꽈리 일도록 휘젓다). 짓이긴다. 걸르다. 교합하다. 섞나(섞는나). 빻다. 쓿다. 가루로 만들다(세말하다, 작말하다). 갈다. 매긴다. 켜켜놓다. 채워 둔다. 주물러 빼다. 짜다(눌러). 풀다. 떡 만들다(구 멍떡 만들다, 두레떡 만들다, 빚는다, 구멍떡 빚다). 주무르다. 만들다. 펴낸다. 치다. 내리다. 제거하다. (체에)받치다. 뭉친다. 찧다. 첨가하다. 바르다. 꽂는다(복숭아 가지). 띄우다(쪽박). 얼음 채우다. 차게 식히다(받쳐 식히다, 냉각하다, 식히다). 짚 연기 쐬다. 부시다(깨뜨리다). 즙을 취하다(즙을 낸다). 얼린다. 앉히다. 디디다. 치대다. 맑게 하다. 분리시키다. 녹이다. 두드리다 범벅개다(짓다), 따다 흔들다(요동시키다). 수유금박(酬油金泊)을 입히다. 따르다. (그릇에) 쏟다. 도정하다. 덩이를 끄다. 체에 쳐놓다. 치대다(주무르다), 수건에 받치다. 소주에 타다. 걸어 두다. 꺼내다. 거품을 제거하다. 분정하다. 섞다. 찌꺼기를 없앤다(제거하다, 뺀다). 파다. 올려놓다. 삶아 거르다. 멧돌에 타다. 솔잎에 재우다. 멍울 없이 으깬다. 벌레를 제거한다. 죽같이 갈다. 물에 거르다.

조리 과정	용 어
	담을 개다. 물에 풀어 섞다. 깨뜨리다. 안치하다. 번갈아 안치다. 옮기다. 첨가하다. 담는다. 따뤄내다. 덩어리로 뭉치다. 붓는다(펴붓다). 합하다. 꿀바르다. 겨지 놓다(켜켜로). 푸다(펴놓다). 건지다. 물타다. 갈다. 물기를 빼다. 수건에 싸다. (쟁여, 떼어, 뭉쳐, 저며, 채워, 피, 물, 주머니에) 넣는다.
가열 과정	밥짓다(고두밥 짓다, 무르게 짓다). 끓이다(죽 끓이다). 고다(푹 삶다). 응이쑤다. 찐다(지에밥 찌다). 소주를 고다 (소주 내리다). 익히다. 데우다. 삶다(삶아내다). 볶다. 달인다. 죽쑤다(묽게 쑤다). 데치다. 반생반숙(半生半熟)하다. 설익히다(데쳐 건지다). 중탕하다. 증류하다. 뜸들이다.
술 익히는 과정	차둔다(차맨다). 봉한다(밀봉한다, 막아 둔다, 부리를 맨다). 부치다. 덮다(덮어두다). 본정하다. 묻는다. 저장하다. 받쳐 준다(나뭇가지로). 노인 대접하듯 한다(불열 불한하게 한다).
술 익는 과정	괴다. 괴어 오르다. 떠오르다. 발효시키다.
술 뜨는 과정	등청한다. 용수 박는다(용수 꽂다, 용수 질르다). 술 걸르다. 도입하다. 윗국을 뜨다. 술 뜨다. 위를 걷다. 찌꺼기를 따르다.

4. 술 맛의 표현 용어

술맛의 표현 용어는 다음과 같다.

맛이 평담하다.
술맛이 매우 순하다.
향취가 기이하다.
맛이 청렬하다.
맛이 감미롭다.
맛이 훈감하다.
맛이 평평하고 순하다.
술맛이 극히 좋다.
달고 독하다.
맛이 기이하다.
맛이 향열(香烈)하다.

술맛이 매우 독하다.
술맛이 달다.
맛이 준렬하다.
술빛이 댓잎같고, 맛이 향기롭다.
맛이 콕쏘게 맵다.
맛이 맵고 달다.
극히 맹렬하다.
감미가 많다.
술맛이 특이하다.
술이 향긋하고 감미롭다.
맛이 감렬하다.

청향(淸香)이 그윽하다.
맛이 달고 향기롭다.
맛이 매우 아름답다.
달고 독하다.
맛이 쓰다.
산첨담박(酸添淡薄)하다.
감미가 있다.
소주맛이 짜르르하고 콕 쏜다.
맛이 훈감하고 향긋하며 기특하다.
우유와 같이 감미롭다.
맛이 맵고 좋다
맛이 달고 향기롭다.
맛이 좋다
맛이 향긋하다.
술맛이 맵다.
달고 좋다.
술의 색이 아름답고 맛이 좋다.
술이 아리땁고 빛이 냉수같다.

한편 술의 빛깔을 표현할 때는 '술빛이 파랗다.', '술빛이 댓잎같다.', '술빛이 냉수같다.', '술빛이 아름답다' 등으로 표현하였고, 술 위에 뜬 밥알을 표현할 때는 '밥알이 뜬다.', '개미가 뜬다.' 등으로 표현하였다.

제 11 장 요약 및 결론

조선시대에 발간된 문헌 중 술에 관련된 기록이 있는 문헌을 중심으로 술의 종류와 빈도, 그 술에 사용된 곡물의 종류와 곡물의 처리 방법, 술 빚는 방법, 재료의 계량 단위, 술 빚는 데 사용한 기구, 용어 등을 분석, 고찰한 결과를 요약하면 다음과 같다.

1. 문헌에 기록된 전통

민속주는 양조곡주, 증류주, 외래주로 분류된다. 양조곡주는 거르는 방법에 따라 탁주, 청주가 있고 빚는 방법에 따라 일반주, 이양주(異釀酒)가 있다. 일반주는 밑술로만 빚는 단양주, 밑술에 덧술을 넣는 횟수에 따라서 이양주, 삼양주, 사양주, 오양주가 있다. 그 중 이양주로 빚는 술이 가장 많다.

2. 술 빚는 데 사용한 재료는 곡물, 누룩, 물, 화향 재료, 약재, 과일 등이었다.

1) 곡물은 멥쌀, 찹쌀, 감자, 고구마, 보리, 밀가루, 대두, 기장, 녹말,수수, 메기장, 촉 등이었는데 멥쌀이 가장 많이 이용되었다. 곡물의 처리 형태는 지에밥을 찌거나 가루로 하여 풀, 죽, 범벅, 구멍떡, 흰무리를 쪄서 술을 빚는다.

2) 술 빚는 물은 특별히 신경을 써서, 반드시 깨끗한 물을 끓이고 식혀서 사용

한다. 샘물, 청명일이나 곡우일에 흐르는 강물, 가을에 내리는 이슬을 받은 것으로 술을 빚었다.

3) 누룩

(1) 누룩의 종류는 국, 내부비전국, 녹두국, 동양주국, 요국, 미국, 백국, 모국, 신국, 이화주국, 면국, 홍국, 향온국 등으로 술에 따라서 누룩을 특별히 디뎌서 빚는 술도 있었다.

(2) 누룩의 재료는 본래 밀인데, 밀을 갈아서 사용하거나 밀기울, 밀가루로 사용하고 그밖에 녹두, 콩, 황미, 쌀가루, 찹쌀가루, 보릿가루, 메밀가루, 팥 등으로 누룩을 디뎠다.

(3) 누룩의 반죽은 곡식 가루에 물을 넣어 반죽하거나 녹두즙, 쑥물,여뀌즙을 넣어 반죽하기도 하였다. 또 중국의 누룩 디디는 법을 인용하여 복숭아씨, 살구씨, 바곳뿌리, 목향, 육계, 여뀌, 청호, 창이, 연화, 백출, 천초, 당밀, 당귀, 축사, 목향, 방향, 복령, 관계, 단향, 백지, 오수유, 감초, 행인, 백단, 감과 등을 넣기도 하였다. 특히 홍국을 만들 때 붉은 색을 내기 위해서는 자초를 넣었다.

(4) 누룩의 모양은 네모, 둥근모양, 달걀 크기, 주먹 크기로 빚었다.

(5) 누룩 띄우기는 여뀌잎, 연잎, 도꼬마리잎, 닥나무잎, 잣나무잎, 피마자잎, 짚, 솔잎, 창이잎, 쑥, 가마니, 풀 등을 덮어서 21일, 49일, 50일, 60일, 70일간 띄웠다.

(6) 누룩을 디디는 시기는 정월 초하루, 정월초 열흘 전, 여름, 삼복 안, 초복, 중복, 말복, 5~6월 상인일, 6월 6일 등이었다. 누룩 디디는 좋은 달은 신미(辛未), 을미(乙未), 경자(庚子), 제(除), 만(滿), 개(開), 성일(成日)이다.

3. 순곡주 빚기

1) 일반주류

(1) 단양주를 빚을 때

곡물 : 누룩 : 물의 비율은 멥쌀 1말에 대하여 누룩의 양은 3~4홉, 1되

1홉, 1되 3홉, 2되, 3되, 1말이었고, 물의 양은 2병, 반동이, 1동이, 2동이, 5말이었고, 찹쌀 1말에 대한 누룩의 양은 5홉, 7홉, 1되, 2되, 물의 양은 3사발, 반동이, 1말, 1말 1되였다.

숙성 기간은 1일, 3일, 3~4일, 4~5일, 7일, 15일, 17일, 18~21일, 21일, 21~35일, 37일 등으로 하루만에 빚는 술로부터 37일간 빚는 술까지 있다.

(2) 이양주는 밑술에 곡물의 양을 적게 하고 누룩과 물을 넣어 빚은 후 덧술하는 곡물의 양이 밑술 때보다 많음을 알 수 있다. 또 밑술과 덧술에 사용하는 곡물이 다르다. 누룩과 물은 밑술에만 사용하고 덧술에는 누룩과 물을 사용하지 않았으나, 덧술에도 누룩이나 물을 넣어서 빚은 술도 있었다.

숙성 기간은 3일, 3~5일, 5일, 6일, 5~6일, 7일, 8일, 7~9일, 10일, 8~10일, 11일, 11~12일, 11~13일, 11~15일, 12일, 13일, 15일, 14~15일, 12~16일, 11~18일, 20일, 21일, 24일, 25일, 28일, 1개월, 2개월 등으로 3일부터 2개월간 빚는 술까지 있었다.

(3) 삼양주는 밑술, 1차, 2차 덧술에 사용하는 곡물의 종류가 동일한 술이 많은 것이 특징이다.

숙성 기간은 9~15일, 13~14일 10~21일, 28일, 1달, 3개월, 100일, 3~4개월 등이다.

(4) 보통술 처방대로 재료를 혼합해서 비스듬히 누운 소나무를 파거나(와송주), 살아 있는 대나무 마디 사이에 구멍을 내거나(죽통주), 동아의 머리를 베고 속을 발라내고 넣거나 하여(동과주) 술을 빚기도 하고, 술 항아리를 땅 속에 묻거나(지주), 찬물에 채우거나(청서주), 소나무 밑을 파고 묻거나(송하주) 하여 빚는 이양주(異釀酒)도 있다.

2) 혼양곡주류

혼양곡주류는 약용곡주류, 가향곡주류, 과일주, 혼성주로 분류한다.

(1) 약용곡주류

술에 약재를 넣은 약용주는 60종류, 곡물과 약재를 넣어 빚은 약용주는 단양약용주 26종류, 이양약용주 4종류였다.

곡물은 멥쌀, 찹쌀, 밀가루, 기장을 사용하였고, 곡물을 죽이나 지에밥을 지어서 술을 빚었다.

술에 넣은 약재는 천문동, 목향, 곽향, 영향, 창포즙, 세신, 천오, 천금, 부자, 오두, 백단, 광령, 참외, 연화, 사밀, 효모, 용뇌두, 백령등, 항령, 천초, 관계, 단향, 오수유, 행인, 우슬, 하수오, 녹말, 맥문동, 생지황, 인삼, 육계, 오가피, 인동, 인진고, 산사, 척근, 철, 진자석, 북나무 껍질, 천선자, 관상, 황육, 생치, 통초자즙, 호골, 백화사, 오가피, 상수리, 도토리, 황정, 솔잎, 생강, 계피, 누룩, 인삼, 황납, 꿀, 후추, 백출, 당귀, 오미자, 용뇌, 단사리별, 과라, 괴지, 구기자, 지황, 사슴 머리, 적출, 방풍, 완계, 촉초, 길경, 대황, 팥, 도인, 재, 백부근, 복분자, 대나뭇잎, 천남성, 사근, 미림, 선묘, 인, 홍두, 소자, 자금피, 용뇌, 우방근, 천궁, 반하, 모과, 작약, 황기, 숙지황, 감초, 백복령, 의이인, 백두구인, 축사, 빈랑, 귤홍, 비파잎, 맥얼, 심향, 목향, 초과인, 두충, 남향, 상백피, 후박, 정향, 창출, 차조기, 대추, 실백, 초, 백엽, 사인, 방계, 백복령, 진피, 백지, 축사, 감초, 백단, 침향, 해근, 회향 등이다.

약효는 풍, 두통, 무릎, 허리, 허약, 피로 회복, 미용, 장수, 머리를 검게, 마비증상, 강정, 강장, 손발을 덥게, 냉기, 음허, 빈뇨, 골수의 풍독 치료, 원기 회복, 관절염, 오로칠상 치료, 열을 식힘, 우울증, 건위, 반신 불수, 묵은 병 치료, 두통, 갈증, 이질, 혀, 각기, 사지 경련, 눈과 귀를 밝게 함, 해독, 골격 튼튼, 비장, 거담, 보혈, 강골, 담증, 학질 치료, 질병 예방, 소화 촉진, 병 치료, 얼굴 광택, 수명연장, 산후 어혈 치료, 신장, 복통, 백병, 몽지, 보정 보기, 회산 효능, 회춘, 근골경련, 풍습 제거, 강골, 소화, 혈액 순환, 무병, 마비, 혈기, 혈색, 오장, 12경맥순통, 팔 다리, 신장, 부스럼 치료, 허기증 치료 등에 효과가 있다고 한다.

술에 약재를 넣는 법은 생약재를 넣을 때는 약재를 잘게 썰어 가제 주머니 속에 넣고 술독에 담아 밀봉하는데, 술 1병당 생약재 3냥을 넣어서 봄이면 5일,

여름이면 3일, 가을이면 7일, 겨울이면 10일간 밀봉하였다가 약 기운을 우려내고 약재를 꺼낸다.

(2) 가향곡주류

가향곡주는 술에 가향 재료를 우려낸 가향주와 곡류와 가향 재료를 넣어 빚은 단양 가향주, 이양 가향주, 삼양 가향주, 사양 가향주가 있다.

가향주에 이용된 곡물은 멥쌀, 찹쌀, 밀가루였다. 곡물의 처리 상태는 가루, 죽, 구멍떡, 흰무리, 지에밥이었다.

가향 재료는 꽃은 국화, 진달래꽃, 연꽃, 냉이꽃, 매화, 장미꽃, 복숭아 꽃, 동백꽃, 살구꽃이고 잎이나 열매는 감국, 송엽, 솔방울, 솔잎, 연잎, 솔순, 송화, 송절, 송지, 죽엽, 닥나무잎, 청호, 송순이고, 약재는 생지황, 구기자 등이다.

술에 향기 내는 법은 향기 있는 꽃들을 헝겊 주머니에 넣어 술 1말에 꽃 2되의 비율로 술항아리 속에 달아맨다.

숙성 기간은 9~10일, 10일, 14일, 2~3주, 20일, 21일, 22일, 27일, 28일, 2~3개월 등이다.

(3) 과일주

과일주는 술에 과일을 넣은 과일주와 곡물과 과일을 넣어 빚은 단양 과일주, 이양 과일주로서 재래의 술 빚는 방법에 과일류를 곁들여서 빚은 술로 별미를 맛보거나 약용의 목적으로 이용되었다.

과일주는 멥쌀이나 찹쌀을 가루로 하여 죽을 쑤거나 또는 지에밥을 지어서 빚었다.

과일은 석류, 야자, 유자, 능금, 포도, 호도, 잣 등이었다.

치료 효과는 오로칠상 치료, 기 부족을 보함, 백병 치료, 신중, 방광,두풍, 백사, 귀매 등이다.

(4) 혼성주

혼성주는 곡물에 소주를 넣어 빚은 술로서 소주도 아니고 약주도 아닌 중간형의 술로서 과하주가 있다.

(5) 증류주

증류주는 순곡 증류주로 단양 증류주, 이양 증류주, 삼양 증류주와 약용 증류주는 소주에 약재를 넣은 약용 증류주, 곡물과 약재를 넣은 단양 약용 증류주, 이양 약용 증류주가 있다.

소주를 골 때 땔감은 참나무, 밤나무를 사용하였다.

순곡 증류주는 곡물에 누룩과 물을 넣고 빚어서 숙성시킨 술을 증류시킨 술로서 단양 소주 9종, 이양 소주 5종, 삼양 소주 1종류였다.

곡물은 멥쌀, 찹쌀, 보리, 메밀, 밀, 수수, 옥수수, 귀리였다.

곡물의 상태는 가루, 죽, 지에밥, 흰무리였으며, 숙성 기간은 5일, 7일, 8일, 1~2주였다.

소주에 약재를 넣은 약용 소주는 10종류였다.

소주에 넣은 약재는 꿀, 자초, 관계, 용안육, 진피, 방풍, 정향, 계피, 설탕, 소쓸개, 배즙, 생강즙, 단향, 포도, 누룩, 뽕나무 열매였다.

곡물과 약재를 넣어 빚은 약용 소주는 곡물과 누룩, 물과 함께 약재를 넣어 빚어서 증류한 술로서 단양 증류주 3종, 이양 증류주 2종류이다.

곡물은 멥쌀, 찹쌀, 모밀이고 곡물의 상태는 가루, 지에밥, 죽이다. 숙성 기간은 6일, 56일이다.

약재는 꿀, 후추, 대추, 생강, 고추, 계피, 설탕, 지치, 당귀, 용안육, 숙지황, 앵도즙, 저편, 치자, 단향, 유향, 목향, 천궁, 몰약, 정향, 인삼, 호도, 황밀, 송순즙이다.

약용 효과는 장기, 습, 비위, 냉적, 한기, 조습담, 울결, 설사, 벌레, 통변, 눈, 귀, 오장에 좋다고 한다.

4. 외래주

외래주는 고려시대의 외래주 9종류, 고려시대의 증류주 5종류, 조선시대의 외래주 중 15~16세기의 외래주 18종류, 17~18세기의 외래주 23종류, 19세기~구한말의 외래주 33종류이다.

5. 누룩 디디는 기간은 21일, 49일, 50일, 60일, 70일이고, 술 빚는 기간은 1일, 3일, 3~4일, 3~5일, 4~5일, 5일, 6일, 5~6일, 7일, 8일, 7~9일, 8~10일, 9~10일, 10일, 11일, 11~12일, 12일, 11~13일, 13일, 13~14일, 14일, 9~15일, 1~2주, 11~15일, 14~15일, 12~16일, 11~18일, 20일, 100일, 2~3주, 18~21일, 21일, 22일, 24일, 25일, 27일, 28일, 21-35일, 37일, 1달, 56일, 2달, 3달, 100일, 3~4개월 등으로 하루만에 빚는 술부터 가장 오랜 기간은 4개월이다. 술의 저장은 연중 속성으로 술을 빚으므로 저장의 필요성은 적었으나 '春夏不變', '夏不變', '雖三夏味不變', '久藏味甘美' 등의 표현으로 미루어 오랫동안 저장에 견디는 술도 있었음을 알 수 있다.

6. 술 빚는 비법으로 조주일의 길일은 정묘, 무진, 을유, 정미, 기미,기사, 정사, 병자, 을사, 을축, 정축, 신묘, 을묘, 신축, 병인, 갑신, 경신, 임신, 무인, 기묘, 기유, 경오, 무자, 무술, 경술, 정해, 계사, 기해, 신사, 무자, 병신, 무신, 신해, 정묘, 갑술, 을미, 경사, 기축, 무인, 갑신, 을미, 임인, 갑인, 경자이고, 기일은 축, 미, 인, 유, 묘, 진, 사, 해, 오, 자는 조수가 들어오는 시간이므로 피해야 한다고 하였다. 술맛과 길흉을 연결지었으니, 술맛이 좋으면 그 집주인이 길하고 술맛이 나쁘면 흉하여 액운이 있다고 하였다.

7. 술 담글 때 유의 사항은 미(米), 강(糠), 심(瀋), 즙(汁), 분(噴), 반 (飯) 등은 사람이 먹던 것, 개, 쥐가 입에 댄 것을 사용하면 안되고 술에 가지나 무를 태운 재가 들어가면 물로 변하므로 주의해야 한다고 하였다. 술이 더디 괼 때 빨리 괴게 하는 법은 좋은 술을 부으면 된다고 하였다.

신술을 고치는 법은 흑두, 석회, 팥, 감주, 흑엿, 소분(韶紛), 생계란,납, 두부, 감초, 관계, 사인, 목재, 석결명(石決明), 방계, 백복령, 진피, 백지, 축사, 생강, 백단, 침향, 누룩 등을 넣는다고 하였다. 변한 탁주를 청주로 만드는 술맛 고치는 법은 끓이거나 소주를 넣어서 끓이거나 찰밥과 누룩을 더 넣거나 진피를 넣는다고 하였다.

8. 술항아리 저장법은 수주불훼법(收酒不毁法)으로 누룩을 항아리 밑에 놓고 돌로 누르고 술을 부어 저장하면 술이 변질되지 않는다고 하였다.

수중양법(水中釀法)으로는 술항아리에 큰 항아리를 엎어서 덮고 땅을 파고 묻어서 사석(沙石)으로 덮고 구덩이에 물을 부어 저장한다고 하였다 수로주법(收露酒法)으로는 술항아리에 항상 뚜껑을 닫아 김이 빠지지 않게 하고 따뜻한 곳에 둔다고 하였다. 봉양법(封釀法)으로는 술항아리를 흙으로 밀봉하여 저장한다고 하였다. 치다수주법(治多水酒法)으로는 물이 너무 많은 경우 달군 기와를 술독에 넣는다고 하였다. 포양법(抱釀法)은 술항아리를 번갈아 안으면 술이 빨리 익고 맛이 좋다고 하였다.

술독은 관독이 가장 좋고 동기(銅器), 주석그릇(錫器)에 담으면 비상독(砒毒)이 생겨서 해롭다고 하였다.

9. 술병 예방하는 법으로는 밤늦도록, 밤새워 가며, 그믐날, 정유일은 술을 마시지 말고, 밥 한번에 술 한 모금으로 양치하여 마시고, 술 마시기 전에 한초 2~3알을 삼키고 마시고, 술에 취하면 도행류를 마시면 좋고 냉수를 마시면 해롭다고 하였다.

술 끊는 법은 술에 주사(朱砂)를 넣은 것을 마시거나 우물에 거꾸로 난 풀을 달여서 마시거나 댓잎 위에 있는 이슬을 술에 섞어 마시거나 매 똥 사른 재를 술에 타 마신다고 하였다.

소줏불 끄는 법은 청포(靑布)를 씌운다고 하였다.

10. 술 빚는 데 사용된 계량 단위는 용량 단위 15가지, 중량 단위 4가지, 수량 단위 11가지, 길이 단위 2가지였다.

11. 술 빚는 데 사용한 기구는 모두 41가지였다.

기구는 술 빚는 과정에 따라서 누룩 누를 때, 밑술 빚을 때, 약재, 화향 재료를 넣을 때, 술독 보온할 때, 건조시킬 때, 재료 섞을 때, 곡물, 약재, 화향 재료를 가열할 때, 술 빚을 때, 재료를 옮겨 담거나 계량할 때, 술을 뜰 때, 증류시킬 때 등에 사용되었다.

12. 술 빚는 데 사용된 용어는 씻는 과정 용어, 불리는 과정 용어, 다듬고 써는 과정 용어, 재료를 널어 말리는 과정 용어, 준비 과정 용어, 가열 과정 용어, 술 익히는 과정 용어, 술 뜨는 과정용어, 술맛의 표현 용어 등이었다.

조선시대의 술은 매우 다양한 가운데 중국, 일본, 서양에서, 외래주가 유입되어 더욱 다양화하였다. 우리 나라에서는 각 가정에서 자가 양조였고 세금을 부과하지 않았으나 1909년 주세법이 발효되어 생산량에 따라 과세하는 간접세가 생기고 주세법의 발효와 동시에 재래주의 과학적인 검토와 개량을 위한 양조 시험소가 설립되었다.

그 후 주세령은 1919, 1920, 1922, 1927, 1934년의 5차에 걸쳐 개정되어 1934년에는 자가용 술 면허자가 완전히 없어졌다. 천업으로 여겨왔던 주조업에 양반 계급이 다투어 종사하게 됨에 따라 주조업자가 비대해지고 술의 품질이 주세를 위하여 규격화되어감에 따라 명주가 사라지고 심한 주세에 백성들의 원성이 높아졌으며, 밀주의 성행과 일제의 단속의 악순환이 되풀이되었다.

이러한 환경 속에서 전통주는 차츰 그 자취를 감추게 되고 풍류가 깃든 조상의 술 빚기도 없어졌다. 해방 후 만성적인 식량 부족 상태에서 해마다 외국산 양곡을 도입해야만 했던 실정에서 쌀로 술을 빚을 형편이 못되어서 주류 정책은 비곡주 개발에 초점을 맞추어 오다가, 1971년에 쌀막걸리, 쌀약주 등이 재등장하게 되었다. 이와 같이 술 정책에 국가가 관여하고 통제함으로써 고유의 민속주는 자취를 감추게 된 아쉬움이 있게 되었다.

1985년 문화재관리국에서는 무형문화재지정조사보고서 제 163호로 〈전통민속주〉를 펴내고 그 중 46종을 선정하고, 다시 13종목을 추려서 서울의 문배주, 충남 면천의 두견주, 경주의 법주를 중요무형문화재로 지정하고 제조 기능 보유자를 인간문화재로 인정하였다. 또 13종 중 10종은 안동 소주, 진도 홍주, 김천 과하주, 이리 이강주, 서울 송절주, 김제 송순주, 한산 소곡주, 경기 동동주, 중원 청명주, 제주소주 등이 지정문화재로 지정 받았다. 또 농림 수산부는 1994년 5월 송화 백일주, 금산 인삼주, 옥향주, 계룡 백일주 등 4가지 전통주의 기능 보유자를 민속주 명인(名人)으로 지정하여 기능 전수자금과 기능 공장 건립 자금을 지원해 주는 특혜를 부여하기도 하였다.

우리의 전통주를 전수하여 우리 민족 고유의 문화를 계승 발전시켜야 하겠다. 그러기 위해서는 전통주에 대한 과학적인 제조 방법의 연구가 계속되어야 하겠다.

참고문헌

가사협, 1993. 〈제민요술〉 윤서석 외, 공역, 민음사

강 설(强卨). 1691. 〈치생요람〉, 영인본

강대형. 1979. 술잔에도 예절발랐던 옛주도 〈한국일보〉 11월 13일자

강인희. 우리 식생활과 술에 관하여, 〈명지대 논문집〉 8

고려대 민족문화연구소. 1980. 일상생활과 식생활, 〈한국미속대관〉 고려대 민족문화연구소 출판부. 2권

고정삼. 2000. 술의 세계, 광일문화사

공 자. 1983. 〈논어〉 차주환 역, 을유문화사

김 씨. 〈온주법〉 한글 필사본

김 유. 1531~1598. 〈수운잡방〉, 영인본

김경준. 1609. 〈영접도감잡물부록〉, 영인본

김경준. 김지남 및 진이행. 1682. 〈역어유해〉, 영인본

김귀영 및 이성우. 1988. 온주법의 조리에 관한 분석적 고찰. 〈한국식문화학회지〉 3권 2호

______. 1988. 주방문의 조리에 관한 분석적 연구, 〈한국식문화학회지〉 3권 2호

김귀영. 1989. 김승지댁주방문, 〈월간 식생활〉 1월호

김동욱. 〈고소설선〉

김부식. 1986. 〈삼국사기〉 이병도 역주, 을유문화사

김육(金堉). 1644. 〈유원총보〉

김태준. 1982. 〈홍대용과 그의 시대〉, 일지사

김호직. 1965. 〈발효공학〉, 향문사

남용익. 1655. 〈부상록문견별록〉, 영인본

문화재관리국. 1985. 전통민속주 〈무형문화재 지정조사 보고서 제 163호〉, 문화재관리국.

박록담. 1994. 〈식생활〉 7월호.

박세당. 1676. 〈색경〉, 영인본

박지원. 〈양반전〉

배도식. 1982. 옛주막의 민속적 고찰 〈한국민속학〉 15.

백운하. 1988. "주류", "한국전통발효식품연구의 현황과 전망" 한국식품 과학회.

______. 1988. "주류산업", "식품과학과 산업", 〈한국식품과학회지〉 3-21.

북천좌인 1984. 〈한국고유색사전〉, 민속원

빙허각 이씨. 1976. 〈규합총서〉 정양완 역주, 보진제

서돈영. 1986. 한국의 음주예법에 관한 고찰, 〈한국식문화학회지〉
서명응. 1787. 〈고사십이집〉, 영인본
서유구. 1827. 〈임원십육지〉, 영인본
서정기. 1984. 세계의 주도의 한국, 〈두산 사외보〉 2월호: 26-27.
성기욱. 1989. 〈한국식문화학회지〉 4권 13호.
송시열. 〈계녀서〉
숙부인 정씨(석암선생부인). 1700. 〈음식보〉
신　경. 1613. 〈재조반방지〉, 영인본
신　동. 1660. 〈신간구황촬요〉, 영인본
신예기. 1983. 술을 따를 때, 〈한국일보〉 7월 13일자.
______. 1984. 여성이 주석에 낄 때, 〈한국일보〉 8월 29일자.
안동 장씨. 1670. 〈음식디미방〉, 영인본
어문각. 1983. 〈신한국전집〉 44권
유자징, 1982. 〈신역 소학〉 이기상 역해, 홍신문화사
유중임. 1677. 〈증보산림경제〉, 영인본
유태종. 1977. 〈한국의 명주〉 중앙신서 3, 중앙일보
______. 1982. 〈전통주는 어떻게 만드나〉, 문예진흥원
윤서석. 1985. 〈한국식품사연구〉, 신광출판사
윤숙경. 1986. 수운잡방에 대한 소고, 〈안동문화〉 7월호.
______. 1988. 수운잡방의 조주법에 관한 소고, 〈윤서석박사정년퇴임기념논총〉
______. 1988. 조선초기의 식품조리서 수운잡방, 〈식생활〉 7월호.
______. 안동지역 전통술의 문헌적 고찰, 〈안동문화〉.
이경직. 1609. 〈영접도감미면색잡록〉, 영인본
______. 1617. 〈부상록〉, 영인본
______. 1634. 〈영접도감미면색의궤〉, 영인본
이규경. 1850. 〈오주연문장전산고〉, 영인본
이규보. 〈동국이상국집〉
이단하 및 이직. 1693. 〈북관지〉, 영인본
이달충. 1385. 〈이달충의 시〉
이덕무. 1982. 〈생활의 예절〉, 민족문화문고간행회
이상옥, 역. 1985. 〈예기〉, 명문당
이서구 및 조풍연. 1977. 대담 풍류백년, 〈일간스포츠〉.
이서구. 1973. 〈세세기〉, 배영사
이서래. 1986. 〈한국발효식품〉, 이화여대출판부
이성우 및 조준하 역주. 1983. 역주방문 〈한국생활과학연구〉 창간호.
______. 1983. 요록, 〈한국생활과학연구〉 창간호.
이성우 외. 1991. 전통누룩제조에 대한 문헌적 고찰, 〈동아시아 식생활학회지〉 12월호.

이성우. 1978. 〈한국식생활사연구〉, 향문사
______. 1981. 〈한국식경대사전〉, 향문사
______. 1984. 〈한국식품사회사〉, 교문사
______. 1986. 한국고문헌속의 주류색인, 〈한국식문화학회지〉 1권 1호.
______. 1988. 우리 나라 최초의 음식백과사전 산림경제, 〈식생활〉 12월호.
______. 1988. 한국전통발효식품의 역사적 고찰, 〈한국식문화학회지〉 3권 4호.
______. 1988. 한국전통발효식품의 현황과 전망, 〈한국식문화학회지〉, 〈한국식품과학회지〉.
이수광. 1917. 〈지봉유설〉, 조선연구회
이안눌. 1571-1638. 〈동악집〉, 영인본
이양순. 1986. 조선시대 술의 분석적 고찰, 〈한국조리과학회지〉 2-1.
이용기. 1924. 〈조선무쌍신식요리제법〉, 대산치수
이창정. 1620. 〈수양총서유집〉, 영인본
이철호 및 김기면 1994. 〈옛 문헌에 의한 한국술의 종류와 제조기술〉, 고려대 민족문화연구소.
이춘영 및 장지현. 1969. 한국고유주조기술의 사적인 연구, 〈기술연구소보〉 2월호
이춘영. 1976. 주자론, 〈주정공업〉 9월호 대한주정협회.
이효지 최종희. 1987. 조선시대 술에 관한 분석적 고찰, 〈한국식문화학회지〉 2-1.
이효지. 1980. 규합총서의 조리학적 고찰, 〈한양대 사대논문집〉.
______. 1981. 규곤시의방의 조리학적 고찰, 〈대한가정학회지〉 2권 19호.
______. 1981. 시의전서의 조리학적 고찰, 〈대한가정학회지〉 3권 19호.
______. 1984. 수문사설의 조리학적 고찰, 〈한국생활과학연구〉. 제2집.
______. 1984. 요록의 조리학적 고찰, 〈한국생활과학연구〉. 제2집.
______. 1989. 규곤요람의 조리학적 고찰, 〈문화재〉 서울: 문화재관리국 15호.
일 연. 1986. 〈삼국유사〉 이민수 역, 을유문화사
임어당. 1984. 〈생활의 발견〉 김병길 역, 을유문화사
장덕순. 1989. 술과 문학, 〈한국식문화학회지〉 4권 3호.
장원길 외. 우리 나라 토속주의 재현과 개발에 관한 연구(제1, 제2보) 〈기술연구소보고 5〉, 국세청 기술연구소.
장지현. 1977. 전래약용주고., 〈주정공업〉 7권 4호.
______. 1985. 소주의 역사, 〈주류공업〉 한국주류공업협회 9호.
______. 1987. 〈한국외래주유입사연구〉, 수학사
______. 1988. 한국 전통주의 형성과 흐름 〈한국음식오천년〉, 유림문화사
______. 1989. 우리 나라 술의 역사, 〈한국식문화학회지〉 4권 3호.
______. 우리 나라에서의 소주문화의 흐름, 〈소주, 주정 학술세미나〉.
정동효. 1995. 우리술사전 중앙대출판부
정약용. 〈목민심서〉
정양완 역주. 1977. 〈양주방〉 서울: 뿌리깊은나무 10월호.

정호관. 1989. 전통민속주의 특징과 제조현황, 〈한국식문화학회지 심포지움〉.
조선주조협회. 1935. 〈조선주조사〉
조재선. 1978. 우리 나라 발효식품 연구의 어제와 오늘(1), 〈주정공업〉 8권 1호.
조정형. 1991. 〈다시 찾아야 할 우리의 술〉, 서해문집
조창숙. 1986. 한국의 가양주고, 〈연구보고 9〉 건국대생활문화연구소.
조풍연. 1983. 술에 길이 있다, 〈주류공업협회지〉 9호.
좌전생. 1929. 국자제조에 대한 연구, 〈조선주조협회지〉.
주식회사 진로. 1975. 〈진로 50년사〉
진로그룹홍보실. 1988. 〈술의 세계〉
천소영. 술의 어원 〈생활속의 이야기〉
최영연. 1925. 〈해동죽지〉 경성장학사
최한기. 1830. 〈농정회요〉
한국식품개발원. 1992. 〈쌀을 이용한 명주 개발 연구〉
한창협. 1651~1678. 〈농암집〉
허　준. 〈동의보감〉 김영훈 외 공역, 남산당
홍만선. 1715. 〈산림경제〉, 영인본
〈고려대규곤요람〉 영인본 1800
〈고려사〉 충렬왕 11년 1285조
〈고사촬요〉 영인본 1544
〈군학회등〉 영인본 1800
〈김승지댁주방문〉 영인본 1860
〈동국세시기〉
〈본초강목〉 영인본 1833
〈부인필지〉 영인본 1800
〈삼국지〉 "부여전", "한전", "고구려전"
〈술 만드는 법〉 영인본 1700~1800
〈술 빚는 법〉 영인본 1800
〈술방문〉 영인본 1800
〈시의전서〉 영인본 1800
〈연세대규곤요람〉 영인본 1896
〈음식방문〉 영인본 1800
〈음식법〉 영인본 1854

찾아보기

【ㅂ】

【ㅅ】

【ㅇ】

【ㅊ】

【ㅌ】

【ㅍ】

【ㅎ】